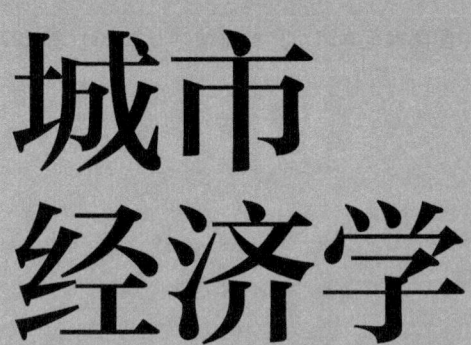

城市经济学

谭善勇 等◎编著

URBAN ECONOMICS

中国经济出版社
CHINA ECONOMIC PUBLISHING HOUSE
北京

图书在版编目（CIP）数据

城市经济学／谭善勇等编著．--北京：中国经济出版社，2024.3（2025.1重印）

ISBN 978-7-5136-7573-4

Ⅰ．①城… Ⅱ．①谭… Ⅲ．①城市经济学 Ⅳ．①F290

中国国家版本馆 CIP 数据核字（2023）第 227367 号

组稿编辑	葛　晶
责任编辑	焦晓云
责任印制	马小宾
封面设计	久品轩

出版发行	中国经济出版社
印　刷　者	北京建宏印刷有限公司
经　销　者	各地新华书店
开　　　本	787mm×1092mm　1/16
印　　　张	19.25
字　　　数	399 千字
版　　　次	2024 年 3 月第 1 版
印　　　次	2025 年 1 月第 2 次
定　　　价	88.00 元

广告经营许可证　京西工商广字第 8179 号

中国经济出版社 网址 www.economyph.com 社址 北京市东城区安定门外大街 58 号 邮编 100011
本版图书如存在印装质量问题，请与本社销售中心联系调换（联系电话：010-57512564）

版权所有　盗版必究（举报电话：010-57512600）
国家版权局反盗版举报中心（举报电话：12390）　　服务热线：010-57512564

前 言 | PREFACE

城市经济学是经济学的重要分支。在数字化、城市化、区域一体化和国家、区域、城市竞相发展的时代,在我国大力推进高质量发展和中国式现代化建设的大背景下,总结城市经济学的研究成果,探讨城市经济发展的规律,丰富和完善城市经济学的结构框架与理论体系,能够为我国城市的高质量发展提供更为系统的理论与实践指导,也有助于中国式区域与城市经济协同发展新格局的构建。

本书基于"城市+经济学"的逻辑思路,遵循城市产生与发展的规律,以城市空间资源的生产、配置、流通、消费的经济效益及其优化为主线,以区域与城市经济理论为支撑,以我国区域与城市经济发展实践及其经济成效为素材或案例进行系统阐述,突出中国式城市经济学特色,融入党的二十大报告、"十四五"规划等文件中的重大战略与政策内容,注重思政,"彰显中国之路、中国之治、中国之理",以求达到价值塑造、知识传授和能力培养的统一,打造文科专业教育的中国范式。

具体而言,本书有以下三大特点:

1. 立足党和国家的大政方针与城市发展战略,为高校和社会经济实践服务

本书在阐述中突出我国城市经济研究的创新特色和城市经济发展的重要成就,如数字经济与我国城市的产业数字化转型、智慧城市和新城建政策、我国的韧性城市建设与运行成就、城市化和我国的新型城镇化、城市创新与高质量发展、城市与区域的协同发展等,特别论述了城市群发展、都市圈经济和区域一体化发展的前沿理论与发展成果,如京津冀、长三角城市群、粤港澳大湾区、成渝城市群等协同发展的重大成果等,致力于服务高校人才培养和我国城市经济发展实践。

2. 基于城市空间和经济学视角,积极构建城市经济学的新框架体系

全书基于经济学与城市空间视角,以城市产生与发展的大致过程为时序,设计了六篇共十五章内容。在具体编写过程中,我们坚持三个原则:第一,继承与创新相统一的原则。在坚守优势的基础上,更多地把宽厚的专业素养和科学的思维方法同城市经济学的理论知识结合起来。第二,共性与个性相结合的原则。本书包括完

整的城市经济基本理论、基本思路和思维方法，突出新时代城市经济学的新特点和创新框架，结合城市经济学相关学科专业理论与方法，形成了具有较强针对性、适应性和衔接性的内容体系。第三，理论体系与实践应用相融合的原则。本书清晰地界定了"城市经济学"的对象范围、学科性质与学科边界，瞄准当代中国城市经济的运行逻辑和实践热点，积极提供连贯的知识应用和展示平台。

3. 着眼于学科交叉与前沿方法应用，体现城市经济学的时代性和引领性

本书着眼于跨学科知识的交叉与拓展，支持信息技术与城市经济学内容的融合，源源不断地为城市经济学注入更为丰厚的养分。同时，更加注重学科意识，借鉴其他学科成果，进一步细化了城市经济学的研究领域，能够反映数字经济、区域经济、城市规划、建设经济学、发展经济学、城市治理、新经济地理、大数据应用、城市复杂科学等学科的最新发展，重点关注城市增长与城市创新发展、城市基础设施与智慧城市建设、韧性城市建设的实践成就、城市与区域的协同发展等前沿问题，加强城市经济学最新理论的介绍、研究方法的创新和应用，用富有时代性和交叉特色的新内容，大力吸引和培养城市经济研究和实践的优秀人才。

本书由谭善勇提出编写提纲，具体编写分工如下：第一章和第二章由谭善勇编写、第三章由裴青青和郭芮宇编写、第四章由刘宝香编写、第五章由谭源编写、第六章由苗婷婷编写、第七章由武永春编写、第八章由王霖琳编写、第九章由史晨辰和张维编写、第十章由徐虹编写、第十一章由毛琦梁和张宝予编写、第十二章由王媛玉和李冉冉编写、第十三章由闫觅和宋佩佩编写、第十四章由张昕和谈旭编写、第十五章由张昕编写。此外，姚朗、黄紫馨、刘畅、刘聪昊、赵茹、靳姝睿、王云洪、贺桢灿、杨阳、寇世洁、杜逸、赵关欣、黄乔宇、张一铭、杨皓雁、李建富、张雨晴、刘芷清、木云舟、钟静茹、林嘉莉、王贵东、任加伟、王时蔚等参与了资料收集及书稿校对等工作。初稿完成后，谭善勇进行统稿并最终定稿。

本书得到首都经济贸易大学应用经济学（城市经济与战略管理）学科和精品教材建设的经费支持。在此，衷心感谢首都经济贸易大学各位领导及同事的无私帮助！感谢所有已列出和未列出的参考文献的作者们！在出版过程中，中国经济出版社的焦晓云编辑做了大量细致的工作，这里也表示衷心地感谢！

由于时间和水平所限，书中难免存在疏漏或不足，恳请各位读者批评指正！

编　者
2023 年 9 月

目录 | CONTENTS

第一篇
城市经济学导论

第一章　经济学的城市与城市的经济学 ·· 003

　　第一节　城市与地理、区域的界定及关联 ································ 003
　　第二节　经济学的城市与城市的空间经济 ································ 009
　　第三节　城市经济学的内涵与内容体系 ································ 018
　　本章小结 ·· 027
　　问题与应用 ·· 028
　　参考文献与推荐阅读 ·· 028

第二篇
城市产生经济学

第二章　空间生产与城市产生的经济机理 ·· 033

　　第一节　空间生产与城市产生的学说与理论 ······························ 033
　　第二节　庭院生产模型与城市产生的经济学 ······························ 036
　　第三节　空间竞租与城市初始经济空间的形成 ···························· 041
　　本章小结 ·· 045
　　问题与应用 ·· 045
　　参考文献与推荐阅读 ·· 046

第三章　区位理论与城市的空间分布经济学 ·· 047

　　第一节　区位与经济活动区位的基础理论 ································ 047
　　第二节　区位选择与城市体系的空间分布 ································ 058

本章小结 ·· 065

问题与应用 ·· 065

参考文献与推荐阅读 ·· 066

第三篇
城市规划经济学

第四章　城市的定位与城市空间结构的优化 ·· 069

第一节　城市空间价值与区域的地位定位 ···································· 069

第二节　城市空间结构及其模式经济学 ·· 073

第三节　城市空间结构的优化与调整 ·· 079

本章小结 ·· 085

问题与应用 ·· 086

参考文献与推荐阅读 ·· 086

第五章　城市产业经济与城市产业结构优化 ·· 088

第一节　城市产业与城市产业经济 ·· 088

第二节　城市产业结构及其演进 ·· 095

第三节　城市产业结构的优化调整 ·· 099

本章小结 ·· 105

问题与应用 ·· 106

参考文献与推荐阅读 ·· 106

第六章　城市规模经济与城市规模优化经济学 ···································· 108

第一节　城市规模与城市规模经济 ·· 108

第二节　最优城市规模的理论与评判 ·· 114

第三节　适度城市规模与城市规模的优化 ···································· 118

本章小结 ·· 125

问题与应用 ·· 125

参考文献与推荐阅读 ·· 126

第四篇
城市建设经济学

第七章 城市建设经济与城市开发的经济学 …………………………………… 129
第一节 城市建设与城市经济运行 ………………………………… 129
第二节 城市空间供求与城市开发 ………………………………… 134
第三节 城市空间开发的经济选择 ………………………………… 139
本章小结 ……………………………………………………………… 147
问题与应用 …………………………………………………………… 147
参考文献与推荐阅读 ………………………………………………… 148

第八章 城市基础设施经济与智慧城市建设经济学 …………………………… 149
第一节 城市基础设施与城市经济运行 …………………………… 149
第二节 城市基础设施的供求与建设经济 ………………………… 153
第三节 智慧城市建设与新城建经济学 …………………………… 160
本章小结 ……………………………………………………………… 166
问题与应用 …………………………………………………………… 166
参考文献与推荐阅读 ………………………………………………… 166

第九章 城市环境经济与韧性城市建设经济学 ………………………………… 168
第一节 城市环境经济与城市经济运行 …………………………… 168
第二节 城市环境灾害及其经济分析 ……………………………… 172
第三节 韧性城市建设与我国的实践 ……………………………… 177
本章小结 ……………………………………………………………… 182
问题与应用 …………………………………………………………… 183
参考文献与推荐阅读 ………………………………………………… 183

第五篇
城市发展经济学

第十章 城市化经济与我国新型城镇化发展 …………………………………… 187
第一节 基于经济学的城市化基本问题 …………………………… 187
第二节 城市化产生与发展的经济分析 …………………………… 194

第三节　我国新型城镇化及其新发展 ……………………………………… 200

   本章小结 ………………………………………………………………………… 206

   问题与应用 ……………………………………………………………………… 207

   参考文献与推荐阅读 …………………………………………………………… 207

第十一章　城市增长与我国城市的创新发展 ……………………………… 208

   第一节　城市增长与发展的机制与模型 ……………………………… 208

   第二节　创新的特征、要素与城市增长 ……………………………… 214

   第三节　我国的城市增长与创新发展 ………………………………… 223

   本章小结 ………………………………………………………………………… 227

   问题与应用 ……………………………………………………………………… 227

   参考文献与推荐阅读 …………………………………………………………… 228

第十二章　城市与区域统一和协同发展 …………………………………… 229

   第一节　统一和协同发展的区际联系基础 …………………………… 229

   第二节　城市与区域统一发展和协同发展机制 ……………………… 236

   第三节　中国式城市与区域经济协同发展格局 ……………………… 242

   本章小结 ………………………………………………………………………… 248

   问题与应用 ……………………………………………………………………… 248

   参考文献与推荐阅读 …………………………………………………………… 248

第十三章　城市发展规律与城市更新经济学 ……………………………… 250

   第一节　城市发展规律与城市更新的缘起 …………………………… 250

   第二节　城市更新与城市经济发展的实现 …………………………… 255

   第三节　我国城市发展与城市更新的实践 …………………………… 259

   本章小结 ………………………………………………………………………… 263

   问题与应用 ……………………………………………………………………… 264

   参考文献与推荐阅读 …………………………………………………………… 264

第六篇

城市治理经济学

第十四章　城市运行不经济与城市治理 …………………………………… 269

   第一节　城市运行不经济与城市体检 ………………………………… 269

第二节　城市治理与城市的经济运行 ·· 273
　　本章小结 ··· 278
　　问题与应用 ··· 278
　　参考文献与推荐阅读 ··· 279

第十五章　城市问题与城市病的治理 ··· 280
　　第一节　城市住房问题的治理 ··· 280
　　第二节　城市交通拥堵的治理 ··· 284
　　第三节　城市营商环境的治理 ··· 289
　　本章小结 ··· 294
　　问题与应用 ··· 294
　　参考文献与推荐阅读 ··· 294

附录1　城市经济学相关公众号（部分） ··· 296

附录2　城市经济学相关中文期刊（部分） ··· 298

第一篇
城市经济学导论

关于什么是城市、什么是城市经济学，目前还没有统一和权威的说法。一些书籍中对城市的界定，可能并不是城市经济学要研究的城市的定义。关于城市经济学的研究对象、学科性质和学科边界，国内外学术界有不同的认识，不同学者对城市的界定也存在一定的差异，体现在城市经济学相关文献中，不同文献构建的城市经济学内容框架也存在较大不同。城市经济学的边界在哪里？到底哪些内容才是城市经济学需要研究的？城市经济学应该从哪个视角来研究城市或城市经济的相关问题？应该基于什么理论、什么逻辑来研究城市或城市经济等问题？城市经济学研究城市或城市经济相关问题的目的是什么？事实上，这些问题并非都有确切的答案，即便有，不同学者的观点也并不完全一致。

本书在既有研究基础上，尝试重新认识或理解城市与城市经济学。本篇首先界定经济学中城市的含义，说明经济学所研究的城市的空间经济形式；其次，分析和界定基于"城市+经济学"逻辑的"城市经济学"的研究对象、学科性质和学科边界；最后，对城市经济学的内容框架进行统一安排。

本篇是全书的概念、理论与逻辑基础。

第一章 经济学的城市与城市的经济学

城市是城市经济学中最基本的概念,它与地理、区域等概念有所不同。掌握经济学中城市的概念、本质、复杂系统及其空间经济形态,熟悉城市经济学的内涵、研究趋势及理论体系,是学习后续章节的基础与关键。

第一节 城市与地理、区域的界定及关联

一、地理、区域及其学科体系

(一) 地理、地理学及学科体系

在现代地理学中,"地"是指地球或地球表面、地球表层或者一个区域,"理"是指事理、规律或者事物的内在联系,地理是指地球表层的地理现象或事物的空间分布、时间演变和相互作用规律(傅伯杰,2017)。地理学是研究地理要素或地理综合体的空间分布规律、时间演变过程和区域特征的一门学科①。其中:地理要素通常包括水、土壤、大气、生物和人类活动;地理综合体可以是一个城市,也可以是城市的一个街区。

不同学者对地理学的分类有所不同。例如,袁华斌(2017)将地理学分为两大分支:一是自然地理学;二是人文地理学。其中,人文地理学包括综合人文地理学、部门人文地理学和区域人文地理学,而部门人文地理学又包括人口地理学、经济地理学(农业地理学、工业地理学、商业地理学、交通地理学、旅游地理学等)、聚落地理学(城市地理学、乡村地理学)、社会地理学(福利地理学、犯罪地理学、行为地理学)、文化地理学(民族地理学、宗教地理学、语言地理学)、政治地理学、军事地理学和历史地理学。

根据《中华人民共和国学科分类与代码简表》(GBT 13745—2009),地理学包括自然地理学、生物地理学、土壤地理学、化学地理学、地貌学、人文地理学、区域地理学、城市地理学、人口地理学、旅游地理学、经济地理学、世界地理学、历史地理学,以及地理学其他分支学科。

---

① 傅伯杰,冷疏影,宋长青. 新时期地理学的特征与任务 [J]. 地理科学,2015,35 (8):939-945.

（二）区域的内涵及学科体系

一般认为，"区域"是一个客观存在的、既是实体又很抽象的空间概念，没有严格的范畴、边界和确切的方位。地球表面上任何一个部分、一个地区、一个国家乃至几个国家都可以称为"一个区域"。有学者把区域划分为自然区域，经济区域（生产地域综合体）和社会、文化区域（人口、民族、宗教语言、政治等因素有差异）三类，这反映出广义的区域概念具有既抽象又具体的特征。

在区域与城市经济学（Urban Economics）领域，学者对区域的认识也有所不同。例如：郝寿义、安虎森（1999）认为，区域是指便于组织、计划、协调、控制经济活动而以整体加以考虑的一定的空间范围，它具有组织区内经济活动和区外经济联系的能力，常由一个或多个中心城市、一定数量的中小城市及广大乡村地区组成。高洪深（2002）认为，区域是指按一定标准划分的连续的有限空间范围，是具有自然、经济或社会特征的在某一方面或几个方面具有同质性的地域单位。陈秀山、张可云（2003）把区域看成经济区域，并将其分为三个层面，即国内经济区域、世界经济区域、几个国家（地区）构成的经济区域。李培祥（2006）认为，区域是一个动态概念，在城市与区域系统中，一般是指城市所能辐射和作用的外围地区。目前，美国学者胡佛（1970）给出的区域定义影响较大：区域是基于描述、分析、管理、计划或制定政策等目的而作为一个应用性整体加以考虑的一片地区①。

不同学者对区域的界定、研究目的不同，研究角度也不同。美国的胡佛（1970）和我国的郝寿义、安虎森（1999）主要从管理的角度定义区域。高洪深（2002）强调区域的同质性。李培祥（2006）则考虑到城市对区域的影响。结合本书介绍和研究的角度，我们比较认同李培祥（2006）的观点，并把他对区域的定义做了一些微调：从经济的视角看区域（狭义），它是指可以作用或影响城市的地区以及城市所能辐射和作用的外围地区。这个定义强调两个方面：一是城市和区域在经济上的相互影响；二是外围地区，这里的外围地区不包括城市本身。

区域研究涉及多学科、多领域。例如，地理学为解析特定区域地理环境、自然景观和地理格局提供基础，经济学为理解区域经济状况、产业结构等提供分析工具等。与区域研究相关的主要学科包括城市经济学、区域经济学、区域国别学。在1990年10月国务院学位委员会和教育部联合下发的《授予博士、硕士学位和培养研究生的学科、专业目录》中，城市经济学属于应用经济学的二级学科。在1997年6月修订的学科、专业目录中，城市经济学学科被调整为区域经济学学科（学科代码：020202）。2024年1月，中国学位与研究生教育学会发布的《研究生教育学科专业简介及其学位基本要求（试行版）》中，区域经济学学科被调整为"区域和城市经济学"学科。2022年9月，国务院学位委员会、教育部印发《研究生教育学科专业目录（2022年）》，将区域国别

---

① 埃德加·M. 胡佛，等：区域经济学导论（中译本）[M]. 上海：上海远东出版社，1992：220-221.

学纳入第 14 类交叉学科的一级学科目录。区域国别学主要针对特定国家或区域的人文、地理、政治、经济、社会、军事等进行多学科、跨学科的交叉融合研究。

（三）地理与区域及其学科关联

地理学研究的对象主要是地球表面的各个区域，具体包括自然区域（森林、草原、沙漠、河流、山脉等）和人文区域（国家、省区、城市、乡村等）。换言之，区域是地理学的基本概念之一，是地球表面上根据一定的划分标准区别出来的特定空间范围。根据研究对象的范围，地理学中的区域有三个尺度：大尺度区域覆盖全球或全大陆范围、中尺度区域指国家或大地区范围、小尺度区域指某局部地区。

地理学是区域研究的核心。地理学研究地球表层的空间分布和空间关系，通常把区域作为研究的基本单位和主要对象。地理学者通过研究不同地区在地理特征方面的差异，凸显地表特征对社会经济等的影响，从而为区域和城市规划等提供理论依据。此外，地理学利用一些理论和方法研究区域，如区域分异理论、地理信息系统等。这些理论和方法为理解和揭示区域的特性和规律提供帮助，也提供方法与工具借鉴。

研究区域也会涉及区域的"地理"。一个区域的定义通常基于其特定的地理特征。这些特征包括物理特征（地形、气候、水体等）和人文特征（人口分布、文化、语言、经济、政治制度等）。一个区域的地理特征变化，如人口的迁移，可能会改变多个区域的文化格局，也会影响区域的定义和特性。学者研究区域，政府部门在工作中分析区域，也主要基于区域的"地理"空间分布和空间关系。

不同学科和学者通过对地理和区域的研究，揭示地理和区域对经济、社会和政治的重要影响。这些观点和研究成果为更好地理解地理和区域的关系提供了理论基础。总的来说，地理与区域相互依存、相互影响，它们之间的关系可以总结为：地理学通过研究区域这个对象解释地球表面的现象，而区域通常根据地理特征来定义；地理过程影响区域，区域是地理知识的应用场景和地理学派的划分依据。

二、城市的定义、功能与职能

（一）城市与建制市的定义

关于什么是城市（City），不同学科及研究者从不同视角提出了不同的观点。例如，政治家列宁认为，"城市是经济、政治和人民精神生活的中心，是前进的主要动力"；地理学者认为，城市是发生于地表的一种普遍的宏观现象，是具有相当面积的连片地理区域；社会学者认为，城市是一定的生产方式和生活方式把一定地域组织起来的居民点；生态学者认为，城市是以人类社会为主体，以地域空间和设施为环境的生态系统；建筑学者认为，城市是空间和社会构成的整体，是各种建筑物和管线系统的汇集地；管理学者认为，城市是管理主体（国家、城市政府）的职能结构，也是管理客体的空间表现。

综上所述，可以认为，现代城市是一个非农业人口和非农产业高度集中，集经济、社会、文化、自然生态及建设等系统于一体的综合体。现代城市已经成为人流、物流、能流、信息流、资金流、商流、交通流的枢纽，是经济活动、社会关系、政治权力、文化表达和空间结构等多种要素的交会点，也是先进生产方式、经营方式、管理方式和生活方式的诞生地和传播源，还是现代知识经济的策源地和创新基地。

上述对城市的定义，其实是功能城市或广义城市的定义，或是对具有一定面积规模，人口密度，拥有一定政治、经济和文化等方面影响力的居民聚集地的称谓，并不是我国政府进行城市统计中所提到的城市——建制市的定义。我国的城市具有特定的政治法律地位，是经中华人民共和国民政部批准的建制市。《国务院关于设置市、镇建制的决定》（〔55〕国秘习字第180号）规定，"市，是属于省、自治区、自治州领导的行政单位"，即城市是行政区划的概念，它是国家的一个行政单位，是行政城市或政治城市，而不是单纯具有城市功能的城市。我国城市的行政级别有四种，即直辖市、副省级市、地级市和县级市。我国的建制市与某一学科定义中的城市不完全吻合。一些具有城市功能的城市，事实上并不是建制市。

（二）我国建制市的设置标准

1993年5月，国务院批转民政部关于调整设市标准的报告，确立了三个维度的建制市设置标准，并对中西部等特殊地区适当降低了要求（见表1-1）。

表1-1 我国现行的设市标准

指标		县级市			地级市
		原县的人口密度/人·平方千米			
		>400	100~400	<100	
人口	县城镇人口中非农产业人口	≥12万	≥10万	≥8万	市政府驻地
	其中：非农户口人口	≥8万	≥7万	≥6万	非农户口人口>20万
	县总人口	≥15万	≥12万	≥10万	标准市区人口
	其中：非农产业人口	≥30%	≥25%	≥20%	非农产业人口>25万
经济	全县乡镇以上工业总产值	≥15亿元	≥12亿元	≥8亿元	工农业总产值>30亿元
	其中：占工农业总产值	≥80%	≥70%	≥60%	其中：工业产值>80%
	全县GDP	≥10亿元	≥8亿元	≥6亿元	GDP>25亿元
	全县第三产业占GDP比重	>20%	>20%	>20%	第三产业占GDP比重>35%
	地方预算内财政收入	≥100元/人	≥80元/人	≥60元/人	地方预算内财政收入>2亿元
		≥6000万元	≥5000万元	≥4000万元	
基础设施	自来水普及率	≥65%	≥60%	≥55%	
	道路铺装率	≥60%	≥55%	≥50%	
	排水系统	较好	较好	较好	

资料来源：根据国务院转民政部《关于调整设市标准报告的通知》（国发〔1993〕38号）编制。

注：本表财政收入指标根据全国RPI上涨情况，报国务院批准适时调整。

（三）城市功能与城市职能

城市功能这一概念，最初是从城市规划的角度提出的。1933年8月，国际现代建筑协会通过的《雅典宪章》，从建筑、规划的角度论述了现代城市的"四大功能"，即居住功能、工作功能、游憩功能和交通功能，强调"四大功能"应该平衡、协调发展。

20世纪50年代，经济学家沃尔特·艾萨德首次提出"城市功能"的概念。他认为，城市的主要功能是作为市场集中提供商品和服务。国内的一些学者也对城市功能进行了定义。例如，孙志刚（1998）认为，城市功能是指城市在一个国家或一个地区所承担的政治、经济、文化等方面的任务和所起的作用。刘社建（2013）认为，所谓城市功能，是城市所提供的产品和服务的功效与作用，或者说，城市功能是指具有特定结构的城市系统在内部和外部的物质、信息、能量相互作用的关系或联系中所表现出来的属性、能力、功效和作用。城市功能是由城市各种结构性因素决定的城市机能或能力，是城市在一定区域范围内的政治、经济、文化、社会活动所具有的能力与所能发挥的作用。尽管不同学者的看法不同，但在总体上是一致的。刘社建（2013）对城市功能的定义具有代表性，也比较全面地反映了城市功能的深刻内涵。

城市职能是与城市功能相似的一个概念，虽然它们常常被交互使用，都指城市在国家或区域中所起的作用，但两者之间存在一些差异。城市功能是指城市所具有或表现出来的作用与功效，而城市职能是指城市在某一个定位上或承担某种角色时所应承担的职责、发挥的作用或应执行的任务。换言之，城市功能强调城市在某一领域所具备的能力，如商贸、流通、行政、文化功能等[①]，而城市职能强调城市的角色和职责，如城市作为商品和服务的生产者，以及作为行政和文化中心的角色与应承担的职责。一些特殊城市，如首都、省会城市、特别行政区所在城市，还承担着国家、省区、特别行政区行政中枢等职责。广义的城市都有城市功能，但不一定都有城市职能。

城市功能与城市职能不是一成不变的。随着社会经济的变迁或城市所在经济区位的变化，以及城市性质的调整等，城市的具体功能与城市职能也会发生变化。例如，某省会城市由一个城市调整到另一个城市，原来的省会城市和新确定的省会城市的城市功能和城市职能都会发生变化。又如，随着数字经济的发展和智慧城市的建设，城市的功能和职能可能有一定程度的调整。

三、城市与地理、区域的关系

（一）城市与地理的关系

城市与地理之间存在密切的关系。在空间范围上，城市通常有明确边界，可以通过行政区划进行划分，而地理的空间范围广泛，可以指地球上各个地域和区域的范围和界限，包括陆地、海洋、大气、地球表层等，空间尺度相对较大；在特征上，城市

---

① 王建军，许学强．城市职能演变的回顾与展望［J］．人文地理，2004，19（3）：12-16.

的人口与经济活动密集，社会功能完善，而地理的特征则体现在不同的地形、气候、水文、生态及资源等方面；在研究对象上，城市研究主要针对人类活动和城市化过程，包括城市规划、土地利用、交通、人口分布等，地理研究则涵盖自然环境和人类活动，包括地貌、水资源、生态系统等。城市是地理研究的重要领域，地理研究可以揭示城市的自然背景、地理条件对城市发展的影响等，而城市是地理现象和人类活动的重要表现形态。

城市学科和地理学科关系密切。两者在研究城市和地理时，视角不同。地理学侧重研究地球的自然环境（如地理分布、土地利用、地貌等），以及这些自然环境如何与人类活动相互作用；而城市学侧重研究城市的形成、发展和变化（包括城市规划、城市经济与社会等），关注城市内部的组织结构、人口分布、社会问题等，同时探讨城市与周边地区的相互联系和依赖关系。尽管如此，一些地理学者和城市学者的研究可能存在一定程度的重叠。这些学者既是地理学界的重要人物，也对城市研究做出了重要贡献。

综上所述，城市与地理及其学科之间存在紧密的联系。地理学为城市学科提供了丰富的研究素材和方法论，揭示了地理环境对城市发展的影响，而城市学深入研究城市的组成部分、空间结构、社会经济问题等，丰富了地理学在城市研究方面的应用。这两个学科相互交叉、相互借鉴，共同推动城市与地理研究的不断深入。

（二）城市与区域的关系

从广义的区域的空间范围来看，城市本身就是一个区域，城市的不同行政区、不同功能区及其组成部分的任意空间，都可以称为区域。城市也可以是某个区域的一个部分。换言之，区域可以是城市或城市的某个组成部分。

从狭义的区域概念来看，区域是城市的外围地区。区域的发展能够促进城市的发展，而城市的发展又会反过来影响区域的发展。具体而言，区域是城市存在和发展的地域空间和基础，对城市具有养育、支持的作用。城市产生在什么地方、属于什么类型、产生以后的发展空间怎样等一系列问题，需要从城市所联系的外围地区的具体状况和条件中寻找答案。任何一个城市的产生和发展，都会受到相应区域内自然的、经济的、社会的、历史的多种条件的限制或约束。此外，城市对区域具有引导和带领的作用，是区域发展的向导和动力。也就是说，城市在一定的区域范围内居于重要地位。

城市作为区域经济与社会活动的集聚地，在区域发展中发挥着非常重要的作用，主要表现在四个方面（李小建，1999）：第一，组织和带动区域发展。城市是区域中最具发展实力和活力的组织，通过与区域广泛而复杂的联系，对区域产生组织和带动作用。第二，构造区域空间结构。城市在空间上的分布与组合及与周围地区的联系，构造了区域空间结构的基本形态。第三，城市化会推动区域经济和社会结构的演进。城市是区域的核心，是区域经济的发展极，对区域经济发展起着主导作用。第四，城市与区域之间存在竞争与合作的关系（具体见"第十二章 城市与区域的统一和协同发展")。

总体而言,城市是区域发展的中心,区域是城市成长的基础,两者是相互依存、相互补充、相互作用、不可分割的有机整体。任何一个城市的形成和发展都是在具体的历史背景和区域条件下进行的。城市在形成和发展的过程中,又会反过来带动区域的发展与进步。任何城市、任何区域的发展都和相关城市、相关区域的发展联系密切。因此,在城市与区域研究中,不能就城市论城市、就区域论区域。目前,城市与区域已经形成相互融合的地域经济综合体——城市(经济)区域。

资料链接1—1 究竟什么是城市?

| 作者:Allen J. Scott
来源:微信公众号"城读"
时间:2018-11-16 | 通过微信扫码在公众号
"城市经济学"中阅读 |  |

第二节 经济学的城市与城市的空间经济

一、经济学的城市与城市的本质

(一)经济学中城市的定义

尽管亚当·斯密(Adam Smith)在1776年的《国富论》(*The Wealth of Nations*)中强调了城市作为分工和专业化中心的重要性,但一般意义上的经济学通常会忽略地理范围,不对城市进行定义。作为一般经济学的应用和特定的研究分支,城市经济学和区域经济学是从经济学角度研究城市和区域最为广泛的学科领域。为了研究方便,学者们往往会对城市进行界定,但受到学科背景、理论流派、研究视角和具体研究目的等因素的影响,不同学者对城市的定义有所不同。

西方城市经济学和区域经济学出现较早。在英国,城市经济学家巴顿认为,城市是一个坐落在有限空间地区的各种经济市场——住房、劳动力、土地、运输等——相互交织的网状系统。在美国,区域经济学家沃尔特·艾萨德将城市视为区域经济系统的关键要素,城市经济学家奥沙利文则把在相对较小面积里居住大量人口的地理区域称为城市地区。我国的城市经济学研究始于20世纪80年代初,一些城市经济学者在学习借鉴西方学者观点的基础上,对城市进行了定义。例如,朱林兴(1986)认为,城市是指非农业人口为居民主体,高度集聚着社会物质财富,创造出巨大经济效益、社会效益和环境效益,并享受高于乡村的精神文明和物质文明的地域综合体;杨重光、刘维新(1986)认为,城市是居民集中居住的地域,其中绝大多数居民主要从事工业、商业、服务业及其他非农业的经济活动，一般是周围地区的行政中心和文化中心。在我国区域经济学的研究中，学者们通常把城市作为区域和区域经济系统的核心或一个"点"来定义。

西方学者基于功能对城市进行定义，我国学者在定义城市时则明确了行政城市或建制市的范围。综合学者们的观点，并考虑更加突出城市经济学中城市定义的经济特色，本书在将城市视为功能城市的基础上，进一步强调城市的经济功能，认为城市经济学中的城市，是指非农业人口和非农产业高度集中，以获得聚集经济效益的空间组织形式和地域综合体。城市是某一地区或国家的生产、分配、流通和消费等环节经济活动的中心，是经济发展的增长极和龙头，在区域与城市经济和整个国民经济中居于主导地位。

（二）经济城市与城市经济

"（一）经济学中城市的定义"定义的是经济城市。经济城市是与功能城市、行政城市不同的概念，三者强调的内容不同。经济城市强调城市经济学中城市的经济属性或经济功能；而功能城市强调城市与农村不同，具有与农村不一样的多种功能，提供多项服务，如文化、旅游、金融、交通运输等。功能城市通常是其所在地区的经济、社会、文化等方面的中心。如果只强调城市的经济功能，功能城市就是经济城市。在我国，经济城市和功能城市不一定是国家认定的建制市，而行政城市则是国家依据建制市的设置标准认定的。行政城市（建制市）不但具有经济城市和功能城市的城市功能，而且具有更加突出的行政功能或职能，是该类城市所在地区政府或政府机构的集中地，通常是国家或地区的行政中心或政府决策中心。总体来看，三类城市的定义虽然侧重点不同，但它们之间的差异并不绝对。在城市属性方面，三类城市有交叉或重叠，很多城市可能同时扮演着多个角色。

经济城市突出城市经济，城市经济是包括经济城市在内的三种类型城市发展的基础。不过，学者们对城市经济的认识并不一致。例如：唐代望（1991）认为，城市经济主要是以城市为依托的各种经济行为、经济活动和经济关系的总和。张琦（2007）认为，城市经济是社会再生产过程在城市空间的具体体现，是城市空间范围内各经济部门的总和，其空间地域范围一般包括城区经济（核心层）、郊区经济（外围层）和市辖的郊县（市）经济（边缘层）。王雅莉（2008）认为，城市经济是指以一定地域为依托、以一定空间结构为特征、人口和生产要素集聚程度较高、综合性较强、非农产业部门门类复杂、社会和环境效益较显著的整体性、系统性经济体系。城市经济是聚集程度较高和系统效益较好的经济，与农村和农业的分散性经济及其自然依赖较强的经济特征有显著区别。

综合学者们的观点，并考虑城市的定义以及城市经济研究与实践的进展，我们认为，城市经济是城市空间范围内各经济部门的总和，是以非农人口和非农产业为主体的经济形式、经济活动或经济体系。城市经济主要包括工业、商业、建筑业、旅游业、金融、交通运输、市政事业（如供排水、电、煤气）等经济部门，以及这些经济部门与各方面的经济联系。城市经济与农村经济共同构成国民经济。

（三）经济学中城市的本质

城市本质或城市的本质，是人们对城市认识的升华和提炼，是城市本身所具有的最根本的属性，它决定着城市的基本面貌和发展规律。所处国家与时代、学科视角、研究目的和立场不同，人们对城市本质的认识也会不同。从城市的历史演化及其批判来看，城市的本质一定有一个不断拓展的过程（姚尚建，2021）。美国城市规划理论家、历史学家刘易斯·芒福德（Lewis Mumford，1961）认为，城市的本质就是人类的化身，是人类文明的象征和标志。法国地理学家潘什梅尔（Philippe Pincheme，1980）认为，"城市既是一个景观、一片经济空间、一种人口密度、一个生活中心或劳动中心，也是一种气氛、一种特征、一个灵魂"。这里的气氛、特征和灵魂，就是指一个城市的文化，文化是一座城市的灵魂。在我国，学者们也提出了各自的观点。例如，城市的本质是在一定地域内集中的经济实体、社会实体、物质实体的有机统一体（陈敏之，1983），是人类属性的全面延伸和物化（宋俊岭，1994），是文化（朱铁臻，2005），是人精神的外化（肖复兴，2008），等等。

经济学、城市经济学和区域经济学领域学者的看法存在不同。例如，任少波（2012）从制度经济学的视角，指出城市的本质"是由各种交易规则、信念、方式和交易主体共同构成的自发空间秩序，是以节省交易成本和实现集聚经济为微观基础的人类空间组织制度，并且是保障和形成交易集聚化的制度集合体"。冯云廷（2005）、王雅莉（2008）认为，城市的经济本质是一种集聚和系统形态的生产力。张永恒、郝寿义（2016）认为，区域（如城市）的本质就是附着在一定空间或场所的所有生产要素的组合。安虎森等（2008）认为，区域（城市）的本质是空间经济组织。还有一些学者认为，城市是物质生产的分配空间，是以高密度、经济行为专业化以及制度统一为特征的相互联系、相互制约的生产活动系统，是经济在空间上的聚集，是生产力、经济活动的集中地和中心等。

《中共中央关于经济体制改革的决定》指出，城市"是我国经济、政治、科学技术、文化教育的中心，是现代工业和工人阶级集中的地方，在社会主义现代化建设中起主导作用"。这是我国从政治和行政上对城市本质和特征最权威的提法。如果从城市经济学的角度看，城市的本质就是生产、分配、流通、消费四个环节中，各种城市活动高度集聚的经济空间。城市经济空间和城市经济主体（如政府）共同构成了城市空间经济组织。

二、城市资源与城市的复杂系统

（一）资源、空间及其分类

资源既是人类社会、经济发展的重要物质基础，也是人类创造社会财富的物质源泉。资源（Resources）一词最一般的意义，是自然界及人类社会中一切能为人类形成资财的要素或资财的来源（财源）。经济学是研究如何实现稀缺资源的最佳配置，以使社会需求得到最大限度满足的科学。经济学中的资源，是指在一定的社会经济技术条件下，人们所发现的、有限的、具有稀缺性和使用价值的物质要素。一般经济学中将资源称作经济资源，并将其分为自然资源和社会资源。其中，自然资源是指自然界赋予的资源，包括土地资源、气候资源、水资源、矿产资源等；社会资源是指来自人类社会、经济、技术因素的资源，包括人力资源、技术资源、信息与管理资源等。经过人类开发、利用和改造的自然资源，如已开垦利用的土地等，因为附加了人为因素，一般具有双重性，人们仍然通称这类资源为自然资源。在生产经济学中，通常把资源称为生产资源，认为一切产品都是由各种生产资源配合而成的，并把资源分为土地、劳动、资本和管理四大类，即生产的四大要素。在资源范畴，自然物和自然力、劳动力、生产资料等生产投入要素均称为资源。

在日常生活中，人们提到的空间（Space）是地理空间，它是事物存在的一种形式，也是一种重要的资源[①]。法国著名经济学家布代维尔（J. R. Boudeville）把空间划分为地理空间、经济空间和数学空间。其中，地理空间是指除地理事物以外的一种独特的、物质的和客观存在的或经验的实体本身，"是一个与实体相对应的概念，是由点、线、面、体划分或围合的虚体，即形体的中空部分"（宛素春等，2004）。地理空间是有机体之间相互联系和相互作用的载体，是人类活动发生的场所。古希腊哲学家亚里士多德所认为的"空间是一切场所的总和"，也是指地理空间。经济空间是指承载现实生产力诸要素运行的、已被社会劳动利用或改造的自然空间，是社会经济活动中物质、能量、信息的数量及行为在地理范畴的广延性存在形式，即其形态、功能、关系和过程的分布方式和格局同时在有限时段内的状态，体现了地理空间中经济事物或经济元素之间的结构关系。与地理及经济空间不同，数学空间在地理上并不存在，它包括零维的点、一维的线、二维的面、三维的立体和多维的向量空间。尽管如此，数学空间常被城市研究者在定量研究时用于对城市进行抽象和模型化。

（二）城市经济资源及其类型

城市经济资源是城市空间范围内的经济资源，一般是指城市在经济活动中可以利用的各种资源，包括但不限于城市所拥有、占有、管辖或可以使用的自然资源、人力资源、资本资源、信息资源、基础设施等。本书把城市经济资源规定为城市空间。空间是城市的基本要素之一，城市的精华在于空间。尽管如此，20世纪以前，并没有人提出明确的城市空间的定义，人们只是在自觉和不自觉中塑造着各种城市空间形式。例如，城市规划学界的城市空间主要是城市建成区（包括建筑物和开放区域形态），建筑学界的城市空间是建筑外部或内部围合的开放空间，地理学界的城市空间主要是指

---

① 埃德加·M. 胡佛. 区域经济学导论［M］. 上海：上海远东出版社，1992：3.

城市占有或管辖的地域等。20世纪以后，人们逐渐认识到城市空间是承托与容纳城市经济、社会、文化等活动的载体与容器。

城市空间还可以划分为其他类型，如城市经济空间、城市社会空间、城市生态空间以及城市文化空间等。一些学者根据空间尺度和侧重点的不同，对城市空间进行划分。例如：陆军、江曼琦（2001）把城市空间划分为城市内部空间和城市外部空间。其中，城市内部空间以城市内部的功能结构和土地利用为研究对象，而城市外部空间的研究对象是城市群或城市体系。孙桂平（2006）把城市空间划分为城市内部空间、城市外部空间和城市群体空间。其中，城市内部空间即城市个体空间；城市外部空间是指城市边缘地带；城市群体空间或城镇群体空间，是把城市看作区域中的一个点，侧重对城镇体系、都市圈、大都市带进行研究。

城市空间是稀缺并有价值的资源，是城市占有或管辖，能够为城市政治、经济、社会、文化及生态等各类活动提供地下、地上、空中三维场所或条件，包含或内嵌着不同的自然和人文地理条件，如水环境、旅游资源、矿产资源、各类设施、区位等的组合或结构的地理空间。城市经济学侧重研究城市空间如何生产、配置、流通及消费更为经济。本书有时把城市空间称为城市经济空间。城市经济空间既是城市的本质，也是城市的经济资源。广义的城市经济空间可以分为城市内部经济空间（狭义）和城市外部经济空间。其中：城市内部经济空间是城市行政区范围内的经济空间；而城市外部经济空间是城市行政区范围外的经济空间，包括城镇群经济空间、一体化区域的经济空间。本书主要介绍和探讨城市内部经济空间，个别章节也会涉及城市外部经济空间。

（三）城市复杂系统及其构成

系统（System）思想由来已久。我国古代用阴阳五行学说来解释自然界的各种现象，本身就是系统思想的具体体现。系统是指由多个元素或部分（子系统、要素、组件、节点等）组成的整体，这些元素或部分通过相互作用和关联形成一个有组织的整体，实现某种功能或目标。系统可以是自然的（如生态系统）或人造的（如经济系统），可以根据层次结构的简单与否划分为简单系统和复杂系统。其中，复杂系统是一种特殊类型的系统，其组成元素或部分的数量众多，相互作用错综复杂。我国科学家钱学森先生首先提出这样一类系统，并称其为开放的复杂巨系统或巨型复杂系统。

城市是一种巨型复杂系统，其构成元素或社会经济子系统数量巨大、层次众多、关联复杂，城市系统的生成、发展（包括城市产生、增长、发展和衰退）特别复杂，城市系统与外部环境之间存在复杂的输入、输出或辐射的关联、协同关系。根据系统的定义，无论是经济城市，还是行政城市或功能城市，都具有以下复杂经济系统（包括经济要素及其结构关系）：①经济要素或经济子系统。广义的经济要素或经济子系统，既包括城市的生产、分配、流通、消费部门等组成的经济系统，也包括城市的自然条件、自然资源与环境构成的自然系统，城市的人口、社会组织等组成的社会系统，以及城市的社会设施和基础设施组成的建设系统。狭义的经济要素或经济子系统，通常指与城市经济活动直接相关的各个要素或经济子系统，例如，上述提及的经济系统，直接参与经济活动的自然系统、社会系统和建设系统及其下属的更具体的要素或子系统（如自然系统中的土地系统、矿藏系统，社会系统中的劳动人口或劳动力、企业单位等，建设系统中的供水、供电、交通、通信等系统）。②经济要素关联关系或经济结构。城市系统的经济要素与经济子系统并非彼此孤立，而是会通过互相作用、互相影响的方式和秩序，形成一定的排列、组合、搭配方式或体系构成的关联关系或经济结构。例如，不同产业之间的关联形成的产业结构、各类设施搭配形成的设施结构、不同土地利用方式及其关联形成的土地利用结构、不同城市空间布局及其关联形成的空间结构等。物质系统无一例外地以一定的结构形式存在、运动和变化。城市系统的经济结构，表现出来的是一定的城市功能，例如，作为经济活动的中心，能够提供就业机会、促进产业发展、支持商业流通等。

三、城市系统要素与结构的空间经济

在城市经济空间中，不同城市系统有不同的要素，这些要素以一定的结构在城市中分布，并相互影响和作用，形成不同的要素经济和资源经济、集聚经济和密度经济，以及结构经济与网络经济。这些经济形式不仅是城市经济发展的基础，也是城市经济学的理论基础。

（一）城市要素经济与资源经济

城市系统构成要素和城市拥有的各种物质资源存在紧密的联系。城市资源为城市要素的供应奠定了基础，如劳动力是为生产和服务提供劳动的人力资源，资本投资于生产和创新的金融资源，土地是用于建设和经营的物质资源等。城市系统要素的有效利用和组织能够影响城市资源的配置和价值挖掘。城市要素和城市资源在城市发展中发挥着重要作用。经济、高效地整合和利用城市要素，提高劳动生产率，加大资本投入力度，提升土地利用效率，优化城市资源的配置结构，提高城市资源的利用效率，能够提升城市要素经济和资源经济，促进城市经济的高质量发展。

城市要素经济（Urban Factor Economy）是指在城市区域内，由于人口、土地、资本、技术、企业家精神等生产要素的规模集聚、排列组合、相互作用以及被分配和利用所形成的经济效益。这种经济效益来自城市的规模、范围和复杂性，以及生产要素的集中和交互效应。城市要素经济主要有以下四种类型：①人口要素经济，即由于人口的集聚，形成一定规模的市场，刺激消费和投资，同时提供丰富的劳动力资源，促进城市经济增长。②土地要素经济。城市土地的集中高效利用，可以降低生产和交易成本，提高经济效率。③资本要素经济。资本的集聚可以提供充足的投资和财富，推动城市经济的发展。④技术要素经济。技术集聚和创新可以提高生产效率和质量，进而提高城市经济竞争力。

城市资源经济（Urban Resource Economy）是指城市或城市区域内，由于自然资源、人力资源、知识资源等的集聚、相互作用和被交换与利用所形成的经济效益。这种经济效益来自城市资源的高集中度和高利用效率，以及资源的多样性和互补性。城市资源经济可以分为以下四种类型：①自然资源经济。土地、水、矿产等自然资源，可以为经济活动提供必要的物质基础。②人力资源经济。人口、劳动力、专业人才等人力资源，可以为经济活动提供必要的人力支持。③知识资源经济。科技、信息、文化等知识资源，可以为经济活动提供创新和竞争的动力。④社会资源经济。公共服务、社区网络、政策环境等社会资源，可以为经济活动提供必要的社会条件。

城市要素经济的形成主要依赖以下三种效应：①集聚效应。经济活动的高度集聚会形成一定的规模效应，从而降低交易成本，提高生产效率。②知识溢出和创新。人才和技术在城市的高度集聚会形成城市知识和创新的溢出效应，推动城市经济发展。③网络效应。城市生产要素的互动和联结，会形成城市网络效应，提高城市经济的连通性和效率。城市资源经济的形成主要依赖以下三种机制：①市场机制。城市市场成熟的价格机制，有助于实现城市资源的有效分配和利用。②创新机制。城市内集中的知识和技术创新，有助于提高城市资源利用的效率和产出。③管理机制。城市有效的资源管理和政策调控，有助于保护城市资源，防止城市资源的浪费，实现城市资源的公平分配和持续利用。无论是城市要素经济还是城市资源经济，都离不开要素或资源在城市空间的高度集聚与合理配置。换言之，城市的集聚经济和结构经济，是城市要素经济与城市资源经济形成的重要基础。

（二）城市集聚经济与密度经济

城市集聚经济（Urban Agglomeration Economy）是一个非常重要的经济学概念，涉及城市经济、区域经济和产业经济的研究。一般认为，城市集聚经济是指在城市和城市群的经济空间范围内，当城市系统的要素，如生产单位（劳动力、企业或工厂等）和其他城市系统要素（生产单位）集聚适度时所获得的成本的节约、收益的增加或额外经济效益。如果城市要素或生产单位集聚不适度，就会出现集聚不经济。城市集聚经济可以分为两大类型：①地方化经济（Localization Economy）。地方化经济又称"本地化经济"，是指相同或相似的产业或生产单位（如企业）集聚在一定的城市区域内，当这些产业或生产单位的生产成本随着行业总产量的提高而降低时，会带来的额外经济效益。例如，一个城市如果有大量的软件开发公司集聚，这些公司可以共享人才、信息、设施等资源，从而降低生产成本、提高生产效率，进而带来经济效益的额外增加。②城市化经济（Urbanization Economy）。城市化经济是指不同行业的企业和人口集中在城市一定地域内，当单个生产单位或企业的生产成本随着城市地区总产量的上升而下降时所带来的额外经济效益。例如，一个城市可能有制造业、服务业、科技业等多种产业，它们相互提供各种资源和服务，从而提高整个城市的经济效率，也给集聚在该城市的产业带来更多的便利条件或额外的经济效益。

城市集聚经济之所以形成，在于城市系统的要素——生产单位能够得到在城市集聚的正外部效应（Positive Externality）。外部效应又称外部经济、外部性或溢出效应，由马歇尔和庇古于20世纪初提出："某种外部性是指在两个当事人缺乏任何相关经济贸易的情况下，由一个当事人向另一个当事人提供的物品束。"正外部效应是指一个经济主体的经济活动导致其他经济主体获得额外的经济利益，而受益者无须付出相关代价。诺斯提到的"搭便车"就是一种正外部效应。城市正外部效应的来源，或者说城市集聚经济形成的微观基础在于两个方面：①共享经济。共享经济包括三种形式：第一，中间投入品的共享经济。集聚在城市的生产单位可以通过共享基础设施（如交通、通信、水电等设施）、公共服务（如银行、学校、消防等的服务）等，减少产品生产和流通环节，节约运输成本，降低生产成本，从而获得额外的经济效益。第二，劳动力市场的共享经济。城市在整个城市范围内提供各类劳动力市场（劳动力池）共享服务，使得生产单位可以更容易地找到合适的员工。城市产业的多样性提供的更多就业机会，也让城市居民更容易找到合适的工作。在大城市，搜寻成本和流动成本较低，企业因此能够更容易地增加或减少雇员，提高经济效益。第三，知识的共享或知识溢出经济。在城市，信息可以更快地传播，从而帮助企业和个人更快地学习和创新。城市的企业和人才集聚可以促进知识的交流和创新，带来知识溢出效应。②规模经济。城市具有共享经济，主要是因为中间投入品、劳动力市场和知识溢出具有较大规模，产生了规模经济或规模经济效益，或者一定的共享经济规模形成的产业链的完整性、资源配置与再生效率的提高带来的企业边际经济效益的增加。这里的规模经济，既有企业角度的微观规模经济，也涉及城市角度的中观规模经济或城市规模经济。微观规模经济离不开中观规模经济，中观规模经济制约、提升和引导微观规模经济。

城市密度经济（Urban Density Economy）是一个与城市集聚经济相关并与之存在密切关系的概念。城市集聚经济通常需要通过较高的城市密度或密度经济来实现，过高的城市密度或密度不经济也可能导致城市问题（如交通拥堵），从而抵消城市集聚经济的一部分效益。城市密度经济强调了城市密度（如人口密度、建筑密度）对经济效益的影响。一般来说，更高的城市密度可以带来更高的经济效益，因为它可以提高资源的利用效率，促进信息和技能的传播，创建更大的市场。城市密度经济是指城市系统中人口、就业、产业、市场、基础设施等经济活动要素的集聚密度的增加所带来的经济效益和增长效应。城市要素集聚密度的增加可以提高交通的便利性，降低交通成本，加快信息的流通速度，提高市场的有效性和效率。城市密度经济基于城市的规模和紧凑程度，促进了资源的高效利用、经济活动的互动、各种创新与合作，并形成了一种特殊的经济机理。城市密度经济主要包括：①人口密度经济，即大量人口在相对较小的地理区域内集聚，形成大规模的市场和劳动力，从而推动经济发展和创新。②就业密度经济，即由于劳动力市场的集中，大量企业和机构在有限的地域范围内集聚，形成较高的就业密度和产业密集度。③交通密度经济，即高密度城市中交通网络的便利性和密集度能够促进人员、资本和信息流动，提供更广泛的市场机会，进而提高资源配置效率和经济效益。

（三）城市结构经济与网络经济

无论是城市要素经济和资源经济，还是城市集聚经济和密度经济，都离不开城市结构经济或网络经济。城市结构经济和网络经济是城市经济学的重要概念，反映了城市结构对城市经济的影响。城市结构可以分为城市内部的空间结构、城市和城市之间的空间结构或城市群空间结构、城市空间或产业的网络结构等。

城市结构经济是指由于不同的经济活动在空间上的不同分布和排列方式，包括各种产业部门的布局、城市功能区域划分，以及它们之间不同的相互关系所带来的经济效益。不同的城市结构，往往会有不同的结构经济效益。符合城市规律和市场需要的城市结构，其结构经济效益往往更大。城市经济活动的类型和密度在城市内部呈现出特定的空间分布特征，例如，工业通常集中在城市的某些区域，而商业和服务业可能分布在城市的各个区域。城市的各种经济活动之间存在相互影响和相互依赖的关系，例如，商业和服务业的发展可能吸引更多的人口和其他经济活动。城市结构经济的形成通常是以下因素共同作用的结果：①市场机制。市场供求是决定经济活动分布的重要因素。例如，某些区域可能因其交通便利、市场大、人口密集等特点，成为商业活动的集中地。②地理因素。地理位置、交通条件、自然资源等地理因素会影响经济活动的分布。例如，一些地理位置优越、交通便利的城市可能成为商业和服务业的集聚地。③技术进步。科技进步和技术创新会改变经济活动的类型和分布。例如，信息技术的发展会促使许多城市向知识经济和服务经济转型。④政策导向和投资激励。政府的政策和规划也会影响经济活动或特定产业在城市内的分布。例如，政府可能通过产业政策和城市规划，引导某些经济活动向特定区域集中。⑤产业关联和互补。一些产业之间存在互补和相互依赖的关系，从而会促进城市内不同产业的集聚，进而形成产业链。城市结构经济是城市经济组织结构的经济体现，目前，城市结构经济方面的研究主要集中在如何规划和优化城市经济结构、提高城市的经济效率和竞争力上。

城市网络结构是现代城市结构的类型，是城市系统要素间联系最为紧密的结构形态，由若干节点（如产业、劳动力、资本、技术等要素、元素等）、连接这些节点的链路（交通、通信以及关联关系等）和流动（人、货物、信息等）构成。现代城市经济系统通常包括工业系统、商业系统、建筑系统、市政设施系统、能源系统、房地产系统和信息系统等。这些系统之间、各系统内部各单位之间都存在经济关系，它们相互关联与交融，使城市结构具有网络性的特点。城市经济是一种网络经济，城市经济的合理网络以城市为中心，如商品流通网、信息交流网、技术开发网、生产上的专业化协作网。从空间上看，不同地块或建筑（节点）之间相互关联，形成星罗棋布式的网络布局和相互关系。城市网络经济是城市结构经济的一种形式。城市网络结构的空间集聚、多重连接、功能互补、相互依存、关系复杂、开放性、异质性以及动态变化等特点,决定了城市网络经济比一般的城市结构经济更复杂和丰富。影响城市网络经济的因素包括交通设施、信息技术、市场规模、政策环境等。了解城市网络结构的特点和形成机理,有助于人们更好地理解和把握城市经济规律,为城市经济发展提供科学依据。目前,城市网络经济的研究主要集中在如何规划、构建和优化城市要素网络上,以提升产业链的整合和协同效率,实现资源的优化配置,提高城市的联动效应和整体经济效益,推动城市经济的创新发展,发挥城市的经济力(吸引力、辐射力和中介力)或对周围地区、城市群的影响力和作用强度(冯云廷,2005)。

资料链接 1-2　城市密度的 5 个迷思与 5 个真相

作者：Peter Newman 来源：微信公众号"城读" 时间：2018-09-21	通过微信扫码在公众号 "城市经济学"中阅读	

第三节　城市经济学的内涵与内容体系

一、城市经济学基本方面的界定

(一)城市经济学的研究对象

国内外学者对于城市经济学的研究对象一直存在争议。例如,英国城市经济学家约翰·巴顿(John Barton,1986)认为,城市经济学是系统地运用经济学原理去解决城市问题的科学。美国城市经济学家沃纳·赫希(1990)认为,"城市经济学就是运用经济学原理和分析方法研究城市问题以及城市地区所特有的经济活动"。藤田昌久、保罗·克鲁格曼(1999)认为,城市经济学是运用空间经济分析理论去解决城市产生、发展与空间布局和城市内部种种问题的学科。我国学术界对城市经济学的研究对象也有不同的观点,例如,蔡孝箴、郭鸿懋(1990),饶会林(1989)以及王雅莉(2008)等都有各自的表述。《当代经济学学科》一书归纳了城市经济学研究对象的四个观点:一是认为城市经济学的研究对象是"城市整体",即用经济学原理来研究城市内部的各种问题。二是认为城市经济学把城市经济、城市经济关系作为主要研究对象,从城市经济总体上研究经济发展的规律性。三是认为城市体系的建立、地位、特征及发展规律是城市经济学的主要研究对象。四是认为城市经济学应主要围绕两大方面展开研究:①如何充分发挥以经济中心多功能为核心提出的一系列问题,包括城市在国民经济中的地位及作用,如何发挥经济中心作用以带动城乡经济的全面发展、城市基本特征、城市发展战略等;②以城市化和城市现代化为中心展开的一系列问题,包括城市化道路、城镇体系以及城市空间结构等。

城市经济学的研究内容与研究范围密切相关。一般认为，可以把城市经济学的研究范围划分为宏观城市经济学、微观城市经济学和城市经济相关部分三个方面来研究。其中，宏观城市经济学把城市经济看成一个整体，侧重于研究城市经济对国民经济和地区经济的影响及其相互作用关系，包括城市化、城市体系以及城市与区域经济协调发展等内容；微观城市经济学侧重于研究城市内特有的各种经济现象和经济问题，包括城市经济的发展、结构、规模，城市人口和就业，城市环境和生态经济，城市土地经济，城市住宅经济，城市基础设施经济等内容；城市经济相关部分则主要涉及城市经营与治理、城市社会问题与管理、城市现代化与国际城市、城市竞争力等内容。

本书认为，城市经济学是把城市作为空间资源系统，运用经济学理论与方法，研究如何充分发挥城市经济空间的要素经济效益、资源经济效益、集聚经济效益、密度经济效益、结构经济效益和网络经济效益的学问。城市经济学的研究对象是城市空间资源——城市经济空间，研究内容包括城市经济空间的生产与再生产、分配或配置、流通或交换、消费或利用及其优化的理论与应用。具体可见本节"三、本书的编排思路及内容安排"。

（二）城市经济学的学科性质

1988年出版的《经济科学学术观点大全》对有关城市经济学学科性质的观点进行了总结，并将其归纳为三种不同的观点：①城市经济学属于应用经济学。为了对城市土地利用与价格、城市交通等问题进行经济求解，城市经济学应运而生。②城市经济学属于理论经济学。城市经济学研究城市经济系统形成、发展和变化的规律，揭示城市经济中的各种生产关系等，反映了城市经济学的理论经济学性质。③城市经济学是一门综合性的边缘学科。城市经济系统的多层次性决定了城市经济学研究内容的综合性、层次性以及跨学科性。这门综合学科可以看作经济学的分支，也可以看作城市科学的分支。它的综合性使它与其他学科（如城市规划学、城市地理学）存在交叉，这也体现了城市经济学学科的边缘性质。

我国学者也进行了一些探索。例如：王晓玲（2004）认为，城市经济学是发展中的经济学、综合性边缘学科、空间经济学、公共经济学、高级市场经济学、新型管理经济学、先进文化经济学以及应用经济学；饶会林等（2008）认为，城市经济学是综合性边缘学科，是中观层次的经济学、空间范畴的经济学、公共经济学、制导经济学和发展经济学等。

综上所述并结合实际情况，可以认为：城市经济学是一门理论经济学与应用经济学、微观经济学与宏观经济学、规范经济学与实证经济学相结合的兼具应用性、实证性和跨学科性的空间经济学、集聚经济学、资源经济学、结构经济学、复杂经济学和发展经济学。

(三) 城市经济学的学科边界

城市经济学与区域经济学、空间经济学、经济地理学、城市规划学及土地经济学等学科存在一定的交叉，它们的研究都涉及城市的经济活动空间，都是经济学与区位或空间的结合，但也存在一些区别。城市经济学具有与这些学科不同的边界。

城市经济学与区域经济学的边界差异主要体现在研究范围和研究内容上。一般而言，城市经济学主要研究城市内部空间的经济活动，而区域经济学研究更为广泛的区域内部及其周边地区的经济活动，包括它们之间的经济联系与互动、区域经济增长、区域经济差异以及区域政策等。美国经济学会的《经济文献杂志》（*Journal of Economic Literature*，JEL）所创立的经济学文献主题分类系统，把城市经济学、农村经济学和区域经济学并列。由此可见，城市经济学和区域经济学不存在谁隶属于谁的问题，两者都是相对独立的学科。

城市经济学和空间经济学是经济学的两个重要分支，两者都关注经济活动在地理空间中的分布，以及这种分布对经济发展的影响。它们都运用经济学的原理和方法分析空间资源的配置问题，并为政策制定提供理论依据。但城市经济学研究城市经济空间及其变化对城市经济发展的影响，而空间经济学的研究范围更广，它不仅研究城市空间，还研究区域、国家甚至全球的空间结构和经济活动。有学者认为，空间经济学是一个松散的学科群，包括城市经济学、区域经济学、经济地理学、土地经济学和环境经济学（冯云廷，2018）。

城市经济学和经济地理学的边界也不同。经济地理学是经济学和地理学的结合，其研究重点通常包括地理位置对经济活动的影响、地理空间和经济发展的关系，以及地理环境如何影响经济行为等。与城市经济学关注城市内部空间的经济活动不同，经济地理学关注包括全球、国家、区域、城市以及农村范围内广泛的地理空间对经济活动的影响。1991年以来，着重研究生产的空间区位的新经济地理学逐渐进入城市经济学研究者的视野，它在解释地理空间中经济活动的集聚现象方面引起了学者们的广泛关注。然而，新经济地理学只是主流经济学研究范式下经济地理学的发展，它研究的空间范围广泛，并不限于城市。

城市经济学和城市规划学属于不同的学科。城市经济学是从经济学视角研究城市现象的学科，主要关注城市内部和城市间的经济活动、产业结构、物质资本和知识资本的流动等问题。城市规划学则从经济、社会、政治、文化等角度研究城市空间组织、城市环境建设和城市发展规划，主要关注城市的用地分配、交通规划、环境保护、历史保护等问题。城市经济学为提供城市规划学奠定了理论基础，城市规划学则为城市经济学的实践提供了支撑。

城市经济学和土地经济学的边界差异较为明显。城市经济学的研究内容只涉及城市内部的土地经济问题，而土地经济问题是土地经济学研究的全部。土地经济学研究关注所有空间范围（包括农村和城市、区域和国家，甚至全球）和不同类型的土地经济问题,以及各种土地利用方式,如农业、工业、商业、住宅等。城市经济学往往着重探讨城市土地利用方式的经济机理,例如,竞租如何影响土地的不同利用方式以及城市空间结构等。

二、城市经济学的演进与研究趋势

(一)西方城市经济学的演进

城市经济学是随着现代城市及城市经济的迅速发展而逐渐产生和发展起来的。更确切地说,城市经济学是在探讨解决城市发展中出现的诸多社会经济问题的过程中产生和发展起来的。为了解决伴随城市化和工业化而来的住房短缺、物价上涨、交通拥挤、环境恶化、犯罪率上升、城市基础设施严重不足等城市社会经济问题,人们开始从不同的角度来研究这些问题。长期的理论研究和实践探索,促使人们更多地从经济学的角度来研究和解决上述城市问题。正是一些学者从经济学的角度对城市社会经济问题的探讨和为解决这些问题付出的努力,促成了西方城市经济学的产生。

多数学者认为,1965年美国学者威尔帕·汤普森(Wilbur Thompson)编写的城市经济学专著《城市经济学导论》的问世,标志着西方城市经济学的诞生。西方城市经济学诞生以后,发展非常迅速。美国、英国以及日本等国家纷纷成立城市经济研究机构,出版学术刊物,发表专著,并在高等院校开设了城市经济学课程。许多分支学科,如社会学、地理学、建筑学等,也开始涉及城市经济学的内容。1968年,美国高等院校中已有53个系可以培养和授予城市经济学方面的博士学位。到20世纪70年代,世界范围内出版了大量城市经济学方面的教科书、专著和论文集。这个时期比较有代表性的城市经济学研究学者有英国的K. J. 巴顿(Button)、日本的山田浩之,以及美国的沃纳·郝希(Werner Z. Hirsch),等等。与城市经济学的发展相适应,国际学术交流和合作也日益活跃起来。1971年,比较城市经济学委员会成立。1972年,该委员会在德国和加拿大先后组织了两次学术会议,并出版了论文集。20世纪80年代,美国经济协会提出"经济学分类表",将一些新兴学科(福利经济学、消费经济学、城市经济学、区域经济学等)并列为美国第10大类经济学科,在"城市经济学"下面分列3个子学科,即"城市经济与公共政策""城市住宅建设经济学""城市运输经济学"。联合国以及许多国家都把区域经济和城市经济问题作为重要课题列入研究计划。在发达国家,城市经济学是经济学学科中一门极其重要的学科。

(二)我国城市经济学学科的发展

在西方城市经济学产生和发展的初期,我国还处于计划经济阶段。1978年12月党的十一届三中全会以后,为适应城市经济发展和经济体制改革形势的需要,城市经济学进入我国。20世纪80年代初,在经济学家马洪等的努力下,经国家教育主管部门注册备案,城市经济学正式被列入经济学的二级学科(刘维新,2008)。

1982年，中国社会科学院财贸经济研究所成立城市经济室。1986年5月，中国城市经济学会在上海成立。之后，北京、天津、上海、辽宁、四川、黑龙江、山西、江苏、湖南先后成立了城市经济学会，或者在省市社会科学院下设立城市经济所（室）。其他省（区、市）也相继成立了城市经济学会或研究所。

一些大学还成立了相关院系或专业。例如：首都经济贸易大学张跃庆教授在全国最早创设城市经济管理专业（1984年）和城市经济系（1985年），中山大学、南开大学、东北财经大学（原辽宁财经学院）等相继设立了相关系所或专业，陆续为本科生开设城市经济学课程。清华大学、北京大学、中国人民大学、上海财经大学、西南财经大学、华中师范大学、东南大学、湘潭大学等高校也开设了城市经济学与城市管理学课程，作为相关专业学生的专业基础课、专业方向课或选修课，很多学者也开始进行城市经济学领域的研究。1985年，首都经济贸易大学与中国社会科学院财贸经济研究所城市经济室联合招收城市经济研究生。1990年以后，南开大学、中山大学、首都经济贸易大学、厦门大学、东北财经大学等院校相继获得城市经济学专业的学术硕士与博士学位授予权。1997年，国务院学位委员会对学科专业进行调整，将城市经济学科和其他相近学科合并调整为区域经济学科。2010年前后，中国人民大学、南开大学、中国社会科学院大学等高校将城市经济学学科独立出来，与区域经济学并列，招收城市经济学硕士与博士研究生。

（三）城市经济学学科的研究趋势

目前，全球处于城市化、区域一体化、数字化和国家、区域、城市竞相发展的时代，城市经济在国民经济乃至世界经济中的地位进一步增强，城市的作用和影响越来越大。同时，我国正在推进高质量发展，以加强人与自然和谐共生的生态文明建设，开创中国式现代化新局。在此社会经济背景下，城市经济学学科的研究出现新趋势，主要表现在以下三个方面：

第一，学科理论体系的重构研究将会加强。在新的时代背景下，在既有学科理论基础和学科体系研究的基础上，进一步开展研究，尽快建立和完善具有中国特色的城市经济学学科体系，应是我国城市经济理论工作者的首要任务和必须完成的研究课题。我国城市经济学基础理论研究将会在明确城市经济学的性质、研究对象、范畴、结构等问题的基础上，规范相关概念的使用，注意研究方法和工具的规范应用，积极创建符合我国实际情况的城市模型，提高研究的规范性，增强实践的可操作性。此外，融会多学科理论方法来丰富和发展城市经济学的内涵和外延，也是未来城市经济学学科体系研究的一个趋势。

第二，研究内容更趋时代化和实践性，导向功能更为突出。城市经济学学科发展之所以在20世纪90年代遭受挫折，与其在20世纪80年代到90年代兴起和发展初期学术界开展的有关研究内容脱离实践有一定关系。在新的时代背景下，我国城市发展需要更贴近时代和实践。因此，我国城市经济学的研究不会沿袭西方的套路、遵循西方的思维、为西方城市的现实问题开出药方，而会在构建中国特色城市经济学理论体系的基础上，直面改革开放，特别是党的二十大和国家"十四五"规划颁布以来的中国式经济社会发展、数字经济建设、新型城镇化和区域协同实践，遵循城市发展规律，坚持生态文明建设、国土空间协调发展和城市创新发展，密切关注和认真研究国家发展战略中涉及城市的数字经济与空间结构、城市产业结构转型升级与高质量发展、智慧城市与韧性城市建设、新型城镇化、城市创新发展、城市与区域的协同发展以及城市更新等实践问题，加强对城市营商环境、城市住房与交通治理、城市功能疏解等方面政策的解读以及对经济效应的评估与分析，推动我国城市相关政策进一步科学化和高效化，为我国城市的经济发展提供更多的理论支撑和智力支持。

第三，研究方式、手段和方法将有大的变革。近年来，我国城市经济学的研究方式、手段与方法已经出现变革的端倪，突出表现在四个方面：①计算机应用更加频繁。城市经济学跨地域的合作研究，离不开网络化数字技术和计算机技术等先进技术手段的应用、建立城市经济学数量经济模型。采用先进的计算机技术进行数据统计分析，也离不开计算机的高级应用。以西方的 ChatGPT、Chatsonic、Claude、Bard 以及我国的百度文心一言、阿里通义千问、华为盘古、腾讯混元、讯飞星火、网易玉言为代表的人工智能大模型，将会带来城市经济学研究范式的调整，甚至引发计算城市经济学研究的发展。②基于微观大数据的应用研究越来越普遍。除传统的统计年鉴数据外，越来越多元化的微观数据，如卫星遥感影像数据（如夜晚灯光、土地利用、气候与环境治理监测数据、气溶胶光学厚度等）、GPS 数据（如谷歌和百度的地图、街景、滴滴等网约车公司提供的交通出行大数据、通信公司提供的手机使用数据）等城市大数据，使得城市经济空间结构状态及其演变的相关研究更及时、精准和全面，极大地提高了微观大数据在城市经济研究中的应用。③由专门化研究走向综合研究趋势明显。摒弃单一的专门化研究，在中观层次和空间范畴上对城市经济问题进行跨学科、跨部门的综合性研究成为必然。作为交叉学科的城市经济学，得益于其他学科，如计量经济学、数字经济学、空间经济学、新经济地理学、城市复杂科学等在理论和方法上的发展。例如，微观计量经济学为城市公共政策和项目效果评估提供了实证研究方法，城市复杂科学为城市经济的发展演化提供了模拟仿真工具和方法等。城市经济学的研究，将会进一步走向学科渗透与综合化。④比较研究将成为趋势。城市经济研究将逐步摆脱对单一城市的研究，注重不同国家与地区的城市比较研究。发达国家城市增长与发展的成功的经验和失败的教训也将成为研究热点。

三、本书的编排思路及内容安排

（一）本书的编排思路

对城市经济学研究对象、学科性质和学科边界的认识不同，就会对城市经济学的框架体系编排有不同的思路。在西方，城市经济学作为理论经济学的延伸和体现，存在主流城市经济学派和非主流城市经济学派（保守主义学派）两个流派。主流城市经济学派强调城市资源配置的市场化和政府干预相结合的思路，其核心研究命题是如何利用有限的时间最大化城市内部主体的效用。按照这样的逻辑思路，主流城市经济学派的研究侧重对不同政策行动进行成本与收益分析。非主流城市经济学派强调城市资源配置中市场经济的绝对作用，认为政府的作用在于提供纯公共物品。在这样的编排思路下，他们的研究主要集中于城市土地利用、公共住宅和城市改造等社会经济问题。

我国的城市经济学大致也存在两个学派，一个是"城市经济+学"派，另一个是"城市+经济学"派。前者认为城市经济学是研究"城市经济"的学问，后者认为城市经济学是研究城市与城市问题的学问。在不同的理论认知下，有的学者以城市经济发展、城市经济结构、城市经济环境、城市经济效益、城市经济管理作为城市经济学的研究体系，有的学者以发展、土地、环境、交通、住房、规划为城市经济学研究的框架，有的学者以发展、土地、交通、环境、犯罪、文化、贫穷为城市经济学的研究范畴，有的学者以发展、结构、交通、土地、住宅、环境、财政、管理为城市经济学的内容体系……凡此种种，各有特色。

本书的编排基本上基于西方的主流城市经济学派和中国的"城市+经济学"派的逻辑思路。与上述学派有所不同的是，本书认为，城市经济学是利用经济学的理论与方法，研究如何充分发挥城市作为系统和空间资源的整体经济效益的学问。经济学家保罗·萨缪尔森认为，经济学研究的是一个社会如何利用稀缺的资源生产有价值的商品，并将它们在不同的个体之间进行分配。这种分配的目标是有效地配置稀缺资源以供生产商品或提供劳务，最终实现稀缺资源的最佳配置以使社会需要得到最大限度的满足。经济学分为微观经济学和宏观经济学。微观经济学从研究单个经济单位的最大化行为入手，以解决资源的最优配置问题，包括生产、流通、分配和消费各个环节；宏观经济学研究的基本问题是社会范围内的资源利用如何整体最优化，以实现社会福利最大化。宏观经济学把资源配置设为既定或已知，研究现有资源如何充分利用、未能得到充分利用的原因，达到充分利用的途径，以及如何实现增长等问题。显而易见，本书的内容既涉及微观经济学中资源配置的四个环节，又涉及宏观经济学中的资源利用整体最优化的问题。

城市系统有如生物有机体，会经历从出生（产生、形成）、发育（成长、扩展）、成熟（稳固、鼎盛）、衰退（老化、收缩、衰落）到复兴（再生或再形成）的生命过程。这个过程也是城市生命周期的体现。城市系统要素与结构在城市生命周期的不同阶段会呈现出不同的特征，其空间资源的配置与最优化也有不同的基础与要求。城市生命周期的每一个阶段，通常都有一定的特征区隔和较长的复杂过程，而城市空间资源的生产、分配、流通与消费的四个环节及其最优化过程，往往没有明显的过程差异，甚至存在交叉。"城市本身既是创造空间的载体、前提，又是空间的创造过程，城市每天都在生产新的空间"。① 空间的分配、流通及消费与其生产一样,并没有绝对的阶段性。基于这个角度,以城市生命周期为时间序列,可能更有利于清晰界定和研究城市空间资源配置的过程。

本书内容编排的逻辑思路是,把城市作为系统,从城市产生与成长的生命周期出发,以城市的产生、成长、成熟、衰退到复兴的相对时序和周期的纽带,基于空间资源的生产、流通、分配和消费四个环节及资源最优利用的经济学思维,把城市经济学的主要研究内容分为城市经济学导论、城市产生经济学、城市规划经济学、城市建设经济学、城市发展经济学和城市治理经济学六篇。

(二) 本书的内容安排

基于上述逻辑思路,本书内容编排的框架体系如图 1-1 所示。

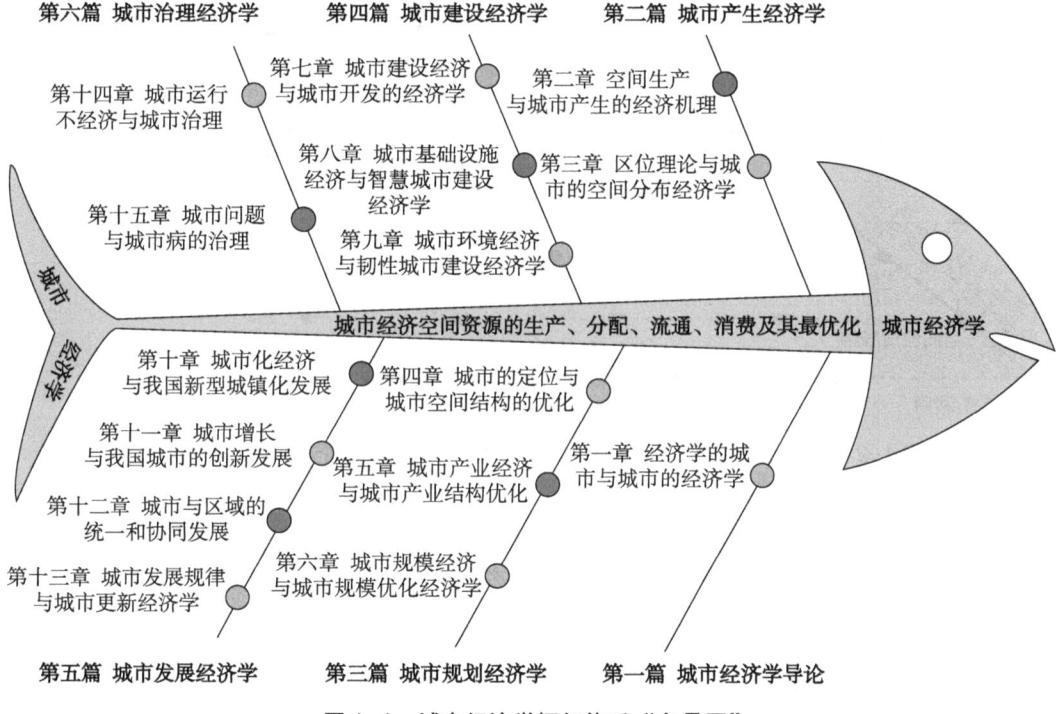

图 1-1 城市经济学框架体系"鱼骨图"

图 1-2 对图 1-1 中的篇章内容和城市经济空间资源再生产四个环节相结合的情况进行了更为清晰地呈现。

在图 1-2 中,三个坐标轴分别表示"城市生命周期""城市经济空间配置及其最优化的城市经济行为决策与行动"以及"城市经济空间再生产的四个环节";"■"表示城市生命周期不同阶段的城市经济空间资源再生产所涉及的环节;"●"表示城市生命周期不同阶段的城市经济行为决策与行动(例如:城市生命周期中的不同阶段都或多

---

① 张鸿雁,张登国. 城市定位论 [M]. 南京:东南大学出版社,2008:7.

或少地涉及城市规划决策与行动，本书相关章节涉及的具体决策与行动包括城市经济空间的区域定位、城市空间结构规划、产业规划与规模规划及优化等）；"■"表示城市经济空间资源再生产的不同环节所对应及需要的城市经济行为决策与行动。

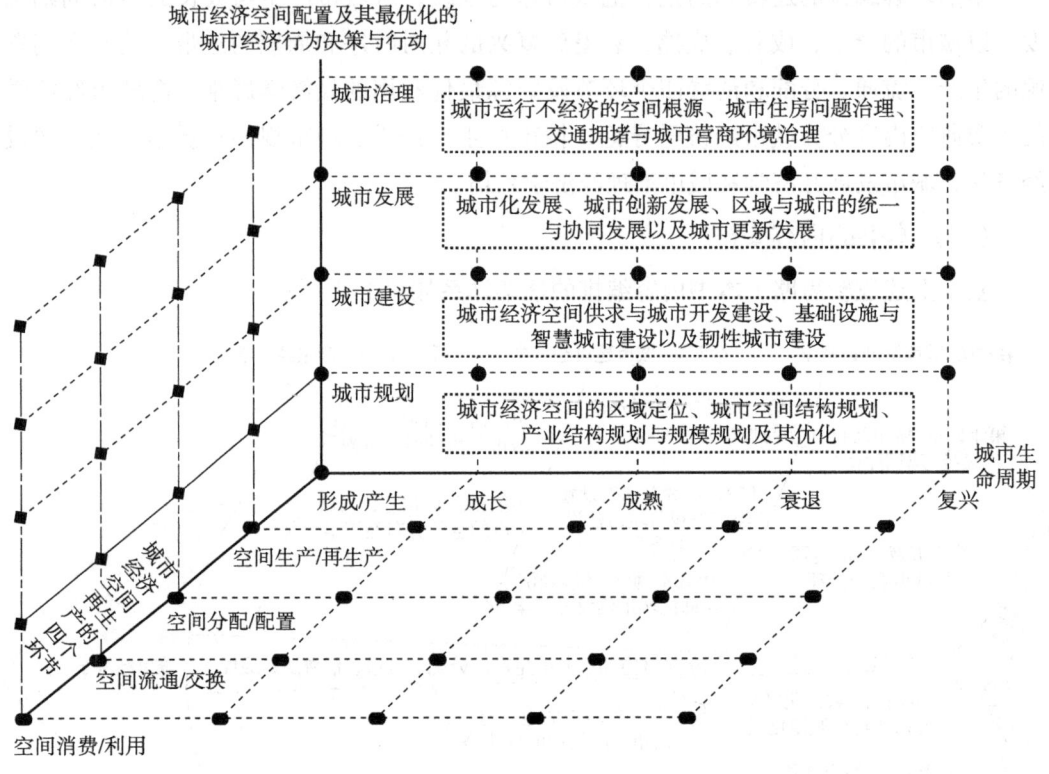

图1-2 城市生命周期、城市经济空间再生产及城市经济行为决策关系示意

对于近、现代城市而言，在城市形成或产生、成长、成熟、衰退和复兴的各个阶段，多少都会涉及城市经济空间资源再生产的四个环节，也都需要城市经济主体（主要是城市政府）开展城市规划、城市建设、城市发展以及城市治理（城市形成或产生的初期较少需要治理）的决策并采取行动，因此，"■"和"●"的含义较为容易理解，相对而言，"■"的含义则并非显而易见。举例简单说明如下：城市产生（第二篇）、城市建设（第四篇）、城市发展（第五篇，如第十三章）等内容涉及城市经济空间资源的生产与再生产环节基本不言自明，但城市规划（第三篇）与城市治理（第六篇）同样影响城市经济空间资源的生产与再生产环节则并不彰明较著。事实上，城市规划直接决定了城市经济空间的生产与再生产的时序、分布与规模；城市治理也会基于城市空间的不经济利用情况，修正或调整城市经济空间的生产与再生产状况等。

城市经济学不但探讨城市经济空间资源再生产如何更经济，也研究城市经济空间资源再生产如何更优化，本书部分章节介绍了优化的具体形式与内容。例如，空间形成的优化（第二篇部分内容）、城市空间资源利用的规划优化（第三篇）、城市空间资源生产或建设过程中的优化（第四篇）、推进城市发展进而提升空间资源利用的优化（第五篇：第十章是以城市为依托的国土空间资源利用最优化，以及城市的城区与所辖乡村区域空间资源利用的最优化；第十一章强调城市本身通过创新增长实现城市空间资源利用的最优化；第十二章强调城市如何借助所在区域的条件实现空间资源利用的最优化，以及区域如何基于城市实现更大范围的空间资源利用的最优化；第十三章强调如何通过城市更新对城市空间进行符合时代要求、未来发展和最经济与最适合用途的挖潜利用，实现城市空间资源的最优化利用）、通过城市治理降低集聚不经济或外部不经济，进而提升城市空间资源利用的最优化（第六篇）等。

资料链接1-3 西方城市经济学：在争鸣中演进

| 作者：Beatrice Cheerier（吴建峰 译）
来源：微信公众号"沪港发展联合研究所"
时间：2022-01-09 | 通过微信扫码在公众号"城市经济学"中阅读 |  |

本章小结

城市有建制城市、功能城市和经济城市之分，城市经济学基于经济学的理论视角研究经济城市。城市和地理、区域存在一定的联系。经济学中的城市，本质上是生产、分配、流通、消费四个环节中各种活动高度集聚的经济空间。

城市经济空间是一种资源。城市经济空间资源是城市空间范围内的经济资源，是城市经济学的研究对象。作为复杂经济系统，城市具有自己独特的系统要素构成和结构形态，表现为要素经济、集聚经济和结构经济等空间经济形式。如何更经济地生产与再生产、分配或配置、流通或交换、消费或利用城市经济空间资源并进行最优化，以便创造更好的城市空间经济效益，是城市经济学研究的目的，也是区分城市经济学学科性质和学科边界的依据。

城市经济学发展至今，取得了较大的成绩。在全球处于城市化、区域一体化、数字化和国家、区域、城市竞相发展的时代，在我国推进高质量发展、加强人与自然和谐共生的生态文明建设、开创中国式现代化新局的社会经济背景下，城市经济学研究出现了新的趋势。

关键词：经济城市；区域；城市经济；城市经济资源；城市复杂系统；要素经济；资源经济；集聚经济；密度经济；结构经济；网络经济；城市经济学

问题与应用

1. 城市、区域和地理的关系如何？
2. 经济学中城市的定义和本质是什么？
3. 试分析城市经济资源及其类型。
4. 谈谈你对城市复杂系统及其构成的看法。
5. 城市空间经济形式有哪些？
6. 谈谈你对城市经济学的研究对象、学科性质的看法。
7. 谈谈你对城市经济学学科边界的认识或理解。
8. 谈谈你对城市经济学研究趋势的看法。
9. 试找出日常生活、学习或工作中的一个案例，谈谈自己对城市要素经济、集聚经济或结构经济的体会。
10. 阅读"资料链接"中的资料，并分组进行讨论。

参考文献与推荐阅读

[1] 周天勇. 城市及其体系起源和演进的经济学描述 [J]. 财经问题研究, 2003 (7): 4-14.

[2] 斯皮罗·科斯托夫. 城市的形成: 历史进程中的城市模式和城市意义 [M]. 单皓, 译. 北京: 中国建筑工业出版社, 2005.

[3] 任少波. 城市: 集聚化交易的空间秩序 [J]. 浙江大学学报（人文社会科学版），2012 (4): 153-164.

[4] 李青. 管视西方城市经济学和城市地理学研究的流变 [J]. 城市问题, 2001 (4): 8-10, 49.

[5] 陆军. 城市经济学的理论研究重心及其研究范式 [J]. 城市问题, 2001 (5): 13-15.

[6] 赵红军, 尹伯成. 城市经济学的理论演变与新发展 [J]. 社会科学, 2007 (11): 6-15.

[7] 刘修岩, 陈露, 李松林. 城市经济学模型与实证方法的研究进展与趋势 [J]. 西安交通大学学报（社会科学版），2021, 41 (3): 25-34.

[8] 董昕, 杨开忠. 中国城市经济学研究的"十三五"回顾与"十四五"展望 [J].

城市发展研究, 2021 (8): 63-69.

[9] 江曼琦, 李伟. 中国城市现代化建设中城市经济学研究内容嬗变与发展展望 [J]. 河北学刊, 2023 (1): 127-139.

[10] 童长凤, 王伟. 国内城市经济学近十年实证研究进展与政策因应——基于典型文献的评述 [J]. 经济研究参考, 2021 (17): 30-54.

第二篇
城市产生经济学

作为经济学中生产、分配、交换、消费四个环节的开端,城市经济空间的生产或者城市的产生,包括城市因何产生以及在哪里产生的经济机制,是城市产生经济学关注的内容。

经济活动的空间特征是城市经济学存在的原因。人类经济活动之所以集聚到某个或某些地方,是因为比较优势的存在,以及人类技术创造的似乎违背自然秩序的生产和交换系统。

城市的形成或空间生产与空间需求有关。关于城市形成的根本途径,有关学说从经济机理和理论上进行了解释。与通常的介绍不同的是,本书从庭院生产模型和空间竞租两个途径,分别说明了生产经济活动从乡村转移到城市,以及城市初始空间形成的经济过程。

本篇包括第二章和第三章的内容。其中,"第二章 空间生产与城市产生的经济机理",主要从经济学视角分析城市为什么产生;"第三章 区位理论与城市的空间分布经济学",主要基于区位论和经济学理论分析城市在哪里产生的机制。

总体来看,本篇主要探讨城市经济空间资源的生产与市场配置问题。

第二章 空间生产与城市产生的经济机理

城市是社会经济发展到一定阶段的产物。为了说明城市产生的经济机理，本章共分三节：第一节介绍城市产生的经济解释；第二节介绍贸易城市和工业城市两种因市而城的城市产生的机理，进一步佐证第一节的经济学解释；第三节介绍城市初始空间的形成，并结合第二节，从两个方面说明城市产生的缘由。本章内容是后续各篇章的基础。

第一节 空间生产与城市产生的学说与理论

一、经济空间需求与城市空间的生产

德国经济学家廖什认为，"只有空间才使特殊性有可能，然后在时间中展开"[①]。马克思言简意赅地指出："空间是一切生产和一切人类活动所必需的要素。"从经济学角度来看，城市的产生通常源于人们或人类社会对能够获得更高经济效益的各类经济空间的需求。生产力的发展是城市产生的基础。人类早期居无定所，随遇而栖，三五成群，渔猎而食。在农业社会初期和中期，生产力水平较低，人口分散，人们主要依靠土地进行生产。先秦佚名的《击壤歌》有云，"日出而作，日入而息，凿井而饮，耕田而食"，那时人们自给自足，很少交换。随着生产力的提高，生产与消费的空间分离使交换活动成为必要。交换活动的增加促进了市场的形成和扩大，市场的扩大导致人们对集聚的经济空间的集中需要，这就推动了相应空间的生产。土地、交通运输等基础设施、交易场所及住宅等空间资源不断被开发或利用，人类开始在特定地点集中，形成人口、经济和社会活动的中心，进而催生了城市。人类对经济空间需求规模的不断扩大推动了城市的产生，而城市的产生和发展又进一步促进了空间的生产，不断满足人们对空间的各种需求。

在中国，"城市"中的"城"最早是指有防卫围墙、能扼守交通要冲、具有防守功能的军事据点。《墨子·七患》中指出："城者，所以自守也。"《管子·度地》中

---

① [德] 奥古斯特·勒施. 经济空间秩序——经济财货与地理间的关系 [M]. 北京：商务印书馆，1995：167.

说：“内为之城、城外为之郭。”《吴越春秋》也指出：“筑城以卫君，造郭以守民。”在距今4000~5000年的龙山文化时期，我国就出现了城堡。与"城"不同，中国古代"城市"中的"市"是指商品交换的场所，是商品流通的中心。《孟子·公孙丑》中说，"古之市也，以其所有，易其所无，有司者治之耳"。由此可见，集中防卫和管理对集中空间的需求，使得相应的经济空间得以生产，最终导致"城"的产生；商品交易和流通对集中空间的需求，也让相应的经济空间得以生产，最终带来"市"。随着社会经济的发展，防卫和交换对集聚空间的共同需要使"城"与"市"逐渐合为一体，成为"城市"。

二、城市形成的根本途径与主要学说

城市的起源从根本上说，有因"城"而"市"和因"市"而"城"两种类型。因"城"而"市"，就是城市的形成先有城后有市，市是在城的基础上发展起来的，这种类型的城市多见于战略要地和边疆城市；而因"市"而"城"则是指由于市的发展而形成城市，即先有市场后有城市，这类城市比较多见，是人类经济发展到一定阶段的产物，本质上是人类的交易中心和聚集中心。城市的形成，无论多么复杂，都不外乎这两种形式。

一些学者把城市形成的途径归为四种：一是由城堡发展而来，如早期的雅典卫城、古埃及的卡洪城、两河流域的吴尔城、罗马的营寨城；二是由商品交易集散地发展而来，如威尼斯、佛罗伦萨；三是由交通枢纽发展而来，如中国的"丝绸之路"沿线出现的张掖、酒泉、敦煌等城市，大运河沿线的杭州、苏州、扬州、淮阳等城市；四是由农村居民点（邑）发展起来的城市。上述四种途径中的第一种，属于因"城"而"市"；第二种和第三种属于因"市"而"城"，第二种不言而喻，第三种因有交通枢纽带来的"市"而"城"；第四种主要是因"市"而"城"，但也有为了防卫而先有"城"后有"市"（因"城"而"市"）的可能。

与城市形成的途径相对应，人们对城市兴起的根源提出了四种学说，即"防御说""集市说""地利说""血缘与宗教说"。"防御说"认为，建城郭的主要目的在于防御，即保护相关利益不受别的部落、氏族或国家的侵犯；"集市说"认为，随着生产力和社会分工的发展，人们需要通过集市交换产品，进行交换的地方逐渐固定就有了市，后来就建起了城；"地利说"认为，城市的形成离不开良好的自然和经济地理条件，如有良好的地理位置（如商路交叉口、河川渡口或港湾），适宜的气候、土壤和植被条件等①；"血缘与宗教说"认为，因为血缘，人们会集聚在一起生活，慢慢形成居民点和城市，因为宗教，人们会定期或永久地集聚到一起，逐步形成城市。

---

① 现代城市的产生，不少与其具有自然和经济地理条件或区位上的优势有关。

三、城市形成的经济机理与理论解释

赵红军（2005）对城市形成的经济机制进行了总结①。他指出，新古典经济学家马歇尔最早使用外部规模经济和运输成本说明城市的形成。米尔斯和汉密尔顿（Mills and Hamilton，1984）发展了马歇尔的说法，并将其运用到城市形成理论中。赵红军（2005）认为，新古典经济学用规模经济带来生产集中、通勤成本节约导致人口集中、运输成本节约产生集聚经济的说法，较合理地描述了城市的形成过程，但也存在局限，因而是外生性的城市形成说。当然，新古典经济学的观点及其局限也开拓了经济学家的思路，后来的经济学家改用规模报酬递增和交易效率来解释城市的形成。赵红军指出，这类文献有两类：一类运用规模报酬递增、多样化消费偏好和交易效率之间的冲突解释城市的形成（Fujita and Krugman，1995）；另一类通过劳动分工和专业化经济、交易效率、多样化消费偏好间的冲突解释城市的形成（Yang，1991；Yang and Rice，1994；杨小凯和黄有光，1999）。

张琦（2007）总结了三个理论来解释城市的形成：一是外部性理论；二是内生理论；三是集聚经济和竞争优势理论。马歇尔（Alfred Marshall，1890）认为，生产的外部性可能就是城市形成和集聚的一个原因。Courtney LaFountain（2004）指出，可以通过识别人口、就业及企业的平衡分布来确认城市的形成。城市形成机制的内生理论与外部性理论有关。Jacobs（1969）认为，知识溢出对人口集聚发挥了关键作用，对城市的形成也发挥了不可忽视的作用。罗默（Paul M. Romer，1986）和卢卡斯（Robert E. Lucas，1988）的内生增长理论认为，人力资本对整个社会的知识储备存在正外部性，知识溢出的外部性对空间集聚非常重要，很多学者对此进行了研究并提供了大量证据。Scott E. Page通过构建模型发现，如果人人都想最大化其住处的居民数或者最小化彼此间的距离，那么就可以形成一个城市。他把有关城市形成的内生增长模型归纳为三类：第一类包括个人和厂商对一些经济变量的偏好（如工资、土地价格）；第二类定义了对人口分布的偏好；第三类则构造了市场潜力等偏好变量。这三类模型以及Fujita和Krugman（1999）的城市形成模型中都包含交通成本和正外部性这两个因素。Krugman（1991）指出，用人口聚集带来规模收益来解释城市形成非常重要。Fujita（2004）对集聚经济及其对城市形成的作用也作了论述。我国学者冯云廷（2001）认为，产业集聚是城市形成和发展的因素。此外，周伟林（2004）等认为，比较优势是城市形成的原因之一。

赵红军（2005）和张琦（2007）对城市形成原因的总结，在本质上不谋而合。这也说明，对城市的形成机制，人们的认识基本一致，只是角度和具体的表达有些不同。

---

① 赵红军. 交易效率、城市化与经济发展［M］. 上海：上海人民出版社，2005：90-97.

资料链接 2-1	中国城市的起源	
作者：（匿名） 来源：微信公众号"社会与历史研究" 时间：2023-03-14	通过微信扫码在公众号"城市经济学"中阅读	

第二节 庭院生产模型与城市产生的经济学

一、庭院生产模型及其假设的经济分析

（一）庭院生产模型的基础与思路

城市之所以能够形成，本质上是因为城市所在地域与农村或不能形成城市的地域相比，具有竞争优势，或称比较优势。李嘉图在《政治经济学及赋税原理》一书中指出，虽然一个国家可能在两种商品的生产上都处于劣势地位，但两者的劣势程度一般会有不同，相比之下，总有一种商品的成本劣势要小一些，即具有相对优势。国家或地区间利用这种相对优势进行专业化生产和贸易，双方都能从中获得利益，这就是比较优势原理。

庭院生产模型就是基于比较优势原理提出的。美国城市经济学家奥沙利文（2015）对该模型进行了详细的介绍[①]。学者们在利用该模型探讨城市产生机理时，通常要考虑以下问题：在城市形成或产生之前，农村转化为城市的条件是什么？如果农村不能最后转化为城市，它存在什么问题或需要什么假设条件？如果证明这些问题或假设条件不成立，就可以反证农村能够转化为城市。

（二）庭院生产模型的两类假设

该模型有两类假设：一类是前提假设，该类假设提供了研究中的一些基本假设或前提条件；另一类是操作假设，该类假设针对研究中的特定操作或变量测量方法提出预期的结果。

庭院生产模型的前提假设有三个：一是人口在整个地理区域内均匀分布。这意味着，在城市形成之前人口很少的历史时期，这个地理区域是同质的（没有高山、河流和平地之分），不存在因为人口集中带来的社会资本的影响。二是只有家庭一种经济主体，每个消费者都是生产者，或者说，每个经济主体都同时扮演着生产者和消费者两种角色。三是经济主体利用从土地上获得的原材料（小麦和羊毛），只生产和消费两种

---

① 阿瑟·奥沙利文. 城市经济学 [M]. 周京奎, 译. 8 版. 北京：北京大学出版社，2015：15-21.

产品：面包和衬衣。所有产品都在庭院或住宅的屋顶生产。假设中设定的这个人口均匀分布、自给自足的地理区域，就是庭院生产模型中的"庭院"或"农村地区"，满足这些假设的生产，就是庭院生产。

在前提假设的基础上，庭院生产模型还有三个操作假设：①相同的生产率。也就是说，对于从事庭院生产的所有经济主体，他们投入的土地在生产小麦和羊毛的过程中，具有相同的生产率，他们在生产面包和衬衣的过程中，投入的劳动的生产率也相同。这意味着，所有经济主体的劳动力没有差别，在同样的时间、不同的地点，只能生产出相同数量和质量的面包和衬衣；所有地域的气候等地理条件都一样，所有的土地同等肥沃或贫瘠，在时间相同、地点不同的情况下，所有经济主体从投入生产的土地中收获的小麦和羊毛具有相同的数量和质量。②交换不存在规模收益。具体而言，所有的经济主体在交换各自生产的面包和衬衣的过程中，无论双方的交易规模多大，单位产品的交易成本（包含双方"走"到一起进行交易的交通成本）都是常数，因而也就不存在交易的规模收益。③生产不存在规模收益。换言之，所有经济主体在生产面包和衬衣的过程中，不会出现产量越大生产率越高的情况，或者说，无论经济主体生产多少面包和衬衣，单位时间内他们生产的面包和衬衣的数量和质量都一样，因而也就不存在生产的规模收益。

（三）庭院生产模型假设的后果

操作假设①，所有经济主体投入的生产要素生产率相同，也就是每个经济主体的劳动生产率相同、土地生产率也相同，所有地理区域具有相同的经济吸引力。作为经济学中的理性人或经济人，经济主体不会为了更高的生产率或收益从自己的地理区域迁移到别的地理区域去从事生产活动，也不存在因为自己生产的产品较多（农业剩余）而去别的地理区域交换的问题。因此，在经济主体或家庭人口数量一定的情况下，不存在因为人口迁移或产品交换而导致某一地域的人口大规模集聚，也就不会产生城市。

操作假设②，交换不存在规模收益。即使存在交换，也只是不同经济主体之间的行为，不会存在经济主体转行专门承担交换工作的情况。或者说，不存在社会分工，专门从事交换中介的商人、专门从事运输的工人，以及商人和运输工人集聚在某地理区域从事贸易中介和运输活动的情况也就不会出现。没有人口的规模集聚，贸易城市就不会产生。

操作假设③，生产不存在规模收益。经济主体不会为了获得更大的规模收益而扩大再生产，专门从事生产的工人和工厂不会存在，专门从事生产工具生产的企业和工人也不会存在。没有生产的社会专业分工，劳动生产率难以提高，社会生产力也得不到发展。在这种操作假设下，既不会有人口和生产活动的大规模集聚，也不会有工业城市甚至城市的产生。

总之，庭院生产模型的操作假设，完全排除了社会生产力的发展、产品交换行为和大规模生产，也排除了经济城市产生的可能性。

二、交换的规模经济与贸易城市的产生

（一）比较优势与地区之间的贸易

在现实中，不同地区经济主体之间的劳动生产率存在较大差异，作为生产要素的土地，生产率也会有所不同。也就是说，不同地理区域的"庭院生产"，在单位时间内的产出存在着数量和质量上的差异。为了简化说明，这里不考虑产品的质量差异。假设有两个地区，A 地和 B 地，A 地的经济主体在生产面包和衬衣方面比 B 地有更高的生产效率，或者说，在单位时间内，A 地的经济主体生产的产品数量多于 B 地，假设数值见表 2-1。由表 2-1 可知，A 地的经济主体无论是生产面包还是生产衬衣，其生产率都具有高于 B 地经济主体的绝对优势。从这个角度看，双方不存在产品交换，也不会有分工的产生。

然而，如果考虑相对优势，从表 2-1 的机会成本差异中可以看到，A 地经济主体生产面包的机会成本低于 B 地，生产衬衣的机会成本高于 B 地。在比较优势的驱使下，为了降低机会成本，获取更高收益，A 地的经济主体可能会专门生产面包，B 地的经济主体可能会专门生产衬衣。为了满足各自的需求，A 地的经济主体会用生产的面包与 B 地的经济主体生产的衬衣进行交换，这样 A 地和 B 地就可能出现专业化分工和产品贸易。

表 2-1　A 地和 B 地经济主体的生产率与机会成本差异

经济主体	生产率差异（每人每小时的产量）		每小时产出的机会成本差异	
	面包（块）	衬衣（件）	面包（块）	衬衣（件）
A 地	3	6	2 件衬衣	0.5 块面包
B 地	1	4	4 件衬衣	0.25 块面包

（二）交换的规模经济与商人的出现

A 地和 B 地是否会出现专业化分工和产品贸易，还与交易成本有关。交易成本包括双方到达交易场所与交易过程需要花费的时间成本，以及把产品运输到交易场所的运输费用。如果时间成本与运输费用之和大于其中任何一方的交易净收益，交易或贸易就不会发生。在交易的交通方式或产品的运输方式既定的前提下，交易成本的大小取决于交易场所（地点或市场）的位置。因此，能使交易成本最低的交易场所（地点或市场）会得到交易双方的认可。交易双方也会主动寻找合适的交易场所，并向交易场所集中。

随着交易成本的降低，交易或贸易会日趋频繁，交易的经济主体会越来越多，交易的产品数量会越来越多，交易的产品类型会越来越丰富，逐步出现专门用来交换的劳动产品——商品，商品生产反过来又会促进交换的发展。为了获取贸易收益，一些

经济主体不再从事产品生产，转而专门从事商品交换活动，逐步成为商人。他们组建贸易公司，购买卡车等大型运输设备，雇用专门从事运输业务的工人，在 A 地或 B 地把双方生产的产品运输到交易场所进行贸易。一般来说，贸易公司的商人及其雇用的运输工人，具有比面包和衬衣的生产者更高的劳动生产率、更低的交易成本，他们大量收购、运输商品，并利用自己的交易技巧和更高的交易效率，获得更大的规模经济。A 地和 B 地的每个经济主体，都把自己生产的产品卖给贸易公司，这样往往能够获得比直接交易更多的交换收益。这样，从事贸易的商人和贸易公司越来越多，贸易活动也越来越频繁。

（三）贸易活动的集聚与城市的产生

交换或贸易的规模经济，一方面极大地促进了专业化分工，另一方面推动了商业活动和市场的繁荣。为了便于收购、运输和销售商品，降低交易成本，获取规模报酬的递增，贸易公司通常会在能够高效收购、分配或运输大批货物或商品且交通便利的地方，如港口、河流交汇处、运河边、海港或者重要的陆地交通线附近选址，从而使这些地方发展为市场。一旦这些地方成为市场，又会吸引更多的贸易公司在该地选址。随着时间的推移，这些市场所在的地区会因为大量的贸易活动，吸引越来越多具有多样化贸易和消费偏好的人口，从而形成城市。这类城市，因为贸易活动而形成，通常被称作"贸易城市"。

总之，在城市产生之前或之后的现实世界中，庭院生产模型中的操作假设①和操作假设②都不会成立。要素生产率的差异让交换或贸易成为可能，各个经济主体在确认产品交换收益扣除交易成本后仍能获益，贸易才能最终成为现实。规模经济、商人和贸易公司的出现，让商品交换再上台阶。而这些都与贸易城市的产生相关。商品交换是经济发展的基础活动之一，可以促进生产、消费和交换的专业化。商品交换产生以后，人们可以专注于自己最擅长或者成本最低的经济活动，然后通过交换获得自己所需的商品或服务。商品交换促进了专业化分工和规模经济的形成，规模经济又会推动商品交换和贸易城市的发展。

三、生产的规模经济与工业城市的产生

（一）生产的规模经济及其形成机理

在城市产生之前，生产就存在规模经济。也就是说，庭院生产模型中的操作假设③不会成立。所谓生产的规模经济，又称生产的规模利益，即生产规模的"收益递增现象"，是指在一定的产量范围内，当要素价格不变时，随着生产规模的扩大或产量的绝对量增加，单位产品的平均成本下降的现象。或者说，生产规模的扩大可以降低平均成本，从而提高收益水平。

在城市产生之前，生产的规模经济产生的原因有两个：第一，生产活动要素投入

（如机器）的"不可任意分割性"。任何生产都有成本，成本包括固定成本（如厂房、设备）和变动成本（如原材料、工人工资）。在生产活动中，随着生产规模的扩大，分摊到单个产品中的固定成本会降低，而单位变动成本基本不变。因此，单位产品的平均成本会下降，生产者的收益会增加。第二，生产的专业化分工。专业化分工允许生产工人长期从事某一环节的生产，他们在劳动时能够表现出更高的熟练程度和更强的判断力，从而提高劳动生产率。例如，A 地的生产者从分工前每小时生产 6 件衬衣到分工后每小时生产 12 件衬衣，生产效率提高了 1 倍，规模经济也得到了较大提升。

（二）生产者竞争与生产区域的分化

假设初始时生产工人不受任何地理区域的限制，可以完全自由流动，即他们可以根据工作收入或工资待遇的情况，从 A 地（或 B 地）流动到 B 地（或 A 地），从事相同或相似的工作。随着生产活动的进行，A 地（或 B 地）生产的规模经济逐步大于 B 地（或 A 地），有了更多的生产工人，该地的生活成本也逐步高于 B 地（或 A 地）。A 地（或 B 地）的企业为了保证有足够的生产工人和持续的规模经济，就必须支付给工人适当高的工资，以使 A 地（或 B 地）的工资在抵消较高的生活成本之后，高于或不低于 B 地（或 A 地），从而保证 A 地（或 B 地）具有生产的竞争力。

为了弥补支付的较高工资和获得更高的规模经济，A 地（或 B 地）的生产企业会通过大批量采购原材料降低原材料成本，同时采用更先进的生产技术，并对生产工人进行更科学的分工和培训，大力推进生产设备的高效利用，从而获得更高的生产的规模经济。在这种情况下，A 地（或 B 地）可能聚集一定数量的生产企业和消费者，受集聚经济和规模经济的影响，A 地（或 B 地）的生产成本会比 B 地（或 A 地）低，市场会更大，收益或利润也会更高，从而拥有一定的竞争优势。从另一个角度看，规模经济使企业竞争优势获得多种驱动因素的支撑，从而使竞争优势更持久，最终使两个区域的生产属性发生根本性的分化，A 地（或 B 地）成为大规模集中生产的区域，而 B 地（或 A 地）在原来家庭生产的基础上逐步萎缩，沦为小规模分散生产的场所。

（三）企业市场范围与工业城市的产生

以大规模集中生产为代表的 A 地（或 B 地）和以小规模分散生产为代表的 B 地（或 A 地），各自有销售产品的市场范围。消费者在购买 A 地或 B 地生产的产品之前，通常会对两地的产品价格和交易成本（这里只分析到达交易场所的交通成本）之和进行权衡。假设两地的产品价格相同（不考虑产品质量），但消费者到达 A 地（或 B 地）的交通成本低于到达 B 地（或 A 地）的交通成本，消费者就会购买 A 地（或 B 地）生产的产品。因为需要支付给生产工人较高的工资，A 地（或 B 地）企业的产品价格通常比 B 地（或 A 地）企业的产品价格高。此时，消费者就会综合计算购买 A 地和 B 地企业产品的价格和交通成本，在此基础上，做出购买 A 地或 B 地企业的产品的决策。

直到消费者无论是购买 A 地企业的产品，还是购买 B 地企业的产品，其产品价格和交通成本之和都相同，消费者才不必去纠结到底买 A 地还是 B 地企业的产品，因为在购买总成本上无差别。这个产品价格和交通成本之和相同的分界线或区位，就是 A 地和 B 地企业的市场范围。

在 A 地（或 B 地）企业的市场范围内，所有消费者都会购买 A 地（或 B 地）企业生产的面包和衬衣，而在这个范围之外的地区，所有消费者（家庭）都将自己生产面包和衬衣，采取自给自足的生产模式。为了节省上下班的交通成本，A 地（或 B 地）企业的生产工人都倾向于在靠近企业的区域居住和生活。众多职工在企业周边定居，催生了为工人及其家属生活服务的产业，周边的企业和相关人口会越来越多，从而形成以企业和人口集聚为特征的经济集聚，使得工厂周边的人口密度高于其他区域，一个工业城市就慢慢产生和发展起来了。

资料链接 2-2　商业百年，南京城

作者：江南房叔 来源：微信公众号"在南京" 时间：2017-08-09	通过微信扫码在公众号"城市经济学"中阅读	

第三节　空间竞租与城市初始经济空间的形成

庭院生产模型解释了"平面"城市产生的一般途径及原因，该模型中各种经济活动的空间需求引致空间竞租，能够解释城市空间利用或"立体"城市形成的机理。

一、经济活动需求与城市经济空间的竞租

城市的产生和发展是一个复杂的过程，与经济、社会、技术、环境及地理位置等多种因素相关，其中最根本的是人们的经济活动对空间的需求。贸易城市起源于商品交换的集中地，工业城市起源于工业生产集中的区域。为了节省原材料，降低商品的运输成本、贸易成本等，在贸易城市或工业城市产生的过程中，人们会大量集聚在商品交换的集中地，或者在生产企业周边密集定居。因此，贸易企业、工业企业，以及广大消费者或大量的生产工人及其亲属对经济空间（包括土地和建筑空间）的需求大幅提升。为了获得合适的经济空间，贸易企业、生产企业、消费者、生产工人等之间会相互竞争。这些彼此之间为了获得经济空间利用价格进行的竞租（bid rent），直接推动了相关地区地价和房价的上涨。较高的地价和房价促使人们更加节约利用土地和房屋，进而提高了相关地区的人口密度。

贸易市场或生产企业周边的空间有限及其具有的自然属性与经济价值，决定了在市场交换的条件下，无论在城市形成过程中，还是在城市形成之后的发展阶段，竞租都存在。竞租（竞标租金、竞价租金、投标租金）是一个"意愿支付额"的虚拟概念，即土地或房屋的某个使用者为了得到某块土地或某处房屋所愿意支付的最高租金，它是使用者为了获得该区位的某项用途（贸易、生产、办公或居住等）并希望维持一定的经济收益或效用水平所愿意支付的最高租金。竞租与地租不同。地租泛指出租者将土地或房屋出租给他人使用某个时间段而获得的报酬，或者承租者获得某个时间段的土地（房屋）的使用权而需支付的费用。地租的产生在于土地空间的生产要素属性及稀缺性，这两者共同决定了土地空间的经济价值（栾峰，2013）。地租有两种类型：①从本质上讲，地租是土地生产要素投入生产产生的超出平均利润的那部分超额利润，也称经济地租或理论地租；②从现实意义来讲，地租是土地（房屋）所有者在出租土地（房屋）的过程中，按照与承租者达成的契约向其收取的租金，也称契约地租或商业地租（冯云廷，2018）。一般来说，竞租的大小与地租存在一定的关联，它可能会围绕地租的数值上下浮动。

二、单中心城市假设与不同产业竞租函数

在市场上，每块土地都会被出价最高的竞租者获得。同一土地使用者对于城市空间不同区位的竞租形成了竞租水平关于区位的"竞租函数"（Bid-rent Function）。阿朗索（Alonso，1964）、米尔斯（Mills，1972）、歌德伯戈和钦洛伊（Goldberg and Chinloy，1984）、阿瑟·奥沙利文（O'Sullivan，2000）等都对竞租函数的形式进行了研究或总结。一般而言，竞租函数可分为企业竞租函数和家庭竞租函数两种。

为了说明竞租、竞租函数及其效果，假设所有城市都是单中心城市（Monocentric City），即只有一个就业中心或经济活动中心的城市。最初形成的城市，通常是单中心城市。假设在一个单中心城市内，一家企业同时投入资金和劳动力在城市某处生产，该企业的产品以 p 元/单位的价格在市中心的港口处销售，产品从产地到港口的距离为 d 公里，运输成本为 t 元/公里·单位。这家企业占地 $S(d)$ 亩，土地租金为 $R(d)$ 元/亩，资金和劳动力平均成本为 c 元/单位，产量为 Q^* 单位，产量与所在区位无关。根据经济学的基本原理，该企业的利润（Profit）可以表示为

$$Profit = pQ^* - cQ^* - tdQ^* - R(d)S(d) \qquad (2-1)$$

式（2-1）中，企业所需支付的地租 $R(d)$ 会随产地到港口的距离 d 的变化而变化。假设该企业的利润（K）水平需维持在 $K(d)$ 的水平，则可以通过式（2-2）求解地租 $R(d)$：

$$K(d) = pQ^* - cQ^* - tdQ^* - R(d)S(d) \qquad (2-2)$$

$$R(d) = -(tQ^*)d/S(d) + [(p-c)Q^* - K]/S(d) \qquad (2-3)$$

式（2-3）是一个简单的企业土地竞租函数。实际上，企业单位土地面积的产量一

般是一个关于地租 $R(d)$ 的增函数。考虑到这一点，假设 K 等于零时，可以得到零经济利润时（$K=0$）的企业竞租函数，即

$$R(d) = -(tQ)d/S(d) + (p-c)Q/S(d) \tag{2-4}$$

事实上，上述企业竞租函数是单中心城市内制造业企业的竞租函数，对单中心城市内的办公服务企业来说，在完全竞争市场上，它的竞租函数可以表示为

$$R(d) = -(tWQ)d/S(d) + [(p-c)Q-K]/S(d) \tag{2-5}$$

式（2-5）中，Q 表示为某办公服务企业提供的服务量（如市场调查等），$S(d)$ 表示该企业租用的土地面积。假设该企业提供每项服务都需要其员工前往市中心与客户进行一次洽谈，t 为单位距离所需时间，W 为员工的工资率，企业所在地与市中心的距离为 d，每项服务的通勤成本为 tdW，每项服务的价格为 p，其他成本为 c，利润为 K。

对单中心城市的商业企业来说，在完全竞争的情况下，其竞租函数可以表示为

$$R(d) = -(tQ)d/S(d) + (p-c-K)/S(d) \tag{2-6}$$

式（2-6）中，Q、p 分别为零售商销售商品的数量和价格，$S(d)$ 为零售商承租的土地面积，零售商在与本企业距离为 d 的城市中心商务区销售产品，运输费用为 t 元/公里·单位，商业企业承担商品运往市场的运输费用为 tQd，零售商的劳务、固定资产折旧、利息以及机会成本等生产费用为 c，利润为 K。

根据企业租金函数的推导思路，可以得到城市家庭的竞租函数[①]。假设在模式化的单中心城市里，家庭距离就业中心的直线距离为 d 公里，在城市边缘 b 公里处，城市土地所有者出租土地的农用价值或机会成本为每亩 r^a 元。假设每套住宅占用的土地面积为 q 单位，在住宅密度固定不变的情况下，每套住宅所需要的土地租金为 $r^a q$，如果建筑租金为 c（即建筑成本折现后的年金），则在城市边缘每套住宅的租金为土地租金加上建筑租金，即 $r^a q + c$。如果家庭收入用于交通、其他商品和住房消费，在其他商品消费保持不变时，某地段的住宅租金应该等于城市边缘住宅的替代成本租金，加上城市边缘与该点的交通费用之差。因此，家庭住宅租金梯度线的表达式为

$$R(d) = (r^a q + c) + k(b-d) \tag{2-7}$$

式（2-7）中，k 为位置租金系数、$k(b-d)$ 为位置租金。式（2-7）表明，城市住宅租金包括农业用地租金 $r^a q$、建筑租金 c 和交通费用节省带来的位置租金 $k(b-d)$。假设该住宅在位置 d 的土地租金为 $r(d)$，则 $r(d)$ 应为住宅租金减去建筑租金，再除以每套住宅的占地面积 q，也就是乘以住宅密度 $1/q$。于是，可以得到城市家庭的土地竞租函数：

$$r(d) = r^a + k(b-d)/q \tag{2-8}$$

家庭竞租函数主要由区位对效用水平的影响方式决定。企业竞租函数由区位对利

---

① 丹尼斯·迪帕斯奎尔，等. 城市经济学与房地产市场[M]. 北京：经济科学出版社，2002：41-43.

润水平的影响方式决定。为了保持一定的效用水平，家庭的竞租会随着区位的不同而改变。为了维持利润的稳定，企业的竞租也会随区位的不同而改变。城市中不同部门竞租函数之间的相互关系决定了土地的用途和实际的地租水平（即市场租金水平）（刘洪玉、郑思齐，2007）。

三、单中心城市经济空间的初始利用格局

上述单中心城市中不同产业的竞租函数，虽然反映的是城市形成与发展过程中的城市空间竞租情况，但也能大致反映城市初始形成时的空间竞租与利用情形。或者说，尽管城市在刚刚形成时没有复杂多样的成熟的产业群体，但应该有大致的相关产业的雏形。这些产业具有与成熟产业群体类似的竞租环境和实际需求。单中心城市的竞租与初始空间利用模式如图2-1所示。

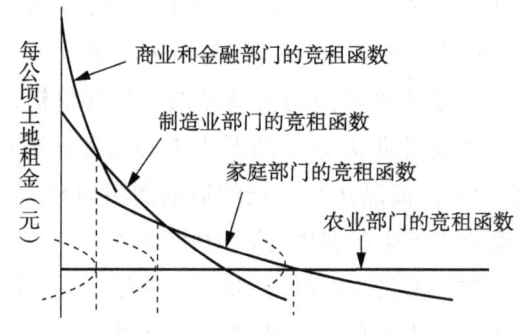

图2-1　单中心城市的竞租与初始空间利用

图2-1表明，假设单中心城市空间利用为一个同心圆，城市土地被用于商业（含办公服务企业，下同）与金融部门、制造业部门以及家庭部门，则它们对城市区位土地空间的竞租能力依次减弱，从而分布于城市的不同区位，城市边缘之外便是农业部门用地。具体来看，商业与金融部门的竞租能力最强，其竞租线最陡峭，制造业部门次之，两条曲线的交点，即商业与金融部门以及制造业部门竞价相等的地方形成它们分区的边界。同理，制造业部门与家庭部门竞租曲线的交点形成二者分区的边界，家庭部门与农业部门竞租曲线的交点形成城市边缘。不同产业部门竞租的结果是，在单中心城市，城市中心区域往往拥有高密度的人口和密集的建筑，城市中心通常是就业和商业活动的中心。许多大型企业选择在城市中心设立办公室，以便更好地接近客户和合作伙伴，并享受便利的基础设施和服务。此外，城市中心往往是文化和艺术活动的聚集地，有许多演出和艺术机构。当然，由于现代城市地理条件千差万别，加上交通条件、信息技术等因素发生了很大变化，不同产业部门和家庭选址可以有多种选择，出现了多个次中心或新的发展区。因此，现代城市的土地空间利用现状与单中心城市的竞租理论并不完全一致，这也是正常现象。

资料链接 2-3	城市天际线：经济学的解释	
作者：沪港发展联合研究所 来源：经管学术联盟 时间：2023-08-19	通过微信扫码在公众号"城市经济学"中阅读	

本章小结

城市的产生是城市空间需求与生产的博弈过程。城市的形成有几个主要途径，与这些途径相对应，人们对城市产生的根源提出了几种学说。一些学者从经济学角度对城市的产生机理进行了解释。

庭院生产模型基于比较优势原理，在假设的基础上，论证了交换的规模经济与贸易城市的产生、生产的规模经济与工业城市产生的经济机理。

经济活动对城市经济空间的需求导致空间竞租的发生。对初始形成的单中心城市而言，空间竞租的结果决定了城市空间的初始利用格局。

关键词： 比较优势；规模经济；竞租；地租；单中心城市

问题与应用

1. 谈谈你对经济空间需求与城市空间生产关系的看法。
2. 从经济学的角度论述城市产生的机理。
3. 论述庭院生产模型的建立逻辑、假设与后果。
4. 论述交换的规模经济与贸易城市的产生。
5. 论述生产的规模经济与工业城市的产生。
6. 谈谈你对经济活动需求与城市经济空间竞租的看法。
7. 试论述单中心城市的假设及不同产业的竞租函数。
8. 试论述单中心城市经济空间的初始利用格局。
9. 某地区的东部和西部分别生产小麦和布料，劳动生产率数据和生产的机会成本见表 2-2，则：①试计算东西部各自的生产机会成本。②假设运输费用为零，2 公斤小麦可以换 1 尺布，则 1 个西部家庭将 1 小时生产布料的时间用于生产小麦，再将小麦换成布料，是否划算？③假设②中的每次交换时间为 2/3 小时，这种交换是否划算？④当每次交换的成本为多少时，交换的净收益为零？⑤在什么情况下，劳动生产率的差异会导致城市的产生？

表 2-2　某地区的东、西部生产小麦和布料的劳动生产率及生产的机会成本

产品	劳动生产率（每小时劳动的产量）		生产的机会成本	
	东部	西部	东部	西部
小麦	1	12		
布料	1	3		

10. 阅读资料链接中的资料，并分组进行讨论。

参考文献与推荐阅读

[1] 踪家峰. 区域与城市经济学 [M]. 上海：上海财经大学出版社，2021.

[2] 赵红军. 交易效率、城市化与经济发展 [M]. 上海：上海人民出版社，2005.

[3] 阿瑟·奥沙利文. 城市经济学 [M]. 周京奎，译. 8 版. 北京：北京大学出版社，2015.

[4] 石忆邵. 竞租函数与城市土地利用 [J]. 现代城市研究，1998（2）：26-29，62.

[5] 曹益，李国才. 中国大学集群发展的比较优势、现实困境与改进路径 [J]. 发展研究，2023，40（7）：19-25.

[6] 臧佳和. 基于竞租理论的城市化土地利用变迁浅析 [J]. 中国集体经济，2019（13）：73-74.

[7] 邓羽. 北京市土地出让价格的空间格局与竞租规律探讨 [J]. 自然资源学报，2015，30（2）：218-225.

[8] 张建，汪应宏，彭山桂. 城市住房价格空间关联模式及其形成机理——以我国 35 个大中城市为例 [J]. 统计与决策，2021，37（2）：65-69.

[9] 徐淑贤，刘天亮，黄海军，等. 自驾偏好、居民异质与居住选址——基于单中心城市模型的空间均衡分析 [J]. 管理科学学报，2020，23（6）：73-89.

[10] CHARLOTTE L, VINCENT V, QUENTIN L. Testing the monocentric standard urban model in a global sample of cities [J]. Regional science and urban economics, 2022 (11)：97.

第三章 区位理论与城市的空间分布经济学

本章在第二章介绍城市产生的基础上,利用两节的内容分析城市在哪里产生的经济学机理:第一节介绍区位与经济活动区位的基础理论;第二节介绍区位选择与城市形成的空间分布。通过学习这两节内容,可以更深入地理解城市在哪里产生的经济学,进而将理论与现实中的城市形成与发展联系起来,有助于探索和推进现代城市的产生与发展。

第一节 区位与经济活动区位的基础理论

一、区位的内涵与区位理论

(一)区位及其经济学本质

1882年,W.高次首次提出"区位"的概念。区位的基本含义为空间内的位置、定位、地点、地方等。尽管对区位的理解或解释不同,但总体来看,"区位"一词虽有场所或位置的含义,但又不同于人们通常所说的场所或位置。区位是人类为生存与发展而进行的各种活动或行为及其结果的空间存在,这个空间存在,是指人类活动(行为)及其结果在某一空间上的位置或其分布及其相互之间的关系。区位既是空间的位置,也是各种经济性要素的有机结合体,它是经济空间(场所)承载的社会经济关系的一种浓缩性表征(郝寿义,2007)。

区位一般包括三个层面的含义,即自然地理区位、经济地理区位和交通地理区位。自然地理区位依托一定的地理位置,以地形、地貌特征为表征,强调在空间中的经纬度和在地理特征上的差异性,是某事物与自然环境的空间位置关系,如经度、纬度、山、河和湖等。经济地理区位是指经济主体为其社会经济活动所创造的经济条件的空间关系(如工业区位、居住区位、城市区位等),它反映不同地理坐标(空间位置)所标识的经济利益差别。经济地理区位包括宏观区位、中观区位和微观区位三种类型,如香港在全球经济与金融中的位置、上海在长江三角洲的位置、华为技术有限公司总部在深圳市龙岗区的位置等。交通地理区位是指某地域、城市某地段与交通运输方式、运输线路和设施等的空间关系。

无论是自然、经济还是交通地理区位，从经济学的角度看，最终都会影响所在区位经济主体的经济利益。因此，可以把它们看成一种经济区位。在一定的经济系统中，由于社会经济活动的相互依存性、资源空间布局的非均匀性和分工与交易的地域性等，各个空间位置具有不同的资源、信息、交通、技术、投资、成本及市场约束等，从而具有不同的经济利益。经济区位往往被描述为距离某一个或几个特殊地点的不同位置，如距离发达经济区的远近、距离城市中心的远近、距离原材料所在地的远近、距离市场的远近等，从而显示出不同区位的经济利益差异（郝寿义、安虎森，1999）。因此，经济学的区位，本质上就是空间上的"经济"存在，即蕴含或附着在一定的空间位置（场所）及其与区域空间关系中的潜在的经济利益或成本节约，或者说，区位的本质就是潜在经济利益寄居或附着的场所。

（二）区位因子与因子类型

经济上的区位之所以是不同的经济利益寄居或附着的场所，与其本身具备的特征，或者区位因子的差异密切相关。德国学者韦伯（1909）认为，区位因子是在某特定地点进行的经济活动所得到的利益，即费用的节约。地理学家哈特向（1926）、格林哈特（1956）用"Location factors"表示区位因子（因素），沃尔特·艾萨德（Walter·Isard）（1954）则称区位因子为"Locational forces"（区位力量）。可以认为，区位因子是构成区位的具体元素、要素或组分，它是区位主体分布或布局的影响因素或原因。

区位因子不仅包括可以使用货币度量的经济因子，也包括不能使用货币测算的非经济因子。经济因子包括成本因子和收入因子两类，其中，成本因子包括运费因子（如交通的便捷度、运输线路的构成、站场位置等）和非运费因子（如劳动力和相关要素的投入），非经济因子包括集散因子、社会因子（如决策者的行为偏好、政府的区域政策等）和自然环境（如气候、光照、风向、用水、用地、矿产、其他原材料等）。

也有学者对区位因子进行了不同的归类。例如，安虎森（2008）等认为，区位因子（要素）有两大类：其一，区内投入要素与区内产出要素。某一区位不可流动的生产要素（自然环境和人文环境）就是区内投入因素，包括土地、气候、水文、地形、地貌与空气质量等。短期内，劳动力也是区内投入要素。任何特定区位内形成的各种投入要素，与要素的区位之间（区际）的转移无关。区内产出要素，是区位主体根据区位特性生产的专供区内销售、不可转移到其他区位的产品，如理发店、电影院、停车场等。废物，如生活垃圾、工业废水、废气等，在经济学上是一种负产值的区内产出。其二，可转移投入要素与可转移产出要素。可转移投入要素，如燃料、原料、信息及某些服务等，是可以从其他区位转移到某个既定区位的区位因子，或者说，可以从某个区位外部获取的投入要素（内含运输成本）。可转移产出要素是某个区位之外其他区位开展经济活动需求的要素，可以从某个区位转移到其他区位（含运输成本）。

（三）经济活动的区位理论

经济活动的区位理论，或者说经济区位论，是关于人类经济活动的空间分布及其在空间上的相互关系的学说，研究人类活动的空间选择及空间内人类经济活动的组合规律，主要探索人类经济活动的一般空间法则（Schmidt-Renner G.，1961）。我国也有学者认为，经济区位论是研究区位主体对经济活动空间选择和优化行为的理论，包含两层含义：一是经济行为的空间选择，即各种经济行为按照行为主体设定的目标（成本最低、利润或效用最大等）选择最合适空间的过程；二是特定空间内经济活动的优化，即对特定空间内各种经济活动的有序组织。也有学者把经济区位论称为空间经济学，或产业布局论、产业配置论和产业区位论。尽管说法不同，但学者们的研究内容大体相同（张文忠，2020）。

经济区位论是区域与城市经济学的基础理论之一。城市经济学的特色在于从城市空间视角出发研究空间资源的选择与最佳配置。在某个区位及其周边一定范围内形成城市之前，空间资源就是特定场所或位置的区位因子，这些区位因子在经济学原则的作用下，影响或决定着城市在哪里产生与发展，这涉及经济区位论的第一层含义。城市在某个区位产生以后，在大的区位空间已定的情况下，可以依据经济区位论，基于该空间的区位因子（地理特性、经济和社会状况等），研究区位主体的最佳组合方式和空间形态，即空间布局研究。

区位论产生于19世纪。1826年，德国学者屠能（也有学者译为"杜能"）提出农业区位论。之后，区位论不断发展，形成了不同类型的理论。例如：①按研究领域不同划分，可以把区位论分为农业区位论、工业区位论和中心地理论。农业区位论是关于如何选择农业活动场所的理论，工业区位论以工业企业区位选择及组织作为研究对象，中心地理论是关于产业和城市规模分布的理论。②按主要区位因子划分，可以将区位论划分为成本学派、市场学派、行为学派、社会学派和历史学派等。其中：成本学派以运输成本最小化等作为区位选择和配置的主要因素。屠能的农业区位论、韦伯的工业区位论以及胡佛的运输区位论等属于成本学派。市场学派认为，产业的区位选择应以利润最大化为目标。克里斯泰勒的中心地理论和廖什的区位理论均属于市场学派。行为学派的观点是，人的行为影响区位选择。社会学派强调，政府会影响企业的区位选择与配置。历史学派认为，不同阶段空间经济分布和结构变化存在共性。

考虑到不同类型区位论的特点，下文主要介绍成本学派的工业区位论和市场学派的中心地理论。本章第二节将依据这两个理论，探讨经济活动的区位选择与城市形成的空间分布。

二、运输成本与工业区位论

（一）距离与运输成本

区位是一个关于空间或位置的概念。因此，"距离"在经济区位论中尤其重要。所谓距离，通常是指人类或物体在物理空间或时间上相隔，或相隔的长度。区位论中提到的"距离"，是一种经济距离。它首先是一种物理空间距离，即经济活动主体（企业或消费者）在发生区位变化时，克服物理空间或不同区位之间的障碍与空间摩擦所需要付出的运费和时间（成本），以及两地之间的便利或通达程度。世界银行在《2009年世界发展报告：重塑世界经济地理》中指出，"距离"是商品、服务、劳务、信息等到达经济集聚中心的距离。这个距离主要是指对市场准入产生限制和影响的经济距离，反映生产要素的集中程度、劳动力的流动程度和物流成本的高低程度，具体表现为交通、通信等基础设施的发展水平（张文忠，2020）。在经济区位论中，"距离"是最重要的概念和理论基石。

在市场条件下，经济活动主体从某一区位（如厂区或市场）通过某种方式，把原料、商品、服务、劳务等运输一定的距离，送达另一区位（如工厂或消费市场），必然会发生运输费用，这个运输费用就是出售原料、销售商品等的运输成本。运输成本与距离及其他运费因子，如运输方式、站场位置等有关。在其他因素不变的情况下，运输距离越远，运输成本越高。但远距离运输存在运费率衰减的现象。运输成本包括运输地（场站）的作业成本、仓储成本、中转成本、服务成本等，这些成本总和的高低直接影响经济活动对相关区位空间的选择。

随着学者们研究的不断深入，运输成本也有了越来越广泛的含义。例如，20世纪90年代保罗·克鲁格曼（Paul Krugman）等开创的新经济地理理论认为，运输成本是所有物流和贸易突破空间摩擦和交易障碍带来的费用增加，运输成本的降低会引发聚集经济、外部性、规模经济等问题，因此，可将运输成本纳入理论分析框架。Spulber（2001）认为，运输成本包括四个方面：①运输成本本身，一些商品和劳务运达消费场所所花费的成本；②时间成本，输送商品损耗的时间带来的机会成本；③因距离造成的商业活动的交易成本，即经济主体为了交易商品进行沟通带来的成本，这些成本产生的原因包括认知、习惯、商业行为，以及政治和法律等方面的差异；④关税和非关税成本，如不同的管制标准、反倾销以及限制贸易和外国投资的法规（藤田昌久、蒂斯，2016）。

（二）韦伯的工业区位论

最早提出工业区位论的是龙哈德（W. Launhardt）。1882年，龙哈德提出，在资源供给和产品销售约束下，使运输成本最小化的厂商最优定位问题及其尝试性的解法，为工业区位论的形成奠定了基础。1909年，阿尔弗雷德·韦伯（Alfred Weber）出版《工业区位论》一书，对工业区位进行了系统的理论阐述，提出影响工业布局的运输费用、劳动力费用和聚集力三项区位因素，并推导出工业区位的基本图形，从而创立了工业区位论。

韦伯的工业区位论有三个基本假定：①已知原料供给地的地理分布；②已知产品的消费地与市场规模；③劳动力存在于多数已知地点，不能移动，而且各地的劳动成本固定，劳动力的供应没有限制。在上述假定下，韦伯分三个阶段构建了工业区位论：

第一阶段，运输费用指向论。该阶段主要解决在给定原料产地和消费地的情况下，如何通过寻找运输成本最低点来确定运输费用（以下简称"运费"）最小的区位。运输费用指向论主要使用原料指数（Material Index，MI）来判断工业区位指向。原料指数是局地原料重量与产品重量之比。在整个生产与分配过程中，需要运送的总重量为最终产品和局地原料重量之和。韦伯把每单位产品的总重量命名为区位重量（Locational Weight，LW）。基于上述分析，区位选择法则如下：①当 $MI>1$（或 $LW>2$）时，工厂区位在原料地，如钢铁业、水泥业、造纸业；②当 $MI<1$（或 $LW<2$）时，工厂区位在消费地，如啤酒酿造业、酱油制造业；③当 $MI=1$（或 $LW=2$）时，工厂区位既可以在原料地，也可以在消费地，如石油精制工业、精密仪器工业等。

第二阶段，劳动费指向论。劳动费（劳动成本）是指每单位重量产品中的工资部分，主要反映在地区间的差异上，属于地区差异性因子，它使运费形成的区位格局发生变化。韦伯的劳动费指向论的思路是：区位选择在运输成本最低点还是在劳动成本低廉的地区，主要取决于这两种成本的节约程度。韦伯指出，通常而言，劳动费指数（每单位重量产品的平均劳动费）大，从最小运费区位移向廉价劳动费区位的可能性就大；劳动系数（每单位区位重量的劳动费）大，表示远离运费最小区位的可能性大，劳动系数小，则表示运费最低区位的指向强。向都市周边和农村区域分散的工业大多是劳动系数高或者对集聚（规模）经济要求不高，单纯靠劳动即可进行生产的行业。劳动费指数和劳动系数大的纺织业和精密机械零件行业的区位是典型的劳动费指向性产业。

第三阶段，集聚指向论。集聚因子就是一定规模的生产集中在特定场所或地点所带来的"利益"，如生产或销售成本的降低。分散因子则是集聚的反作用力，是消除由于集聚带来的一般间接费、原料保管费和劳动费的上升。集聚因子的作用有两个：①由经济规模的扩大产生的集聚，能够获得内部规模经济；②由多种企业在空间上集中产生的集聚，能够获得外部规模经济。这两种集聚都能给相关企业带来单位产品成本的节约。

韦伯认为，当集聚节约额比运输费用（或劳动费）指向带来的生产费用节约额大时，便会产生集聚。一般而言，发生集聚指向可能性大的区域是多数工厂互相临近的区域。如图3-1所示，如果不考虑集聚，五个企业生产费用最低的地点分别在图中的 A、B、C、D、E 处，假定三个企业集聚可使单位产品成本节约2个货币单位，为得到这一集聚利益，企业必须放弃原有费用最低地点，从而增加运费。企业发生位移的前提是增加的运费必须低于2个货币单位。图3-1中围绕各企业的封闭连线，是由集聚利益节约的成本相等的运费增加额曲线，即临界等费用线。在斜线所指的重合部分，三个企业集聚可以带来2个货币单位的成本节约，并且在临界等费用线内侧，是最有可能发生集聚的区域。

韦伯提出用加工系数来判断企业集聚的可能性。加工系数是单位区位重量的加工价值。加工系数越大，工业集聚的可能性越大；相反，工业集聚的可能性越小。

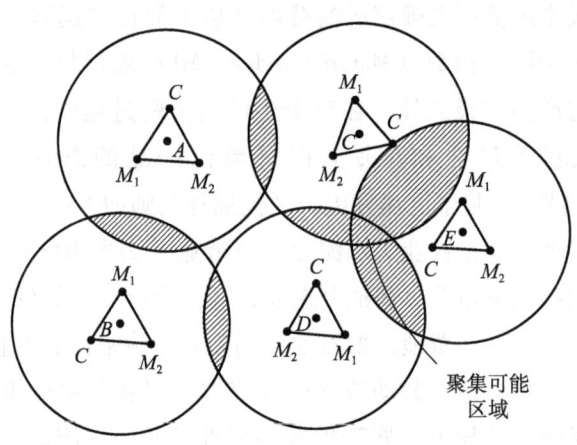

图 3-1 集聚指向的区位选择

韦伯区位论最大的特点或贡献是最小费用区位原则，即费用最小点就是最佳区位点。该理论不仅限于工业布局，对其他产业布局也具有指导意义。韦伯的指向理论已经超越原有仅仅论及工业区位的范围，发展成为经济区位布局的一般理论。

（三）其他工业区位理论

基于运输成本的视角探讨工业的区位选择，除了韦伯的工业区位论以外，还有一些理论，如帕兰德（Tord Palander）的工业区位理论、胡佛（E. M. Hoover）的运输区位、沃尔特·艾萨德（Walter Isard）的区位指向理论等。

帕兰德（Tord Palander）是继韦伯之后对区位论做出重要贡献的学者之一。他把不完全竞争的概念引入区位论，以价格为变量研究区位空间的均衡，并在运费分析的基础上，提出远距离运费衰减的规律。帕兰德（1935）认为，当运费率为均等运费率时，总运费在原料地和消费地连线上的各处都相同；当运费率为可变运费率时，在原料地和消费地两个地点的运费比它们之间任意区位的运费都低。因此，运费最小地点是可选的最佳生产场地。随着生产地的变化，相关费用也会发生变化。最佳的生产地应是所有生产费用总和最小的区位所在。

胡佛是另一位空间经济学家。1948年，胡佛出版《经济活动的区位》一书，系统地阐述了他的区位理论。胡佛的区位理论体现在两个方面：一是运费结构与运输方式会对区位产生影响，即端点区位优于中间区位的理论。胡佛认为，运费主要由线路运行费和场站费两大部分组成，线路运行费与距离有关，而场站费与距离无关，因此，端点区位优于中间区位；不同的运输方式存在不同技术特征的运输费用递减现象，从而修正了韦伯区位论中运费与距离成比例的结论。二是送达价格与市场地域会对区位产生影响。胡佛认为，运费有不同的定价制度，定价制度不同，经济活动的区位也不同。

20 世纪 60 年代，艾萨德提出自己的区位指向理论。在运费指向理论方面，艾萨德运用替代原理分析区位均衡。为分析经济空间关系，艾萨德提出"输送投入"（单位重量移动每单位距离的必要投入）的概念，认为输送投入与资本、土地、劳动投入及企业经营者能力等生产要素类似，都是按照利润最大化原则投入。但是，输送投入意味着空间变量的增加，运费是其投入的价格。为找出区位均衡点，艾萨德提出了三类转换线与区位均衡的三角形。他认为，可以先找出各类转换线的部分区位均衡点。当这些部分区位均衡点都一致时，即为完全的区位均衡点，也就是总运费最小点。艾萨德也论及了劳动费用指向。他认为，如果最佳区位不是运费最小点，则区位从运费最小点向劳动力廉价地点转移。艾萨德同时探讨了企业区位的集聚指向问题。他认为，如果运费指向的多数企业相距较远，临界等费用线不相交，就不会发生集聚，如果企业间相互接近，临界等费用线相交，就会发生集聚。

三、市场区域与中心地理论

（一）经济活动的市场区域

克里斯泰勒（Christaller）和廖什（Losch）（也有学者译为"勒施"）在中心地理论中都明确了"市场区"的概念。克里斯泰勒的中心地理论是以市场区为基础构建的。克里斯泰勒认为，任何一个生产者，要获得足够的收益，都必须有周围一定区域的居民购买其生产的商品或接受其提供的服务，生产者所供应或提供服务的合理空间范围，就是该生产者的市场区。在生产者利润最大化和消费者效用最大化的前提下，一个生产者的市场区总是被限定在一定的空间范围内。当有效价格（商品出厂价格加上运输费用）在一定距离上过高时，其产品将不再有需求，这时的市场边界称为"上边界"，这一边界主要由消费者的行为决定。由于生产成本固定，生产者需要一个最低销售量才能维持正常生产，与这一最低销售量对应的市场区的边界为"下边界"（如图3-2所示）。对单一的中心地来说，经济效率最高的市场区的形态应该是圆形。

廖什发展并完善了市场区的概念。他认为，受区位选择结果的影响，一种商品的生产地和其消费者之间的关系会出现不同的特征，体现在若干生产者环绕在一个消费者的周围（农业），这会形成供给区域，或是若干消费者环绕在一个生产者周围（工业），而这会形成需求区域。廖什把供给区域和需求区域合在一起称为"市场区"。廖什的市场区基于以下假设：生产所需要的原料充足并均匀分布的均质平原；农业人口均匀分布；居民都可以获得生产的机会；只考虑经济因素。在上述假设下，廖什假定某一生产者生产并销售啤酒，并利用啤酒的需求（销售）曲线建立了"需求圆锥"。圆锥的底面，以P（生产地）为圆心，以PF为半径的连续的圆形平面就是啤酒生产的市场区，如图3-3所示。

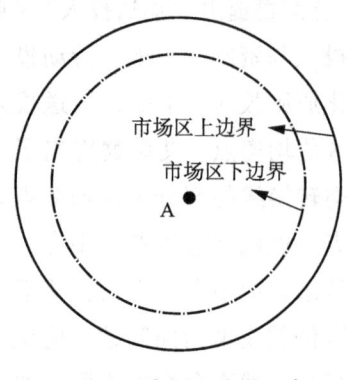

图 3-2 市场区边界示意

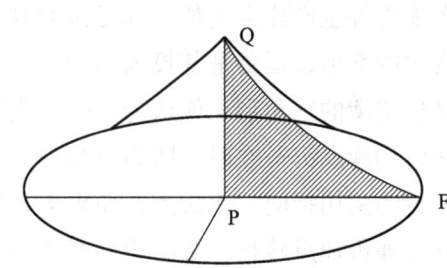

图 3-3 需求圆锥体和市场区

在克里斯泰勒和廖什之外，一些学者在考虑到单个工业组织控制其销售区与区位选择重要性的基础上，提出了更为简单、合理的市场区的概念。在现实世界中，市场区往往非常复杂，涉及各种市场的进入与竞争，直到达到动态的空间均衡。

（二）克里斯泰勒的中心地理论

1933 年，克里斯泰勒提出中心地理论。该理论认为，中心地的空间分布形态会因为受市场因素、交通因素和行政因素的制约，形成不同的中心地系统空间模型。

市场原则与中心地系统。基于市场原则形成的中心地的空间均衡是中心地系统的基础。克里斯泰勒的中心地理论建立在均质的"理想地表"上，即属于资源条件相同且均质分布的孤立平原，人口均匀分布，居民的收入及消费方式相同；具有统一的交通系统，而且同一规模的所有城市通达性一致、运费与距离成正比；消费者均为就近消费；相同的商品和服务在任意一个中心地的质量和价格一样，货物在中心地的各个方向自由流动。在上述假设下，考虑到市场竞争的影响和区域总利益的最优化，每个中心地将形成六边形市场区，其形成过程如图 3-4 所示。

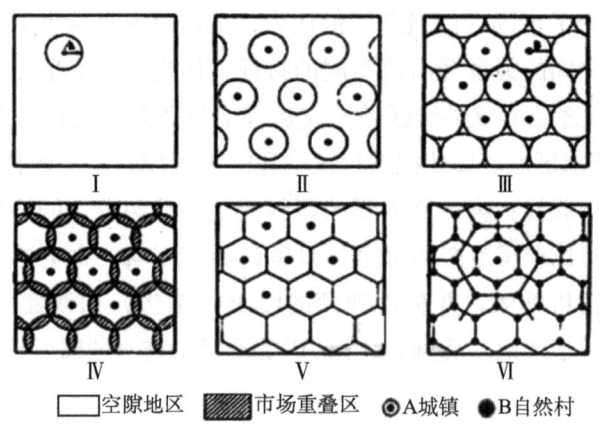

图 3-4 中心地市场区形成过程

商品和服务通常存在不同的等级和服务范围。中心地及其市场也存在不同的等级，高等级中心地数量少、服务半径大、商品种类和服务设施多而全。按照市场原则，低一级的中心地应位于高一级的三个中心地所形成的等边三角形的中央，从而最有利于低一级的中心地与高一级的中心地展开竞争，由此形成较低级别中心地的个数（K）为 3（$K=1+6×1/3=3$）的系统，每一个较大的中心地市场区总是包括三个比它低一级的中心地的市场区。由此，存在市场等级序列1，3，9，27，81，…。由于较高一级市场兼具较低一级市场的职能，存在中心地等级数量序列1，2，6，18，54，…，如图3-5所示。

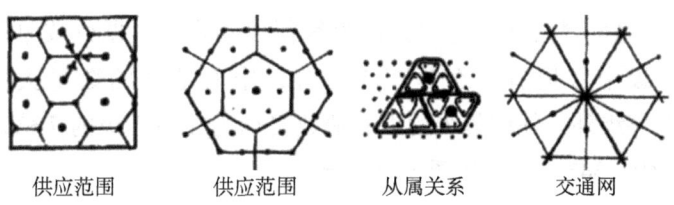

图3-5 基于市场原则形成的中心地体系（$K=3$系统）

基于市场原则形成的中心地体系的交通系统，以高等级中心地为中心，有6条放射状的主干道连接次一级的中心地，又有6条同样呈放射状的次干道连接再次一等级的中心地。该运输系统联系两个高一等级中心地的道路，该道路不通过次一级中心地，因此，被认为是效率不高的运输系统。

交通原则与中心地系统。克里斯泰勒认识到，受道路系统的影响，次级中心地并不是随机地分布在理想化的地表上，而是沿着交通线分布。因此，次一级中心地也不是居于三个高一级的中心地的中间位置以取得最大的竞争效果，而是位于连接两个高一级中心地的道路干线上的中点位置。与$K=3$的系统比较，交通原则支配下的六边形网络的方向会被改变。高级市场区的边界仍然通过6个次一级中心地，但次级中心地位于高级中心地市场区边界的中点，这样它的腹地就被分割成了两部分，分属两个较高级中心地的腹地。对较高级的中心地来说，除包含一个次级中心地的完整市场区外，还包括6个次级中心地的市场区的一半，即共包括4个次级市场区。由此形成$K=4$（$K=1+6×1/2=4$）的系统。在该系统内，市场区数量的等级序列为1，4，16，64，…。次级市场区的数量以4倍的速度递增。与$K=3$的系统类似，在交通原则下$K=4$的系统内，中心地数量的等级序列为1，3，12，48，…，如图3-6所示。

基于交通原则形成的交通网，次一级中心地位于联系较高一级中心地的主要道路上，被认为是效率最高的交通网。在现实社会中，依据交通原则形成的中心地体系最有可能出现。

行政原则与中心地系统。在$K=3$和$K=4$的系统内，除高级中心地自身所辖的一个次级辖区是完整的以外，其余次级辖区都是被割裂的，这显然不利于统一的行政管理。

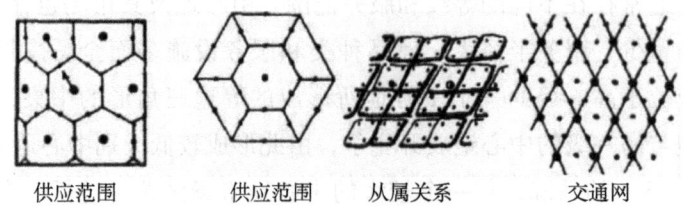

图 3-6　基于交通原则形成的中心地体系（$K=4$ 系统）

为此，克里斯泰勒提出按行政原则组织的 $K=7$ 的系统。在 $K=7$ 的系统中，六边形的规模被扩大，以使周围 6 个次级中心地完全处于高级中心地的管辖之下。这样，中心地体系的行政从属关系的界线和供应关系的界线得以吻合。根据行政原则形成的中心地体系，每七个低级中心地有一个高级中心地，中心地间的数量关系为 1，6，42，294，…。除最高等级外，任何等级的中心地数目均为较高等级的 7 倍，即市场区的等级序列为 1，7，49，343，…，如图 3-7 所示。

图 3-7　基于行政原则形成的中心地体系（$K=7$ 系统）

在基于行政原则形成的 $K=7$ 的系统内，每位顾客为购买中心性商品或享受服务所需通行的平均距离较前两个系统都长，这种运输系统效率最差。

（三）廖什的中心地理论

农业区位理论、工业区位理论及克里斯泰勒的中心地理论，探讨的都是静态局部均衡问题。而在静态区位论研究后期，一些学者开始了动态研究，取得了不少成果，其中，以廖什 1940 年出版的《经济空间秩序》一书最为有名。廖什的研究与现实相结合，从发展角度论述了区位论中市场圈的作用和理论问题，又被称为"市场区位论"。

廖什提出的单一职能的中心地模型与克里斯泰勒的中心地模型非常相似，但基于多职能供给的中心地系统同克里斯泰勒的中心地模型有较大差异，其主要原因在于他们的假设有所不同。廖什在建立供给多职能的中心地系统时提出了以下假设：最小聚落 A_1，A_2，A_3，…呈蜂窝状分布，其间隔为 a 千米；生产工业品的最小中心地 B_1，B_2，B_3，…之间的间隔为 b 千米；B_1 供给的聚落包括其自身共有 n 个；必要运输距离或商品销售能够获利的最短距离（相当于克里斯泰勒中心地理论中的商品服务的下限）为 nV；正六边形市场区域的面积为 F。

在上述假设中，基础聚落不仅是消费者的居住地，也是企业布局的地点。基础聚落能够供给等级低的自给性商品，比自给性商品等级稍高的商品同时也供给相邻的6个基础聚落。随着商品的门槛值增大，市场区域规模也在扩大，同时拥有的基础聚落也在增加。高级市场区是低级市场区以区域中心为圆心按一定角度旋转而成的，通过不断地旋转和扩大，并进行叠加，就可形成所有市场区域。

图3-8表示各个市场区的个别情况（地域号表示规模序数，n表示市场区的大小），如果把它们全部重叠起来，就会形成图3-9所示的市场系统，即位于区域中心的中心地分别以$n=3，4，7，9，12，13，16，19，21，25$形成市场系统，也可以看作供给10种门槛值不同的商品时形成的市场系统。

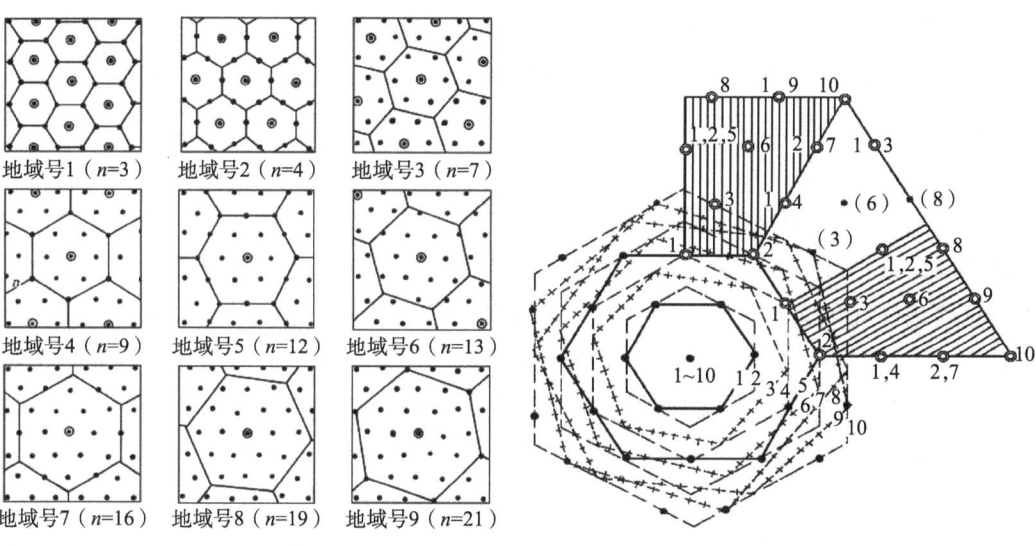

图3-8　廖什中心地系统（1~9）的最小市场圈　　　图3-9　10种商品的市场圈

图3-8和图3-9资料来源：森川洋. 中心地论（I）[M]. 东京：大明堂，1980：61-97.

廖什把中心地的市场区域称为经济景观，并认为经济景观包括所有市场区域的一般模型，也称完全系统。在这个系统中，2个以上的职能可以拥有统一规模的市场区域，即各职能可以孤立地存在。

资料链接3-1　　理想城市构建的区位要素：以雄安新区为例

作者：产城研究院 来源：微信公众号"理想城市发展计划" 时间：2018-04-04	通过微信扫码在公众号"城市经济学"中阅读	

057

第二节 区位选择与城市体系的空间分布

一、区位优势与区位选择

人类行为或人类的经济活动，并非均匀地分布在地球的表面。集聚了大量人类行为或社会经济活动的城市，也没有均匀分布在地球表面或某个区域范围内，而是仅仅分布在地球或区域的某个局部地点或位置（区位）。究其原因，可以认为，并不是所有区位都能同样地满足人类所从事某项活动的要求，即不同区位具有不同的条件，能够满足不同国家、地区的不同组织或人群从事某项或某些社会经济活动的不同需求。这里提到的不同的区位具有的不同条件，即某场所或位置所具有的属性、特征、资质或禀赋的集合，是由影响某项特定经济活动的、重要的自然要素（因子）和经济要素（因子）构成的条件组合。

不同的经济主体开展不同的经济活动，对区位条件的要求通常有所不同。对某些经济活动而言，有些区位条件是有利的，是其他区位没有的，或者其他区位无法比拟的，这些条件就是这些区位的优势——资源禀赋优势。某个地区的区位优势主要由地理位置、自然资源、交通、劳动力以及产业集聚等决定。区位优势也是一个发展的概念，会随着社会经济的发展而变化。例如，农业社会主要重视某个区位的土地资源优势，工业社会则比较重视某区位的自然资源、交通运输和劳动力优势，到了知识社会，则更重视某个区位是否集聚了足够的满足需要的人才及其他创新要素等优势。

经济主体的经济活动有不同的利益追求，从不同经济主体的利益出发来考虑，在一定的时期内，区位自然有优劣之分。为了追逐和满足经济利益，各个经济活动主体将根据自身目标和相应的约束条件来选择相对适宜的区位，这就是区位决策。区位决策也称区位选择。经济主体的目标包括：成本最小化（或费用最小化）、利润最大化以及效用最大化（或福利最大化），经济主体的约束条件（生产者的成本约束、消费者的预算约束等）。

二、区位锁定与城市形成

（一）区位需求与经济体模型

工业区位论侧重从运费最小化（或成本最小化）视角，讨论个别工厂的局部均衡，从运费、劳动费（工资）等方面确定区位。同类企业（工厂）对同类区位有同样的需求，这种需求可能导致同类企业为达到经济利益目标而竞争同一区位。假设有2家企业竞争同一区位，当该区位范围内可以容纳这2家企业时，它不仅可以给予2家企业一定的区位利益，还能给它们带来成本的节约（集聚经济）。当这种成本节约额比运费指向带来的生产费用节约额大时，将有更多企业集中到这个区位。

为更好地说明企业的区位需求，藤田昌久等（2005）构建了一个模型①。该模型假设在一个一维空间内，存在一个线性经济体，人口和经济活动都线性分布；该经济体能生产两种商品——农产品和工业品；农业在空间内均匀分布；制造业可以流动，不同厂商的产出水平相同；每种商品由一个垄断厂商生产，每种工业品的人均消耗为固定数（标准化为1）。在不考虑其他因素的情况下，利用该模型研究消费空间分布既定时，每个厂商如何根据生产和运输成本最小化来确定一个或多个工厂的区位。

在该模型中，每一个厂商都可以选择其所拥有的工厂数量，但每多建一个工厂就会导致固定成本增加 F。假设生产的边际成本为常数 c，单位产品的单位距离运输成本为 τ。经济体中有 μ 份额的人口从事制造业，而且制造业工人的空间分布与生产的分布一致，所以每一种产品中份额的需求都来自制造业工人。当然，这也意味着各制造商的区位需求与选址相互依赖，每个厂商的一个或几个最优生产区位选址取决于其他厂商的生产区位。

（二）城市区位的维持与锁定

在上述一维线性经济体模型中，假定所有人口均匀分布在长度为1的直线上，并将人口总量标准化为1（每一种制造业商品的消费也为1）。农民占总人口的份额为 $1-\mu$，消费的工业品份额也为 $1-\mu$，同样，它们也沿直线均匀分布。不考虑其他厂商的区位，假设固定成本 F 远大于运输成本。这样，每个厂商只能建一个工厂。这个工厂建在任何地方，生产成本都一样。为了实现工业区位论中的生产和运输成本最小化，厂商需要选择一个恰当的 s 区位建设工厂。其中，有一种可能的区位选择，就是所有制造业（厂商或工厂）都集中在城市区位 r（$0<r<1$）上。

图 3-10 显示了工厂的 s 区位和运输成本之间的关系（图中的 TC 为总成本）。显而易见，$r=0.5$ 处（经济中心）是一个均衡区位，这个区位能够保证产品运输到农民处（消费市场）的成本最小。由于制造业部门本身就是一个市场，每个厂商都有接近其他厂商的动机，因此，远离经济中心（$r=0.4$）的区位也能形成均衡。但如果厂商在把产品运输到农民处的成本最小化的区位，以及把产品运输到城市消费者的成本最小化的区位之间选择一个折中区位，随着城市区位发生变化并远离区域经济中心，厂商就将在城市和区域经济中心之间选择一个区位。这意味着，远离区域中心的区位（如 $r=0.4$）不再是均衡区位。

在一些特定条件下，厂商不会选择这种折中区位，他们的区位可能随城市而定。图 3-11 根据图 3-10 中的参数绘制，横轴 r 表示城市区位，纵轴 s 表示成本最小化的厂商最优区位。从图 3-11 中可以看出，在 $0.25<r<0.75$ 时，$s=r$，也就是说，每个厂商

---

① 藤田昌久，保罗·克鲁格曼，安东尼·J. 纳布尔斯. 空间经济学——城市、区域与国际贸易[M]. 梁琦，译. 北京：中国人民大学出版社，2005.

的最优区位选择,就是把厂址设在城市所在地。或者说,在一定的城市区位范围内,厂商可以实现运输成本的最小化。在该范围内,城市建在任何地方都会实现均衡,维持和锁定自身的区位。

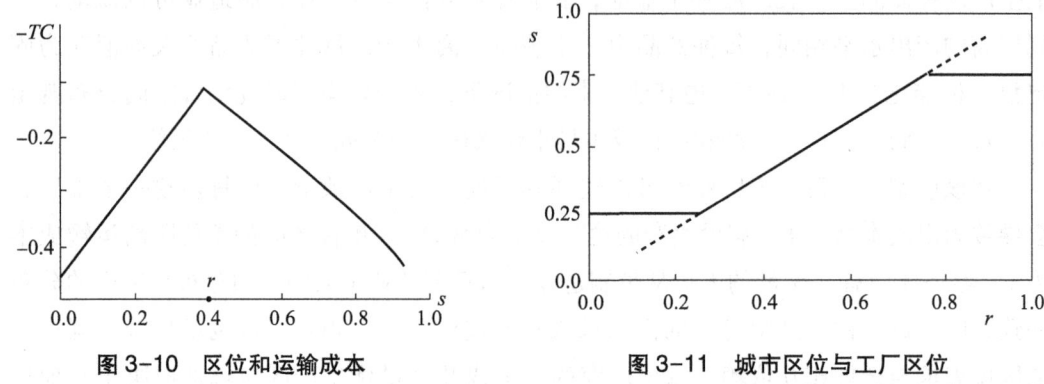

图 3-10　区位和运输成本　　　　　　图 3-11　城市区位与工厂区位

图 3-10、图 3-11 资料来源:藤田昌久,保罗·克鲁格曼,安东尼·J. 纳布尔斯. 空间经济学——城市、区域与国际贸易 [M]. 梁琦,译. 北京:中国人民大学出版社,2005:144-145.

(三) 人口增长与城市的形成

区位需求和厂商集聚之间存在着密切的关系。厂商在选择区位时,往往会倾向于那些集聚了同类工厂的地区,以便分享规模效应和技术外溢效应。同时,厂商集聚也会进一步增强区位需求。随着更多的厂商聚集在某一地区,该地区的市场氛围和配套设施会更加完善,进而吸引更多的厂商前来设厂,并最终促使城市形成。

藤田昌久等 (2005) 从人口增加的角度,对城市的形成进行了论述。藤田昌久等首先对前述构建的经济体模型进行了微调,对部分假设做了一些修改:代表一维线性经济体的长度为无限长;农民只在 $-S$ 到 S 的范围均匀分布,且分布密度为 d;所有制造业厂商都集中在地理区位的中心(即图 3-12 中位置或区位为 0 处)。在这种情况下,城市从 0 到 S 范围内的农村市场全部由城市现有的工厂来满足。如果农村人口不断增长,在农业人口分布密度保持不变的情况下,随着人口的不断增长,农业区的范围会越来越大。为了降低工业品到农业区腹地的运输成本,假设需要在 s 处建一家新的工厂,则 0 到 $s/2$ 间的农民由原工厂供给,$s/2$ 到 S 间的农民由新工厂供给。在总运输成本最小化的目标下,新工厂应当建在与农业区的距离为 $2S/3$ 的区位。新工厂建立后,从 0 到 $S/3$ 范围的农村市场由城市原有的工厂来供给,$S/3$ 到 S 范围的农村市场由新工厂供给。

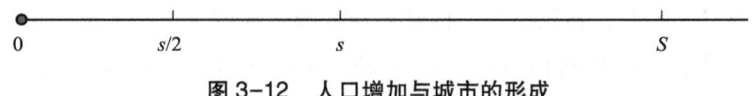

图 3-12　人口增加与城市的形成

厂商建一个新工厂需要投入固定成本 F,当 F 等于建立新工厂节省的总运输成本时，厂商才可能考虑建立新工厂。藤田昌久等计算后认为，当 S 达到临界值 S^*，即 $S^* = \sqrt{3F/\tau d}$ 时，就可以建设新工厂。

整体上看，随着经济体中人口的不断增长和农业区边界的逐步扩张，当农业区边界超过原有城市工业品供给的边界并达到临界值 S^* 时，出于运输成本最小化和建厂成本的考虑，厂商就有动力在 $2S^*/3$ 处建立新的工厂。这样，随着时间的推移，最终会出现新的城市以及城市间距离为 $2S^*/3$ 的城市系统。

三、城市体系的空间分布及其解释

（一）城市体系及其经济学本质

随着单个城市的不断产生和发展，城市间的联系日益密切，越来越多的城市在空间上有序分布，逐渐形成城市体系（Urban System）。城市体系又称"城市系统"，它首次作为独立概念出现于20世纪60年代。所谓城市体系，是指在一个相对完整的国家或区域，由不同性质、不同职能分工、不同等级规模、联系密切、相互依存又相互制约的若干城市（城镇）的集合。它反映了一定地域范围内不同等级城镇空间布局的总体情况，通常有一个主要的、最大的城市（"首位城市"）扮演体系内的经济社会中心的角色，其他城镇则处于次要或更低的等级。

城市体系是区域内城市发展到一定程度时所出现的一种分布有序的城市组织形态。作为一种组织体系，城市体系具有"整体大于部分之和"的性质，它所展现出来的功能不是体系内各个城市功能的简单加和，而是在内部各个城市功能的基础上，经过组合产生新的功能，城市体系内部任何单个城市都不具有这些新功能。

西蒙斯（J. W. Simmons，1975）曾提出，城市体系有三个主要的组成部分（如图 3-13 所示）：其一，属性或特征矩阵，反映规模、经济结构、社会性质等方面的特征；其二，行为矩阵，反映城镇体系内部人口流动、要素流动中的相互作用；其三，相互依赖矩阵，反映城市之间在发展上的相互依赖关系。

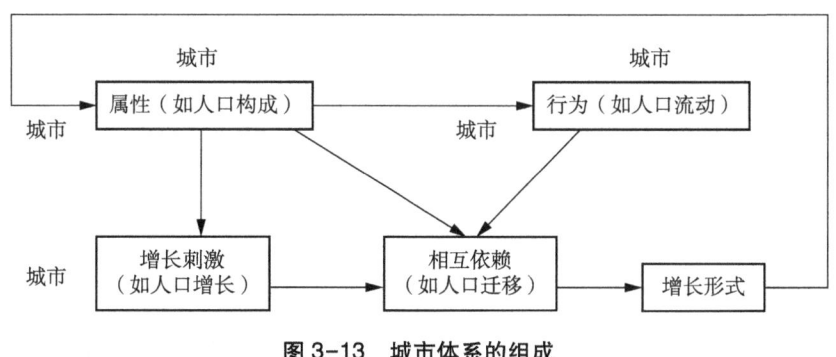

图 3-13　城市体系的组成

从经济学角度看，城市体系是区域社会经济发展到一定阶段的产物，是一个国家或一个经济体的经济活动中心和资源分配的关键组成部分，是城市带动区域最有效的组织形式。城市体系的经济学本质主要体现在以下四个方面：第一，城市体系是更为高效的空间结构形式。在这个空间内，城市集聚经济和规模经济得以集中产生和充分实现。城市体系是一种在更大空间上的"城市"，人口和产业在这个"城市"聚集，不但能够促进城市生产成本下降、知识共享、技术创新加速和市场扩大，而且能够激发出更大规模的集聚经济和规模经济，让更大空间范围的人口和产业受益，从而提高整体创新水平和生产效率。第二，城市体系是空间资源分工和功能互补的经济组织形式。不同城市在城市体系中扮演着不同的角色，城市之间不断地进行物质流、能量流、人员流、信息流的交换，形成了分工和互补。分工能够更有效地利用各个城市的空间资源，互补的关系能够实现各个城市空间资源的最优配置。第三，城市体系是体系内各种经济活动竞争和合作的平台。尽管城市之间存在竞争，但它们也通过合作和协调来实现互利共赢。城市之间的竞争会刺激创新，同时提高效率，而城市之间的合作则会促进资源的共享和互相支持，从而提高整体经济效益。第四，城市体系的外部性效应也是其经济学本质的重要组成部分。城市体系中一座城市在经济方面的成功可能会对其他城市产生积极的影响，进而刺激整个城市体系的经济增长。城市体系中的一些政策或发展举措也可能对整个城市体系产生外部性效应，如产业政策、基础设施建设和环境保护政策等。

（二）城市体系分布的区位论解释

克里斯泰勒的中心地理论系统地阐明了中心地的数量、规模和分布模式。城市是相关产业或企业的综合体，具有与中心地相同或相似的特征，或者说，城市就是一种特殊的中心地。根据市场原则、交通原则以及行政原则形成的城市体系（中心地系统，下同）分别如图3-14、图3-15、图3-16所示。一般情况下，城镇体系中会有一个中心城市（即首位城市）。中心城市的空间区位确定后，其他不同等级、不同规模的城市的空间区位也随之被"固定"下来，城市体系的空间区位分布就基本确定下来了。

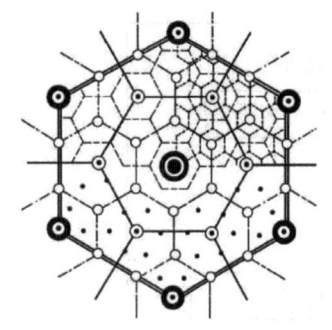
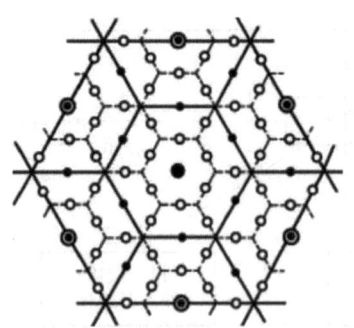
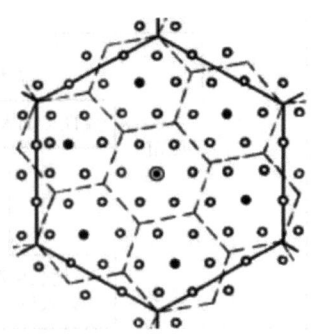

图3-14　市场原则下的城市体系　　图3-15　交通原则下的城市体系　　图3-16　行政原则下的城市体系

在城市体系的空间分布规律方面，克里斯泰勒将部分论证建立在日常的观察资料之上。不过，有关最少产品供给的经验观察与现在已被证明的最大城市覆盖范围的理论完全一致。克里斯泰勒认为，在开放、便于通行的地区，市场经济的原则可能是主要的；在客观上与外界隔绝的地区，行政管理原则更为重要；在新开发的地区，交通原则占优势。不同类型城市体系的空间分布，是在市场原则、交通原则以及行政原则共同作用下形成的。

廖什与克里斯泰勒的经验研究不同，他遵循了微观经济学的研究思路。通过假设和经济学的论证，廖什证明了如果空间价格竞争可以保证所有土地都由同质厂商使用，那么整个空间经济将形成一个类似蜂窝状的六边形集合。如图 3-17 所示，A1~A5 是 5 个有代表性的厂商，他们分别占据 5 个六边形市场的中心区位，其中相邻的 3 个厂商 A1、A2、A4 按照三角形区位模式生产，确保生产区位到市场边界的距离最小。廖什认为，如果存在几个大城市，则可以把其中一个大城市所支配的大规模的市场区域作为 1 个经济景观（市场区域）。当最初的大城市 H1 拥有的市场区域半径为 L 时，在超出 L 的区域，大城市 H1 的区位集聚利益，以及两种扇形的差异和连接各扇形的交通线上的利益都会消失。当与 H1 的距离达到 2L 时，下一个大城市 H2 就会布局。按照同样的发展过程，类似于 H1，H2，H3，…的大城市数量不断增加，最终会形成以这些大城市为中心的经济景观仍然为正六边形的系统。

基于克里斯泰勒和廖什中心地理论的城市体系空间分布，可以使用市场区竞争进行说明。在二维空间市场区竞争的情况下，假设在已有的企业 A 的单个市场区，引入位于 B 点的第二家企业，图 3-18 表明了两个市场区竞争的过程和结果。企业 A 的市场区中从 M'_A 到 X 这一范围内，企业 B 以低于企业 A 的交货价（$t_B<t_A$）提供商品，企业 B 将占领该区域的市场。随着更多企业的进入，剩余的市场空间将逐渐被填满，各个市场区将缩小至可盈利的最小规模。当多个市场区共存时，如果在某个市场区的"上边界"之外，生产者不能满足消费者对其产品的需求，就会有新的生产者进入该市场。生产者不断涌入，逐渐占满整个区域，最终将形成克里斯泰勒和廖什六边形的市场区。

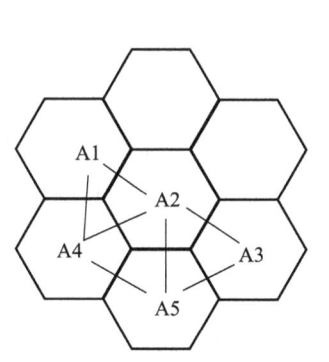

图 3-17 同质厂商市场区域的空间分布

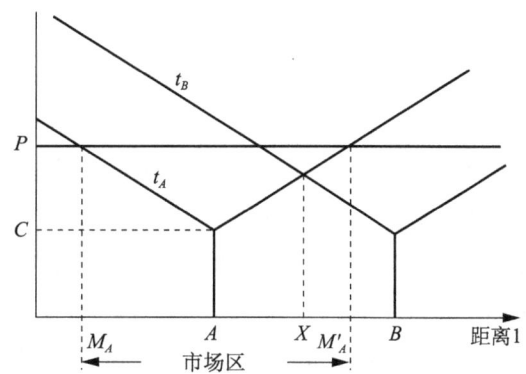

图 3-18 二维市场区的竞争模型

(三) 一般均衡与城市体系的性质

克里斯泰勒和廖什的中心地理论虽然从区位视角说明了城市体系的空间分布规律，但没有从机制上进行完整解释。一些城市经济学家解决了这一问题。例如，亨德森（1987）采用经济学一般均衡分析的方法研究城市体系的形成机制。一般均衡分析从整个经济体系的各个变量相互影响、相互依存的前提出发，考察各种商品的价格、供给和需求同时达到均衡状态的条件。城市体系中的各种生产、消费活动是相互影响、相互关联的，具备一般均衡的性质。因此，可以采用经济学一般均衡的分析框架对城市体系的形成机制进行分析。

亨德森（1987）借鉴埃文斯（1972）的模型和研究思路，提出 5 个假设：①城市存在相互异质的两种产业——制造业和商业服务业，并且商业服务业的产出可作为制造业的投入，全部销售给制造业；②不同规模的城市所支付的通勤费用、房租以及劳动力成本不同；③制造业的运输成本为零，而商业服务业的运输成本是无限的且遵循规模经济，因此商业服务业可以在任何制造业区位上（即城市）进行经营活动；④城市体系中所有城市的实际福利（效用）都达到均等的结果，或者说各个城市代表性居民的效用相同；⑤居民和投资者可以在城市间重新选择居住地，这样既可以获得规模经济带来的高工资和高的资本回报率，也能避免规模不经济，以获得较高的福利效用。在上述假设之下，不同类型的制造业企业在利润最大化目标下，区位选择会随城市规模的不同而有异。例如，食品加工等低工资、劳动密集型的企业较少利用城市商业服务业的产出，区位将集中在规模较小的城市；金融服务等大量使用高工资、高素质的劳动力和商业服务业产出的企业，其区位选择的余地很小，只能选择规模较大的城市。城市规模通常有一个限度，如果城市过大，居民无法实现最优福利水平，为了获得开发收益，人们将开发建设新的城市；企业如果在大城市不能获得利润的最大化，也会像居民一样放弃不经济的大城市，选择集中到特定规模的城市。居民和企业在城市间的区位选择将直接影响整个城市等级系统的形成和空间分布。

亨德森模型通过对城市体系的一般均衡分析得出城市体系的性质：①城市体系中的各类城市在规模上存在差异。城市体系本身就是不同规模城市在一定空间上的分布形成的，亨德森从一般均衡的视角再次论证了这个结论。②城市体系中的各类城市的价格存在差异。城市体系中某种类型城市的规模不断扩大，人均工资和平均房价会随之上涨。在城市体系内不同城市的效用保持相等的情况下，该类城市的通勤成本和房屋成本通常也会以同样的比例上升。③城市体系中各类城市在资本使用上存在差异。资本使用率高的城市，不仅具有资本密集的特征，而且规模较大。

资料链接 3-2	城市产生的区位选择：一个仿真实验		
作者：赖世刚、于如陵 来源：微信公众号"城乡规划杂志社" 时间：2021-02-02		通过微信扫码在公众号 "城市经济学"中阅读	

本章小结

区位是指人类活动（行为）及其结果在某一空间上的位置或分布及其相互之间的关系。它包括自然、经济和交通地理区位三种类型。经济学的区位本质上是潜在的不同经济利益寄居或附着的场所，这也与其本身具有的不同类型因子密切相关。目前，研究区位的理论已有不同的学派体系，并逐步走向成熟，其中，工业区位论和中心地理论对城市及城市体系的形成与规划建设具有重要的参考价值和指导意义。

城市与城市体系的形成与发展，源于区位优势与经济活动的区位选择。藤田昌久的研究表明，在一定区位范围内，城市区位得以维持和锁定，并在农业人口增长和成本最小的约束下最终形成城市与城市体系。克里斯泰勒的中心地理论也能很好地解释城市体系分布的空间区位规律，而亨德森则采用经济学中一般均衡的分析框架对城市体系的形成机制进行了分析和解释。

关键词：区位；区位因子；区位论；运输成本；市场区；中心地；区位优势；区位选择；城市体系

问题与应用

1. 什么是区位？其经济学本质是什么？
2. 以某具体单位或企业的选址为例，讨论区位因子及其类型。
3. 试以某商品运输过程为例，讨论距离与运输成本的含义及类型。
4. 试比较韦伯、帕兰德、胡佛以及艾萨德的工业区位论的异同。
5. 试分析克里斯泰勒和廖什的市场区的含义及构成。
6. 试比较克里斯泰勒和廖什的中心地理论的异同。
7. 试论述区位锁定与城市的形成。
8. 试用区位论对城市体系的空间分布进行解释。
9. 试从一般均衡的视角分析城市体系的形成机制及其性质。
10. 阅读资料链接中的资料，并分组进行讨论。

参考文献与推荐阅读

[1] 皮亚彬,陈耀. 大国内部经济空间布局:区位、禀赋与一体化[J]. 经济学(季刊),2019,18(4):1289-1310.

[2] 陈丛波,叶阿忠. 数字经济会洗牌城市规模分布吗?[J]. 北京化工大学学报(社会科学版),2021(3):27-33.

[3] 肖金成. 都市圈与城市群的形成机理[J]. 今日国土,2022(12):13-16.

[4] 申玉铭,李哲. 世界金融中心的分布与形成机理[J]. 地理教学,2020(18):4-7.

[5] 尤济红,周利,朱宁. 中国城市规模分布体系与人力资本流出[J]. 世界经济文汇,2023(3):39-57.

[6] 何文. 人口规模、交易成本和城乡空间经济——基于新经济地理学城市体系模型的理论研究[J]. 河北经贸大学学报,2022,43(5):57-63.

[7] 赵璐,刘释疑. 我国数字经济时空分异与城市规模分布特征[J]. 城市发展研究,2022,29(6):74-84.

[8] 徐圆,陈爱华. 高铁网络、区位优势与城市经济韧性[J]. 财经科学,2023(6):71-87.

[9] 李佳洺,孙东琪,姜炎鹏. 中心城市产业结构对腹地城市人口增长及区域城市体系演化的影响[J]. 地理学报,2023,78(8):1955-1968.

第三篇 城市规划经济学

　　城市规划经济学是支撑城市获得更高城市空间经济效益的经济学。城市空间经济效益的实现离不开城市空间的利用，而城市空间的利用可以通过城市规划来调控。城市规划是指对城市未来的活动作出规划，其核心是对未来城市土地利用，以及在此基础上对城市各类要素的组合安排和城市空间结构形态的建构（于涛方、顾朝林、涂英时，2001）。通过城市规划，从经济学视角出发，科学确定城市的空间结构、产业结构和规模，有助于对城市经济活动进行引导及调控，从而实现城市空间资源利用效果的最大化，提升城市的空间经济效益，进而提高城市经济发展水平。

　　本篇包括第四章至第六章共三章的内容。其中，"第四章　城市的定位与城市空间结构的优化"，主要介绍城市如何确定自己的区域地位，并基于经济学视角，在时代背景下规划和优化调整自身空间结构；"第五章　城市产业经济与城市产业结构的优化"，主要介绍城市如何基于产业结构的演进规律，规划和优化调整自身的产业结构；"第六章　城市规模经济与城市规模优化经济学"，主要介绍城市如何在规模经济理论指导下，科学规划和合理确定适度规模，并积极实现。

　　总体来说，本篇主要探讨市场条件下城市经济空间资源的规划配置及最优化问题。

第四章 城市的定位与城市空间结构的优化

城市为什么产生、在哪里产生，以及城市空间竞租与初始空间的形成，都与城市空间的价值密切相关。了解空间价值及空间结构等因素对城市的影响，熟悉城市空间结构模式，有助于理解城市空间结构优化的来龙去脉和实践路径，也可为后续章节的学习打下基础。

第一节 城市空间价值与区域的地位定位

一、城市空间价值及其影响因素

（一）城市空间价值的一般定义

城市空间具有有用性和稀缺性。农业生产空间有价值，工业生产空间有价值，车间、工段、机床、工具的布局组合空间有价值，但是最有价值的是城市空间（饶会林，2002）。城市空间具有多层次、多方面的价值，这些价值的综合表现形态为价格。在完全市场竞争条件下，假定城市空间单元功能性质完全由市场竞争决定，那么，城市空间单元的价值就体现为城市空间单元的竞标价格。在不存在市场竞争以及城市空间功能性质不由市场竞争决定的情况下，城市空间单元的价值等于意愿支付价格。

城市空间价值是城市作为地理空间的一个特定区域，在经济上所具有的独特性和潜在的经济价值，是城市单元价值和城市作为整体的空间价值的总称，是城市的区域地位、空间结构、产业结构、功能配置、集聚状态等方面所表现出来的综合空间经济效益的体现，是城市空间生产、分配、流通、消费的经济基础，也是城市发展的重要驱动力。

（二）城市空间价值的主要构成

对于一定几何大小、一定区位的城市空间单元，其价值构成包括：作为环境资源的内在价值和外溢价值、作为载体资源的内在价值和外部价值、作为区位资源的经济价值、作为功能特许的人为价值、作为功能的品牌价值、由供求关系引发的市场价值、作为虚拟空间的广告价值，以及作为意象空间反映的交感价值（杨重光、梁本凡，2002）。从区位的角度看，其价值包含两个方面：一是区位的内源价值，也称元区位价值。内源价值又可以分为天然的自然资源禀赋或土地物质价值,以及后天的价值投入或土地资本价值。二是外部影响的价值,即区位所表示的经济空间场对内、对外的影响价值(高进田,2007)。

归纳而言,城市空间价值主要包括四个方面:①城市空间级差价值。它的最直接表现就是区位的价值以及建筑物的价值。这里的区位,主要是某个空间在所在城市内部或某个具体空间的位置,当然也隐含着它在整个区域的位置。杨重光、梁本凡(2002)提到的八种价值,都可以认为是区位价值的体现。马克思《资本论》中论述的级差地租、绝对地租、垄断地租以及西方经济学中的竞标地租也是空间价值的具体表现。②城市空间结构价值。它是在区位价值、建筑物价值基础上发展起来的一种价值,是一定的土地利用性质、利用方式、利用强度以及城市建筑物的某种结构布局带来的价值。不同的空间结构布局会有不同的空间价值,空间价值可能是正的,也可能是负的。正的空间结构价值能够有效提升区位价值和建筑物的价值,反之,则会降低它们的价值。这也是我国进行城市空间结构优化的重要理论依据。③城市空间的虚拟占有价值。比较典型的,是城市企业因为在某个城市而占有的产品市场份额的无形价值。它是城市的无形资产价值,也是城市地方化经济和城市化经济的外在表现。④城市空间的战略价值。城市的商业中心区、交通枢纽等空间具有重要的战略地位,能带动周边地区的发展,调控好这些空间,有利于优化城市的整体布局,促进城市的经济发展。从城市体系或城市与区域的联系来看,城市是区域的增长极,可以带动整个区域甚至一个国家的发展,具有更大的战略价值。

(三)城市空间价值的影响因素

城市空间价值是城市内部和外部空间经济的体现。城市空间价值的主要影响因素包括:①城市的区域地位。一个城市处于不同的城市群或区域,其空间价值会有较大不同。具有较高区域地位的城市,往往更有发展潜力,其空间的预期价值也更高。房价就是最简单的例证,超大、特大城市周边城市的房价,往往要比中小城市周边的高。②城市内部空间的区位。不同的城市区位,城市空间具有不同的价值,城市中心区域与城市外围区域的空间价值有着天壤之别。靠近商业和行政中心的空间更具有溢价效应,交通便利的空间价值通常更高。③城市的空间结构。一个具有良好空间结构或布局的城市,往往比同样类型、同等规模的城市具有更高的正的空间经济效益或空间价值,或者更低的空间不经济或空间价值的减损。④城市的产业结构。第三产业占比较高的城市,其城市价值往往较高,而第三产业中数字产业占比高的城市,其城市空间价值通常会更高。⑤其他因素。例如:城市空间的配套设施、完善的基础设施和公共服务能提升城市空间价值;在同等条件下,设计优良、环境宜人的城市空间往往更受追捧。

就城市的整体空间价值而言,在上述影响因素中,城市的区域地位、空间结构和产业结构是影响最大的因素。其中,城市的区域地位是经过较为漫长的时间逐步形成的，它既会影响城市的空间结构和产业结构，也受自身空间结构和产业结构的制约。除此之外，它还会受到国家和区域发展政策的影响。城市的区域地位可以通过空间结构和产业结构的调整、高质量开展城市建设、新型城镇化、创新增长、区域协同以及城市治理逐步改变。但在短时期内，城市的区域地位通常较难有较大改变。而城市的空间结构和产业结构，可以通过城市自身较短时期的调整来优化，相对较容易改变，因而能更快地提升城市空间价值。

二、城市的区域地位的定位及其意义

（一）城市的区域地位界定

"地位"是社会学或人类学中的概念，是指人、团体或组织在社会关系和社会格局中扮演的角色或所处的相对位置与主属关系，以及由此显示出的重要程度。地位有两种形式：一是先赋地位，即所处地位是通过承袭得到的；二是自致地位，即所处地位是通过自身努力得到的。地位是外界了解、评价一个人、团体或组织，并与之接触的基础。社会关系的多面性决定了社会地位的多样性，如政治地位、经济地位、学术地位、国际地位等（李德华、朱自煊，2005）。

与上述"地位"的界定相似，经济学中城市的区域地位，是指某个城市在特定地理空间（如全球、亚洲、华北、京津冀等）或城市体系的经济活动中所扮演的角色或所处的位置。现代城市的区域地位，既包含地理条件等先天因素带来的先赋地位，也包含城市通过自身努力获得的自致地位，是先赋地位和自致地位的综合体。

（二）城市的区域地位定位

城市的区域地位定位，是指对城市在区域经济活动中的地位和角色进行辨识和明确认定。对城市的区域地位进行定位，可以通过城市网络分析等方法来辅助实现。城市网络是社会网络的一部分，社会网络（social network）是由多个节点（社会行动者）和各节点之间的连线（行动者之间的关系）组成的集合，相应地，城市网络是某个特定区域（节点区域）内多个城市（节点）及其相关关系（连线）组成的集合。不同规模的城市（节点）和节点区域组合起来，会形成城市等级体系。通过计算和分析城市网络中某个城市的中心度，可以辨识某个城市在特定区域和特定城市等级体系中的位置优势或重要性。城市的中心度越高，就越重要，在城市网络或区域中的地位越高。

在实践中，城市的区域地位定位涉及多种因素，不能简单地通过中心度指标确定。不同城市的区域地位定位，通常因该城市的历史、地理位置、产业结构等因素的不同而存在差异。根据城市所在区域的空间范围，如国际范围、国家范围、区域范围、地区范围等，可将各个城市定位为国际经济中心、全国经济中心、区域经济中心以及特色产业或创新中心等。例如，印度的孟买被定位为世界上最大的纺织品出口港之一、印度的经济中心、印度最大的海港和重要交通枢纽、印度"西部门户"和印度"商业首都",美国旧金山被定位为美国西部重要的海港城市、美国金融贸易和文化中心、黄金之都等(张鸿雁、张登国,2008)。

(三)城市的区域地位定位的意义

在经济学中,城市的区域地位定位是一个重要的研究课题,对城市、区域乃至一个国家的整体经济发展起着关键性作用。明确作为区域节点和纽带的城市的区域地位,找寻城市空间的坐标价值,确定城市在城市群或城市体系中的辐射范围和影响力,有助于实现城市空间资源的优化配置和城市经济的可持续发展,发挥城市在区域经济中的重要作用。

准确地确定城市的区域地位定位,有助于规划城市空间结构和发展布局,还可以有针对性地促进城市产业升级和经济结构调整,有利于科学选择城市的主导产业或产业集群,合理确定城市的规模,推动城市的建设、发展和治理,进而提升城市的创新能力和竞争力。同时,通过优化城市的区域地位定位,可以实现城市间的互补发展,形成良好的区域协调与合作关系,最大限度地提高整个区域空间资源的利用效率。

三、我国城市的区域地位及其定位

根据《中国城市统计年鉴2022》中的数据,截至2022年底,我国大陆现有建制市691座,其中,直辖市4座,副省级市15座,地级市278座,县级市394座。上述四种不同的行政等级,本身就代表了城市的行政地位和影响力,也对城市的空间结构、产业结构和城市建设与经济发展等产生了一定的影响。

为了更好地发挥城市空间资源在城市与区域经济发展中的作用,我国城市都对自身空间在区域中的地位进行了定位。一些超大、特大城市的定位更加侧重于国际金融中心、商业中心、文化中心等,力求在全球经济发展格局中占据重要位置;而一些省会城市空间则强调自身的区域或地区经济中心的定位,注重城市与区域的协调发展和经济带动能力。

我们从政府的公开资料中可以看到一些城市的总体定位。例如,我国4个直辖市的城市区域地位定位如下:北京是国际科技创新中心、国际交往中心,全国政治中心、文化中心,以及科技创新中心;上海是国际经济中心、国际金融中心、国际贸易中心、国际航运中心,以及科技创新中心;天津是全国先进制造研发基地、北方国际航运核心区、金融创新运营示范区,以及改革开放先行区;重庆是全国重要的中心城市之一、长江上游地区经济中心、国家重要的现代制造业基地、西南地区综合交通枢纽。

总体而言,以上城市在其所在区域都占据重要地位。这些城市在经济、金融、贸易、创新和文化等方面发挥着关键作用,推动中国经济的高质量发展和中国式现代化进程的加快。

资料链接 4-1　北京城市总体规划（2016 年—2035 年）

作者：北京市规划和国土资源管理
　　　委员会
来源：北京市人民政府网站
时间：2017-09-29

通过微信扫码在公众号
"城市经济学"中阅读

第二节　城市空间结构及其模式经济学

一、城市空间结构的经济意义

（一）城市空间结构的含义与本质

空间结构是对地理事物空间分布状态的描述，其基本组成要素是"点、线、面"，是城市、居民点等（点形态的地理事物），交通、通信等基础设施（线形态的地理事物）和功能区（面形态的地理事物）在空间上的不同组合状态（陈萍，2009）。空间结构更多地体现为区位的地域组合形态。空间结构理论也被认为是几乎综合了所有社会经济个体的区位理论。

城市的特殊社会经济地位使城市空间结构（Urban Spatial Structure）成为一个跨学科的研究对象。波纳（Bourne L. S.，1971）基于系统理论，认为城市空间结构是指城市要素的空间分布和相互作用的内在机制，使各个子系统整合成为城市系统。波纳把城市要素的构成机制作为城市空间结构的一个组成部分，这是城市空间结构概念的一个重要发展。我国城市经济学界的前辈王茂林、龙永枢、杨重光等（2000）认为，城市空间结构是指城市要素在空间范围内的分布和结合状态，反映了城市空间网络的组合形式。顾朝林等（2000）认为，城市空间结构主要从空间的角度探索城市形态和城市相互作用网络在理性组织原理下的表达方式。江曼琦（2001）认为，城市空间结构是城市经济结构、社会结构、自然条件在空间上的投影，是城市经济、社会存在和发展的空间形式，表现了城市各种物质要素在空间范围内的分布特征和组合关系。

总体来看，从经济学的角度出发，所谓城市空间结构，是指城市经济要素及影响这些要素的要素在城市空间范围内的分布和组合状态，本质上是城市经济活动在城市空间上的印记、表现、投影或存在形式，也是城市空间的规划与配置、利用和消费的具体表现。

（二）城市空间结构的表现与分类

城市空间结构可以从三个方面来表现：①城市密度。城市密度表现了城市内部不同地段土地利用的强度，也是城市不同地段经济活动聚集程度的反映。城市土地利用的密度一般从市中心向外围递减。②城市布局。城市布局是指城市地域的结构和层次，以及城市内部各种功能用地的比例。构成城市的各要素不但表现为一定的数量，而且总是按照经济活动对区位发展的特殊要求，具体地分布在城市空间的某一位置上，并根据经济活动的特点，形成多层次、多方位的组合关系，以及相应的物质外貌的地域分异。③城市形态。城市形态是城市空间结构的整体形式，是城市空间布局和密度相互影响、相互作用形成的城市三维形状和外在表现。城市平面形态可归纳为集中与组合两种类型，前者即单城，周围没有其他城镇，后者有两个或两个以上城镇，以一定间隔位于邻近的位置，彼此之间存在各种联系。城市的立体形态主要来自对城市三维空间的利用及城市的外观上。有代表性的城市形态有简单集中型、复杂集中型、分散型、条带型、网络型、星座式放射型等。

与城市空间的划分相对应，也可以把城市空间结构划分为不同的类型。例如，按照性质可以把城市空间结构划分为三种类型：一是实体结构，即一个城市的建筑形式、土地配置、土地使用类别以及所有的基础设施；二是结构系统，即各种土地使用类别或分区在经济与社会观点上的功能性关系；三是结构过程，它强调结构处于变化之中。城市空间结构既是城市经济运行的结果，也是城市功能发挥的基础。按照研究的空间尺度，可以把城市空间结构划分为城市内部空间结构和城市外部空间结构。城市内部空间结构是指城市内部的土地利用形式和城市功能区的结构和组合状态。城市外部空间结构是指作为一个整体的城市的组合形态，它反映了城市与城市之间的空间关系。此外，还可以把城市空间结构划分为城市物质空间结构、城市经济空间结构和城市社会空间结构等。本章所讨论的是既包括实体结构又包括结构系统和结构过程的城市内部经济空间结构。

（三）城市空间结构的经济学解释

城市空间结构的经济解析理论，主要以新古典主义学派、政治经济学派以及新经济地理学派为代表。其中，新古典主义学派是19世纪末20世纪初阿尔弗雷德·马歇尔（Alfred Marshall，1842—1924）创建的。它的理论基础是新古典主义经济学，旨在探讨在市场经济的理想竞争状态下资源配置的最优化。城市空间结构研究的新古典主义学派注重经济行为的空间特征（或空间经济行为），引入了克服空间距离的交通成本这个空间变量，从最低成本区位的角度，探讨在自由市场经济的理想竞争状态下的区位均衡过程，借以解析城市空间结构的内在机制（唐子来，1997）。

20世纪60年代以后发展起来的城市土地经济，是新城市经济学的核心，是在新古典经济学脉络上产生的城市空间研究方法（Alonso，1964；Mill，1967；Muth，1969）。其模型一般将城市地域假设成集中生产（综合消费品）的单一中心的同心圆均质地域，进而住宅的需要仅仅与个别地点的规模和选址有关，而与外部效应和公共部门的政策无关，并且它们各自的活动被反映到市场竞争过程中地租的空间分配上（王伟强，2005）。其中，阿隆索（Alonso，1964）的研究最有影响，他用新古典主义经济理论解析了区位、地租和土地利用之间的关系，并以竞标地租函数来求取个别厂商的区位结构均衡点，进而解释金融业、商业、工业、住宅、郊区农业等各类用地在城市范围内的组合和空间分布规律。

从20世纪60年代中期开始，行为学派试图解析现实状态（而不是理想状态）下的空间经济行为。Keeble（1976，1980）运用多变量统计方法，分析了产业分布空间模式的演化与区位因素在统计上的相关关系，试图判断影响企业选址行为的各种区位因素（如地区的居住环境、劳动力状况和政府的区域政策等）及其重要程度，从而检验关于不同时期企业选址行为影响因素的各种假说。

崛起于20世纪70—80年代的政治经济学派认为，对城市空间结构的解析不能仅建立在个人和单个企业的选址行为基础上，而必须从社会背景和政治经济结构入手。它主要包括三个学派。其中，结构主义学派又可分为新马克思主义学派和制度论学派。前者利用马克思主义政治经济学的基本概念和原理解释城市空间结构变化的内因，认为城市土地开发受制于社会生产方式，也反映了阶级与社会经济利益（朴寅星，1997）。区位冲突学派关注权力、冲突和空间之间的关系，认为城市空间结构是有着不同目标、不同权力及影响力的各个利益集团之间相互冲突、妥协而合理化的结果。城市管理学派认为，资本主义国家的政府扮演着看门人的角色，作为城市管理者，在土地、空间等稀缺资源的分配过程中发挥着不同作用，且具有不同动机，对城市社会空间结构的演变具有重要的影响。

20世纪90年代，以保罗·克鲁格曼（Paul Krugman）、藤田昌久（Masahisa Fujita）为代表的一批西方主流经济学家，将"经济学的手搭在了地理学的大门上"，提出"新经济地理学"这个新名词，开始使用最新的经济学理论分析方法和建模技术，对经济集聚和城市空间组织的动力机制进行了全新的探讨。新经济地理学的理论分析仍然建立在理性选择和均衡原理两大假设的基础上，它对存在规模收益递增和外部经济条件下经济集聚的形成过程进行研究，认为生产过程中的前、后向关联等所形成的离心力，与生产要素不可移动和地租形成的向心力共同作用，形成了城市的空间自组织过程。

二、城市空间结构的传统模式

传统的城市空间结构以同心圆模式、扇形模式和多中心模式最为著名。

（一）同心圆模式

同心圆模式（The Concentric Zone Model）是伯吉斯（E. W. Burgess）1925 年提出的针对北美的城市空间结构模式。该模式具有五个同心圆带，如图 4-1 所示。

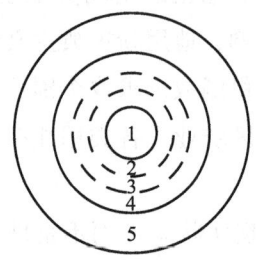

1. 中心商务区（CBD）
2. 过渡性居住带——移民和平民居住带
3. 工人阶级居住带
4. 中产阶级居住带
5. 近郊区或卫星城镇高级居住带或通勤人士居住带

图 4-1　伯吉斯的同心圆模式

最初通过竞租形成的城市空间结构，主要就是同心圆模式。该模式有以下优点：从动态变化入手分析城市地域，基本符合单中心城市的特点，为探讨城市地域结构提供了一种方法。该理论也存在一些缺陷：忽略了人类文化等属性；基于均质性的平面，没有考虑交通运输对城市及居民居住的影响。一些学者对部分缺陷进行了修正。例如，巴布科克（Babcock）在考虑交通影响的基础上，提出轴向—同心圆结构模式，认为城市主要活动沿交通干线分布，商业中心区有沿放射干线延伸成星状的趋势。

（二）扇形模式

1939 年，霍伊特（H. Hoyt）提出扇形模式（The Sector Model），如图 4-2 所示。他通过对 142 个北美城市房租的研究和城市地价分布的考察得出结论，高地价地区位于城市一侧的一个或两个以上的扇形范围内，并且从市中心向外呈放射状延伸到一定的扇形区域内，呈楔状发展，低地价地区也在某一侧或一定扇面内从中心区向外延伸，扇形内部的地价不随离市中心距离的远近而变动。霍伊特的结论与巴布科克的结论类似，即城市的发展总是从市中心向外沿主要交通干线或沿阻碍最小的路线延伸。尽管该模式在同心圆模式的基础上强调了交通线路的作用，但它仍然没有摆脱城市地域的圈层概念。

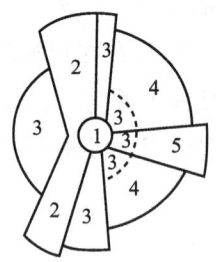

1. 中心商务区（CBD）
2. 批发和轻工业带
3. 低收入居住带
4. 中收入居住带
5. 高收入居住带

图 4-2　霍伊特的扇形模式

(三) 多中心模式

该模式是 1945 年哈里斯（C. D. Harris）和乌尔曼（E. L. Ullman）提出的。哈里斯和乌尔曼认为，许多大城市不仅存在中心商业区这个主要中心，还有若干个较小的次中心支配着一定的地域范围，如图 4-3 所示。

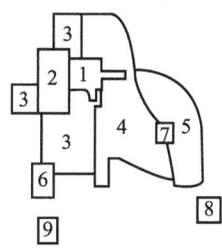

1. 中心商务区（CBD） 2. 批发和轻工业区
3. 低级住宅区　　　　 4. 中级住宅区
5. 高级住宅区　　　　 6. 重工业区
7. 外围商务区　　　　 8. 近郊住宅区
9. 近郊工业区

图 4-3　哈里斯和乌尔曼的多中心模式

多中心模式比同心圆模式更为现实，它考虑了城市地域发展的多元结构，但仍然基于地租地价理论，即支付租金能力强的产业位于城市中心部位。该模式对各中心之间的职能讨论的较少，尤其没有深入分析不同核心之间的等级差别和在城市总体发展中的地位，此外，该模式仍偏重于对城市内部结构的描述，而忽略了对城区外围的深入研究。多中心模式反映了按功能区组织城市空间结构和城市向郊区发展的趋势，这为城市规划方案的制定提供了理论依据。

三、城市空间结构的现代模式

传统城市空间结构模式都是简单的"城—郊"二分法城市地域结构划分，不能准确地描述城市空间结构的具体特征。为此，城市学家们开始了"城区—边缘区—影响区"三分法的探索，形成了现代城市空间结构模式。现代城市空间结构模式主要包括以下三种：

（一）塔弗等的理想城市结构模式

1963 年，E. J. 塔弗（Taaffe）、B. J. 加纳（Garner）和 M. H. 蒂托斯（Teatos）提出该模式，它由五个部分组成：①中央商务区（CBD）。CBD 里大多是金融机构、百货商店以及文娱场所等。②CBD 边缘区。在这个区域，大多是商业设施、工业厂房和住宅区。③中间带。不同级别的住宅区分布在这个地带。④外缘带。通常是城市的新区，食品、服装生产等轻工业区，中等收入家庭住宅区，以及中级旅馆、停车场、购物中心等生活性服务业。⑤近郊区。在该区域，分布着一些住宅区、工业区和农牧区。

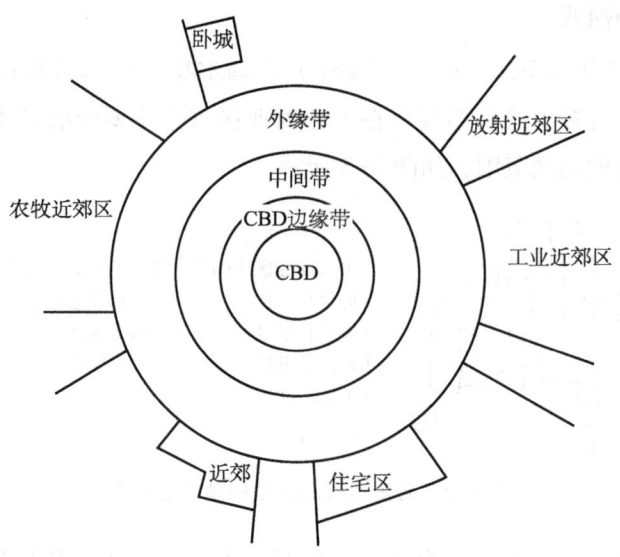

图 4-4 塔弗等的理想城市结构模式

(二) 洛斯乌姆的区域城市结构模式

1975 年，L. H. 洛斯乌姆（Russwurm）提出该模式。他认为，现代社区的区域城市结构包括四个区：①城市核心区（Core Built-up Area）。这一地区大致是城市建成区（Urban Built-up Area）和城市新区地带（Urban New Tract）构成的范围，没有农业用地，分布着大量办公物业、住宅和娱乐场所。②城市边缘区（Urban Fringe）。这一地区位于城市核心区外围，是郊区城市化和乡村城市化地区，是介于城市和乡村间的连续统一体。③城市影响区（Urban Shadow）。这一地区位于城市边缘区外部，是城市对其周围地区的投资区位选择、市场分配、技术转让、产业扩散等多种经济因素共同作用所波及的最大地域范围。④乡村腹地（Rural Hinterland）。这一地区位于城市影响区的外围，由一系列乡村组成，受周围多个城市中心的影响，与城市没有明显联系。

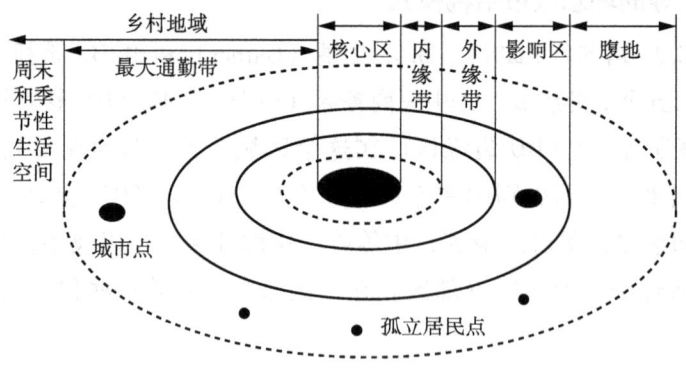

图 4-5 洛斯乌姆的区域城市结构模式

第四章 | 城市的定位与城市空间结构的优化

（三）穆勒的大都市结构模式

1981年，穆勒（Muller）在研究了日益郊区化的大都市地区后，扩展了哈里斯和乌尔曼的多中心结构模式，建立起大都市结构模式。该模式由四部分组成，即衰落的中心城市（Declining Central City）、内郊区（Inner Suburbs）、外郊区（Outer Suburbs）和城市边缘区（Urban Fringe）。在大都市地区，除衰落的中心城市外，在外郊区形成了若干个小城市（Mini Cities），它们基于特定的自然环境、区域交通网络、经济活动的内部区域化（Internal Regionalization）以及城市地域（Urban Realm），共同组合成大都市地区（Metropolitan Area）。

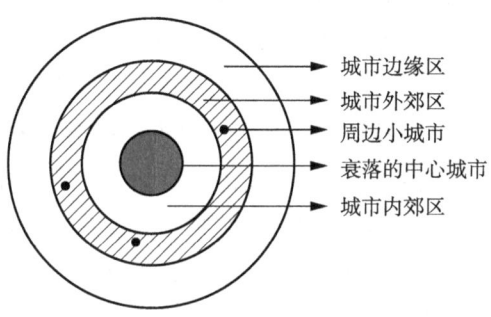

图 4-6　穆勒的大都市结构模式

资料链接 4-2　中国城市空间结构的经济效率和区域平衡效应

作者：李金锴、钟昌标 来源：微信公众号"城市问题" 时间：2022-04-11	通过微信扫码在公众号 "城市经济学"中阅读	

第三节　城市空间结构的优化与调整

一、城市空间结构的优化调整及其经济意义

（一）城市空间结构优化与调整的时代背景

21世纪的新发展阶段，全球普遍面临的重大机遇与挑战如下：一是数字技术快速发展。数字领域的技术和应用得到快速普及，涉及经济社会各个领域。例如，在经济领域，电子商务的兴起使得消费者可以在家中通过网络购买商品，不再需要专门前往实体店铺；在教育领域，数字技术的发展让传统的线下教学逐渐向在线教育转变，虚拟现实和增强现实技术的发展为教育提供了更多可能性；在交通领域，无人机技术的

应用为快递和物流行业带来了巨大的改变，有助于提高物流效率和减少物流设施等城市空间的占用。二是生态文明得到普遍重视。全球各国积极推动生态文明建设或环境保护，一些国际组织和政府间机构也在全球范围内展开合作。全球生态文明建设或环境保护的相关举措对城市土地利用和空间结构的调整构成了约束。三是区域合作日益流行。地区或城市间通过合作，可以解决共同的问题，促进经济增长，提升彼此的竞争力，实现共赢。这是区域或城市发展的需要，也是时代的要求。目前，全球范围内有许多区域合作组织通过签署协议、建立机构、制定共同政策等形式，促进成员间的资源共享和协调发展，这也对区域或城市空间结构提出了新的要求。

我国城市空间结构的发展与优化调整也面临着一些新的社会经济和技术问题。基于此，《中华人民共和国国民经济和社会发展第十四个五年规划和2035年远景目标纲要》（简称"'十四五'规划"）明确提出，在未来若干年内，我国将会继续贯彻创新、协调、绿色、开放、共享的新发展理念，"以推动高质量发展为主题，以深化供给侧结构性改革为主线"，迎接数字经济时代，建设数字中国，加快建设现代化经济体系，坚持"绿水青山就是金山银山"理念，实施可持续发展战略，构建生态文明体系，大力发展绿色经济，推动绿色发展和经济社会发展全面转型，促进人与自然和谐共生，建设美丽中国。"十四五"规划中特别强调，要"深入实施区域重大战略、区域协调发展战略、主体功能区战略，健全区域协调发展体制机制，构建高质量发展的区域经济布局和国土空间支撑体系""深入推进以人为核心的新型城镇化战略，以城市群、都市圈为依托促进大中小城市和小城镇协调联动、特色化发展"。我国城市空间结构的优化调整，也要基于新理念和数字中国、美丽中国建设，以及区域协调发展和新型城镇化战略等，积极做好应对。

（二）城市空间结构的优化调整

根据城市空间结构的表现，对其进行优化调整需从三个方面着手：第一，进行城市密度的优化调整。主要体现在两个方面：优化城市用地建设的总体密度和布局地区的开发密度。根据不同城市的特点及其经济社会发展水平，正确处理城市内部各种物质实体的疏密关系，形成和保持城市空间的合理密度。第二，进行城市布局的优化调整。积极向缩短人、物、资金、能源、信息的流动时间和距离的方向努力，尽量避免诸如住宅小区星罗棋布式分散布局，以及引发居住与就业分离并带来交通拥挤等问题，以便更好地提高城市布局的区位效益和组合效益。第三，进行城市形态的优化调整。城市形态是城市空间布局和密度的综合反映，是城市社会经济发展的产物。科学理想的城市形态往往是几种形态的综合。城市平面形态的优化调整应该根据城市经济社会长期发展的需要，体现成本最小、效益最大的原则。当然，城市是区域的城市，在调整城市片面形态时，应从城市区域的视角综合考虑问题，正确处理城市利益与区域利益的矛盾。城市立体形态的优化调整，应注重推动中心城区的改造更新，使城市形成土地高效利用、容积率适当、错落有致、舒适及优美的自然环境。

(三)城市空间结构优化调整的经济意义

城市空间结构优化调整是一个重要的经济发展课题,涉及城市规划、城市与区域经济发展和资源配置等问题。从国家和区域的层面看,城市空间结构调整是国家和区域空间结构调整的一部分。尼尔·博任纳(2020)指出,城市和城市区域是战略性的次国家空间,是当代国家和空间重组的关键制度场所,代表着国家尺度重构和空间转变的舞台。通过以空间为目标的过程,国家制度试图增强领域内的区位资产,加速资本的流通,吸引劳动力,解决地方特有的社会经济问题,并维持经济活动和人口增长等多种中心内部及之间的领域凝聚力。[①] 简单来说,城市空间结构的优化调整,有利于从更大空间范围内提升城市空间资源的配置、流通与利用水平,最大限度地提升城市的综合空间经济效益,推进城市与区域经济的协同发展,进而保证国家空间的最优配置、流通、利用和国民经济的最佳发展。

具有一定生命周期的城市,经过一定时期的发展,各种空间布局和功能分布会与现实要求存在一定的偏差,出现诸如资源分布不均衡、环境污染、交通拥堵等城市问题。这些问题影响着城市经济发展的速度、质量、规模和比例关系,也关系到城市经济能否和谐、稳定和高质量地运行。城市空间结构的优化调整具有以下作用:①可以使资源得到更合理的配置,提高资源的利用效率和效益;②可以减少城市的环境压力,改善生态环境质量,提高居民的生活水平;③可以促进产业的升级和创新,推动经济结构的转型和升级,提高城市的竞争力;④有利于推动区域间的协调发展,促进区域间的合作与互动,实现共同发展等。

总之,城市空间结构优化调整涉及空间政治经济学,具有重要的经济意义。有关部门需要充分把握我国社会经济发展的新背景和新要求,科学合理地确定城市土地的利用规划,保障高质量供给,优化城市经济要素的空间布局,最大化发挥城市经济空间的价值,最小化城市经济空间的利用成本,积极利用城市经济空间市场的内部调控机制,以取得最佳的城市经济效益或空间经济效益,提高城市的竞争力。

二、数字经济发展与城市空间结构的优化调整

数字经济是高质量发展的经济形态。数字经济时代的空间结构优化调整,符合"十四五"规划中的新理念和发展主题,也是生态文明和绿色经济发展的支撑,具有综合性。

(一)数字经济驱动城市空间结构的优化调整

数字经济"依托于大数据和互联网的新兴经济形态,以互联网平台和网络客户端作为主要载体,将原有核心生产要素转换为数据资源,推动生产、生活方式的深刻变

---

① 尼尔·博任纳. 新国家空间:城市治理与国家形态的尺度重构[M]. 王晓阳,译. 南京:江苏凤凰教育出版社,2020.

革"（刘明等，2023）。根据中国信息通信研究院 2023 年发布的《中国数字经济发展研究报告》，2022 年，我国数字经济规模达到 50.2 万亿元，同比名义增长 10.3%，已连续 11 年显著高于同期 GDP 名义增速，数字经济占 GDP 比重达到 41.5%，这一比重相当于第二产业占国民经济的比重。

总体来看，我国数字经济全要素生产率从 2012 年的 1.66 上升至 2022 年的 1.75，数字经济生产率水平和同比增幅都显著高于整体国民经济生产效率，对国民经济生产效率提升起到了支撑和拉动作用。我国数据生产要素价值进一步释放，数据产权、流通交易、收益分配、安全治理等基础制度加快建设①。可以说，我国的数字经济已经展现出欣欣向荣的发展势头，为城市经济和国民经济的高质量发展开辟了新的局面，为城市提供了新的经济增长动力。如今，城市的发展已经步入信息化时代，数字经济正在全面渗透和驱动着城市的生产、生活和治理的变革（江曼琦等，2023），并推动着城市经济和城市空间的发展。

（二）数字经济推动城市空间优化的理论机制

数字经济时代是一个社会经济活动日渐数字化和网络化的时代，数字化的加速发展促使社会经济组织形式逐渐由单一向群体、由行政或家族式等级联系向基于多中心的网络化方向发展，集聚了电脑业、通信业和信息内容业的新兴产业也得以形成并发挥越来越大的作用，并因此影响到城市用地布局或城市空间结构。Graham 和 Marvin（1996）将信息技术对城市空间的作用概括为四种效应：①协作效应。技术的发展与城市的发展呈现出协同并进的趋势，在空间上表现为信息空间的扩展与城市空间扩展延伸的复合。②替代效应。通信技术的发展可以克服时间和空间障碍，信息传递可以取代或减少人的通勤。公司总部不再设在地价昂贵的中心商务区。③衍生效应。信息技术的发展可以促进城市经济的发展，进而影响城市的空间结构。④增强效应。信息技术的发展可以扩大原有物质形态网络，如路网、电网、水网等的容量，使其更具吸引力，从而影响城市空间结构。

信息技术的发展和应用创造了线上办公、网络购物和在线教育等"云端经济"以及相应的虚拟空间，使得城市经济活动在一定程度上冲破了对物理时空和地理邻近的依赖，从而减轻了聚集于中心位置的趋势（江曼琦等，2023）。一方面，数字经济的发展能通过提升资本以及劳动力的配置能力推动产业结构优化升级（王凯，2021）；另一方面，数字经济也会影响城市群的空间经济联系。有学者将数字经济纳入城市群空间经济联系的研究视角，发现数字经济对城市群经济增长空间溢出效应大多存在正的显著影响。

总而言之，数字经济的发展打破了传统商业模式的物理时空束缚，使得城市经济活动在生产方式和要素组合方式等方面发生了重大变革，通过实现规模经济、提升市

---

① 中国信息通信研究院. 中国数字经济发展研究报告（2023 年）[R]. 中国信息通信研究院，2023-04.

场潜力、形成长尾效应和降低交易成本来提高城市经济集聚效应，进而促进本地经济的发展（许钊等，2022），数字经济的发展不仅可以显著提升本地城市经济发展的质量，也促进了邻近城市的经济发展，具有空间溢出效应（鲁玉秀等，2021，刘明等，2023）。

（三）数字经济时代城市空间结构的优化重塑

城市政府需要积极响应数字经济发展的时代要求，利用市场机制和城市空间发展规划，积极推动城市空间结构在以下四个方面的优化调整：

一是提升城市的密度和紧凑性。数字经济的发展需要大量人力资源和技术基础设施的支持。高密度的城市可以提供更好的信息交流和共享平台，使信息的传递更加高效，从而促进创新的产生和传播。在数字经济背景下，合理增加城市密度，可以更好地实现资源的共享和互补利用，提高资源利用效率，有助于激发经济活力。城市密度的优化调整可以通过打造创新型产业集群、建设科技园区等方式，促进创新和协同效应的形成，推动数字经济的发展。与此同时，一些地方要根据"收缩城市"的特点，优化调整城市空间结构，增强区域中心城市公共服务需求与供给能力的匹配度。

二是促进城市功能的重新布局。数字经济的兴起改变了传统产业的发展方式。传统的制造业和重工业逐渐减少，而数字经济的发展需要更多的办公、研发和创新空间。因此，城市空间结构需要适应这种新的需求。很多城市也在积极推动科技园区和创新中心的建设，以期为数字经济发展提供支持。

三是积极打破传统的城市边界。数字经济的发展使人们可以更加灵活地工作和生活。通过线上的连接，实体空间的边界变得不那么重要。远程办公和在线交流使得地理位置不再是限制因素。因此，城市空间结构需要打破传统的边界和隔离。一些城市正在改建和重塑城市边缘地区，使其更具吸引力，并提供更多的住房和办公空间。

四是加快智慧城市的建设。数字经济的兴起促进了智慧城市的发展。运用大数据、物联网和人工智能等技术，可以减少环境污染，促进生态文明建设，城市也能够更好地管理和运营。例如，智能交通系统能够优化城市交通流动，减少拥堵和污染；智能能源系统能够提高能源利用效率，降低能源消耗。这些智慧城市技术和设施的建设，需要城市空间结构的合理规划和优化调整。

总之，数字经济对城市空间结构的优化与调整提出了新的要求。城市需要适应数字经济新兴产业发展的需求，提供更多的创新空间。同时，城市还需要打破传统的边界，创造更具吸引力的城市环境。通过智慧城市的建设，我们可以更好地应对数字经济时代的挑战和机遇。

三、区域协同发展与城市空间结构的优化调整

（一）城市区域化提供了城市空间优化的重要视角

城市区域化是城市发展的重要趋势。21世纪以来，城市发展呈现出区域化的特点。

城市不是孤立的，城市与城市之间、城市与城市群之间相互联系、相互影响、相互制约，城市是区域的城市，城市和区域是一个有机整体。在区域交通日益发达、数字化日益发展的背景下，城市区域化的趋势越发明显。城市群、城市带、城市化区域和集群城市等，都是关于城市区域化的表述（段进，2006）。

城市区域化背景下的城市网络结构特征日渐明显。在城市区域化的发展趋势之下，城市与城市之间、城市与城市群之间的联系变得频繁和密切，城市成了区域的城市，不再是孤立的城市，并且城市之间逐渐形成了基于专业分工的城市体系或城市网络，从而使区域空间组织以城市网络的形式呈现。在城市网络中，城市作为区域中城市与城市之间、城市与城市群之间联系的一个节点或枢纽而存在，发挥着重要作用，并与其他城市和整个区域进行交流，从而呈现出特定的城市网络结构特征。城市网络是城市体系演进的新阶段，是城市空间组织的一种新形式，网络化发展已经成为社会城市系统发展的主流趋势和重要趋势（杨亮洁等，2021；沈文成等，2023）。

城市区域化背景下的城市协同发展选择越发重要。协同理论强调，在看似不相关的、相互独立的自然社会系统中找到关系，并把握好、运用好这些关系，以实现同一目标。整合、协调和优化是协同理论的核心内涵。城市是一个复杂的、开放的、巨型的系统，城市之间是既竞争又合作的关系（杨亮洁等，2021）。在城市区域化的发展趋势下，城市与城市之间、城市与城市群之间的相互关系和相对角色会影响到城市和区域的进一步发展。城市网络结构的合理性和均衡性在城市区域化发展中至关重要，需要身置其中的城市出于互惠互利的追求实施协同发展战略。

（二）区域协同规划助推城市空间结构的优化调整

城市是所在地区的一个组成部分，现代城市的发展要与区域的发展联系起来。城市空间结构的调整，既是城市本身也是区域发展的要求。因此，城市需要重视区域内其他城市的发展规划，特别需要积极链接区域协同规划。通过协调和整合区域的城市空间结构，可以优化城市自身的空间发展布局，推动区域间的资源优势互补，实现区域资源的高效配置与产业的协同发展，提高城市的空间经济效益，提升区域内经济的整体竞争力。

为此，城市空间结构的优化调整可以首先从城市内部区域着手。一种常见的优化调整方式是建设公共交通系统。例如，通过建设地铁线路将商业区和居住区连接起来，以便人们能够便捷地到达工作场所，减轻商业中心区的压力，引导城市向绿色、低碳、可持续方向发展，实现城市空间结构的优化。另一种常见的方法是通过合理的土地利用规划来优化城市空间结构。例如，可以将城市在经济结构调整过程中出现的闲置工业区转变为商业区或居住区，或者规划为公园或休闲区，以优化城市空间结构。

从城市及其外部区域来看，城市空间结构还可以通过跨区域合作，建设具有明显区域经济辐射和带动作用的城市群来优化。例如，当两个或多个城市相邻时，通过合作规划和发展，可以整合不同城市的优势资源和产业，形成一个更为完善和健康的城市空间结构。这种合作包括合并交通网络、共享公共设施和资源、合作开发经济区等。通过合作，不仅可以实现城市空间结构的优化，还可以改善城市与周边地区的联系，促进区域整体及其所属城市空间结构的优化与调整。我国的京津冀地区通过加强城市间的交通联通和生态环境保护，优化和协调城市的空间结构，实现了京津冀地区空间的一体化发展。

（三）主体功能区规划是城市空间优化配置的工具

按照功能规划城市经济空间的发展，更加有利于城市经济空间的协调发展和功能发挥。一方面，可以借鉴国家层面主体功能区规划的做法，对城市经济空间进行主体功能区的划定（冯云廷，2018）。国家层面主体功能区规划"根据不同区域的资源环境承载能力、现有开发强度和发展潜力，统筹谋划人口分布、经济布局、国土利用和城镇化格局，确定不同区域的主体功能，并据此明确开发方向，完善开发政策，控制开发强度，规范开发秩序，逐步形成人口、经济、资源环境相协调的国土空间开发格局"[①]，可以据此将城市经济空间划分为优化开发区域、重点开发区域、限制开发区域和禁止开发区域。另一方面，可以结合城市经济空间的主要组成部分，即商业区、工业区、居民区、教学区和娱乐休闲区等，进行城市经济空间主体功能的设置和安排。但是，需要对城市经济空间的功能区进行合理的定位，以防出现城市经济空间结构之间的冲突和雷同现象。

资料链接 4-3　　滨海新区加快打造"一核两副双港多组团"城市空间布局

作者：（匿名） 来源：天津北方网 时间：2022-06-24	通过微信扫码在公众号 "城市经济学"中阅读	

本章小结

城市规划经济，首先涉及城市空间的定位问题。城市空间具有一定的价值，确定城市空间的价值及其在区域中的地位，有利于城市空间结构的确定和后续的优化调整。

城市空间结构本质上是城市经济活动在空间上的印记、表现、投影或存在形式，也是城市空间的一种规划与配置、利用和消费的具体表现。传统的城市空间结构以同心圆、扇形和多中心三大模式最为著名，随着时代的发展，城市空间结构模式也在不

[①] 国务院. 全国主体功能区规划——构建高效、协调、可持续的国土空间开发格局［EB/OL］.（2011-06-08）. http：www.gov.cn/gongbao/content/2011/content_1884884.htm？eqid=ea22d5d90006f4e500000003646a10f2.

断发生变化。

目前，城市的发展已经步入数字化时代，数字经济正在全面渗透和驱动着城市的生产、生活和治理的变革。在数字经济背景下，利用市场机制和城市空间发展规划进行城市经济空间优化的政府干预显得非常必要。中国城市经济空间优化应顺应数字化的趋势，对城市空间结构进行优化重塑。同时，还应从区域协同发展的视角出发，通过区域协同规划和主体功能区规划，推动城市空间结构的优化调整。

关键词：城市空间价值；城市空间结构；城市密度；城市布局；城市形态

问题与应用

1. 简述城市空间价值的主要构成。
2. 简述城市空间价值的影响因素。
3. 以你所在的城市为例，论述城市空间的区域地位定位。
4. 简述城市空间结构的表现与分类。
5. 试从经济学角度解释城市的空间结构。
6. 试对城市空间结构的传统模式与现代模式进行比较分析。
7. 以你所在的城市为例，论述城市空间结构的优化调整。
8. 试论述数字经济发展与城市空间结构的优化调整。
9. 试论述区域协同发展与城市空间结构的优化调整。
10. 阅读资料链接中的资料，并分组进行讨论。

参考文献与推荐阅读

［1］藤田昌久，保罗·克鲁格曼，安东尼·J. 纳布尔斯. 空间经济学——城市、区域与国际贸易［M］. 梁琦，译. 北京：中国人民大学出版社，2005.

［2］藤田昌久. 城市经济理论：土地利用与城市规模［M］. 周京奎，等译. 北京：北京大学出版社，2020.

［3］孙久文，易淑昶，等. 中国区域经济结构调整与国土开发空间格局优化［M］. 北京：人民出版社，2023.

［4］阿兰·贝尔托. 城市的隐秩序——市场如何塑造城市［M］. 王伟，吴培培，朱小川，译. 北京：中国建筑工业出版社，2022.

［5］肖骁，谢晓萍，李京忠，等. 新时代城市空间结构变革与转型［J］. 中国科学院院刊，2023，38（8）：1118-1129.

［6］曾鹏，曾怒娇，唐婷婷. 城市规模因素影响下的中国港口经济空间结构［J］. 地

理科学, 2023, 43 (8): 1329-1339.

[7] 罗勇, 胡苗苗, 曹丽莉. 城市空间结构如何影响技能溢价: 理论视角与现实证据 [J]. 南方经济, 2023 (7): 77-95.

[8] 孙久文, 周孝伦. 多维视角下的长三角城市群空间结构及其影响因素——基于 NPP-VIIRS 夜间灯光数据和高德人口迁徙数据 [J]. 经济地理, 2023, 43 (5): 78-88.

[9] 马为彪. 多中心空间结构对区域创新的影响 [J]. 现代经济探讨, 2023 (5): 96-108.

[10] 刘富勤, 朱永兴. 江浙沪地区城市群空间结构优化——基于引力模型和社会网络分析 [J]. 湖北工业大学学报, 2023, 38 (2): 84-90.

第五章 城市产业经济与城市产业结构优化

城市产业是城市空间资源的生产者、分配者和消费者。不同产业在城市集聚发展，形成城市产业经济。城市产业结构是城市空间结构的基础，也是城市和城市经济发展的决定因素。掌握城市产业经济与城市产业结构优化的有关内容，对于理解和掌握城市产生经济学、城市规划经济学、城市发展经济学和城市治理经济学，都具有重要的现实意义。

第一节 城市产业与城市产业经济

一、城市产业

（一）城市产业的概念与分类

产业是具有某些相同特征或同类属性的企业、事业及其活动的总和。具体来说，产业是按照一定的社会分工原则，为满足社会某种需要而划分的从事产品和劳务生产与经营的各个部门。产业有三个层次，即产业组织、产业关联和产业结构。一般认为，城市产业是指在城市地域空间内生产有形和无形产品，以及提供各种服务的各种部门的集合体。

按照不同的标准，城市产业可以划分为不同的类型。其中，三次产业是城市产业的常见划分。产品直接取自自然界的产业是第一产业，对初级产品进行再加工的产业是第二产业，为生产、生活提供服务的是第三产业。我国三次产业的具体划分如下：第一产业，主要是农业（包括林业、牧业、渔业等）。第二产业，包括工业（包括采掘业、制造业、自来水、电力、蒸汽、热水、煤气）和建筑业。第三产业，除了第一、第二产业外的其他产业。第三产业可分为两大部分：一是流通部门；二是服务部门。第三产业还可分为四个层次：第一层次，流通部门，包括交通运输业、邮电通信业、商业饮食业、物资供销和仓储业；第二层次，为生产和生活服务的部门，包括金融业、保险业、地质普查业、房地产业、公用事业、居民服务业、旅游业、咨询信息服务业和各类技术服务业等；第三层次，为提高科学文化水平和居民素质服务的部门，包括教育、文化、广播电视事业，科学研究事业，卫生、体育和社会福利事业等；第四层次，为社会公共需要服务的部门，包括国家机关、社会团体、军队和警察等。

城市产业还有其他划分标准。例如，按照产业的经济功能和市场的不同，可以把城市产业分为基础产业和非基础产业。基础产业又称输出产业，主要满足城市外部市场需要，为其他产业的发展提供基本条件，并为大多数产业提供服务，如能源、交通、运输、原材料产业等；非基础产业又称地方产业，是满足城市内部市场需要的产业，如饮食、服装、服务业等。对城市经济发展来说，基础产业是起着主导作用的动因，处于支配地位，非基础产业则是支撑前者存在与发展的条件，处于从属地位。此外，还可以按照产业的地位，把城市产业划分为瓶颈产业、支柱产业、主导产业和先行产业；按照产业发展所处的不同阶段及其趋势，可以把城市产业划分为幼小产业、新兴产业、朝阳产业、衰退产业、夕阳产业和淘汰产业；按照产业链，可以把城市产业划分为上游产业、中游产业和下游产业；按照生产要素的集约度或密集度，可以把产业划分为劳动密集型产业、资本密集型产业、技术密集型产业和知识密集型产业等。

（二）城市产业的特征

城市发展的不同阶段，其产业具有不同的特征。与农村产业相比，城市产业也有自己的特征。总体来看，现代城市产业的主要特征如下：

第一，非农为主性。通常而言，尽管城市也有林业等第一产业，但主要还是第二产业和第三产业的集聚地，较为发达的现代城市更加注重第三产业的发展，第三产业往往占据较大比重，包括金融、零售、餐饮、旅游、教育、医疗等。从北京、上海等超大、特大城市产业的发展趋势来看，第三产业已经成为这些城市产业中占比最高的产业。

第二，高密度集群性。城市通常具有较为完善的基础设施和交通网络，能够提供更便利的产业发展条件。同时，城市的集聚经济效应使企业能够享受到更多的好处，如成本节约、规模扩大和市场拓展等。因此，城市吸引了众多企业集聚，并逐渐发展出大量的服务贸易产业，包括金融、商贸、信息、运输等。相似或相关的产业在城市中形成集群，进而形成供应链、人才流动和技术创新的良性循环。集群效应可以提高生产效率、降低成本并提高竞争力。例如，硅谷是全球科技产业的典型集群，吸引了大量的创新企业和风险投资。

第三，知识密集和创新性。城市产业通常更注重创新和技术含量，追求高附加值的生产过程和产品，因而城市往往是知识和创新的中心。我国高新技术产业大多数集中于城市，各类高新产业园区是城市产业发展的主要驱动力。知识密集和创新型产业，如科技、研发和高端服务业，在城市中均得到了良好的发展。这些产业能够吸引高素质人才，推动科技进步和经济增长，使城市成为创新、发展和经济繁荣的重要引擎。

第四，较高发展韧性。城市通常具有丰富的资源和市场，以及较高的人口密度和劳动力供应能力，这为不同类型的产业提供了发展空间，从而使城市产业呈现出多样性和复杂性。例如，一座大城市中可以同时存在制造业、金融业、科技产业、服务业

等多个产业。这种多样性和复杂性使得城市产业和城市经济更具韧性，能够适应不同的经济环境和市场需求。

（三）城市产业的本质

在城市经济学中，城市产业在本质上首先是城市空间资源的消费者，它将城市经济空间资源与技术和劳动力以各种形式或组合有效地组织起来，生产或提供产品或服务，并实现产品、服务或信息的流通，最终实现城市经济，以及社会福利和城市竞争力的提升。没有城市产业，也就没有空间的占用、利用或消费，甚至也就没有城市，或者说就不可能有城市的产生。无论是都市型农业，还是城市的各类工业和服务业，都离不开城市经济空间资源，城市的经济活动都是在城市空间范围内进行的。

城市产业也是城市空间资源的生产者和分配者。城市的不同产业不仅消费不同类型的空间资源，也在不断生产空间资源和调整城市建筑空间的功能布局。土地与房地产开发业是城市空间的直接生产者，为同类产业和其他产业提供生产、经营、办公、贸易、学习、娱乐、交往、休闲、通勤与运输等的空间。其他产业也在经济活动中，根据自身需要不断地调整着城市的建筑空间。城市产业在组织空间资源和技术、劳动力等进行具体生产或提供产品或服务的过程中，不断分配城市空间资源。城市产业的生产和服务过程，也是空间资源分配的过程。没有城市产业，也就没有城市空间资源的生产与扩大再生产，以及空间资源的分配与再分配。从另一个角度说，也就没有城市规模的扩大和规模经济、城市的集聚与集聚经济效应的产生和城市的不断发展，更不会有城市居民生活水平和竞争力的提升。

城市是产业生产或提供的产品和服务的流通与分配场所。有了城市或城市空间，城市产业提供的产品或服务才能得以流通、分配和被消费。因此，城市空间要不断满足城市产业发展的需求，城市产业的发展也要不断提升城市空间资源的利用效率和综合经济效益。

二、产业关联与城市产业经济

（一）城市产业关联及其类型

产业关联是美国经济学家赫希曼在其《经济发展战略》一书中提出的[①]。所谓产业关联，是指在城市经济运行中，城市内不同产业之间以各种投入和产出为纽带而产生的相互关系和相互影响。不同产业之间的关联可以是同质性的（相同或相关产业之间的关联），也可以是异质性的（不同或无关产业之间的关联）。城市产业关联包括供应链关系、合作关系、竞争关系。城市中的产业之间相互关联形成了一个复杂的产业网络。

按照不同的标准，城市产业关联有不同的类型：一是按产业间的供给与需求联系

---

① 艾伯特·赫希曼. 经济发展战略 [M]. 曹征海，潘照东，译. 北京：经济科学出版社，1991.

或在产业链中的位置，可将其产业关联分为顺向关联或前向关联、逆向关联或后向关联，以及环向关联三种类型；二是按产业间技术工艺的方向和特点，可将其分为单向关联和多向关联两种类型；三是按产业间的依赖程度，可将其分为直接关联和间接关联两种类型。此外，城市产业关联还可以分为垂直关联、水平关联、交叉关联、循环关联以及跨界关联等类型。

在现实中，城市产业之间的关联方式非常复杂，很多时候产业之间的各种关联会交织在一起，形成蛛网式的产业体系。因此，既需要全面审视城市产业的定位及其相互之间的影响，也需要在此基础上，分析和确定城市的优势产业和主导产业，以便充分发挥城市产业的整体效应，促进创新，提高效率，积极推动城市经济的发展。

（二）产业关联效应与城市经济运行

产业关联效应是城市经济运行和发展中的一个重要概念，是指一个产业由于自身生产、产值、技术等方面的变化直接或间接地引起其他相关产业变化的作用效果，或者说，是一个产业的发展对相关产业和整个经济系统产生的连锁反应。具有不同特点的产业，其关联效应的方向与强弱各有不同，甚至差别较大。

产业关联效应可分为直接效应和间接效应。直接效应是指特定产业的增长直接带动相关产业的增长，进而促进整个产业链的发展，加速城市空间资源的配置和优化，有助于城市经济的健康运行；间接效应是指通过供应链和需求链传递的效应，推进产业结构的优化，形成产业的集群效应，从而加快城市经济的发展速度。

从产业链的角度看，产业关联效应有三种形式：一是前向关联效应，即某一产业的发展引起其下游产业发展的作用效果，如可以降低下游产业的投入成本，从而促进下游产业的发展等；二是后向关联效应，即某一产业的发展引起其上游产业发展的作用效果，如通过加大对各种投入要素的需求，刺激相关投入品产业（上游产业）的发展；三是旁侧关联效应，即某一产业的发展对所在地区其他产业发展的作用效果，如促进基础设施建设、改变消费群体规模、推动行业间市场关系的良性发展等。

产业关联效应与城市经济运行密切相关。首先，产业关联效应可以实现产业链的延伸和拓展，促进就业机会的增加和城市经济的增长。一个产业的发展不仅会直接带动相关产业的增长，还会通过需求链和供应链传导带动其他产业的发展，形成就业机会的链式扩大效应。这将促进城市经济的增长，提高城市的经济活力和竞争力。其次，产业关联效应可以实现城市产业结构的升级和优化。随着相关产业的发展，城市中涌现出更多的高附加值产业和新兴产业，使城市经济结构更加多样化和高效化。这不仅有利于提高城市的整体经济实力和创新能力，还能降低经济风险，增强城市经济的抗风险能力。最后，产业关联效应可以推动城市的可持续发展。通过加强相关产业的合作和协同发展，可以实现产业间的资源共享和循环利用，减少资源浪费和环境污染，提高城市的可持续发展水平。产业关联效应也可以带动相关产业的科技创新和技术进步，推动城市经济高质量发展。

(三) 城市产业经济及其意义

不同产业在城市集聚，相关的生产、流通、分配、消费和服务等经济活动会给城市带来各种影响。城市因为选择不同的产业和产业构成带来的城市空间经济效益的变化，就是城市产业经济。城市产业经济属于城市综合要素经济，也是城市空间经济的组成部分，是城市集聚经济、结构经济和规模经济的基础。

城市产业经济形成的基础之一是城市产业关联。城市内不同产业之间会形成互动，通过供应链的协调，实现资源的优化配置和规模效应，提高生产效率和竞争力，从而促进城市经济的发展。同时，产业关联可以催生相关产业的形成和发展，形成产业链条和产业集群。不同产业之间的交流和合作有助于促进知识和技术的流动、信息和技术的传播与创新，从而推动产业的升级和创新，提升城市产业经济效益。

城市产业经济对城市的发展和繁荣起着关键作用。不同产业的发展状况和表现直接影响着城市的就业、经济增长和社会福利。城市产业经济的扩大可以进一步提高城市经济竞争力和发展潜力，带动就业和经济增长，推动城市的可持续发展。

三、城市主导产业及其经济选择

(一) 城市主导产业及其集群

城市主导产业是在城市产业结构中处于主体地位，并在城市产业发展中发挥引导和支撑作用的产业。城市主导产业的发展不仅可以带动相关产业的发展，而且能够有效促进产业结构的转型，刺激和推动城市经济增长。城市主导产业不同于支柱产业、先导产业和先行产业。支柱产业是指在产业结构的总产出中占据较大比例的产业。先导产业是指因城市经济发展的需要，必须先行发展而又能够带动和引导其他产业发展的产业。先行产业有狭义和广义之分。狭义的先行产业是指根据产业发展的内在规律，必须先行发展以免阻碍其他产业发展的产业，它包括瓶颈产业（严重制约其他产业发展的产业）和基础产业；广义的先行产业包括狭义的先行产业和先导产业。从产业的生命周期来看，处于成长期的是城市主导产业，处于成熟期的是城市支柱产业，处于初创期的是城市先导产业。

城市主导产业通常是产业群体，这又涉及产业集聚和产业集群的问题。所谓产业集聚（Industrial Aggregation），一般是指同一类产业在某个特定地理区域高度集中，产业资本要素在空间范围内不断汇聚的过程或结果。产业集群（Industrial Cluster）是指在特定区域内，具有竞争与合作关系，且在地理上集中、有关联性的企业、专业化供应商、服务供应商、金融机构、相关产业的厂商及其他相关机构等组成的群体。产业集聚强调同一类产业内部各企业的集聚，产业集群则强调不同产业的相互配合、分工协作。城市主导产业通常都会在一定区域集聚，甚至形成产业集群。

(二) 城市主导产业选择的基本原则

城市主导产业处于城市产业链的关键环节，产业关联效应高，能带动其他产业的发展，在城市经济运行中具有重要作用。选择城市主导产业需要遵循以下五个原则：

第一，紧密结合国家产业政策和区域优势。城市主导产业应该符合国家产业政策和区域协同发展战略的要求，并与城市所在区域的产业优势匹配。国家产业政策和区域协同发展战略是国家高瞻远瞩、深思熟虑后的结果，城市在国家政策和区域战略的指引下，才能选择更具发展前景和竞争力的主导产业。此外，每个城市所在区域都有独特的资源和特点，选择与城市所在区域优势契合的主导产业，可以最大限度地发挥城市所在区域的潜力，也能更好地提升城市主导产业的价值。

第二，符合城市及其所在区域的地位定位。不同城市有不同的现状和发展需求，在其所在区域的地位定位也有差异。选择城市主导产业，既要符合城市的总体发展战略目标、特色和优势，又要结合城市及其所在区域的地位定位，还需要考虑城市的人力资源、科研教育资源、基础设施等方面的情况。应在瞄准提升城市产业功能、促进城市产业分工与协作体系形成、构建有助于优势互补和协同发展的完整产业链的基础上，选择城市主导产业。

第三，突出科技创新和现代产业发展。选择城市主导产业，应注意选择具有科技创新发展能力和升级能力的产业。这些产业通常涉及高科技、高附加值和高知识密集度的领域，产业关联度高，能够吸引高素质的人才和投资，有助于提高城市产业的核心竞争力和推动城市经济增长，使其在全球、全国或区域市场上处于有利地位。例如，硅谷作为全球科技创新中心，因其强大的具有科技创新能力的主导产业而成为全球顶级科技城市。

第四，坚持环境友好和可持续发展。选择城市主导产业时，应考虑相关产业对环境、社会和经济可持续发展的影响。城市主导产业属于环境友好型产业，应具有高效、高值、低耗、低污染的特点，需要采用环保、可持续发展的方式生产，减少环境污染，促进城市绿色转型发展，并推动城市社会发展和人民福祉的提升。一些城市可以选择可再生能源产业作为主导产业，推动清洁能源的使用，减少对化石燃料的依赖，并减少环境污染。

第五，注重产业的多样化和发展的韧性。城市的主导产业应是多样化和具有较高韧性的产业或产业集群，以应对经济周期性波动和市场变化的影响。过度依赖单一产业可能使城市在面临市场冲击时更加脆弱。因此，选择多个相关并相互支持的主导产业更有利于城市经济稳定发展和城市空间综合经济效益的提升。

（三）城市主导产业的选择基准

城市主导产业对产业发展具有引导和支撑作用，所以在城市产业发展中，应该首先判断、选择和确定城市的主导产业。关于主导产业选择基准的确定，国内外学者从理论和实践层面都做了许多探索。归纳而言，可以通过以下七个基准来判断和选择城市的主导产业：

第一，产业规模。这里的产业规模，包括产业的绝对规模、产业在城市内的相对规模以及产业在全国或更高层次区域中同类产业的相对规模三个层次。只有这三个层次意义上的产业规模都足够大时，主导产业才会真正形成。

第二，经济效益。经济效益即投入产出的效率。一个产业具有较高的经济效益，才能支撑和推动城市经济的发展。因此，具有较高的经济效益，尤其是具有持续上升的经济效益，是一个产业成为城市主导产业的重要条件。

第三，发展速度。产业发展速度的快慢能够反映这个产业是否有活力，是否有广阔的发展前景，能否吸引更多的资金、技术及人才。产业发展速度也反映了该产业是否有足够的市场。

第四，市场需求。从根本上说，产业的市场需求取决于产业的需求收入弹性，因而也称收入弹性基准。收入弹性基准是指市场上某种产品的需求增长率与国民收入增长率之比，它表明产品需求增长对收入增长的敏感程度。收入弹性大于1的产品和行业，其增长速度会高于国民收入的增长速度，选择这些产业作为主导产业，将促进整个产业的持续高增长。

第五，技术进步。技术进步又称生产率上升率，是指某一产业的要素生产率与其他产业的要素生产率之比，一般用全要素生产率进行比较。全要素生产率的上升主要取决于技术进步。按生产率上升率基准选择主导产业，就是选择技术进步快、技术水平高、技术要素密集的产业。

第六，比较优势。具体指标有两个：一是集中系数（Coefficient of Concentration），是指城市的某一产业部门，按人口平均的产量、产值等相对数，与全国或全地区同一产业的相应指标的比值。这个比值越大，说明该产业部门的专业化程度越高，比较优势越强。同样，对比同一区域内两个不同城市某一产业部门的集中系数，还可以判定两个城市在全地区该产业部门的区际地位的高低。二是区位熵（Quotient of Location），又称专门化率，是指城市某产业部门在全国或全地区同一产业部门中的比重与城市全部产业活动在全国或全地区全部产业活动中的比重之比。这个比值越大，说明城市某一产业的专业化程度越高。

第七，产业关联。产业关联度大，则产业韧性强。城市应选择那些产业关联度高的产业作为主导产业，以带动整个城市经济的发展。对发展中国家的城市而言，从产业关联度出发判断和选择城市的主导产业，就是要把有限的投资优先集中于能最大限度发挥关联效应的产业，推动城市经济的整体发展。

资料链接 5-1　《数字经济及其核心产业统计分类（2021）》

作者：国家统计局 来源：国家统计局官方网站 时间：2021-06-03	通过微信扫码在公众号"城市经济学"中阅读	

第二节 城市产业结构及其演进

一、城市产业结构的类型与地位

(一) 城市产业结构的界定

城市产业结构,是城市经济中产业之间的技术经济联系和联系方式,以及不同产业部门的具体组成,通常用三次产业之间的相互适应、相互协调和相互制约的关联组合状态及其数量比例关系来表达。城市产业结构反映了城市经济中的产业分布和产业组合情况,它影响着城市经济的空间组织和发展状态,其具体特征和类型取决于城市的经济特点、发展阶段和地理位置等因素。

城市产业结构与城市空间结构密切相关。城市产业结构在城市空间上的投影形成了城市空间结构,城市空间结构的内容不但包括城市形态和城市内部产业要素的空间分布,还包括这些要素相互作用的关系与内在机制。城市产业结构在城市空间结构中存在和发挥作用,其调整或变化会对城市空间结构产生一系列影响。例如,随着现代服务业的崛起,商务区可能会形成或扩大,而传统的工业区可能会减少。城市产业的空间布局也会受到城市规划和土地利用政策的影响。

从产业的本质来看,城市产业结构的本质,首先是城市空间资源消费的结构,不同的产业在消费城市空间资源的过程中相互影响、相互制约并相互适应,在此基础上,形成一定的消费组合及一定的数量比例状态。城市产业结构也是城市空间资源的生产和分配结构,不同的产业在生产和分配城市空间资源的过程中,形成了一定的作用关系及数量比例。

(二) 城市产业结构的类型

城市经济系统是一个错综复杂的综合体系,因此,关于城市产业结构的组成也存在多种不同的理解,对城市产业结构的划分也有多种形式。站在不同的研究角度,依照不同的划分标准,会得到不同的城市产业结构的类型,形成不同的划分体系。结合城市产业的类型来综合考虑,城市产业结构可以划分为以下三种类型:

第一,城市生产部门结构。城市生产部门结构就是农业、工业、建筑业、交通通信产业、商业与饮食服务业五大产业的相互关系及其数量比例。在现代城市,交通通信产业、商业与饮食服务业等在五大产业中所占的数量比例越高,城市的产业结构通常越经济。

第二,城市生产要素结构。城市生产要素结构就是劳动密集型产业、资本密集型产业、技术密集型产业以及知识密集型产业等的相互关系及其数量比例。在现代城市,技术密集型产业和知识密集型产业在四大产业中所占的数量比例越高，城市的产业结构通常越经济。

第三，城市三次产业结构。城市三次产业结构就是第一产业、第二产业和第三产业在城市经济运行中的相互关系及其数量比例。在现代城市，第二产业和第三产业，尤其是第三产业在三次产业中所占的数量比例越高，城市的产业结构通常越经济。

（三）城市产业结构的地位

不管采用何种标准、划分为何种类型，城市产业结构在国民经济和城市经济中的地位和作用都不容忽视。具体而言，城市产业结构的重要地位和作用主要表现在以下四个方面：

第一，城市产业结构影响着城市经济和国民经济的健康发展。城市经济是国民经济的核心组成部分，代表着国民经济中的新质生产力。因此，城市产业结构的变化和调整，必然会对国民经济结构产生重大影响，进而影响国民经济效益和社会福利。

第二，城市产业结构关系到城市空间结构的布局。城市中的各个部门、各个行业、各个企业对城市生产要素（土地和劳动力）的需求各不相同。例如，劳动密集型企业需要大量劳动力，高科技企业需要较少的土地，这样就会影响城市的空间结构布局。因此，城市产业结构的每一次重大调整，都会引起城市空间结构布局的改变。

第三，城市产业结构影响城市经济功能的发挥。城市经济功能的发挥，客观上取决于城市经济活动中各种要素的配置关系，这种配置关系是城市产业结构的核心内容。因此，城市发挥其经济功能的大小在于产业结构的优劣，也就是由城市产业结构的配置和不断优化决定的。

第四，城市产业结构决定城市经济效益的高低。城市经济效益是城市物质生产部门取得的经济效果，是城市各个经济子系统经济效益的汇合。这种汇合并不是各个物质生产部门经济效益的简单相加，其大小取决于这些经济子系统之间的相互关系。这些关系是否顺畅合理，也就是城市产业结构是否科学，直接影响城市经济效益的高低。

二、城市产业结构变动的影响因素

城市产业结构是在多种因素共同作用下形成与演变的。了解这些因素有助于认识产业结构变动的规律，进而采取措施促进城市产业结构的优化，实现城市经济较快发展的目标。影响城市产业结构的因素一般包括供给因素、需求因素和综合因素。

（一）供给因素

从广义上说，影响城市产业结构的供给因素包括以下六个：①自然条件和资源禀赋。自然条件和资源禀赋一般是人力难以改变的。其中，资源禀赋是一个城市经济发展的基础因素，对城市的产业形成和经济发展具有重要影响。②人口因素。人口因素影响着劳动力的供给、人均资源拥有量和可供给能力。城市人口过多，必然会因为就业问题影响产业的选择，进而又会延缓工业化和城市化的进程，阻碍城市产业结构的优化调整。③科技水平。在科技水平较低或新技术消化、吸收和推广运用水平较差的城市，生产领域拓展和新产业形成的速度慢，产业结构中原始的或传统的产业比例较大，并且多以劳动密集型产业为主；相反，则多以资金密集型和技术密集型产业为主。④资金供应状况。资金供应对产业结构变动的影响，包括资金的充裕程度对产业结构的影响，以及资金在不同产业部门的投向偏好对产业结构的影响。可以说，资金供应总量和资金供应结构的变化是产业结构变化的直接原因。⑤商品供应状况。对产业结构影响较大的商品包括原材料、中间投入品、零部件以及进出口品等。一般来说，后向关联系数越大的产品对产业结构的影响越大。⑥环境因素。环境因素包括国内外的环境状况，即政治、经济、社会、法律、文化等环境因素。

（二）需求因素

影响城市产业结构的需求因素包括以下五个：①消费需求。它包括生产消费需求和生活消费需求。消费需求既检验产业结构的实际效益，又引导产业结构向符合消费需求的方向变动，是推动产业结构演变的重要因素之一。②投资需求。投资是企业扩大再生产和产业扩展的重要条件之一。资金向不同产业投入所形成投资配置量的比例就是投资结构。不同的投资结构直接改变城市的产业结构。③国际贸易。国际贸易通过本国产品出口刺激本国需求增长、通过外国产品的进口开拓本国市场、通过增加国内供应等方式影响本国的产业结构。④国际投资。国际投资包括本国对外投资和外国对内投资，对外投资会导致本国产业的对外转移，对内投资则是外国产业向国内转移。其中，外国对内投资对国内产业结构的影响更为直接和深远。⑤其他因素。例如，政府可以通过投资、管制、制定财政与货币等政策、立法、协调等方式，调整供给结构、需求结构、国际贸易结构和国际投资结构，进而影响产业结构。

（三）综合因素

影响城市产业结构的综合因素是指既含有供给因素又含有需求因素的一些因素。例如，城市原有产业结构基础和生产传统对产业结构有很大影响。城市现在的产业结构是在过去的产业结构基础上发展起来的，或多或少会留下原有产业结构的烙印，而且产业结构的演化并非摒弃原有基础，而是对其进行改良与更新。同样地，现在的产业结构对未来的产业结构也会产生影响。另外，城市的区际联系与城市分工对产业结构也有影响。商业流通、资金融通、劳动力的流动，以及技术的转移、信息的传递等，都是城市产业结构变动的重要影响因素。劳动分工对产业结构的影响也很重要。在市场经济条件下，劳动分工体现着竞争和协作，可以使供给和需求因素对产业结构的影响增强或减弱。

三、城市产业结构演进的规律与特征

(一) 城市产业结构演进的一般规律

在供给因素、需求因素和综合因素的影响下,城市产业结构的演变呈现出一些规律,这些规律在不同国家的不同城市有一定的相似性。城市产业结构演进的共同规律可以使用以下定理、定律和法则进行说明:

(1) 霍夫曼定理。霍夫曼把产业结构演变分为四个阶段:第一阶段,消费资料工业的生产在制造业中占主导地位;第二阶段,资本资料工业得到较快发展,但规模较小;第三阶段,消费资料工业和资本资料工业比例相当;第四阶段,资本资料工业规模大于消费资料规模。

(2) 配第-克拉克定理。随着人均国民收入水平的提升,劳动力首先由第一产业向第二产业转移,随后,当人均国民收入水平进一步提高时,第一产业的劳动力会逐渐减少,第二、第三产业的劳动力将逐渐增加。这个结论被人们称为"配第-克拉克定理"。

(3) 库兹涅茨法则。库兹涅茨认为,随着时间的推移,农业部门的国民收入比重会不断下降,工业部门的国民收入比重大体不变或略有上升,第三产业部门的国民收入比重也大体不变或略有上升。

综上所述,城市产业结构是按照第一、第二、第三产业的顺序进行转移的。事实也是如此。综观世界各国的城市产业结构演进情况,产业结构的重心都是明显按第一、第二、第三产业的顺序变动。从我国城市的情况来看,三次产业结构的变动也基本遵循了一般规律,第一产业的比重逐年下降,第二产业的比重明显上升,第三产业的比重稳中有升。

(二) 城市产业结构演进的主要特征

城市产业结构的演进与国家和区域的产业结构演进具有不同的特征。

城市作为经济增长的引擎,其产业结构演进更加快速灵活。由于城市相对于国家和区域来说具有较高的人口密度和资源集聚度,更有利于促进创新和技术进步。城市往往具有更多的资源和机会,能够吸引和集聚各类人才和企业。因此,城市产业结构更容易向高附加值和知识密集型产业转型,如高新技术产业、文化创意产业等。

国家和区域的产业结构演进相对稳定和缓慢。国家和区域的经济发展受限于自然资源和地区差异,产业结构演进也受到制约。例如,农业在农村仍然占据重要地位,而制造业等传统产业在区域之间的分工协作体系中扮演着重要角色。此外,国家和区域的产业结构演进也受到政府政策和市场条件的影响。政府在国家和区域层面进行产业政策支持和调控,往往需要更长的时间和更多的投入,才能实现产业结构的演进和转型。

从经济学的角度看,城市产业结构的快速演进主要受益于城市规模经济效应和集聚经济效应。城市规模经济效应能够带来更多的机会和资源,促进城市产业结构向更高附加值的产业转变,城市集聚经济效应能够营造更丰富的社会和经济网络,使城市内部的人才和企业更容易交流和合作,从而产生更多的创新活力和经济增长动力。

资料链接 5-2　北京城市副中心构建高精尖产业结构

作者:刘薇、陈施君 来源:微信公众号"商务通州" 时间:2022-08-12	通过微信扫码在公众号 "城市经济学"中阅读	

第三节　城市产业结构的优化调整

一、城市产业结构优化的内涵与内容

(一)城市产业结构优化的内涵

城市产业结构是城市经济结构中最本源、最基本的内容。城市产业结构决定着就业结构、投资结构,很大程度上还影响着所有制结构和市场结构。因此,城市产业结构的变化最能反映城市经济的发展规律。当前,城市产业结构演进过程中出现了一些新的背景与要求,需要积极进行优化调整。

城市产业结构优化是指促进城市各个产业实现协调发展、技术进步和经济效益提高,并满足社会不断增长的需求的过程。城市产业结构的优化调整必然带来产业在城市空间布局上的调整和变化,它也是城市区域城镇体系空间分布格局变化的重要原因(王磊,2001)。城市产业结构优化是一个相对的概念,它不是指产业结构水平的绝对高低,而是在城市经济效益最优的目标下,根据本城市的地理环境、资源条件、经济发展阶段、科技水平、人口规模、区际联系与城市分工等特点,通过对产业结构的调整,使之达到与上述方面相适应的各产业协调发展的状态。产业结构优化还是一个动态过程。尽管在各发展阶段和时点上优化的内容不同,但一般包括产业结构合理化和产业结构高级化两方面的内容。

(二)城市产业结构的合理化

关于城市产业结构合理化,目前还没有权威的定义。所谓城市产业结构合理化,是指城市各产业内部保持符合产业发展规律和内在联系的比例,该比例可以保证各产业以及产业之间持续、协调发展。

城市产业结构合理化包括以下三方面相互联系的内容:①静态上,三次产业及其内部的比例要相互适应;②动态上,三次产业内部以及三次产业之间增长与发展的速

度要相互协调，即在产业联系的基础上，产业结构合理化要反映部门之间投入产出关系的变动；③质态上，各产业部门的联系、变动和流向要符合城市经济发展过程的一般规律，这是城市产业结构合理化的高层次内容。

城市产业结构的合理化主要体现在四个方面：一是充分有效地利用本城市的人力、物力、财力、自然资源以及城市分工的好处；二是促进城市经济各部门协调发展，城市生产、分配、交换、消费顺畅进行，城市扩大再生产顺利发展；三是保障城市经济持续稳定增长，社会需求得以实现；四是实现人口、资源与环境的协调发展。

城市产业结构合理化的本质是协调。这里的协调不是指产业之间的绝对协调，而是指各产业之间有较强的互补和谐关系和相互转换能力，其实质就是社会资源在各产业的重新配置，以达到城市产业结构合理化的要求。

（三）城市产业结构的高级化

城市产业结构高级化是指在产业技术创新的基础上，发挥主导产业的作用，不断提高产业结构的级别，为经济发展创造必要的条件，实现产业结构由低级到高级的产业演进过程。城市产业结构的高级化包括三方面的内容：一是在整个产业结构中，由第一产业占优势向第二、第三产业占优势转变；二是由劳动密集型产业占优势向资本、知识密集型产业占优势转变；三是由制造初级产品的产业占优势向制造中间产品、最终产品的产业占优势演进。城市产业结构高级化的实质内容包括：结构规模由小变大、结构水平由低变高、结构联系由松变紧。

总的来看，城市产业结构合理化为城市产业结构高级化提供了基础，而城市产业结构高级化则推动城市产业结构在更高层次上实现合理化。如果脱离了合理化这个基础，产业结构的高级化就会引起产业结构的"空洞化"，导致城市产业结构演进的倒退。城市产业结构实现合理化后，如不能及时实现高级化，就会导致产业结构的"时滞化"，阻碍产业结构的向前发展。城市产业结构合理化反映产业结构量上的客观要求，体现为产业结构的发展要与城市社会经济发展水平相适应；城市产业结构高级化反映产业结构质上的客观需要，体现为城市产业结构的发展要遵循产业结构发展的一般规律。城市产业结构合理化的着眼点主要是城市经济发展的近期利益，而城市产业结构高级化则更多地关注产业结构的未来，着眼于城市经济发展的长远利益。合理化和高级化在城市产业结构优化中缺一不可。

城市产业结构高级化主要体现在其发展阶段上。一般而言，产业结构的高级化要经历以下四个阶段：第一，产业结构的重工业化阶段，该阶段的特征是工业结构由以轻纺工业为主转向以重工业、化学工业为主；第二，产业结构的高加工度化阶段，即重工业化过程中由以原材料为重心的结构转向以加工组装工业为重心的结构；第三，产业结构的知识技术高度密集化阶段，在这一阶段，各工业部门越来越多地采用高级技术，以知识技术密集为特征的尖端工业广泛兴起和发展；第四，产业结构高信息化阶段，信息技术和信息产业不仅是城市经济的支柱，而且推动着其他产业的更新换代和数字化。

二、城市产业结构优化的主要方向

（一）数字产业化与产业数字化

"十四五"规划中多次提到"数字产业化"和"产业数字化"，充分表明"数字产业化"和"产业数字化"在我国国民经济和社会发展中的重要性。

数字产业化和产业数字化是数字经济中的两个概念。关于数字经济的定义，许多国际机构和组织都做出了概括。其中，2016年G20杭州峰会发布的《二十国集团数字经济发展与合作倡议》中的定义最具代表性："数字经济是指以使用数字化的知识和信息作为关键生产要素、以现代信息网络作为重要载体、以信息通信技术的有效使用作为效率提升和经济结构优化的重要推动力的一系列经济活动。"数字经济是围绕数据这种关键生产要素所进行的一系列生产、流通和消费的经济活动的总和。

2021年5月，国家统计局发布《数字经济及其核心产业统计分类（2021）》（以下简称《数字经济分类》），从"数字产业化"和"产业数字化"两个方面，确定了数字经济的基本范围，将其分为数字产品制造业、数字产品服务业、数字技术应用业、数字要素驱动业、数字化效率提升业五大类。其中，前四大类为数字产业化，是指通过现代信息技术的市场化应用，推动数据要素的商业化和市场化。第五大类为产业数字化，是指应用数字技术与传感、仿生、人工智能、量子通信以及数据资源对传统产业进行全方位、全角度、全链条改造，推动传统产业转向数字化经济的过程。数字产业化包括智慧农业、智能制造、智能交通、智慧物流、数字金融、数字商贸、数字社会、数字政府等数字化应用场景。

产业数字化和数字产业化之间存在着密切的关系。产业数字化为数字产业化提供了基础和支撑，是数字产业化的重要前提和推动力。通过数字化转型，传统产业可以更好地适应数字经济的发展趋势，提高创新能力和竞争力。同时，数字产业化也促进了产业数字化的进一步发展——数字产业的成长和壮大，为传统企业的产业数字化提供了更多的机遇和挑战。在实践中，产业数字化和数字产业化是相互交织、相互促进的。许多企业在进行产业数字化的过程中，也在积极探索和拓展数字产业的发展空间。例如，制造业企业在数字化转型的同时，也在开展互联网+、智能制造等数字产业化的实践，推动传统制造业与数字经济的深度融合。这种融合将进一步激发创新活力，带动新一轮的经济增长。

（二）城市与区域产业的融合化

Greenstein和Khanna（1997）最早从产业变动的角度指出，产业融合（Industry Convergence）是为了适应产业增长而发生的产业边界的收缩或消失。欧洲委员会（European Commission，1997）的绿皮书则称，产业融合是技术网络平台、市场和产业联盟与合并三个角度的融合。我国学者周振华（2002）较早对产业融合的现象和本质进行了系统研究，认为产业融合意味着传统产业边界模糊化和经济服务化趋势，是产业间新型的竞争协同关系的建立和更大的复合经济效应。一般认为，产业融合是指在时间上先后产生、结构上处于不同层次的不同产业或同一产业不同行业之间相互渗透、相互包含、相互交叉、融合发展，最终形成新的产业链、价值链和创新链的产业形态与经济增长方式。它强调不同产业之间的协同作用和相互促进，以实现资源整合与共享、创新驱动与产业升级、产业链的延伸和优化，从而提高经济效益和竞争力。

根据不同的研究目的与视角，产业融合可以有不同的划分：基于市场角度，产业融合可以分为供给融合和需求融合，其中，供给融合主要是技术融合，需求融合主要是产品融合；基于产品角度，产业融合分为替代型融合、互补型融合和结合型融合；从融合的方向看，产业融合可以分为横向融合、纵向融合和混合融合；从融合的形式看，产业融合可以分为高新技术的渗透融合、产业间的延伸融合、产业内部的重组融合和新旧产业的替代型融合。此外，还有产业渗透、产业交叉、产业重组三种形式的融合，以及吸收型融合和扩展型融合等类型。

产业融合不仅是一种发展趋势，还是产业发展的现实选择。对城市与区域来说，产业融合是城乡融合和区域融合的核心、纽带与催化剂，也是城乡融合、区域融合的本质所在。就城市本身来说，城市三次产业的融合发展，不同产业之间的优势互补和资源整合，可以实现城市规模经济效应、降低生产成本、提高生产效率，有助于促进三次产业整体的转型升级，进而有助于优化城市产业结构，实现城市经济的可持续发展和高质量增长。

（三）城市与区域产业的协同

城市与区域产业协同，一般是指通过政府引导、市场运作的方式，加强城市与周边地区之间的相互配合和产业合作，促进产业集聚、优势互补、资源共享，形成产业链、价值链和创新链的协作关系，实现区域与城市产业协调和可持续发展的一种模式。它强调不同城市和地区之间的合作与互动，以推动产业发展、优化资源配置以及提升综合经济效益。

城市与区域产业协同主要包括以下四方面内容：①产业互补与协同。不同城市和地区具有不同的产业特点和优势，通过相互合作、资源共享和优势互补，可以形成协同效应，提高整体竞争力。②产业集群发展，即依托区域内的特定产业集群，通过共同创新、技术升级和市场开拓，促进产业集群的发展壮大。③产业链整合、延伸与完善。通过产业链上下游的协同合作，不同产业可以共同开发、生产、销售和服务，提供综合解决方案，实现生产要素的优化配置，降低交易成本，提高产业链的附加值。④创新引领，即通过建立创新网络、技术转移和合作研发等方式，提高创新能力，推动科技进步和产业升级。

一些学者对我国西部地区、成渝经济区、京津冀地区、北部湾经济区等跨区域的产业协同进行了研究，其中多数研究集中在京津冀地区的产业协同。2014年，中央开始高度重视推进京津冀协同发展，京津冀协同已经成为重大的国家战略。由于地区间的差异性以及发展的不均衡性，需要实现产业的空间协同，以推动地区实现产业协同，带动经济的均衡发展。对城市来说，如果没有基于区域产业的协同，城市的产业结构就不会是优化的结构。

三、我国城市产业结构优化调整的路径

（一）加快构建现代化产业体系

《中共中央关于制定国民经济和社会发展第十四个五年规划和二〇三五年远景目标的建议》提出，要加快建设以实体经济为支撑的现代产业体系。党的二十大报告也提出了相应的要求："坚持把发展经济的着力点放在实体经济上，推进新型工业化，加快建设制造强国、质量强国、航天强国、交通强国、网络强国、数字中国。实施产业基础再造工程和重大技术装备攻关工程，支持专精特新企业发展，推动制造业高端化、智能化、绿色化发展。巩固优势产业领先地位，在关系安全发展的领域加快补齐短板，提升战略性资源供应保障能力。推动战略性新兴产业融合集群发展，构建新一代信息技术、人工智能、生物技术、新能源、新材料、高端装备、绿色环保等一批新的增长引擎。构建优质高效的服务业新体系，推动现代服务业同先进制造业、现代农业深度融合。加快发展物联网，建设高效顺畅的流通体系，降低物流成本。加快发展数字经济，促进数字经济和实体经济深度融合，打造具有国际竞争力的数字产业集群。优化基础设施布局、结构、功能和系统集成，构建现代化基础设施体系。"

国民经济和社会发展核心节点的城市要优化产业结构，必须以国家的报告和规划文件为基准，综合考虑城市自身的特点及区域地位，结合所在区域的产业结构特色，确定城市自身的主导产业或主导产业集群。积极打造城市数字经济新优势，赋能传统产业实现数字化转型升级，运用数字技术对传统生产要素进行改造、整合、提升，努力催生新产业、新业态、新模式，壮大经济发展新引擎。为此，必须大力发展教育，通过知识与科学技术的传播，提高劳动力的技术含量，实现生产力水平的跨越式提升。

（二）积极推动产业的融合发展

城市与区域产业的融合发展，是城市产业转型升级和产业结构优化调整的重要环节。城市政府需要积极推动，企业作为主体，通过市场运作来实现。具体可从五个方面着手：

第一，制定产业融合政策。政府应制定产业融合政策，为城市产业融合发展提供支持和保障。例如，通过减税优惠和补贴等方式，吸引和鼓励不同产业间的合作与融合。通过减少行业之间的壁垒，促进不同产业之间的合作和融合。例如，城市旅游业可以与文化创意产业合作，通过开发旅游文创产品提升旅游业竞争力。

第二，建设产业融合平台。建立产业融合发展的网络平台，促进信息共享和合作交流。通过建立跨产业的融合机制和平台，促进不同产业之间的合作与交流。例如，可建立产业联盟，通过资源共享和互补，实现产业融合发展。

第三，培养跨学科复合型人才。政府可以加大对人才培养的支持力度，给予资金、创业孵化器等方面的扶持。通过加强跨学科人才的培养，推动不同产业之间的融合发展。例如，建立交叉学科研究团队，培养具备跨领域知识和技能的复合型人才。

第四，推动产业集聚区发展。建设产业融合发展示范区、产业融合发展园区等载体，提供场地和基础设施支持，为不同产业间的合作提供便利条件。通过产业集聚和优化，实现规模效应和资源优化配置。例如，将电子信息产业、高端制造业等产业集聚在一起，形成产业集群，推动产业融合发展。

第五，强化产业融合发展的区域合作。加强区域间的合作与交流，引进先进技术和管理经验。通过开展区域合作项目和交流活动，促进不同地区的产业融合发展、互学互鉴，加快城市产业融合发展的进程。

在产业融合过程中，城市可以根据自身特点和发展需求进行适当的调整和组合。通过推动城市产业融合发展，促进城市产业的多元化、创新能力的提升和产业结构的升级，为城市的可持续发展提供有力支撑。

（三）着力打造产业协同新环境

城市与区域的产业协同发展是城市产业结构优化调整的战略步骤，必须予以重视。为此，首先要树立城市与区域产业协同发展的理念，主动探索产业跨领域、跨行业、跨城区、跨区域协同发展新路径，加快构建城市与区域产业协同发展的体系框架，切实践行城市与区域产业协同发展规划与战略，全面融入区域与城市群产业协同发展格局，坚持链接联通、共建共享、互利互补，推动城市与区域产业协同发展。在此基础上，优化城市产业结构，推动城市产业的协同及可持续发展。

打造产业协同新环境可从以下三个方面着手：

第一，加强城市与区域的产业政策转型协同。推动产业数字化升级，协同强化产业链、供应链生态系统构建，增强城市与区域产业链、供应链的韧性；协同制定面向全产业链的创新政策，充分发挥城市与区域产业链中核心企业的跨区域引领带动作用，形成面向产业链、供应链的创新链体系；积极探索城市与区域的园区共建、招商共引、税收分成、财政补贴和土地政策等共享机制，协同推进城市与其毗邻地区的产业联动发展；促进城市之间产业链、供应链有序合作、良性竞争，共享协同红利，推动城市与区域产业链、供应链的绿色化及高质量发展。

第二，加强城市与区域产业链、创新链统筹布局。围绕城市与区域的优势产业，推进产业链上下游企业之间的合作，构建完整的产业链与创新链；协同提升产业的区域配套能力，共建产业数字转型生态体系；优化城市与所在区域的产学研用一体化网络，共建一批聚焦数字经济与传统产业转型的跨地区、跨学科研发机构；探索完善产业协同中的人才资质认定等机制，鼓励人才流动和跨地区合作，促进知识和技术的传递与创新；着力建设城市与区域产业协作平台和基地，通过建立科技创新平台、科技投融资平台、众创孵化平台、科技信息平台、离岸研发机构及产业联盟等，形成产业协同效应，推动产业优化调整和共同发展；基于区域内各个城市所处的地理位置、人口规模、发展阶段等因素和产业比较优势，布局产业链、供应链和创新链，形成互补效应，提高区域与城市产业结构的整体水平。

第三，加强城市与所在区域内部产业链、供应链信息平台的对接。推动城市与区域产业链、供应链大数据中心的建立，及时动态监测产业链、供应链的运行状况，并形成不同空间尺度、行政端口的风险预警预报机制。构建面向企业、科研院所、金融机构及人才等多方利益主体的多层次集成公共服务共享平台，整合产业链、供应链数字招商体系、定制化投资指引、智能化上下游供需匹配、产品质量跟踪与全流程追溯等多层次公共服务，创建成规模、成体系的城市与区域产业发展"接诉即办"服务机制，形成产业链、供应链一站式服务生态，推进信息跨区域共建共享，进行实时监测与定期评估，提升服务能力和产业链、供应链的运转效率。

我国长三角地区是一个成功的城市与区域产业协同发展的案例。通过建立合作机制和政策支持，长三角地区城市与区域实现了协同发展。在长三角地区，上海作为经济中心和创新中心，聚集了许多总部型企业和高科技企业，江苏和浙江则以制造业和外贸为主导产业，上海的高科技企业与江苏和浙江的制造业企业合作，共同研发和生产高科技产品。通过加强产业链上下游的合作，长三角地区形成了完整的产业链条，实现了产业互补与协同发展。长三角地区还建设了多个创新平台和科技园区，提供创新创业支持和技术转移服务，加强了技术交流，提高了创新能力。长三角地区的成功经验表明，城市与区域产业协同发展可以促进地区经济协同发展和创新能力的提升，也有助于城市产业结构的优化调整。

资料链接5-3　北京、河北、山东、湖北着力优化产业结构

| 作者：张志锋、侯琳良、王昊男等
来源：微信公众号"国家智能制造专家委员会"
时间：2023-09-19 | 通过微信扫码在公众号"城市经济学"中阅读 |  |

本章小结

城市产业是城市空间资源的消费者、生产者和分配者，也是产业生产或提供的产品和服务的流通与分配场所。城市产业之间存在关联，影响着城市经济运行。因此，

需要基于一些原则和标准，科学选择城市的主导产业。

城市产业结构反映了城市经济中的产业分布和产业组合情况，影响着城市经济的空间组织和发展状态，在国民经济和城市经济中的地位和作用不容忽视。研究城市产业结构变动的影响因素，掌握城市产业结构演进的规律和特征，有助于对城市产业结构进行优化调整。

尽管在各发展阶段和时点上优化的内容不同，但城市产业结构优化一般包括产业结构合理化和产业结构高级化两方面内容。在当前背景下，我国城市产业结构应向数字产业化、产业数字化、区域产业融合化和协同化方向发展，加快构建现代化产业体系，积极推动产业的融合发展，着力打造产业协同的新环境。

关键词：城市产业；产业关联；产业关联效应；城市产业经济；城市主导产业；集中系数；区位熵；城市产业结构；城市产业结构优化；产业结构合理化；产业结构高级化；产业数字化；数字产业化；产业融合；城市与区域产业协同

问题与应用

1. 谈谈你对城市产业的特征和本质的理解。
2. 谈谈你对产业关联与城市产业经济的理解。
3. 查找数据并在计算的基础上，分析你所在城市的主导产业。
4. 谈谈你对城市产业结构地位的理解。
5. 城市产业结构的影响因素有哪些？
6. 城市产业结构演进的一般规律是什么？
7. 城市产业结构合理化包含哪几方面的内容？具体有哪些表现？
8. 城市产业结构高级化包括哪几方面的内容？具体有什么体现？
9. 城市产业结构优化的主要方向有哪些？
10. 结合你所在城市产业结构的现状，论述如何调整城市产业结构。
11. 阅读资料链接中的资料，并分组进行讨论。

参考文献与推荐阅读

[1] 赵祥. 准确把握新时代建设现代化产业体系的多维路径——基于部门、功能和空间三维视角的研究 [J]. 经济学家，2023（5）：68-77.

[2] 王蒾，吕本富，徐晓辰. 数字经济、产业结构与城市高质量发展——基于长江经济带的实证分析 [J]. 城市问题，2023（7）：73-83.

[3] 罗文浩. 创新型城市试点对产业结构高级化的影响 [J]. 现代商贸工业，2023，

44（16）：31-33.

［4］赵民，杨君．基于体育消费引力模型的城市体育吸引力产业结构研究［J］．当代体育科技，2023，13（19）：84-87.

［5］蔡顺，杨丹萍．数字经济对长三角城市群产业结构升级的影响［J］．生产力研究，2023（5）：99-104，130.

［6］林璐，哈巍，朱琼．高等教育与城市产业结构升级——来自新建校区和人口集聚的证据［J］．教育发展研究，2023，43（7）：11-18.

［7］郭艺，曾刚，魏文栋，等．区域一体化对资源型城市产业结构升级的影响［J］．经济地理，2023，43（3）：131-139.

［8］刘明洋，仝文涛．高铁开通对城市产业结构升级的异质性影响研究——基于全国337个城市样本［J］．上海金融，2023（3）：17-28.

［9］王静田，付晓东．数字经济、产业结构与城市经济韧性［J］．区域经济评论，2023（2）：70-78.

［10］刘海波，许宁宁，肖国东．产业转型升级示范区建设是否促进了产业转型升级？［J］．福建论坛（人文社会科学版），2023（2）：76-90.

第六章　城市规模经济与城市规模优化经济学

城市的产生和发展，通常伴随着城市规模的扩大。一般而言，城市规模越大，规模经济效益也越好。但城市规模并非越大越好，城市规模过大反而会产生规模不经济。因此，需要研究判定城市适度规模，并对城市规模进行规划和优化。本章的学习，有利于更好地理解不同城市的规模，也有助于学习城市建设、城市发展和城市治理经济的相关内容。

第一节　城市规模与城市规模经济

一、城市规模的定义、类型与等级

（一）城市规模的定义

对于城市规模（Urban Scale，City Size，City Scale），目前存在诸多不同解释。例如：《环境科学大辞典》认为，城市规模又称城市人口规模，是指一个城市的人口数量；《人口科学大辞典》认为，城市规模是指城市人口数量和城市占地面积；《中国百科大辞典》提出，城市规模是指城市的大小，主要包括城市的人口规模和用地规模两部分；《现代经济辞典》认为，城市规模包括城市的人口数量、用地面积和经济规模；《财经大辞典·上卷》认为，城市规模是指城市人口、用地和各种经济发展要素的集中程度。

综合来说，城市规模是指城市的土地、人口和经济等方面的数量规定，它主要表现为在一定时间内，构成城市的各种物质和经济要素的集聚程度和数量多寡。通俗而言，城市规模就是城市的大小，是城市吸引力、辐射力和带动力的体现。

（二）城市规模的类型

根据城市规模的定义，可将城市规模分为三种类型：①城市空间规模（用地规模），是指城市占用、使用土地范围的大小，通常是指城市建成区（即城区）的土地面积。②城市人口规模，是指城市人口的数量，通常以市区常住非农业人口作为标准。③城市经济规模，是指城市经济中各经济成分、各产业部门以及社会再生产的各方面在城市空间范围内的集聚程度。城市经济规模是城市经济实力的具体体现，一般用城市资产规模、城市市场规模和经济当量（地区生产总值）等复合指标来表现（丁健，2005）。

在一定历史时期和相近的社会经济条件下，城市空间规模、人口规模与经济规模之间存在正相关关系，即人口越多，占地越多，经济规模越大。由于城市的社会经济问题主要体现在人口规模上，而且城市人口易于统计和比较，因此，人们常用城市人口规模来表示和衡量城市规模，国际上也多以人口规模作为城市规模统计的通用指标。

（三）城市规模的等级

按照城市内各种要素的集聚程度和数量多寡，一般将城市规模分为特大城市、大城市、中等城市及小城市等。按照联合国标准，人口超过2万即为城市，人口在10万以上100万以下的城市为大城市，人口在100万以上的城市为特大城市。这种划分标准是多数国家的惯例。不过，世界各国的划分标准不尽相同，规模等级差别也很大。

2014年国务院印发《关于调整城市规模划分标准的通知》，明确了以城区常住人口为统计口径，将城市划分为五类七档：①超大城市，即城区常住人口1000万以上的城市。②特大城市，即城区常住人口在500万以上1000万以下的城市。③大城市，即城区常住人口在100万以上500万以下的城市。其中，城区常住人口在300万以上500万以下的城市为Ⅰ型大城市，城区常住人口在100万以上300万以下的城市为Ⅱ型大城市。④中等城市，即城区常住人口在50万以上100万以下的城市。⑤小城市，即城区常住人口在50万以下的城市。其中，城区常住人口在20万以上50万以下的城市为Ⅰ型小城市，城区常住人口在20万以下的城市为Ⅱ型小城市。

二、城市规模的主要影响因素

（一）城市容量

城市容量（Urban Capacity）是城市经济学与城市发展研究，以及城市规划实践中通常会关注的一个问题。我国古代《管子·乘马篇》中的"上地方八十里，万室之国一，千室之都四。中地方百里，万室之国一，千室之都四。下地方百二十里，万室之国一，千室之都四。以上地方八十里，以下地方百二十里，通于中地方百里。"[①]，就隐含了朴素的城市与区域容量的思想。

城市是一个复杂的巨系统和有机体，拥有自己独立的空间与结构体系。基于城市自身的特点和城市规模的概念，从城市经济学的角度出发，可以认为，城市容量是在城市发展的某个时期，一定的城市空间范围内，基于一定的空间资源条件，以某种目

---

① 大意为：八十里见方的上等土地，可以负担一座拥有上万户人口的城市和四座拥有上千户人口的城镇；百里见方的中等土地，可以负担一座拥有上万户人口的城市和四座拥有上千户人口的城镇；一百二十里见方的下等土地，可以负担一座拥有上万户人口的城市和四座拥有上千户人口的城镇。因此，八十里见方的上等土地与一百二十里见方的下等土地，都相当于一百里见方的中等土地。

标的综合效益为前提，城市所能负荷的最大人口规模。这个定义有五个方面的限定：城市发展的某个时期、一定的城市空间范围、一定的空间资源条件、一定的综合效益目标和一定的城市与区域管理水平。城市容量就是在这五个限定下，城市所能容纳的最大人口数。基于本书界定的城市经济学的立场，城市容量研究的出发点与目的是不断地、稳定地提高城市空间利用或消费的最大经济效益，包括要素经济效益、集聚经济效益、结构经济效益和规模经济效益等。

城市发展的某个时期这个限定，是要说明城市容量不是恒定的，而是一个动态变化的数值。在一定的城市性质和管理水平下，它不仅随着该时期城市空间范围（地上、地面和地上的立体范围）的变化而变化，也会随着空间资源条件（如基础设施条件）和效益目标的变化而调整。但在某个时期，在城市与区域管理水平、城市空间范围、空间资源条件和效益目标保持稳定的情况下，城市容量有一个相对确定的值。

从城市发展的角度看，城市容量可以分为经济容量、社会容量和环境容量三种类型。经济容量是指城市所能承载的经济发展水平，包括产业结构、就业机会和经济增长潜力等方面。社会容量是指城市所能承载的社会发展水平，包括教育、医疗、文化等公共服务的供给能力和基础设施等社会保障体系的完善程度等。环境容量是指城市所能承载的环境负荷，包括空气质量、水质量、噪声污染等。与城市容量含义及分类相同或相似的概念是城市承载力，它一般是指城市综合承载力，即在不同时间尺度上，不同城市的资源和发展条件在满足人们一定需求的情况下所能承载的人口数量。城市综合承载力包括城市资源承载力、经济承载力、基础设施承载力、环境承载力、社会承载力等。

由此可见，城市容量是城市规模的基础。在一定时期和一定的城市空间内，城市的经济容量、社会容量和环境容量，或者城市的经济承载力、基础设施承载力、环境承载力以及社会承载力等会影响城市的规模及人口密度。城市容量小而城市规模过大，就会出现严重的城市病；城市容量大而城市规模过小，就会造成城市空间资源的浪费。

（二）城市规模分布

Capello 和 Camgni（2000）在一个不同于新古典理论的框架下，把单个城市视为整个城市分工网络上的节点，强调城市间的网络外部效应对城市规模的影响[①]。我国也有很多学者较早就抛弃了单一城市角度的城市规模研究，转而从城市体系、城市群或城市规模分布的角度进行城市规模的研究。例如：尹文耀（1988）研究发现，城市人口规模体系与社会经济发展之间存在人口适度分布与最佳分布问题；孟晓倩、吴传清（2023）从城市群空间结构的角度，实证测度了城市群对城市规模的影响；童玉芬、刘志丽（2023）探讨了京津冀城市群双核心结构下的城市最优人口分布等。

---

① CAPELLO ROBERTA, CAMAGNI ROBERTO. Beyond optimal city size: an evaluation of alternative urban growth patterns [J]. Urban studies, 2000, 9: 1479-1496.

城市规模分布是指在一个地区或国家内，不同规模的城市在数量和大小上的分布情况。城市规模分布对城市规模的影响体现在以下四个方面：①城市规模分布影响城市的经济结构。研究表明，城市规模分布越合理，城市经济结构越健康，经济发展越稳定。在规模分布合理的城市群中，大城市是经济增长的引擎，小城市则是经济增长的支撑点，两者相互配合，形成了经济结构的合理布局；相反，城市规模分布不合理，大城市过于集中，小城市数量过少，容易造成经济结构的失衡，导致经济发展的不稳定。②城市规模分布影响城市的人口分布和流动。在规模分布合理的城市群中，人口分布相对均衡，城市之间的人口流动也相对平衡，可以避免大城市人口过度集中的问题；而城市规模分布不合理，大城市过于集中，小城市数量过少，会造成大量人口涌向大城市，导致资源浪费、环境污染等问题。③城市规模分布也会影响城市的公共服务供给。在规模分布合理的城市群中，区域资源可以在某种程度上实现共享，大城市和小城市的公共服务供给相对均衡，可以满足居民的基本需求；而城市规模分布不合理，大城市过于集中，小城市数量过少，会导致公共服务供给不足的问题，难以满足居民的基本需求。④城市规模分布也会影响城市的空间结构和自然环境。在规模分布合理的城市群中，城市之间的距离相对较近，城市的空间结构相对合理，自然环境相对良好；而城市规模分布不合理，大城市过于集中，小城市数量过少，城市之间的距离相对较远，则会导致城市空间结构失衡，自然环境受到破坏的可能性增加。

（三）其他因素

吴磊等（2020）从经济学与地理学交互的角度，研究了城市规模及其影响因素。他们认为，研究城市规模变动的影响因素，一般基于变量间的因果关系，即将城市规模作为被解释变量，探索产业结构、贸易成本、制度约束、空间竞争、就业、收入、农产品贸易成本、地方政府的空间竞争等城市空间关系，制度、政策和行政级别等政治因素，以及城市的规模分布等对城市规模的影响。

从图6-1中可以看出，影响（最优）城市规模的因素包括城市容量、城市规模分布，以及其他因素，如城市的地理位置、房价、城市关系、高铁、政治和行政力量、农业用地价格等。从影响内因上分析，房价、农业用地价格等属于城市容量方面的因素，而城市之间的关系、高铁则属于城市规模分布方面的因素，政治和行政力量既属于区域与城市管理中城市容量方面的因素，也属于城市规模分布方面的因素。

影响城市规模的其他因素，主要是城市的地理位置，地理位置也可以归入城市容量的影响因素之中。一般而言，影响城市规模的地理位置因素包括两大类：一是交通地理位置；二是经济地理位置。交通是城市与外界进行物质与能量交换的基本手段和基本媒介，它既影响城市容量，也影响城市规模分布。交通地理位置优越，有利于加快城市的新陈代谢，促进城市规模以较快的速度扩展；反之，交通不便，就难以形成规模较大的城市，城市规模的发展速度也必然缓慢。随着高铁建设和交通工具日益现代化，交通地理位置显得更为重要，不断影响城市的社会经济发展，也影响着城市的经济区位或经济地理位置的变化。例如，随着京广、石德、石太铁路的修建，石家庄市的交通地理位置和经济地理位置都发生了改变，在50年左右的时间里，迅速崛起为河北省第二大城市。单纯的经济地理位置有利，也能带来城市规模的快速扩大。深圳市在很短的时间里从一个荒凉小村一跃成为中国著名的对外开放城市，虽然特殊的优惠政策发挥了作用，但更为重要的是对外开放改变了它的经济地理位置，使它成了全国对外开放的"窗口"和"外引内联"的基地，城市规模迅速扩大。

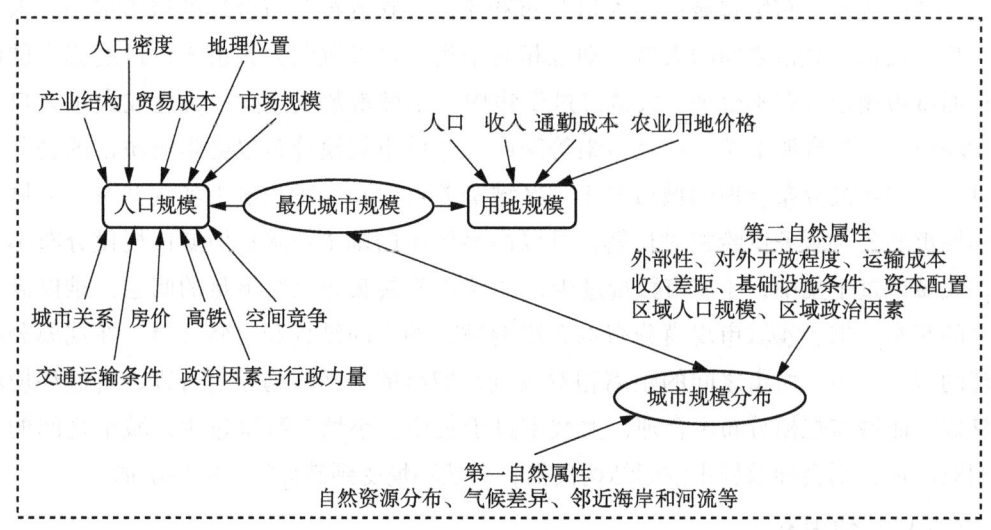

图 6-1　城市规模及其结构的影响因素

资料来源：吴磊，刘一鸣，李贵才，张可云. 城市规模：基于经济学与地理学的交互研究 [J]. 城市发展研究. 2020（5）：44.

三、城市规模经济及其分析方法

（一）城市规模经济及其形成机制

在传统经济学中，规模经济包括三个层次：第一，内部规模经济，即一个企业在既定技术和要素价格下，产出增长率大于各种要素的投入增长率；第二，企业外部、行业内部的规模经济，即企业因其所在行业的发展而获益，是一种地方化经济；第三，城市范围的规模经济，对企业和行业而言，这是一种外部规模经济，企业因在城市空间范围内集聚而获益，属于城市化经济。城市规模经济是指随着城市规模的不断增大，城市生产、生活、建设以及运营的单位成本递减、经济效益递增的现象。

一般来说，城市规模与城市规模经济存在一定的正相关性。不同等级城市的规模经济效益存在较大的不同。例如，法国经济学家维德马尔利用瑞士的资料，最早用数学模型做出了人口规模（X）与城市国民收入总额（Y）之间的相关关系模型：$Y=230.97+498.91\text{Log}X$。根据这个模型计算发现，拥有100万人口的城市经济效益比拥有2万人口的城市高2.2倍、比拥有20万人口的城市高40%、比拥有40万人口的城市高19%。

基于 C-D 函数，资本效率、规模报酬递增和规模收益是城市规模经济形成的基本机制。在总投入不变的情况下，更高的资本-劳动投入比例的产出效果高于较低的资本-劳动投入比例的产出效果。城市的生产结构更适于技术进步下的资本最小规模，当城市的区位条件或技术水平适宜更多资本量时，城市会迅速扩大。而规模报酬递增紧密地依存于规模经济，在实现了最小规模后，才会出现规模报酬递增。因此，城市规模经济是城市发展的基础。

（二）城市规模经济的主要表现

对于城市规模经济的表现，不少学者进行了归纳总结。例如，美国城市经济学家阿瑟·奥沙利文（Arthur O'sullivan）从三个方面对城市规模进行了分析[①]：①城市化经济与地方化经济的差异。小城市有较小的地方化经济，中等城市有较大的地方化经济，大城市有更大的城市化经济。②本地产品与城市规模。无论是大城市还是小城市，本地产品在这些城市都可以买到，而诸如地铁服务等本地产品，只有在大城市才能买到。③本地型就业与城市间的差距。出口型就业派生的本地型就业，大城市大于中等城市，中等城市大于小城市。

我国学者基于不同的受益主体，一般从三个角度分析城市规模经济：①从居民个人角度来看，城市规模经济主要体现在居民工资收入的增加和福利水平的提高两个方面。城市的工资水平大体随着城市规模的扩大而以一定的递减率上升，同时，一个更大规模的城市会具有更加多样化的生产投入品和消费品，这种多样性可增加产出和效用，大城市在具有更高生产力的同时，城市居民的福利水平也会随着城市规模的扩大而提高。邓肯（1959）研究发现，当人口规模在 25000 人以上时，城市中会出现擦鞋、理发、洗帽子以及修皮货商店，而人口规模超过 50000 人以后，才会出现婴儿服务。②从企业角度来看，城市规模效益主要表现在生产效率的提高及市场容量的扩大两方面。在一个城市里，单个企业生产效率的提高可以受益于同行业企业的集中，也可以受益于该城市内不同行业企业的集中带来的集聚经济：中间投入品的共享，劳动力市场匹配效率提升，上下游产业之间的前向和后向关联等（傅十和、洪俊杰，2008）。戴维·塞哥尔（1968）的研究表明，拥有 200 万以上人口的大城市生产率要比规模较小城市的生产率高出 8%。③从城市角度来看，城市规模经济相当于城市化经济，是指整个城市范围内的规模经济。中间投入品的规模经济、生产中的范围经济、商品交易中的规模经济以及信息传递的规模经济等会导致城市范围内规模经济的出现。

（三）城市规模经济的分析方法

城市规模经济的分析方法主要包括以下三种：

第一，柯布-道格拉斯函数法（Cobb-Douglas，C-D 函数法）。C-D 函数由数学家

---

① 阿瑟·奥沙利文. 城市经济学［M］. 周京奎，译. 北京：北京大学出版社，2016：70-72.

柯布（C. W. Cobb）和经济学家道格拉斯（P. H. Douglas）构建，其函数形式为 $Y=AK^{\alpha}L^{\beta}$。其中，Y 表示产量；A 表示技术水平；K 表示资本投入量；L 表示劳动力投入量；α 和 β 分别表示资本和劳动的产出弹性，$\alpha+\beta>1$ 表示规模收益递增，$\alpha+\beta=1$ 表示规模收益不变，$\alpha+\beta<1$ 表示规模收益递减。

第二，超越对数成本函数法（Transcendental Cost Function，TCF）。该方法假设 X、Y 分别表示投入（如城市基础设施、公共服务、资金等）与产出（如各行业的产出、居民收入与福利改善等），其生产函数为 $f(Y_1+Y_2+\cdots+Y_m, X_1+X_2+\cdots+X_n)=0$，成本函数为 $C=g(Y_1+Y_2+\cdots+Y_m, X_1+X_2+\cdots+X_n)$，规模收益函数为 $SE=\sum_{i}^{m}\frac{\partial \ln C}{\partial \ln Y_i}$。其中，$SE$ 表示规模经济的特征值，如果 $SE>1$，表示存在规模经济，如果 $SE=1$，表示规模经济不变，如果 $SE<1$，表示不存在规模经济。

第三，数据包络分析方法（Data Envelopment Analysis，DEA）。该方法主要通过前沿趋势面反映投入和产出的比率关系，常用来计算经济单位的效率，分为规模收益不变的 CRS 模型和规模收益可变的 VRS 模型。规模收益计算公式为 $S=F(x, y/CRS)/F(x, y/VRS)$。其中，$x$ 为投入，y 为产出。$S>1$ 表示规模收益递增，$S=1$ 表示规模收益不变，$S<1$ 表示规模收益递减。

资料链接 6-1　城市规模：复杂世界的简单法则

作者：匠人晓松 来源：微信公众号"读具匠心" 时间：2021-12-13	通过微信扫码在公众号 "城市经济学"中阅读	

第二节　最优城市规模的理论与评判

对最优城市规模的识别、研究与应用，主要基于最小成本理论和成本-收益理论。

一、最优城市规模的最小成本理论

（一）最小成本的最优城市规模

最小成本理论是最早的最优城市规模（Optimal City Size）理论之一。该理论认为，最优城市规模（人口规模）是人均公共成本的函数，其成本包括城市服务设施的投资成本与城市运营成本等。所谓最优城市规模或城市最优规模，是指城市的人均公共产品和服务的成本达到最低时的城市规模。一般而言，最小成本理论假设人均公共产品和服务的成本在一定的人口规模之前呈现降低趋势，在经过临界点后呈现上升趋势，城市规模与人均公共产品和服务成本呈"U"形关系，而其临界点规模就是最优城市规模。

最小成本的最优城市规模是一个复杂的经济学问题，需要考虑多种因素，包括生产成本、消费成本、污染成本和资源利用效率等。目前，学者们正在积极探索更加精细的模型来解决这个问题，以期为城市规划和政策制定提供指导。

（二）最小成本理论的实证应用

基于最小成本理论，国外学者对最优城市规模的测算进行了研究。例如：达维多维奇（1964）通过计算不同人口规模下一个城市的基建投资及 5 年、10 年、20 年内经营费用的"综合费用"来判定城市最优规模；莫里尔（R. L. Morrill，1974）研究发现，一个城市的人口规模为 25 万～35 万时，既能成为相对独立的为一定地区服务的中心，又能避免特大巨型城市严重的社会弊病和拥挤；Capello 和 Camagni（2000）考虑到城市分工和城市网络效应对最优解的影响，将城市平均布局成本（ALC）表示为 $\ln ALC = \ln\eta + \alpha_1\ln D + \alpha_2\ln FUN + \alpha_3\ln NET + 1/2\beta_1\ln D^2 + 1/2\beta_2\ln FUN^2 + 1/2\beta_3\ln NET^2 + \delta_1\ln D\ln FUN + \delta_2\ln D\ln NET + \delta_3\ln FUN\ln NET$。其中，$D$ 表示绝对城市规模，FUN 表示专业城市类型，NET 表示网络整合水平。他们基于 1991 年意大利的 58 座城市的截面数据，从最小城市负担（最小成本）角度对最优城市规模进行了实证研究，得出最优城市规模为 55 万人左右的结论①。

我国学者金相郁（2004）也曾基于最小成本理论对最优城市规模进行了测算。他采用 Carlino 模型度量了东部地区三大直辖市的城市聚集经济系数和各个年度用城市总人口度量的 Alonso 二次函数，得出了最优聚集下三大直辖市的最优城市规模。在此基础上，他根据最小成本理论，假设城市的人均公共成本为二次函数，就是非线性函数。城市人均公共成本为 $AC=C/P$。其中，AC 为人均公共平均成本，C 为公共成本，P 为城市总人口。城市人均公共成本函数为 $AC_i = \delta + \varphi POP_i + \varphi POP_i^2$，$\delta<0$，$\varphi>0$。金相郁采用 Alonso 的二次函数模型，分析得出这三大城市 2002 年成本最小时的最优人口规模：北京市为 801.452 万人，上海市为 2123.078 万人，天津市为 1126.208 万人。

（三）最小成本理论的应用缺陷

尽管最小成本理论在理论上有一定的适用性，但它存在一些缺陷。例如，在进行最小成本分析时，采用不同的成本口径、分析期间、分析对象和分析方法，会得出不同的结果。在选择成本口径时，该理论更多地考虑城市建设造价和经营费用的经济性，而很少考虑整个国民经济的效果。此外，最小成本理论未考虑城市规模效益，而城市规模效益也是城市规模的函数。H. W. Richardson（1972）认为，首先，最小成本理论假定不论城市大小，地方政府的服务保持不变。事实上，当市区规模扩大时，地方政

---

① CAPELLO ROBERTA, CAMAGNI ROBERTO. Beyond optimal city size: an evaluation of alternative urban growth patterns [J]. Urban studies, 2000, 9: 1479-1496.

府所提供服务的数量与类别也会增加。因此，几乎不可能按照研究所要求那样做出一整套同类服务的成本费用曲线。其次，许多地方政府所经营的服务事业并不包含真正的成本，只是代表了不同群体之间的转让支付。由于行政管理结构互不相同，而且极少有明确规定，要把真实的资源成本从地方政府账户的转让支付中分离出来几乎不可能。H. W. Richardson（1972）还指出，最优城市规模并不单纯是公共成本的函数，除了经济因素以外，接近度、保健、犯罪和安全等非经济因素的影响也很重要，而这些因素取决于社会偏好函数，但实际上很难求解。最优城市规模并不是静态的，而是动态的。为此，他提出最小临界规模（或称城市规模范围）的概念。虽然该理论存在一些缺陷，但由于简单和可操作，它在不少实证研究中得到广泛应用。

二、最优城市规模的成本效益理论

（一）成本效益理论与最优城市规模

成本效益理论是阿朗索（W. Alonso）1970年提出的。阿朗索的成本效益理论可以代表一般城市经济学家对城市最优规模的研究思路：集聚经济带来城市规模的增长，空间集聚效益并不总是随着集聚规模的扩大而递增，反而会使集聚效应衰减或下降，造成负的外部性，当城市集聚效益与外部性之差最大时，城市规模经济的转折点即为最优城市规模。阿朗索的成本效益理论有一个基本模型，类似于微观经济理论的生产曲线，其平均成本和平均生产效益的交叉点就是 H. W. Richardson 提出的最小临界规模，而平均成本和边际成本的交叉点就是最小成本规模。从城市居民的角度看，最优城市规模是平均生产效益和平均生产成本差异最大时的规模；从全社会角度看，最优城市规模是边际生产效益和边际成本交叉时的规模。由此可见，最小成本理论和成本效益理论也有一定的联系。

1971年，阿朗索建立了城市集聚经济与城市人口规模间的二次函数模型，用来度量最优城市规模。其函数为 $UAE_i = \alpha + \beta POP_i + \gamma POP_i^2$，$\beta > 0$，$\gamma < 0$。其中，$UAE_i$ 为 i 城市的集聚经济水平；POP_i 为集聚部经济的代替变量（一般为人口）；α 为常数；β、γ 为回归系数。若 γ 值不等于零，通过偏微分能够得出最佳城市规模（POP^*），即 $dUAE_i/dPOP_i = \beta + 2\gamma POP_i = 0$，所以，$POP_i^* = -\beta/2\gamma$。阿朗索的模型能够做出实证分析，并且考虑成本和效益。

（二）成本效益理论的发展与应用

基于成本效益理论的基本观点，K. J. 巴顿（Button, K. J., 1976）分别从城市行政管理、私人成本与效益、最佳城市工业人口规模三个方面分析了城市规模的成本与效益。1984年，K. J. 巴顿进一步将最优城市规模扩展为净收益最大的市民最优规模、净收益为零的社会最优规模和均收益为零的移民最优规模。哈维（Harvey, 1981）把城市人均平均成本细分为私人成本（土地和劳动力成本）、公共成本（地方政府服务支出）和社会成本（交通拥挤、环境污染），使得成本效益理论的分析框架更加规范。1991年，克鲁格曼（Krugman）等提出新经济地理理论，对规模经济和运输成本进行统一分析，认为最优城市规模是本地市场效应、集聚力和分散力之间博弈平衡的结果。

一些学者还利用成本效益理论对最优城市规模进行了实证分析。王小鲁、夏小林（1999）基于C-D生产函数，参考新古典增长模型和内生增长模型，并增加了反映城市规模和收益之间可能的对数非线性关系项，构造了城市规模收益函数，并用政府负担和居民负担的城市外部成本函数之和表示城市的总外部成本函数。他们研究发现，最优城市规模大致在50万~400万人，其峰值为100万~200万人。卡利诺（Carlino，1982）基于1957—1977年美国80个城市的面板数据，通过计量实证，得出美国的最优城市规模约为338万人的结论。Zheng（2007）分别以城市家庭的收入总计和支出总计代表城市的总收益和总成本，研究发现，东京都市区的最优规模为1800万人。

（三）成本效益理论的实践应用难点

成本效益分析理论并非完美无缺。在进行成本效益分析时，该理论应用的最大难点在于现实中的集聚经济水平的度量。正如Gilbert.A所认为的，最优城市规模成本效益分析的限度是总成本和总效益的度量，实际上这两种综合性的度量需要考虑所有复杂的因素，难以进行定量分析。当然，Mills（1967）、Muth（1969）、De Salvo（1977）、Fujita（1989）及其他经济学家的研究对该领域的研究有一定的补充、丰富和发展，在一定程度上解决了这个问题。

三、最优城市规模的争议与评判

据考证，古希腊的柏拉图（Plato）最早开始定量探究最优城市规模，他以市中心的容量为标准，把最优城市人口规模定为5040人。1902年，埃比尼泽·霍华德在《明日的田园城市》（*Garden Cities of Tomorrow*）中指出，理想的城市规模是25万人。1922年，法国学者戈必依设计出一个30万人的"理想城市"。

前述学者通过计量实证得到的最优城市规模也各不相同。这说明了三个问题：其一，最优城市规模理论上是存在的，但具体数值并不唯一，一个城市的人口规模从几万到几百万都可能是最优的。正如巴顿所言："很清楚，从个人的观点看，并没有什么单一的最优城市规模可言。"[①] 其二，在不同生产力发展水平、不同科技水平和不同人文条件下，同一个城市的最优规模可能不同，即最优城市规模不是静止不变的，而是一个随着时间和空间变化的、相对的、动态的概念。其三，不存在适用于各个历史时期、各个国家、各个城市的统一的最优城市规模。事实上，城市的最优规模应该与该城市的性质、城市既有和潜在的规模容量以及城市在这个区域或城镇体系中的地位相适应。

---

① ［英］巴顿 K J. 城市经济学——理论和政策 [M]. 北京：商务印书馆，1984：94.

资料链接 6-2	六大视角下的最优城市规模	
作者：万庆、吴传清 来源：微信公众号"区域经济评论" 时间：2017-02-20	通过微信扫码在公众号"城市经济学"中阅读	

第三节 适度城市规模与城市规模的优化

一、适度城市规模与城市均衡规模

（一）适度城市规模的基本含义

城市是一个复杂的巨系统，经常受到各种因素的影响。政府会通过限制人口流动的政策，公开、连续地向社会传递城市生活的负面影响，有意识地控制农村人口向城市迁移（Miyao，Shapiro，1979）。因此，在现实中，真正的、理想的最优城市规模无法达成。一些学者认为，从理论角度对最优城市规模进行探索缺乏依据，单纯研究最优城市规模没有意义（Richardson，1972）。城市规模研究的实质，不应是最优城市规模，而是有效城市规模（即适度城市规模）（Efficient City Size）（Capello、Camgni，2000）。

所谓适度城市规模，其最基本的含义，是指一个城市在人口、土地利用、经济发展以及社会服务等方面达到平衡和适度状态的规模。它强调城市规模与可持续发展之间的平衡，旨在实现经济繁荣、社会公平和环境可持续性的目标。从成本收益的角度看，当城市规模扩大所带来的社会综合收益等于城市规模扩大所带来的社会综合成本时，城市规模达到动态均衡，即达到适度城市规模。城市没有最优规模，只有适度规模。因此，在研究城市规模和城市规模经济时，应将最优城市规模作为理想状态，然后结合现实中特定城市和理想城市的差距及具体情况，寻找城市规模的规划与优化思路。

（二）适度城市规模的广义形式

基于成本效益理论，可以对城市适度规模进行分析。在图 6-2 中，横轴为城市规模（城市人口规模），纵轴为城市效益与成本。把城市看作一个生产单位，城市总产出曲线呈"S"形并存在城市化拐点。在拐点左侧，城市总产出随着城市人口的增加而呈加速增长；在拐点右侧，城市总产出随着城市人口的增加呈减速增长，到达最高点后，城市总产出开始下降。城市总投入曲线与总产出曲线相反。在到达拐点以前，城市总投入随着规模扩大而呈减速增长；在到达拐点之后，城市总投入则加速增长，并最后超过城市总产出。城市人均投入曲线开始时会随着城市规模扩大而下降，超过某一点后则转为上升。

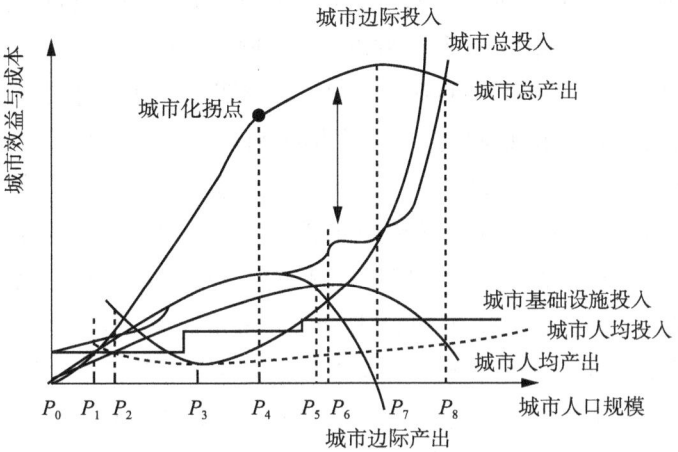

图6-2 城市规模的成本效益分析

在图6-2中，P_0为城市发展起点；P_1是城市功能的基本形成点，该点的城市总产出等于基础设施投入存量价值，城市功能开始运行；P_2是城市的最小门槛规模，这点是城市总产出和总投入、城市化人均产出和投入的左交点，是成本等于效益的城市最小规模；P_3是城市的最低生产规模，城市收支正好相等，城市平均成本最小；P_4是城市边际效益最高点，从这一点开始，城市进入适度规模发展期；P_5是城市人均效益最高规模；P_6是城市最大经济效益的规模，在该点上，城市总产出减去城市总投入的收益最大；P_7是城市的最大总产出规模，该点上的边际产出为零，超过这一点，城市总产出绝对数量下降，边际产出为负，该点是城市人口的控制规模；P_8是城市的最大人口规模，它是城市人均产出与人均投入的右交点，此时城市总产出等于总投入，城市总效益为零。图中$P_3 \sim P_8$的人口规模，都可以称为"广义的适度城市规模"。

（三）城市均衡规模与城市体系

从不同的角度考虑，城市会有不同的适度规模。如果仅从城市体系之间人口迁移的角度分析城市规模，可以得到某个城市的均衡规模。假设Nmr是该城市的人口净迁入率，Rwr是该城市的真实工资率，s是城市规模变量，人口可以自由流动；同时，假设$\partial Nmr/\partial Rwr>0$，以保证劳动力供给曲线并不是完全无弹性的。在这种情况下，如果$\partial Nmr/\partial s>0$，表明存在城市规模经济，城市规模可以继续扩大；如果$\partial Nmr/\partial s=0$，表示既不存在城市规模经济，也不存在城市规模不经济，人口流动会停止，此时的城市规模就是城市均衡规模；如果$\partial Nmr/\partial s<0$，表示城市存在规模不经济，城市规模过大，该城市人口应向城市体系内其他城市迁移。

城市均衡规模还可以采用另一种方法说明。假设某一区域的劳动力人口总数是6000万人，劳动力只受人均工资的影响在城市体系内自由流动，则他们有三种可能的分配模式：第一种，10个城市（A, B, C, D, E, F, G, H, I, J），每个城市拥有600万劳动力；第二种，6个城市（A, B, C, D, E, F），每个城市拥有1000万劳动力；第三种，2个城市（A, B），每个城市拥有3000万劳动力。第一种模式假设10个城市中每个职工的月均工资都为4000元，如果部分职工从A城市迁移到F城市，F城市的就业人数将增加或城市规模将扩大，城市的规模经济也可能增加，例如，F城市的人均工资增加到4500元。换言之，职工从A城市迁移到F城市，会产生500元的人均工资差，这将鼓励更多的职工从A城市迁移到F城市。职工迁移的数量越多，两个城市之间的人均工资差异可能就越大，职工在城市间进行迁移的动力也就越大。极端的结果是，A城市中的全部人口都迁移到F城市，A城市消失。由此可见，第一种模式在有关假设下，不存在均衡的城市规模。第二种模式假设3个城市的规模经济都达到了最大，3个城市的人均工资也都相同，其中一个城市的职工迁移到另一个城市，将带来另一个城市的规模不经济，人均工资下降。在这种情况下，3个城市的任何一个职工都不会迁移，3个城市的规模都是均衡规模。第三种模式假设2个城市的职工人均工资都为6000元，如果A城市的部分职工迁移到B城市，B城市因为城市规模原本就较大，因而出现了规模不经济，导致A城市的人均工资下降到5500元，此时，迁移到B城市的职工就可能回迁到A城市，最终导致A和B两个城市的就业人口和人均工资水平恢复到原来的状态。由此可见，从人口迁移的角度看，城市的均衡规模与城市所在地区的总就业人口、城市体系和城市规模经济等有关。在现实中，某个时期内，地区总就业人口和城市体系是稳定的，而较大的城市拥有更大的规模经济。因此，较大城市的规模往往更具稳定性，通常也有更大的均衡规模，较小的城市因为规模经济较小，城市规模稳定性较差，均衡的城市规模通常会更小。

二、城市规模的预测与规划思路

（一）确定城市规模的经济意义

当城市规模经济的时候，也不能忽视成本因素。城市规模成本主要包括地租地价、空间移动费用（交通通信、运输、迁移和通勤成本）、共享城市基础设施和公共服务的成本，以及拥挤和环境污染的成本。也有学者提出，城市集聚成本主要包括三个方面：一是外在成本，即一些企业或家庭的生产或生活对其他企业或家庭的生产或生活造成的负面影响，如由于企业和家庭的大规模集聚带来的交通拥挤、污染加重、高地价与高房价等。二是门槛成本，即跨越城市规模增长的"门槛"所付出的成本。城市规模增长的门槛包括：城市受到坡地、沼泽地、河流等自然地理条件限制的"门槛"；城市受技术设施条件限制的"门槛"；城市受内部结构及现存土地利用制约的"门槛"；城市受生态环境保护限制的"门槛"；城市密度的增加或城市向空中与地下发展的"门槛"；等等。城市门槛成本往往可以被克服"门槛"限制后形成的规模经济效益所补偿。三是疏散成本，即为了逃避高污染、高噪声、高地价、高房价或者出于其他考虑，城市人口和企业迁出该城市所形成的费用、损失或成本。它既包括居民和企业自身的搬迁费用以及迁出该城市所付出的机会成本，也包括城市政府或国家为人口和企业的搬迁提供的各种方便和条件所付出的成本等（蔡孝臻、郭鸿懋，1990）。

事实上，随着城市规模的扩大，城市集聚成本也会缓慢上升，在一定规模内，城市规模经济的增长速度远远高于相应的集聚成本，而超过一定规模，城市集聚成本会迅速上升，带来城市规模不经济的问题。城市规模经济是在现有城市规模条件下，城市经济主体对城市经济空间中符合城市发展规律和市场经济规律的配置所得到的正的效益，而城市规模不经济则表明城市经济主体没有很好地利用相关规律对城市经济空间进行科学、合理的配置。城市人口规模在一定程度上间接反映了某个时期内城市的经济空间规模①。从经济城市角度看，它也反映了城市经济空间产出的总产量的控制量，是城市经济空间分配、流通和被消费的基础。为了充分挖掘和发挥城市经济空间的规模经济效益，必须认真研究城市规模和城市规模经济的影响因素，分析最优城市规模的现实性，进而科学规划和确定城市的适度规模，并根据城市所处的社会经济环境，对城市规模进行优化。

（二）城市规模的预测与确定

就单一城市来说，其规模的变化与城市的区位及其在所在区域或城市体系中的地位与定位有关（参见第四章第一节）。预测城市人口规模是一个复杂的任务，涉及经济、社会、环境等多个因素。常见的城市人口规模预测方法包括：①人口趋势分析。通过分析历史数据，观察城市的人口增长趋势，进而预测未来的人口规模。这种方法对于人口增长相对稳定的城市较为适用。②统计模型。常用的模型包括线性回归、多项式回归、指数平滑等。这些模型通过拟合历史数据，并基于它们的趋势来预测未来的人口规模。③经济模型。城市人口规模与经济发展紧密相关，因此，经济模型可以用于预测城市人口规模。通过分析城市的经济增长率、就业率、GDP等指标，结合人口和就业的关系，可以估计未来的人口规模。④空间交互模型。考虑到城市之间的相互作用和流动，采用空间统计分析方法预测人口规模。该方法通过考虑城市间的人口迁移、流动等情况，来建立城市人口规模的模型。⑤人工智能模型。利用机器学习和人工智能算法来预测城市人口规模。它通过收集大量数据，包括人口普查数据等，训练模型来预测未来人口规模。

城市人口规模预测涉及许多不确定因素，如政策变化、城市的区位和职能发生变化等。从城市政府角度看，对城市人口的预测只是基础工作，更为重要的是，要根据该城市的空间定位和发展目标等约束性指标，结合人口预测的数值，对城市规模进行规划，最后确定某个时间点的城市规模的数值，以解决城市发展中面临的问题，如交

---

① 在一定时期内，不考虑城市土地面积的增长，可以认为城市边界没有变化，城市增长只是竖向增长。

通拥堵、就业困难、住房供应不足、环境污染等，同时有助于预测公共服务需求的变化，为城市社会经济发展提供指导，优化公共服务供给等。对城市经济学中的城市人口规模进行预测和规划，主要有三个目的：一是为研究城市空间资源的生产、配置、流通和消费提供参考；二是有助于分析人口规模变化带来的规模经济效应，应对经济增长和城市发展的影响；三是有助于借助人口规模数据评估城市的经济活力和市场潜力，为城市经济和产业发展提供依据等。

（三）城市规模的规划思路

城市容量是在只考虑单体城市的情况下，理论上城市最大的人口负荷量或城市人口规模。在实际中，受城市规模分布和地理位置等因素的影响，城市规模和城市容量并不相同。城市规模的规划，首先应基于城市的性质，尊重城市发展的规律，在此基础上，要从城市的理论容量和实际容量出发，结合城市所在区域的城市规模分布及城市体系的协同实际和未来变化，充分考虑城市运行的实际情况和发展目标，进行灵活、合理的规划，以推动城市空间的最优化利用和城市的可持续发展。

规划城市规模需要考虑两个方面：一方面，要考虑成本效益或最小成本，力求推动城市空间的最优化利用；另一方面，要特别重视居民利益和城市可持续发展。就后者来说，作为城市，首先，要为居民提供公共产品或服务。地方性公共产品是现代城市形成的主要因素。一般认为，即使地方性公共产品的人均分摊成本随着消费者数量增多而减少，无限制地扩大城市人口规模也不可取。即使是纯公共产品，消费者的边际社会成本也会随着人口规模扩大产生的额外交通运输成本而增加[①]。因此，从公共产品供给最优化的角度出发，对城市规模进行合理规划非常必要。其次，城市发展的最终目的是居民生活质量的提高。近年来，不少学者从居民福利的角度研究城市规模，将基于主观幸福感衡量的国民福利最大化作为最优城市规模的评判标准。城市规模与居民幸福感的关系主要取决于城市扩张所带来的正向效应和负向效应之间的权衡。规划城市规模需要重视居民的幸福感，注意城市规模与居民福利的增长相匹配。最后，规划城市规模必须考虑资源环境的约束，不仅要重视生产和生活，还要强调生态，要从生态文明建设的角度，对城市规模进行科学规划。

规划城市规模是一项非常复杂的工作，必须立足于城市与区域的可持续发展、城市公共服务提供，以及居民生活质量和幸福感，从挖掘城市空间经济效益和推进城市空间资源集约型、最优化利用出发，坚持社会效益、经济效益和生态效益的统一。

---

① 藤田昌久，蒂斯．集聚经济学：城市、产业区位与全球化［M］．石敏俊，等译．上海：上海人民出版社，2015．

三、我国城市规模优化的潜力与实现路径

（一）我国城市规模的演进

我国城市数量在改革开放以来先是经历了快速扩容，20 世纪 90 年代末开始趋于稳定。在这个过程中，我国城市规模不断扩大。国家统计局的数据显示，1990 年我国城市建成区面积仅有 12855.7 平方公里，而到了 2021 年，城市建成区面积达到 62420.5 平方公里，在 30 多年的时间里，建成区面积扩张约 5 倍。从人口增长情况来看，1990 年我国城镇人口 30195 万人，到 2021 年，达到 91425 万人，30 多年的时间增加了 61230 万人。

城市规模的扩张与城市的不断发展，使城市的规模经济效益日益凸显，这也让我国城市在全球城市中的地位不断提升。根据 GaWC 的世界级城市名册，2012 年中国大陆地区仅有 5 座城市被评为 Gamma-级以上城市，而到了 2018 年，已有 23 座城市入榜，并且城市等级多数有明显提升，如广州、深圳在 2012 年仅被评为 Beta+级和 Beta-级城市，2018 年两者均进入 Alpha 级城市之列。

（二）我国城市规模优化的潜力

目前，我国大城市规模扩张过程中存在空间利用方面的诸多问题：老城区人口密度过高与郊区密度偏低并存；城市用地结构调整滞后于产业升级，特别是低效的工业仓储用地功能置换滞后于城市现代服务业发展需求；大城市的新区、各类产业园区和城乡接合部的存量建设用地潜力巨大，但各类用地改造的相关配套政策不完善；城市蓝绿空间不足导致近年来城市热岛效应增强、城市韧性差等。

城市协同的效率也是一个重要因素。我国城市群内大城市各种资源聚集程度较高，"一市独大"问题突出，导致区域的经济效率损失（孙久文、苏玺鉴，2021）。城市群内部中心城市和中心城市之间、中心城市和各级节点城市之间，以及城乡之间有机联系不足；区域内发展不平衡，基础设施、生态环境、公共服务一体化发展水平和产业发展的协同性偏低，区域联动发展机制不健全；市场的公共品供给和资源生成能力比较匮乏，导致的市场失灵现象不利于资源要素的进一步优化配置。同时，政府在对要素流动进行干预的过程中，其行为的有限理性和地方竞争导向也在一定程度上阻碍了资源要素的自由流动和优化配置[①]。

随着科技的发展，数字经济和智能城市建设成为城市规模优化的重要影响因素。物联网、云计算、大数据和人工智能等的应用，提升了城市产业发展和治理与服务的智能化水平，提高了城市的便利性和可持续性。通过智能化的城市管理和公共服务平台，居民可以更方便地获取教育、医疗、交通、社区管理等公共服务，提高生活质量。智慧城市建设还可以提供智能化的安全防护系统、医疗健康监测等服务，提升城市居

---

① 李国，崔丹. 我国城市群人口和经济承载力及其提升策略 [J]. 改革，2022（7）：37-48.

民的安全感和福祉。在这种情况下，城市规模优化有了更大的潜力。

（三）我国城市规模优化的实现路径

我国城市规模优化的实现路径主要有三个：

第一，科学规划布局和高效利用城市土地。提高城市土地利用效率对产业集聚、提高城市化的质量和水平、提高经济绩效具有重要影响。我国的快速城镇化经历了过去的"城市蔓延"阶段，导致土地经济、社会和生态效益均受到一定影响，如居住环境恶化、职住分离、交通瘫痪等，大城市需要转向精明增长的发展方向，科学规划布局，实现城市土地的高效利用。要控制中心城区外围边界扩张，提高存量土地的挖潜，保护自然生态用地，加强旧城区的改造等；同时，以人为本是城市未来发展的核心，对生态环境用地需要加强保护，尤其是中心城区的绿地数量以及空间分布，需要更加均匀化（黄迎春等，2017）。

第二，优化城市产业结构与合理布局。加快产业升级转移步伐、提高大城市经济承载力、促进产业发展是城市规模不断扩大和城市质量不断提升的动力。产业结构的调整会改善、转变、重组城市资源的使用，并且可对城市的承载对象起到一定的引导和疏散功能，缓解城市人口压力以及由此带来的一系列城市病问题。产业结构的转型作为一种内生变量，更能起到因势利导的作用。因此，要提高全要素生产率增长对经济增长的贡献率，提高劳动生产率和第三产业相对劳动生产率，提升固定资本存量水平和资本产出效率，持续提高城市化率，促进常住人口的市民化，加快发展现代服务业，提高第三产业的就业率。

第三，积极推进区域协同，科学疏解城市功能，加大城市更新力度。要积极发挥城市群或区域协同的力量，积极疏解已经不适合的城市功能，边疏解边更新。城市更新结合城市功能疏解，不仅仅是建筑本身的翻新、空间形态的改造，更在于产业内容升级换代、功能的焕新，是通过空间功能、产业转型、城市治理的多维度优化和提升，带动区域活力。以城市规模经济为指向，城市更新不仅要注重空间的更新、环境的更新，还要兼顾产业的更新。

资料链接 6-3　中国的城市太小了吗？

作者：韩人斌 来源：微信公众号"学说平台" 时间：2023-07-18	通过微信扫码在公众号"城市经济学"中阅读	

本章小结

城市规模包括城市空间规模、城市人口规模和城市经济规模。我国以城区常住人口为统计口径，将城市划分为五类七档。城市规模的大小与城市容量、城市规模以及其他因素有关。不同的城市规模，其规模经济不同。测度城市规模经济，可以采用多种模型和方法。

学者们围绕最小成本理论和成本效益理论对最优城市规模进行的研究表明，两种理论都存在应用缺陷，基于不同的理论，城市的最优规模不同。不同的时间段，城市性质、城市既有和潜在的规模容量以及城市在所在区域或城镇体系中的地位不同，其最优的城市规模也不同。

基于成本效益理论进行分析可以发现，城市有不同的适度规模。为了充分挖掘和发挥城市经济空间的规模经济效益，必须认真研究城市规模和城市规模经济的影响因素，科学规划和确定城市的适度规模。我国城市规模优化还有很大潜力，需要进行优化调整。

关键词：城市规模；城市容量；城市规模经济；最优城市规模；最小成本理论；成本效益理论；城市均衡规模

问题与应用

1. 什么是城市规模？它有哪些类型和等级？
2. 影响城市规模的主要因素有哪些？
3. 试论述规模经济及其形成机制。
4. 规模经济有哪些表现？如何分析？
5. 试论述最小成本的最优城市规模。
6. 试论述基于成本效益的最优城市规模。
7. 什么是适度城市规模？什么是城市均衡规模？
8. 以某个城市为例，构建模型并通过计算确定该城市的规模。
9. 试论述我国城市规模优化的潜力与实现路径。
10. 阅读资料链接中的资料，并分组进行讨论。

参考文献与推荐阅读

[1] 蔡武. 城市最优经济集聚规模的实证探索：以湖南省地级市为例 [J]. 新经济, 2022 (12)：101-106.

[2] 陆铭. 城市的发展需遵循"规模经济"的规律 [J]. 上海国资, 2022 (11)：12.

[3] 陶冶华, 曾明. 共同富裕目标下城市规模对职工收入的影响效应——基于中国281个地级市面板数据的实证分析 [J]. 企业经济, 2022, 41 (9)：51-62.

[4] 王媛玉, 杨开忠. 集聚经济、城市生产率与最优规模 [J]. 统计与决策, 2022, 38 (2)：94-98.

[5] 郑洁, 汪甜甜, 陈浩. 产业集聚、城市人口规模与经济发展 [J]. 工业技术经济, 2021, 40 (10)：52-61.

[6] 苏红键. 城市规模与城市福祉：效应、评价及发展导向 [J]. 深圳大学学报（人文社会科学版）, 2021, 38 (4)：116-124.

[7] 马天平. 小城市应该举办大型体育赛事吗？ [J]. 体育与科学, 2021, 42 (3)：35-41, 57.

[8] 年猛. 政府干预、集聚经济与中国城市规模分布 [J]. 城市与环境研究, 2021 (1)：70-87.

[9] 陈飞, 苏章杰. 城市规模的工资溢价：来源与经济机制 [J]. 管理世界, 2021, 37 (1)：2, 15-16, 19-32.

[10] PAUL J C, JUSTIN D, FRANK C, et al. The relationship between city size, decentralisation and economic growth [J]. Journal of economic studies, 2023, 50 (6)：1171-1189.

第四篇
城市建设经济学

城市建设经济学是研究如何建设城市才能让城市空间更易获得最优经济效益的经济学。城市，特别是现代城市产生以后，通过政府的规划或规划调整确定的空间结构、产业结构和城市规模，需要通过城市建设来实现。如何在城市规划的基础上，从最有利于城市空间资源利用的角度建设城市，保障城市的经济运行与安全，是本篇重点关注的内容。

本篇包括第七章至第九章共三章的内容。其中，"第七章 城市建设经济与城市开发的经济学"，主要介绍如何通过城市建设和开发，在既有行政区面积规模的基础上，增加城市经济空间资源，提升城市空间经济效益；"第八章 城市基础设施经济与智慧城市建设经济学"，主要介绍通过城市基础设施和智慧城市的建设，进一步提升城市的运行效率和空间经济效益；"第九章 城市环境经济与韧性城市建设经济学"，主要介绍城市环境经济和环境不经济，以及通过韧性城市建设提升城市的环境经济效益和城市运行保障水平，以最大限度地保障城市空间经济效益的实现。

总体来说，本篇主要探讨城市经济空间资源的挖掘、生产与再生产及最优化的问题。

第七章 城市建设经济与城市开发的经济学

本章在第三篇城市规划经济学的基础上,进一步介绍城市建设经济与城市运行、城市空间供求与城市开发以及城市空间开发的经济选择等内容。本章所介绍的城市建设与城市开发的内容,既是实现第三篇中城市空间结构、产业结构和城市规模优化的经济实践,也是对第八章、第九章内容的铺垫。

第一节 城市建设与城市经济运行

一、城市建设及其经济本质

(一)城市建设的含义与内容

人类为创造更好的城市社会经济活动条件而对城市空间进行的具有高度创造性的建设活动,可称为城市建设。城市建设有广义和狭义之分。广义的城市建设是指以增强城市的综合承载力为目的的针对城市所有设施的建造,包括工业、交通、贸易、通信、金融、科研、居住、文化、教育、医疗卫生、体育、娱乐、游览等为生产、生活、工作、交往、游憩服务的各种设施和基础设施的建造。狭义的城市建设涉及城市道路、桥梁、码头、隧道、给排水、供气、供热、污水处理、垃圾清运及处理、园林绿地、防洪等设施的建造。

总之,城市建设为整个城市的生产与再生产服务,是以经济活动的空间需求及规划为依据,通过建设工程对城市经济活动环境进行新建或改造,对城市系统各物质设施进行建设,其对象不仅包括城市生产、生活所必需的市政公用设施的建设,还包括建成交付使用后的相关设施设备的运行与维护,是为城市经济运行创造良好条件的基础性工作,是过程性和周期性比较明显的特殊经济工作。城市建设的一般目标是提高城市经济活力、可持续发展能力和吸引力,为居民提供更好的生活和工作环境,促进城市经济运行与增长。

(二)城市建设的一般特点

从促进城市经济运行与经济增长的角度看,城市建设通常具有以下三个特点:

第一,基础性。城市在运行过程中,需要一系列基础条件做支撑,包括一定的物质空间，以及与物质空间相匹配的道路、给排水、供气、供热、污水处理、垃圾清运等设施。这些设施与一定的物质空间构成了城市生产、生活的必备基础，是城市经济运行与经济增长的基本条件。如果缺乏配套的基础条件，城市机制的运行必然会受到影响，可能会造成交通拥堵、生产停滞、产品流通不畅、市场无法运行等问题，最终影响经济活动的正常开展。

第二，周期性。城市在规划确定后，通常需要进行各类设施的建设，如厂房、道路、桥梁、水电等的建设，以支持城市的生产和生活。在城市运行一段时间以后，随着技术的发展和设施的运行磨损，各类设施很可能需要进行新的改造和建设。同时，城市经济发展往往呈现出周期性的波动，有时会经历快速发展期、稳定发展期和下行期。不同发展时期对城市建设的要求有较大的不同。

第三，地域性。不同城市的产业结构存在差异，这是城市建设地域性的重要体现。交通网络差异也是城市建设地域性的重要体现：发达的交通网络会促进物流和人员流动，进而提高城市的竞争力。此外，发达地区与欠发达地区也存在显著差异。发达地区的城市建设比较完善，并且建设周期短；而欠发达地区的各类设施建设通常比较落后，建设周期相对较长。特大城市与中小城市在城市建设方面也存在区域差异。

（三）城市建设的经济本质

一般而言，城市建设是城市规划的实现。从经济学角度看，城市建设也是城市的生产活动，具有配置资源的功能，其本质是为城市配置和提供经济活动的空间资源或场所，提高资源利用效率，为城市的生产经营活动创造良好的基础条件与环境，城市经过建设后投入运行并发挥功能，能够有效保障市民的正常生活，服务城市社会经济的发展。

城市建设是国家经济建设的重要组成部分，又是具有自身特点的独立业务系统，其经济属性是与生俱来的。从城市与经济发展的关系来看，城市既是经济发展的产物，又是经济发展的主阵地。为了形成和发展城市而进行的城市建设，自然是以经济发展为前提，又以发展经济为首要目的。城市建设作为以经济因素为主导的一种经济活动，必然伴随着内部和外部的诸多经济关系，这种以城市建设为特征的经济活动和经济关系，可概括为城市建设经济。

二、城市建设活动

（一）城市建设活动的参与主体

城市建设通常需要规划、设计和施工等各个阶段的协调，需要相关各方的密切合作。或者说，城市建设涉及多个参与主体，包括政府、企业和社会公众。

政府在城市建设中扮演着重要角色，是城市建设前期的规划者和城市建设过程中的管理者。具体而言，政府通过城乡总体规划、土地利用规划和各项设施建设规划及相关政策，规范土地开发，确保不同产业和用途之间的合理空间配置，对设施建设的类型、规模、空间范围等做出规定，从而对城市建设活动进行规范或引导。

城市建设经济活动中的市场主体——企业，主要包括：①城市规划设计公司。该类公司负责城市的规划设计工作，这些工作影响甚至决定着城市建设的各个方面，对城市经济运行和可持续发展具有重要意义。②房地产开发商。购买土地、进行规划和开发，并将建筑物或住宅出售或租赁给消费者是房地产开发商的主要业务。房地产开发商的活动直接影响着城市的土地利用和房屋供应，对城市发展和经济增长具有基础支撑作用。③城市建设投资公司，简称"城投公司"。城投公司是由政府出资成立的具有独立法人地位的城市投资发展企业，其主要业务涉及城市基础设施建设投资、城市公共服务设施建设投资、城市土地开发、城市房地产开发等。城投公司大多不具有盈利能力，属于事业单位或者国有独资公司。目前，中国的城投公司已经成为国内资本市场上的重要力量，为城市化的发展提供了有力的支持。④建筑公司。它们负责城市内各种类型建筑物的施工和维护工作，包括住宅、商业建筑、公共设施等。建筑公司的活动直接决定了城市建筑物的数量、质量和布局，对提高城市的功能性和形象具有重要意义。⑤基础设施建设公司。该类公司主要负责城市的交通、供水、供电、通信、排水等基础设施的建设和运营。

在城市建设中，社会公众包括城市居民、非营利组织、专家学者等。他们在城市建设中发挥着重要的作用。一方面，社会公众是城市建设的主体和受益者。他们的需求和利益是城市建设的重要出发点，他们也不断为城市建设出谋划策，为城市的繁荣做出贡献，并在城市建设和发展中成为主要受益者。另一方面，社会公众在城市建设中扮演着监督和参与的角色。社会公众的意见和建议可以对城市规划和城市建设起到监督作用，确保城市规划与建设的公正性和合理性，减少可能出现的问题和冲突，创造良好的营商环境，进而提升城市建设的经济效益，提高投资者的信心，吸引更多的投资和创业活动，推动城市经济的发展。

（二）城市建设经济活动的原则

城市建设经济活动主要遵循以下三个原则：

一是统一协调原则。城市建设经济活动呈现出部门分化与系统综合同时发展的格局。现代城市生产和生活对城市建设各部门之间的功能联系与配套协调提出了更高的要求，在高度专业化的同时，城市建设经济活动又表现出高度综合性。为确保有限的城市建设资金投入达到最佳效果，最大限度地发挥城市建设对城市经济发展和居民生活的保障与配套服务功能，必须从规划布局、资金筹措、建设进度、运营管理等方面，对城市建设经济活动的每个分支部门进行统筹部署和综合协调。

二是弹性适应原则。城市建设经济活动要满足日新月异的现代城市生产和生活的需要，为城市经济的长远发展创造有利的条件，需要具备有较高弹性的适应机制。城市建设经济活动的弹性适应原则从"适度超前"和"因地制宜"两个方面来把握。一些城市设施具有投资额高、建设周期长、设计能力固定和竣工设施的不可移动性等特点，城市建设经济活动需要保持一定的超前性，以便适应城市经济发展的动态变化。另外，不同城市具有不同的经济发展需求，设施完善程度也不同。在城市建设活动中，需要根据具体城市的实际来处理城市建设的弹性适应能力，即需要针对特定城市的具体条件确定不同部门设施的建设。

三是可持续发展原则。城市的近短期建设是长期发展的重要组成部分，因此，既要保持建设的相对完整，又要科学预测城市经济远景发展的需要，为远期发展留出余地。城市建设对可持续发展的要求主要体现在资源利用和环境保护两个方面，需要注意土地等资源的节约利用，保护和改善生态环境，防治污染和其他公害，加强城市绿化建设和市容环境卫生建设，保护历史文化遗产、城市传统风貌、地方特色和自然景观，不能片面追求经济效益，以污染环境、破坏生态平衡、影响城市经济的可持续发展为代价。

（三）城市建设经济活动需要处理的关系

城市建设经济活动需要处理好多种关系，主要分为外部关系和内部关系。

城市建设经济活动需要处理的外部关系包括：①城市建设与经济发展之间相互促进、相互制约的关系。一方面，稳定协调的经济发展会扩大社会对城市建设的需要，并为城市建设提供必要的资金保障，促进城市建设快速发展；反之，势必引起城市建设的资金供给匮乏，导致城市建设大起大落。另一方面，城市建设为城市经济的发展提供基础的物质设施条件，是完善城市功能、发挥城市作用的重要手段。②城市建设与经济建设的协调比例关系。城市建设投资规模与经济建设投资规模应该保持一个稳定合理的比例。一般采用城市建设投资与国内生产总值（GDP）之比或城市建设投资与全社会固定资产投资之比来衡量城市建设的投资规模是否合理。③城市建设与区域条件的关系。城市建设不仅要为城市自身的经济发展服务，还要为整个区域的经济发展服务。

城市建设经济活动中需要处理的内部关系包括：①城市建设用地比例关系。它表现在类型划分、总量配置、分配比例、用地标准和空间结构等方面。城市建设需要充分考虑城市生产和生活多方面的需要，根据城市各项活动的特点和要求，综合考虑城市用地承载能力等因素，科学安排城市建设用地的空间结构布局。②不同类型设施之间的关系。某项城市设施建设的成功，不仅取决于该项设施建设本身的完美，还取决于它与其他设施之间良好的配套与衔接。在时序方面，城市设施的协调必须根据城市各项活动的内在联系，科学地确定各类设施建设的先后次序和建设速度。在空间方面，要根据各项建设活动之间的联系频率和联系方式，确定各类设施的空间位置和衔接方式。③同一部门内部各层次设施之间的相互关系。城市经济活动对某类设施的需求是多层次的，各项设施的建设必须根据不同层次需求量的大小来确定高、中、低不同档次的配置比例。城市建设需要把握同一类型设施内部不同档次设施之间的比例关系。

三、城市建设对经济运行的影响

城市建设不仅会对建设地区自身产生经济效益，还会产生一系列外部经济效应，进而对城市经济运行产生深远的影响。从城市经济学的角度分析城市建设，有助于深化理解城市建设对城市经济运行的影响机制，并为城市经济发展政策的制定提供理论支持。具体来说，城市建设对经济运行的影响体现在以下四个方面：

第一，城市建设扩大了市场规模和消费需求。城市通常拥有更大的人口基数和更高的人均收入水平，通过城市建设可以形成更大的消费需求。市场规模和消费需求可以吸引更多的企业投资进入市场，提高经济运行的效率和效益。例如，中国的一线城市拥有庞大的消费市场，吸引了国内外众多企业进驻，推动了国内消费的快速增长。

第二，城市建设可以促进城市经济的发展。城市是经济活动的中心，城市建设的推进可以吸引投资、促进创新和提高生产力。例如，大规模基础设施建设，如高速公路、机场、港口等，有利于降低交通成本、加快货物流通速度，促进城市及周边地区的经济发展。此外，城市建设还包括商业、住宅等地产开发，可提供就业机会，并带动相关行业的发展。

第三，城市建设会对城市空间变革及结构调整产生重要影响。城市建设往往会引起城市产业结构和空间结构的变革，形成产业集聚效应，提高生产效率和经济规模。城市新兴商业区的建设、旧工业区的改造等，会改变城市的产业与空间结构，从而影响城市经济的组织和布局。例如，新兴商业区的建设可能带来商业集群效应，吸引更多的消费者和企业，进一步刺激经济增长。另外，旧工业区可能被改造为创新型产业园区，从而提供更好的研发和创新环境，促进产业升级和经济转型。

第四，城市建设还会对城市经济运行的效率和城市的竞争力产生影响。城市建设往往具有增长极效应，即通过集聚效应和溢出效应促进城市及周边地区的经济增长。城市的发展吸引了更多的人口和资源流入，形成规模经济效应和技术进步效应，提高城市的经济运行效率和竞争力。例如，城市建设项目的人力、物力投入促进了劳动力市场的活跃，有利于提高生产效率。同时，改善城市基础设施、提供优质公共服务等也有助于提高城市的竞争力，吸引更多的人才和企业，进一步推动城市经济的发展。

需要指出的是，城市建设对城市经济的影响并不是一成不变的。它受到多种因素的制约，比如政府政策、经济体制、自然环境等。这些因素会影响城市建设的进度，进而影响城市经济的运行。

资料链接 7-1　中国城市建设转型发展的三个重要问题

作者：王铁宏 来源：微信公众号"颍上城投" 时间：2023-06-05	通过微信扫码在公众号"城市经济学"中阅读	

第二节 城市空间供求与城市开发

一、城市空间需求与城市空间供给

（一）城市空间需求

所谓城市空间需求，是指城市的各类单位和城市居民在生产生活过程中，对城市空间的需求。夏南凯（2003）认为，可以把对城市空间的各类基本需求分为两大类：①市政类，主要指对不以营利为目的的公共设施和市政设施的需求。这些设施中的相当数量由城市政府部门直接管理经营，或由政府补贴进行日常运行，一般不单独进入城市空间开发与房地产市场。这类用地包括政府办公楼、学校、图书馆等教育设施，公园、小游园等公共场所，变电站、自来水厂、污水处理厂等设施。②市场类，主要指对那些以营利为目的的城市空间的需求。这类项目的产权归个人或企业所有，如商品房、标准厂房、企业办公楼、商业楼等。这类城市空间可以单独进入市场进行交换。

城市空间需求的影响因素主要包括三个：①城市生产。城市经济发展往往会吸引大量投资，需要扩大再生产，这就需要增加生产与管理用房，扩大生产场地，由此产生对城市空间的需求。②城市消费。城市消费是城市经济的重要组成部分，它对城市空间的需求具有重要影响。城市消费的特点和规模会直接影响商业活动的开展，进而决定了商业用地、办公用地和居住用地的需求及分布，由此引发对城市土地和空间使用的调整。③城市基础设施的新建与改造。城市的发展和空间的拓展，需要不断建设新的设施，以满足新的需求。随着城市经济的发展、社会服务功能的日益完善和现代技术的更新换代，原有的城市基础设施不再能满足需求，需要对其进行改造，如城市快速交通的建设，桥梁、隧道的建设等。此外，城市环境的改善，如公园绿地、市政设施的建设，都有可能影响空间需求。

（二）城市空间供给

从经济学角度看，城市空间供给主要是市场化的空间供给。夏南凯（2003）认为，微观上的城市空间供给，是指生产者在某一特定时期内，按各种价格在市场上提供的数量，包括新生产的城市空间商品，也包括过去生产的存货；宏观上的城市空间供给，是城市空间总供给，指在某一时期内全社会城市空间供给的总量，包括实物总量和价值总量。

城市空间供给包括现实供给、储备供给和潜在供给三种类型。其中，现实供给是指已经进入流通领域，可随时出售或出租的城市空间产品，其主要部分是土地（使用权）和可交付使用的现房，也包括已经上市的期房；城市空间的储备供给，是指所有者将一部分可以进入市场的城市空间商品或土地（使用权）储备起来，暂不上市，它是所有者主动采取的商业行为形成的供给状态；潜在供给的城市空间，主要是指未来可以提供的土地（使用权）、已经开工和正在建造的，以及已竣工未交付使用等尚未上市的房地产数量。

作为一种特殊的城市空间，土地的供给有其特殊性。土地供给一般分为自然供给和经济供给两大类。自然供给，是自然界实际供给人类利用的各种类型的土地数量。自然供给是无弹性的供给，不受任何人为因素或社会经济因素的影响。经济供给，是在自然供给的基础上，通过投入劳动进行开发，成为人类可直接用于生产、生活的土地供给量。经济供给是动态的、有弹性的供给，也是土地的有效供给。但是，不同用途土地的经济供给弹性存在一定甚至较大的差异。

总体来看，影响或决定城市空间供给的因素是城市经济的发展状况。具体而言，主要涉及四个方面：①房地产价格。在其他条件不变的情况下，供给量随着价格的上升而增加，随着价格的下降而减少。②地价和土地数量。地价上升，意味着开发成本的上升，当地价上涨到消费者难以消化时，开发商就可能减少房地产供给。当然，城市空间供给能力在很大程度上取决于政府出让的土地数量。③开发商的预期。开发商的预期包括对经济发展形势、通货膨胀率的预期，对房价、城市空间需求的预期，对税收政策、产业政策的预期等。④税收政策。政府的税收政策，直接影响着城市空间的供给数量和供给结构。

（三）空间竞争与均衡

城市空间是城市一切经济活动的载体。作为经济活动载体的城市空间资源的有限性、特定阶段发展空间的有限性，以及城市空间具有价值和使用成本的特点，决定了竞争是城市空间的一个基本现象。城市空间的竞争是经济活动主体对其经济活动空间（如市场范围、生产地点、原料地点等）的竞争。

空间竞争的核心实质上是区位竞争。区位的好坏，对公共设施的利用、原料和劳动力的供应、资本积累和创新采纳，乃至生产成本和利润都有十分重要的影响。某一特定的区位只能容纳一项经济活动，在利用上具有独占性，因而其他生产者要获得这一区位，必须通过竞争或者政府的计划和干预才能实现。这方面的典型例子是城市土地利用通过地租调节和土地拍卖、转让、租赁等形式实现。

由于城市经济空间供给者的特殊地位，在实际供给中，可能会出现空间垄断现象。在土地一级市场中，城市政府是城市国有土地所有权的代表人和唯一供给主体，城市政府对城市土地供给具有绝对的垄断权。也就是说，城市土地一级市场是一种垄断性市场。对于构筑物、建筑物，也可能形成空间垄断。空间垄断可能会带来一些问题，需要空间均衡来解决。所谓空间均衡，一般是指根据现有的约束条件，经济主体感到比较满意且无力改变的一种空间配置状态。在区位理论中，各种理想的最优或满意区位模式基本上是在不同均衡条件下出现的空间配置状态。空间均衡是空间营运的最佳状态，通常可以通过城市开发进行调节或短期维持。

二、城市开发及其经济动因

（一）城市开发与城市综合开发

城市开发，是通过有组织的（政府控制）手段对城市空间资源进行安排，以城市土地使用为核心，以城市物业（房屋）、市政基础设施为对象，通过资金和劳动的投入形成与城市功能相适应的城市物质空间，并通过直接提供服务或交换、分配、消费等环节实现一定经济效益、社会效益或环境效益的目标的一种经济性活动。城市开发分为新开发和再开发。新开发是对新市区、市郊接合部、卫星城镇的开发；再开发是对旧城市或大城市的某些区域进行改建、扩建，也称"旧城改造"。

城市综合开发一般指城市建设综合开发，即对准备开发建设的城市用地，统一进行城市基础设施和生产建设项目以及生活服务设施的建设。各种设施和建设项目的建设相互配合、前后衔接，可使城市建设取得较好的综合效益。城市综合开发主要有两种方式：一种是用地开发，即根据城市规划，由市政府统一征地，然后由综合开发企业组织招标发包，承包单位负责勘测、设计、平整土地，修建道路、给水、排水、供电、供气、供热、通信等基础设施工程，开发建设后的用地交付使用单位并收取城市用地综合开发费；另一种是建设开发，即在用地开发基础上，进一步统一建设住宅、公共建筑、园林绿地，以至通用厂房和企事业单位内部的公用设施等，建成后成套出售或出租，并按土地面积和基础设施水平，向使用单位收取综合开发费。

（二）城市开发与城市建设的关系

城市开发是指通过土地利用策略和市场机制来改变城市用地结构和功能分布，以实现土地利用的优化配置和经济效益最大化，进而推动城市经济增长。城市开发包括土地与房地产开发、产业园建设、商业开发等，涉及土地利用、资金投入、市场开拓等多种因素。

城市建设是指对城市进行规划、设计、建设和改造的过程，旨在改善城市的基础设施、绿化环境、公共服务设施等，提高城市的生活质量和居住环境。城市建设包括城市规划、土地开发、道路建设、建筑物建设、公共设施建设等多个方面。

城市开发和城市建设之间存在密切的联系和互动关系。城市建设为城市开发提供物质基础和空间平台，为城市的经济发展和产业吸引力创造条件。城市开发则通过对用地进行优化配置和经营，提高土地的利用效率，为城市建设提供经济支持和资源保障。城市建设需要城市开发的投入和支持，而城市开发的推进和实施需要城市建设的引导和指导。基于这个角度，可以把城市开发理解为城市建设的过程和手段。城市建设的目标是提供优质的城市经济活动环境和公共服务，为居民和企业提供良好的居住和工作条件。城市开发的目标是推动经济发展和创造就业机会。只有城市建设和城市开发相互配合和协调，才能实现城市的全面发展和持续繁荣。

（三）城市开发的经济动因

城市开发的经济动因主要有三个：

第一，解决城市结构和功能的失调。城市形成以后，其结构与功能逐步协调。但城市经济仍处于不断发展之中，城市功能不断创新或生成，城市结构和功能的协调很快会被打破，积累的失调现象越来越多，从而会导致城市经济运行出现各种问题，这些问题无法通过零星的建设来解决。因此，需要通过城市开发调整和重组城市空间，重建城市结构，以达到新的功能和结构的平衡。城市结构与功能的这种"平衡—不平衡—新的平衡"的矛盾运动，是城市发展的常态。从这个角度来看，城市开发是一个历史的范畴。

第二，激活城市要素经济的规划与实现。通过城市开发，能够打造良好的基础设施和交通网络，这些基础设施的完善可以降低生产和交易成本，提高生产效率和市场竞争力，促进产业发展和经济繁荣；城市开发有助于知识和技术的传播与转移，便于形成创新生态系统，推动创新和产业升级，促进技术进步和城市经济发展；城市开发还能吸引高素质的人才，提高创新能力和生产效率，推动城市的经济发展。此外，城市开发还可以提供就业岗位，增加就业机会，解决城市就业问题。

第三，对城市空间经济效益优化利用的追求。城市作为社会经济活动的集约化空间形式，具有聚集经济效益、结构经济效益和规模经济的优势。通过城市开发，可以进一步提升城市聚集经济、结构经济和规模经济等空间经济效益的水平。同时，城市开发有助于实现生产成本的降低、创新能力的提升和信息的快速传播，从而吸引更多的人才、技术和投资。例如，北京、上海、深圳等大城市都因其庞大的市场规模聚集了大量的产业供应链和人才资源，进而成为先进制造业和高端服务业的中心。

三、城市开发的基本模式

（一）以调整城市经济活动功能为主导的旧城开发

所谓旧城，是相对新城或新开发建设的卫星城镇、产业园区等而言的老城区。经过多年的发展，老城区原有的功能已经难以适应现代技术的革新、产业的更新换代和土地使用市场化机制的日益成熟，需要通过旧城开发实现对城市经济活动功能的优化调整。

旧城区的基础设施相对滞后，需要进行改善和提升，包括道路、绿化和公共设施等。优化基础设施有助于提高城市的交通便利性和居住品质，吸引人口、投资和新的产业进入，促进城市的经济发展。旧城区中也存在老旧破败的建筑和城市功能废弃的区域，可以通过拆迁、改建和再利用来提升活力和经济效益。例如，上海市南京东路商业区通过拓宽道路、改善步行环境、翻新老建筑等措施，显著改善了商业面貌，吸引了更多的商家和游客。

旧城区的产业结构往往比较单一和老化，需要进行调整和升级。通过城市开发，提供新的城市空间，可以引进新兴产业、培育创新企业和发展服务业等，从而改变产业结构，提升经济发展的动力与质量。例如，北京市东城区通过优化传统产业结构，引入金融、文化创意和科技等新兴产业，提升了产业结构和经济发展的质量。

一些旧城区拥有较丰富的历史文化和建筑遗产，通过城市开发，可以充分利用既有优势，在保护文化遗产的基础上，开发文化产业和旅游经济。例如，西安市城墙景区通过对城墙、古建筑和文物的保护和修复，开发文化旅游产业，吸引了大量的游客和投资，促进了经济的繁荣和城市形象的提升。

（二）以居住、生态及产业区为主导的边缘区开发

城市边缘区是兼具城市和乡村土地利用性质的城乡过渡地带，是城市地域结构的重要组成部分，是城市建设中最复杂、最富变化的地区，是城市功能和乡村功能互相渗透、社会经济发展十分活跃的地带。

一些大城市，尤其是经济比较发达的东部沿海等地区的城市边缘区，在改革开放以后出现了大量的乡镇企业。随着乡镇企业和城市郊区化的发展，城市边缘区逐步形成一批新的居住区，发展出新的居住功能，环境建设和生态功能需求也越来越凸显，生态开发成为这一区域的主导开发功能之一。

从现实情况来看，城市边缘区开发需要合理建设住宅区，以满足居民的住房需求。可以优化土地利用、建设多样化的住宅和配套设施，提供宜居的居住环境和基础设施，吸引人口流入。当然，边缘区的城市开发需要注重生态保护和可持续发展。可以通过保护自然环境和生态系统、推广低碳生活方式和资源循环利用等措施，实现经济和生态的协同发展。例如，我国海南省三亚市崖州湾生态城项目。崖州湾生态城位于三亚市西北部，被开发建设为集居住、旅游、休闲和生态功能于一体的绿色低碳城市，实现了社会、经济和环境的协同发展。

城市边缘区开发可以引进和发展产业园区，促进经济增长和就业机会的增加，还可以吸引企业入驻，建设高效的基础设施，提供配套服务，形成良好的政策环境，推动产业多样化和创新发展。中国的深圳前海是一个以产业园区为主导的边缘区城市开发案例。在改革开放政策的支持下，前海吸引了大量的高新技术企业和创新创业项目，形成了一个以技术创新为驱动的产业集群，推动了区域与城市经济的发展。

（三）以工业、基础设施及新城为主导的外围区开发

叶昌东（2016）认为，城市外围区域开发的主导功能是工业区、基础设施以及综合性新城。其中，工业区是外围空间开发的主要功能导向，基础设施开发是配合工业区开发而进行的开发建设活动，综合性新城则是城市外围空间开发的目标和结果。

城市外围区通常具有较多的土地资源，且成本相对较低，这使其成为工业发展和产业布局的理想选择。这种开发可以促进经济增长、提供更多的就业机会，并推动区域产业的多元化。例如，广东省东莞市在改革开放初期发展了制造业，形成了以电子、纺织、玩具等为主导的产业集群，不仅带动了东莞市的经济增长，还扩大了就业机会，吸引了大量的外来务工人员。

城市外围区往往需要进行基础设施建设和交通网络拓展，以支持城市的发展。完善的基础设施和便利的交通可以吸引投资和企业进驻，并提高生产效率和市场竞争力。例如，苏州工业园区积极完善交通、供水、供电等基础设施，吸引了大量的国内外投资和跨国公司进驻。

城市外围区可以进行新城区规划和城市扩张，以缓解原有城市的压力和疏解人口。新城区的规划可以注重创新和可持续发展，提供更好的居住、工作和生活环境。例如，天津滨海新区是一个以新城区规划和城市扩张为主导的城市外围区发展案例。该区域规划了经济、技术和生态三大功能区，注重环境保护和生态可持续发展，吸引了大量的企业入驻、居民定居，推动了该地区的城市经济发展。

资料链接7-2　　上海：推动五个新城功能更快集聚

作者：吴丹璐 来源：学习强国：上海学习平台 时间：2023-07-26	通过微信扫码在公众号"城市经济学"中阅读	

第三节　城市空间开发的经济选择

一、城市空间开发的一般原则及范式

（一）城市空间开发的一般原则

2021年，我国"十四五"规划明确指出，"坚定不移贯彻创新、协调、绿色、开放、共享的新发展理念，坚持稳中求进工作总基调，以推动高质量发展为主题""实现经济行稳致远、社会安定和谐，为全面建设社会主义现代化国家开好局、起好步"。我国城市的空间开发，首先应当遵循和贯彻创新、协调、绿色、开放、共享的新发展理念。具体而言，就是在城市开发中，力求不断创新开发模式，积极协调和平衡城市空间开发所涉及的各个领域、各类资源和各方利益，通过采取环境友好型的措施，包括节能减排、生态保护等，确保城市空间开发不会给环境带来负面影响。同时，努力引入更多先进技术和开发理念，增加城市开发领域的合作与交流，推动城市开发的健康快速发展。要让人民群众能够分享城市开发的成果，推动城市社会经济的全面进步和可持续发展。

从经济学角度看，城市空间开发就是在合理规划和布局的基础上，通过开发建设促进城市空间资源配置的最优化，提高城市开发的经济效益，实现城市空间的多元化发展。例如，通过城市开发，合理规划产业布局，将产业集聚在一起，形成专业化、规模化的产业集群，提高经济效益和竞争力。同时，要注意节约用地，适当提高开发强度，避免浪费资源，提高土地利用效率。

城市空间开发还要合理规划和配置基础设施，以提高城市的运行效率和吸引力。通过城市空间开发，可以合理布局道路、公交线路、地铁线路等，建设高效、便捷的交通体系，畅通道路网络、发展公共交通，缓解交通拥堵、提高交通效率，提升水电气等基础设施的供给能力，推动城市的发展和资源的有效利用，促进城市的可持续发展和低碳出行，改善城市环境。上海浦东新区的开发可以作为一个成功的案例。在开发初期，政府通过规划和布局，将浦东新区确定为集金融服务、现代制造、科技创新等于一体的功能区域，吸引了大量的金融机构、高科技企业和人才聚集。浦东新区注重基础设施建设，打造了先进的交通网络、现代化的建筑设施，提供了良好的发展环境。这种基于特定功能区集中发展的城市空间开发策略，有效地促进了上海的经济增长和国际竞争力的提升。

（二）区域协同导向的城市开发

从区域协同发展的角度看，城市高质量开发或区域开发主要有以下四种模式：

第一，增长极开发模式。佩鲁（1955）首次提出增长极的概念。不同产业的增长速度存在差异，其中增长速度较快的是主导产业和创新企业，一般在特定区域或者城市聚集，优先发展，然后向其他地区扩散，形成强大的辐射作用，带动周边地区的发展，这种集聚了主导产业及创新企业的区域和城市就称为"增长极"。增长极理论建立在经济空间基础上，说明区域与城乡发展中生产要素的空间转移效应和规律。

第二，点轴开发模式。点轴开发模式是增长极模式的拓展。从产业发展的空间过程看，产业特别是工业，通常首先集中在少数条件较好的城市，呈点状分布（点轴开发模式中的点）。随着经济的发展，产业的点逐渐增多，点与点之间因生产要素流动需要建立流动通道。通道包括道路、动力供应线、水源供应线等，这就是轴线。轴线一旦建设完成，其两侧地区的生产、生活条件就会得到改善，从而吸引周边人口向轴线两侧集聚，产生新的产业点，点轴贯通，形成点轴系统。在沿海、沿江、沿边、沿主要铁路干线建设开发区及进行城市开发，是复合性的点轴开发模式。与增长极模式不同，点轴开发在空间结构上是点线面结合的地带开发，对区域经济增长的推动作用大于单纯的增长极开发。

第三，网络开发模式。该模式是点轴模式的延伸，是区域空间开发的高级形式。现代区域空间结构通常要满足三个要素：节点、域面和网络。节点指各级各类城镇；域面即节点的吸引范围；网络是指商品、劳动力、技术、资金、信息等各种生产要素的流动网。通过城市开发，强化并延伸已形成的点轴系统，就是网络开发模式。通过增强和深化区域的网络系统，提高区域内各节点间、域面间，特别是节点与域面间生产要素交流的广度、密度，可使"点""线""面"组成一个有机整体，使整个区域得到有效的开发，从而促进本地区经济向一体化方向发展。

第四，梯度开发模式。梯度开发模式有三种形式：梯度不平衡开发、梯度平衡开发、梯度分工与协同开发。梯度不平衡开发是工业化初期常采用的开发模式，强调强者先行，发挥优势。20世纪80年代，我国率先在沿海建立经济特区和各类开发区，然后依次向中西部地区推进。这种地域开发可以看作一种梯度不平衡开发。梯度平衡开发，又称逆梯度开发，强调充分发挥后发优势，利用经济技术的梯度转移与扩散，发展落后地区，缩小落后地区与发达地区的经济差距。梯度分工与协同开发模式承认区域差异，强化了分工与协作，以保持各自特色与区际联系为前提，以达到协同发展的目的。

（三）公共交通导向的城市开发

公交导向型开发（Transit Oriented Development，TOD）是一种基于"交通—土地利用"互动关系的土地开发创新模式（王姣娥等，2007），其概念最早由Calthorpe（1992）提出。任越、汤阳（2023）的界定比较具体，他们认为，TOD模式是指以公共交通为导向的开发模式，通过以轨道交通站点为核心，以约400~800米为半径，进行片区一体化、高密度开发，注重垂直立体空间的高效开发利用，着力打造集商业、商务、居住、生态、公共服务等功能于一体的城市综合体，以实现生产、生活、生态的高度和谐统一，是一种点、面结合的城市发展模式，即"交通枢纽+全业态综合体"。

大容量公共交通、混合型土地开发、宜人的步行环境和高质量的公交服务是TOD区别于城市开发其他模式的重要特点（Cevero et al.，2004）。Dittmar等（2004）通过对不同城市、不同区位的TOD进行研究，得出不同类型TOD的土地混合利用类型、最小的住房密度、住房类型、规模、区域连通性、交通模式、频率等方面的一般结论。目前，国外对TOD的研究主要集中在TOD理念、原则、效益、规划方法以及面临的挑战等方面（王姣娥等，2007）。

在实践方面，我国北京、上海、广州、深圳等城市的TOD模式起步较早，已经实现人文关怀、产业导入、站点与城市生活的融合，放大了基础设施建设带动土地增值进而反哺城市发展的优势。在美国，1995年已有55个TOD实施案例，2002年增加至120个（Bernick et al.，1997；Cervero，2004），这些TOD案例主要围绕城市的轨道交通和通勤铁路车站展开。同时，TOD走廊已经形成，如阿灵顿县的Rosslyn-Ballston发展轴和洛杉矶好莱坞地区的Vermont/Western区（Cervero，2004；王伊丽等，2008）。

由于中外在城市人口密度、混合利用程度以及公交服务等方面的差异，美国的TOD模式并不完全符合中国的国情。在中国采用TOD模式，主要任务不是单方面大幅度提高人口密度和土地开发密度，而是要考虑如何将土地利用与公共交通有机衔接（王姣娥，2013）。据此，王姣娥（2013）认为，符合中国国情的TOD模式的整体框架如图7-1所示。

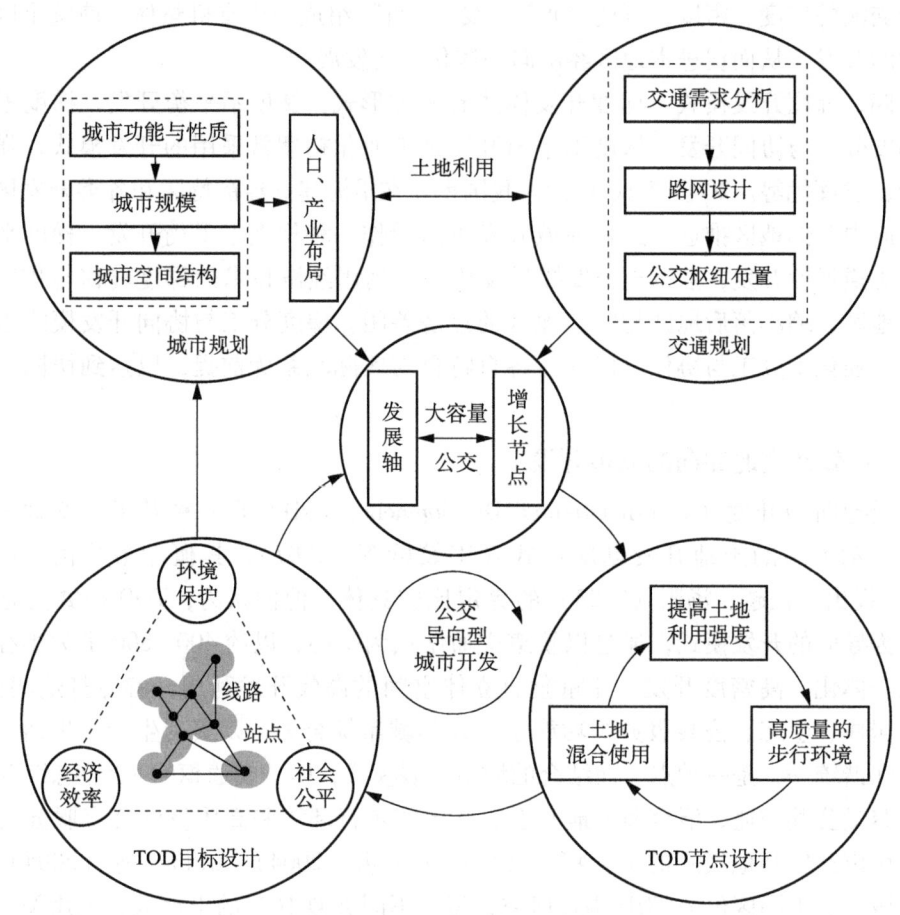

图 7-1　公交导向型城市开发框架示意

资料来源：王姣娥. 公交导向型城市开发机理及模式构建 [J]. 地理科学进展, 2013, 32 (10): 1474.

王姣娥（2013）认为，TOD 开发应重点考虑建立以大容量公共交通为骨架的运输网络，围绕核心站点形成重要交通枢纽和经济节点、建立良好的公交支线"喂给"，并在功能上逐步形成轴辐-网络状城市空间结构。王姣娥（2013）设想的公交导向型城市开发模式如图 7-2 所示。

二、城市土地开发模式与开发边界

城市土地开发的对象，是具有一定开发潜力和开发价值的土地，主要包括土地的后备资源和已开发利用的利用率较低的土地。

（一）城市土地开发的经济目标

城市土地开发的根本目的，是提高城市土地的利用率和增加土地的使用功能。因此，城市土地开发实质上是对城市土地的使用强度及位置进行开发和利用，并取得一定经济效益的经济活动。

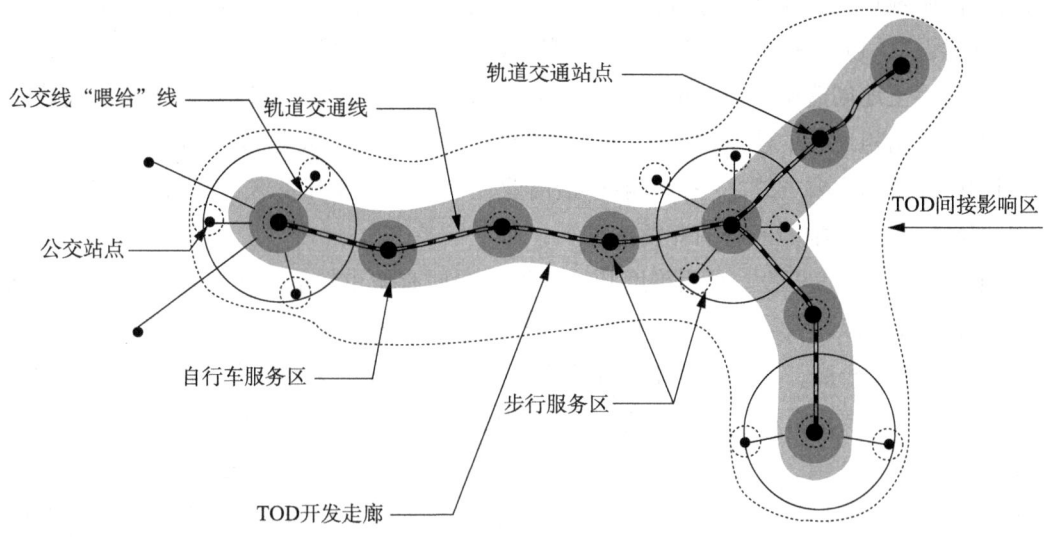

图 7-2 公交导向型城市开发模式

资料来源：王姣娥. 公交导向型城市开发机理及模式构建 [J]. 地理科学进展，2013，32（10）：1474.

城市的性质不同，产业经济结构存在差异，形成条件的差别，空间形态不一，会导致城市土地的配置和开发目标存在较大差异。工业城市和旅游城市，不能简单地以相同的城市用地结构标准来判断其土地开发的合理性。

对城市土地开发经济目标的确定，需要遵循以下六项原则：①与城市的性质和发展方向一致，有利于城市空间结构优化和对外联系；②充分考虑区域社会经济发展趋势，重视城市的核心作用发挥；③以人为本，提高城市宜居性，做好投入-产出分析，保证城市土地开发能够形成资金的良性循环；④充分发挥土地位置的区位优势，注意发挥城市土地的级差效益；⑤重视土地的集约开发，注意节约用地；⑥注意不同用途的兼容性，克服不同土地用途的排斥性，提高土地综合开发的互补性，促进土地资产增值。

（二）城市土地开发的主要模式

从城市土地利用、城市空间发展及土地开发效益看，城市土地开发模式可以分为以下三种：

第一，土地综合开发。土地综合开发又称房地产综合开发，包括土地开发、房屋开发和基础设施开发三部分，是根据城市总体规划和社会经济发展计划要求，选择一定区域内用地，按照"统一规划，统一征地，统一设计，统一施工，统一配套，统一管理"原则，有计划、有步骤地进行开发建设。综合开发主要采用经济办法，将房地产以商品的形式进行生产和销售，其基本特征是集城市土地开发和建设于一体，将房地产作为一个有机整体进行开发建设。

第二，成片区域开发。成片区域开发又称专业性开发，是指在依法取得土地使用权后，依照规划对土地进行综合性开发建设，之后进行房地产经营活动。这里的"综合开发建设"，包括基础设施和各类生产服务设施的建设，目的在于改善投资环境，为投资者使用土地创造条件。这里的"经营活动"，是指在开发建设以后，转让土地使用权，出售或出租地上的建筑物和经营公用事业。成片区域开发已成为城市新城区开发和旧城区改造的主要方式之一，一般包括商业住宅区、工业开发区、高科技产业园区、金融贸易区以及大学园区等的开发建设。

第三，项目梯度开发。项目梯度开发是指依据原有城市功能，适应用地结构的重新组合，利用土地级差效益改变土地低效益利用的一种开发活动。从土地开发布局和调整土地使用功能的角度，项目梯度开发可分为以下三种：①以点连成片，相对集中开发改造。这种开发主要是对那些原有结构不合理、功能不全或已不适合发展需要的旧区进行土地使用性质的调整、改造。②以点带面滚动梯度型开发改造，即先集中对某一地段、地区进行开发改造，提高其使用功能和区位价值，再辐射带动周边地段和地区的开发改造，形成新的、具有较高经济效益的土地利用格局，促进地区经济的发展。③以项目为契机，分片开发改造，即以一个或几个建设项目为中心进行土地开发改造，形成新的商业街、居住区、工业街坊或新兴卫星城，增加城市功能，促进城市经济发展。

城市各种经济活动相互依存、相互作用，决定了城市各功能区并不是界限分明的。每个功能区都占有一定面积，不同功能区在位置、大小方面具有此消彼长的关系，这对城市土地开发与利用提出了不同的需求。在实践中，各种形式的开发一般不能单独进行，而是相互交错、相互联系的。

（三）城市土地开发的边界限制

城市土地开发边界，在国外又称城市增长边界（Urban Growth Boundaries，UGBs）。这一概念最早出现于1945年的大伦敦规划。当时伦敦外围规划了16公里宽的绿带，以控制城市蔓延。美国地方规划中的城市增长边界（UGB）与后来的"精明增长"（Smart Growth）和"新城市主义"等思潮相关。在我国，这一概念通常被称为"城镇开发边界"，通常是指围绕现有城市划出的城市土地和农村土地的法律分界线，是可以或禁止进行城市开发建设区域的空间界限，也就是允许城市建设用地扩展的最大边界。城镇开发边界的划定是为了促进城镇集约发展和防止无序蔓延（赵民、程遥、潘海霞，2020）。

近年来，我国对城镇开发边界进行了严格的管理。2014年7月，住房和城乡建设部、国土资源部联合确定在全国14个城市开展划定城市开发边界试点工作，在试点的基础上，2016年中央城市工作会议后发布当年第6号文件，明确了划定城镇开发边界的意图在于"加强空间开发管制"。2017年，党的十九大报告中明确提出，"完成生态保护红线、永久基本农田、城镇开发边界三条控制线划定工作"。2021年，我国"十四五"规划中明确提出，"强化国土空间规划和用途管控，划定落实生态保护红线、永久基本农田、城镇开发边界以及各类海域保护线"。

城镇开发边界不仅是一条"技术线",还是一条"政策线",是促进城乡空间协调发展的空间治理工具(桑劲、柳朴,2019)。对城市土地开发来说,城镇开发边界是城镇建设不得逾越的控制红线。在时间维度上,城镇开发边界是指本规划期,甚至下一规划期的开发边界(赵民、程遥、潘海霞,2020)。目前,已有多个城市划定了城镇开发边界。城市在进行土地开发过程中,必须严格遵守已经确定和获批的城镇开发边界的规定,不得随意改变;如确需改变,必须按同级国土空间总体规划的调整程序报请原审批机关批准。

三、城市产业园区开发与产城融合

(一)城市产业园区开发的定位

城市产业园区是对产业资源进行有序整合形成的集中化、专业化、规模化的产业聚集区。产业园区对城市产业发展、城乡一体化发挥着强有力的催化、示范和辐射作用,但也出现了一些问题,需要确立新的开发思路和功能定位。近年来,国家及各级政府针对产业园区转型陆续发布了相关文件。2017年,国家发布《关于促进开发区改革和创新发展的若干意见》,明确国家级开发区应遵循"创新、协调、绿色、开放、共享"的发展理念,加快自身转型升级,进一步增强开发区功能优势。国家的规定是对产业园区的总体要求,具体到不同城市不同类型的产业园区,应根据其实际情况,合理确定开发定位。

总的来说,产业园区的开发定位需要注意以下四个方面:一是促进产业的升级和创新。通过开发建设产业园区,可将相关产业、企业集聚在一起,实现资源共享和合作创新。目前,我国很多城市都建设了科技园,吸引了大量创新企业和研发机构,推动了技术进步和产业转型升级。二是发挥产业链优势,形成完整的产业链。通过引进上下游企业,形成了产业链的完整闭环,提高了供应链的效率,降低了交易成本。例如,我国一些汽车产业园通过吸引整车制造商、零部件生产商和服务提供商,形成了完整的汽车产业链,提高了产业的配套能力和国际竞争力。三是培育专业化和差异化的产业集群。通过选择特定的产业领域,并提供专门的基础设施和服务环境,可以吸引相关企业入驻,形成产业集群效应和竞争优势。例如,我国一些服装产业园区通过提供专门的生产设施和供应链服务,吸引了大量服装企业入驻,并形成规模化、专业化的产业集群。四是强化城市间的分工与合作。通过合理规划城市空间,形成不同功能区域的集聚,可以实现城市各部分之间的协同发展。我国一些产业园区通过与周边大学、研究机构和服务机构建立合作关系,提高了创新能力和产业发展水平。

(二)产业园区开发的时序选择

产业园区开发是城市空间开发的一种类型。从经济学视角出发,城市空间开发需要注意开发时序,以获得最佳的经济效益。城市空间开发的时序,是指把空间开发的诸多因素，如开发面积、现金流量与开发的时间序列有机结合起来，在综合评价城市发展进程、现实状况和未来定位基础上，确定不同时期所对应的城市空间立体开发规模和资金投入量，是对空间和现金流量按照时序所做出的安排（夏南凯，2003）。按开发的运作因素划分，城市空间开发的时序可划分为土地开发时序、空间开发时序、运作资金时序等。

《中华人民共和国城乡规划法》（2019年修正）第三十条指出："城市新区的开发和建设，应当合理确定建设规模和时序，充分利用现有市政基础设施和公共服务设施，严格保护自然资源和生态环境，体现地方特色。"作为城市的一种特殊的新区，产业园区的开发也应当科学确定开发时序。

合理的开发时序选择，可以保证城市产业园区开发的顺利进行，进而推动城市经济增长。一般而言，园区开发时序的确定主要受城市发展阶段、政策支持情况（土地优惠政策、税收优惠政策、人才引进政策等）、园区区位交通的通达情况、招商引资的难易程度、园区土地条件的好坏、园区产业的成长性和关联性、产业发展需求和企业需求、园区开发的融资模式，以及开发模式与策略（滚动式开发还是城市经营策略性开发）等因素的影响。开发时序可以是线性的、圆辐射式的，也可以是斑点状的，表现形式有多种，需要在综合考量各种具体情况后进行确定。

（三）产业园区开发中的产城融合

一般而言，产城融合是指产业园区的产业发展与城市功能的融合。有学者认为，"产城融合"是产业园区内部综合要素发展到一定阶段的产物，从产城融合的演变规律来看，产业园区大致要经历"起步—成长—提升—成熟"四个阶段，处于不同发展阶段的产业园区的特征和存在的问题有较大差别，表现在产城关系、主导产业类型、就业人群结构、城市能级等方面。也有学者认为，产城融合意味着产业升级、城市功能强化、产业与城市生活空间的有机融合，营造宜居宜业的城市环境，这正是产业园区开发与发展的目的。产城融合逐渐成为衡量产业园区开发水平的重要标尺。

针对产业园区产城融合的实现路径，国内学者进行了广泛的研究。刘畅等（2012）认为，产城融合应先发展产业，再配套服务设施，最后分步骤、有秩序地推进；唐永伟等（2015）针对产业园区的产业定位、交通组织、配套体系规划、生态保护、实施时序提出产城融合的策略建议；贺传皎等（2018）将产城融合基本单元分为就业圈和生活圈，提出明确基本单元主导功能、适度混合布局就业圈与生活圈、匹配产业与空间成本的建议；徐家明等（2020）从产业与空间协同角度探寻产城融合发展思路，提出整合产业动能、产业转型、功能复合、完善创新和中枢空间、打造生态空间等开发区转型策略；门周生等（2021）认为，产城融合应从优化城市空间布局、城市设施配套体系、生态环境三个方面来实现。

还有学者考虑到产城融合发展的阶段性，提出产城融合还应考虑过程性、动态性。李文彬等（2012）在分析产城融合发展阶段的基础上，指出开发区的产城融合应在判断其发展阶段的基础上提出发展目标；王凯等（2016）针对开发区不同的发展时期提出了针对性的策略；饶曦东等（2021）提出识别主导产业，扶持创新经济，强化城、园、乡互动三个策略建议。

以上学者的研究和观点，对于不同类型城市、不同发展情况产城融合的实现，具有一定的参考价值。

资料链接 7-3 片区开发仍是引领城市发展升级的重要模式

作者：尹福臣 来源：微信公众号"东滩顾问""方升研究" 时间：2020-08-25	通过微信扫码在公众号 "城市经济学"中阅读	

本章小结

人类为创造更好的城市社会经济活动条件而对城市空间所进行的具有高度创造性的建设活动，可称为城市建设。城市建设的经济学本质是为城市配置和提供经济活动的空间资源或场所。城市建设会对城市经济运行产生一系列外部经济效应。因此，在开展城市建设活动中，需要注意三个原则，处理好内外部关系。

城市开发是城市经济运行过程中，城市空间供求和竞争的必然，其经济动因主要体现在解决城市结构和功能的失调、激活城市要素经济以及实现城市空间经济效益优化利用的目标追求。城市旧城、边缘区和外围区的开发，侧重点存在较大不同。

城市空间开发应遵循一般原则。应从区域视角出发选择区域协同导向的城市开发模式，从交通与土地利用互动关系视角出发选择公交导向型的开发模式。对于土地开发，应首先确定开发的经济目标，选择开发模式，注意城镇开发边界的限制；对于产业园区的开发，要在园区开发定位的基础上，注意时序选择，实现产城融合。

关键词：城市建设；城投公司；城市空间需求；城市空间供给；空间均衡；城市开发；增长极；TOD；城市土地开发；城镇开发边界；城市产业园区；产城融合

问题与应用

1. 简述城市建设的含义与经济本质。
2. 简述城市建设活动的经济关系。
3. 试以某城市为例讨论城市建设对城市经济运行的影响。
4. 试以某城市为例论述城市空间供求及其竞争与均衡。

5. 试以某城市为例论述城市开发的经济动因。
6. 试以某城市为例论述城市功能开发的基本模式。
7. 试以某城市为例论述城市开发的一般原则及范式。
8. 试以某城市为例论述城市土地开发模式与开发边界。
9. 试以某城市为例论述城市产业园区开发与产城融合。
10. 阅读资料链接中的资料，并分组进行讨论。

参考文献与推荐阅读

[1] 陈琦. 城市建设、规模扩张与中国城市经济韧性[J]. 当代经济，2023，40（3）：3-11.

[2] 刘修岩，李松林，秦蒙. 开发时滞、市场不确定性与城市蔓延[J]. 经济研究，2016（8）：159-171.

[3] 陈真玲. 基于DEA模型的中国省会城市开发效益分析[J]. 数学的实践与认识，2014，44（16）：73-81.

[4] 王姣娥. 公交导向型城市开发机理及模式构建[J]. 地理科学进展，2013，32（10）：1470-1477.

[5] 林坚，乔治洋，叶子君. 城市开发边界的"划"与"用"——我国14个大城市开发边界划定试点进展分析与思考[J]. 城市规划学刊，2017（2）：37-43.

[6] 赵民，程遥，潘海霞. 论"城镇开发边界"的概念与运作策略——国土空间规划体系下的再探讨[J]. 城市规划，2019，43（11）：31-36.

[7] 叶小群，席加威，侯伟. 基于CiteSpace可视化分析我国城镇开发边界研究热点与趋势[J]. 安徽建筑大学学报，2022，30（1）：34-39，97.

[8] 孟祥宁. 以产城融合促城市高质量发展[J]. 当代广西，2023（7）：42-43.

[9] 杨亚平，许悦靖. 经济技术开发区升格、产城融合与城市创新水平[J]. 科技管理研究，2023，43（14）：241-250.

[10] 邓郴宜，万勇. 长三角产城融合水平测度、时空特征及驱动因素——基于修正后耦合协调度模型的研究[J]. 城市发展研究，2023，30（6）：18-24.

第八章 城市基础设施经济与智慧城市建设经济学

城市基础设施是城市经济运行和空间经济形成的基础。本章介绍了城市基础设施的界定、经济本质、地位与作用，以及城市基础设施供求的影响因素、供求平衡及其实现，探讨了我国的新城建与智慧城市建设经济学。学习本章内容，有助于理解和把握城市建设经济、城市空间结构与空间生产，以及城市的发展与治理经济。

第一节 城市基础设施与城市经济运行

一、基础设施与城市基础设施

（一）基础设施与基础设施经济

设施通常是指为进行某项工作或满足某种需要而建立起来的机构、系统、组织等。基础设施是设施的一种。1994年，世界银行把基础设施定义为"永久性的工程构筑、设备和它们所提供的为居民所用和用于经济生产的服务"，并把基础设施分为经济基础设施和社会基础设施两类。其中，经济基础设施包括交通运输、通信、电力、水利及市政基础设施。除经济基础设施外的其他基础设施为"社会基础设施"，主要包括文教、科研、医疗保健等设施。

1983年，中共中央和国务院在《关于北京城市建设总体规划方案的批复》中，第一次使用"城市基础设施"这一概念。1985年7月，城乡建设环境保护部（自然资源部前身之一）为"城市基础设施"确定了一个定义，即"城市基础设施是既为物质生产又为人民生活提供一般条件的公共设施，是城市赖以生存和发展的基础。"

城市基础设施在城市经济运行中不断发挥着作用。由于基础设施的作用，城市在运行与发展过程中，其要素经济、集聚经济、结构经济以及规模经济得以逐步实现，城市整体的运行成本不断下降、经济效益不断提升，这就是城市基础设施经济。它既是一种城市要素经济，也是城市集聚经济、结构经济以及规模经济形成的物质基础。

（二）城市基础设施的主要分类

1. 狭义和广义的城市基础设施

根据外延的不同，城市基础设施有广义和狭义之分，见表8-1。

表 8-1　根据外延对城市基础设施进行划分

类型		内容
狭义的城市基础设施	公共设施	电力电信、自来水、卫生设备和排污、固体废弃物的收集和处理、管道煤气等
	公共工程	公路、大坝和排灌渠道等水利设施
	其他交通部门	铁路、市内交通、港口、水路以及机场等
广义的城市基础设施		包括狭义的城市基础设施,以及教育、科学、文化、卫生以及行政管理等部门设施,一般不包括能源、原材料等基础工业部门设施

2. 能源动力等六大基础设施

根据承担城市运营功能的不同,城市基础设施可分为六大系统,见表 8-2。

表 8-2　根据承担城市运营功能对城市基础设施进行划分

类型	内容
城市能源系统	电力系统,天然气、石油液化气的供应系统,集中供热系统
城市供排水系统	水资源的开发、利用和管理系统,自来水的生产与供应系统,污水排放及处理系统
城市交通系统	道路与停车设施系统、公共交通系统、快速交通系统等
城市通信系统	邮电设施系统、电信设施系统、电脑网络系统
城市环境系统	环境卫生系统、环境保护系统、园林绿化系统
城市防灾系统	消防系统、防洪系统、抗震及防地沉系统、人防备战系统

3. 非经营、纯经营及准经营基础设施

根据城市基础设施提供的产品和服务的性质不同,可将城市基础设施划分为三种类型,见表 8-3。

表 8-3　根据提供的产品和服务的性质不同对城市基础设施进行划分

类型		内容
经营性基础设施	纯经营性基础设施	市场化收费的设施,如收费高速公路、收费桥梁、收费隧道、废弃物的高收益资源利用厂等
	准经营性基础设施	煤气厂、地铁、轻轨、自来水厂、垃圾焚烧厂等
非经营性基础设施		消防及各种防灾工程、敞开式城市道路、公共绿化等

(三) 城市基础设施的经济本质

从本质上看,基础设施本身就是城市空间资源,或者说,基础设施是城市空间资源的重要组成部分。城市空间不是"真空"的,而是拥有各种自然资源和人工资源的"实体"空间。城市最初就是在已有基础设施的条件下产生的。城市产生以后,基础设施的建设或生产丰富了城市空间的内容。

作为城市空间资源的一部分,基础设施对城市的空间布局,乃至城市空间结构都具有重要的影响。基础设施的布局会影响城市的空间组织和发展方向。例如，基础设施建设可以带动城市的扩张，通过修建地铁线路，可以推动城市的中心与边缘区的发展，并减轻中心城区的压力。公路和铁路网的发展可以改善城市间的联系，促进城市的区域一体化，有利于城市引进所需要的产业，推动城市产业的转型升级，改变城市的产业结构。

总的来说，基础设施是城市空间资源的重要组成部分，对城市经济发展、空间布局和转型具有重要影响。合理的基础设施规划和建设，可以提升城市的生产力、增强城市的竞争力、推动城市的发展。

二、城市基础设施的经济特性

（一）超前性和同步性

城市基础设施的建设必须适当超前。一方面，城市基础设施的建设投资大、建设周期长、工程规模大，而建成后重新调整与扩容较困难。因此，其设计容量与技术水平不仅需要满足城市当前需要，还必须结合城市地区近期、远期的发展规划预留一定的容量。另一方面，基础设施建成后能够长期使用，因此，在建设基础设施之前要进行慎重判断，超前必须以合理规划和对未来经济规模扩张的科学预测为前提，盲目超前、贪大图快会造成不必要的浪费，过于保守又可能使建成的基础设施难以适应快速发展的需要。

城市基础设施的建设必须与其他项目的建设同步进行。如果基础设施提前形成能力，就会导致城市基础设施投资的停滞，并会影响其他投资项目的正常进行。只有城市基础设施和其他建设项目具有同步形成能力，才能使各方面投资创造应有的经济效益。

（二）公共性和两重性

城市基础设施与其他经济部门所提供的产品与服务不同，它往往为整个城市社会的生产与再生产提供物质条件，其服务具有较明显的开放性和公共性，并且常常体现出非竞争性和非排他性的特点。城市基础设施的投资效益和经营成果，主要不是体现经营时获得利润的多少，而是要强调为城市各生产部门提供多少服务，从而提高这些部门的经济效益。城市基础设施的经济效益是间接的，通过其他部门经济效益的提高表现出来。

城市基础设施毫无选择地为城市中的各个部门服务，这就使其服务具有了两重性。所谓城市基础设施服务的两重性，就是说它既为城市的生产部门服务，又为城市居民的生活服务，而且这两种服务很难分开。相关统计表明，城市自来水的70%、城市煤气的50%、城市道路上行驶车辆的70%直接为生产服务。也就是说，自来水的30%、城市煤气的50%、城市道路上行驶车辆的30%用于生活消费。

（三）垄断性和多样性

狭义的城市基础设施的六大系统都具有自然垄断的特征。能源系统中供电、气、热管线网的铺设，邮电通信网络线路的建设，环保系统中垃圾清运场站的建设，防灾系统中防护设施的建设，都需要在初期进行大量投资，整个运营过程中的固定资产投入都占据相当大的比重，而新增用户的边际成本则较小。这种特性决定了要尽可能地扩大服务的规模，以尽可能增加服务的对象，从而相对降低服务成本。

当然，现实中也有很多城市基础设施部门陆续引入了竞争，通常只有少量企业从事产品的生产和服务，并允许一定程度的竞争，经营方式体现出多样性。从实践来看，竞争性的经营方式经常会更有利于城市基础设施部门服务质量的提高。

三、城市基础设施的地位与作用

（一）城市基础设施是城市存在和运行的基础

城市基础设施是城市各种生产要素聚集的物质基础。城市企业和居民必要的生产和生活所需要的能源、交通道路、邮电通信、上下水等都是由城市基础设施供给的。供水和供电设施保障了居民的生活需求和工业生产的顺利进行，交通设施便利了人员和物资的流动，通信设施使信息交流更加便捷。没有一定容量的城市基础设施，城市也就无法存在和发展。

城市基础设施是城市生产和生活最基础的物质条件。随着城市经济社会的社会化和现代化水平的逐步提高，基础设施部门逐步分离出来，形成了独立的产业部门，为城市生产和生活提供最一般的物质条件。城市越发展，城市的基础设施就越重要。

（二）城市基础设施是城市中心地位的物质保证

城市基础设施是城市重要的投资环境，是衡量城市强弱和中心性的重要标志。城市经济发展的规模与基础设施承载力，存在着一定的比例关系。当城市基础设施承载力大于城市发展规模时，城市处于上升时期，发展前景较好；当城市基础设施承载力小于城市经济发展的需求时，城市处于衰落时期，缺乏发展潜力，其中心地位也会受到挑战。

城市始终是一个地区的政治、经济和社会文化中心，城市间的区别主要在于等级规模、作用范围等的不同。城市对周围地区作用的大小，主要看它对周围地区的辐射力和吸引力的大小。城市对周围地区辐射力和吸引力的大小，主要取决于其基础设施状况和水平。城市基础设施状况，主要取决于城市基础设施的完善程度、现代化水平以及功能的强弱。一般来说，城市越大，其基础设施越完善、现代化水平越高。

（三）城市基础设施是城市经济社会发展的支撑

早期对基础设施作用的研究，就已发现城市基础设施能够促进城市的专业化分工、降低城市企业的生产成本、扩大市场需求、提高城市生产效率，以及促进城市经济增长与发展等。后来，学者们研究发现，城市基础设施对城市社会发展也发挥着重要的作用，例如，可以缓和失业、减轻贫困、促进社会均等分配、改善居民的生活水平、提高社会福利、推动社会进步等，对保护城市的公共卫生、减少城市环境污染、改善城市环境质量等也发挥着重要作用。

随着以交通基础设施为主体的城市基础设施建设在各地如火如荼地展开，基础设施建设与城市经济增长间的关系日益受到学者们的关注。例如，学者们研究发现，城市机场规模能够影响一个城市的公司数量、人口规模、就业率和当地GDP等；高铁开通能够促进城市经济增长以及对邻近城市经济增长存在空间溢出效应，促使经济要素向不发达区域集聚（Sheard，2019；刘勇政、李岩，2017；李红昌等，2016）。

资料链接 8-1　基础设施建设与城市经济增长的关系分析

作者：智投智库 来源：微信公众号"投条汇" 时间：2019-04-04	通过微信扫码在公众号 "城市经济学"中阅读	

第二节　城市基础设施的供求与建设经济

一、城市基础设施的供求及其平衡

（一）城市基础设施的供给与需求

城市基础设施的供给和需求，是指城市发展过程中基础设施的建设与使用。具体来说，城市基础设施的供给，是指城市为满足居民和城市经济活动的需求而提供的各种基础设施；而城市基础设施的需求，则是指城市居民和城市经济活动对基础设施的需求量和质量。

在城市基础设施供给和需求的关系中，供给通常占据主导地位。这与基础设施投资巨大、基础设施的不同作用、需要有关方面统筹考虑其空间布局和类别等有关。一般而言，具有纯公共物品性质的非经营性城市基础设施的供给主要由城市政府的公共支出水平决定。也就是说，这类城市基础设施由于具有投资大、无排他性和无竞争性、公益性强等特点，主要由城市政府投资、建设和管理。具有准公共物品性质的准经营性城市基础设施，既受公共支出制约，又受消费者的消费需求制约。这类城市基础设施的供求一方面由城市政府公共支出决定，另一方面由私人供给部门的供给能力和消费者的消费水平决定。

与此相适应，在市场经济条件下，城市基础设施供给模式主要有四种：第一种，由城市政府投资与经营管理的公办公营模式。该模式由城市政府使用财政资金直接建设与管理，或城市政府设立相应的企业、事业机构用城市财政资金投资建设，向城市供给基础设施。例如，城市垃圾处理设施、环境工程设施、城市排水设施、部分隧道工程设施等的供给。第二种，由城市政府投资建设、由法人团体等机构经营的公办民（商）营模式。这种模式是由城市政府投资建设，或城市政府的企业拥有全部或部分股权，然后按照商业化即市场化的方式经营，或者由法人团体以商业化的形式经营。例如，城市地铁和轻轨、天然气管道的建设和供给等。第三种，城市基础设施的专利经营模式，就是在城市政府监管下，由私人资本通过招投标方式，取得城市政府特许的专利经营权，从事某项城市基础设施的生产与供给。目前，世界上以这种方式供给的城市基础设施主要是公共汽车、电车、缆车、渡轮、电话电报、电力等城市基础设施。第四种，城市基础设施的私营模式。这种模式是把某些城市基础设施的生产和供给，完全交给一些私人机构投资经营。这类城市基础设施的收费标准，完全由市场供求关系和竞争情况调节，不必经由政府批准。总体来看，这类城市基础设施属于准公共物品，具有排他性或非竞争性。

（二）城市基础设施供求的影响因素

城市基础设施的供求主要受到以下四方面因素的影响：

一是城市性质和规模等级。重工业城市、轻工业城市、旅游城市、贸易城市、政治城市等性质与功能不同的城市，所需要的基础设施的种类和数量各不相同。工业城市的基础设施，首先要保证工业发展的需要；旅游城市则首先要保证城市环境的优美、旅游设施的完善；经济中心、政治中心、文化中心、贸易中心等不同性质的城市，对基础设施供给与需求的性质、数量等的要求也有明显差别；超大城市、特大城市、中型城市以及中小城市，由于城市的等级不同，对城市基础设施的种类、数量、质量的要求也不同。

二是城市经济发展和产业结构。城市经济发展水平和产业结构决定了基础设施需求的规模和类型。一个城市的经济发展水平越高，就越要求有完善的城市基础设施为经济发展和城市生活服务。不同的产业结构，对城市基础设施的需求也不相同。例如，高科技产业的发展会对通信和信息技术设施的需求增加产生影响，工业发展和城市化则会对水、电、燃气等能源供应设施以及工业用地、仓储物流设施的需求产生影响。

三是政府干预和投资政策。政府干预和投资政策对城市基础设施供求具有重要影响。政府在基础设施建设上的投资和支持政策，将直接影响供应侧的能力；政府在环境保护和可持续发展领域的政策，能够限制和规范城市基础设施的建设和使用。例如，在交通领域，低碳出行、公共交通和非机动交通的发展需要对交通设施进行重组和优化；在能源领域，可再生能源的推广要求对能源供应设施进行调整和改造。显然，环境保护和可持续发展要求也是影响城市基础设施供求的重要因素。

四是土地利用结构和区域协同规划。城市土地利用结构对基础设施供求也有影响。

不同的土地利用方式（如住宅区、商业区、工业区）和利用结构对基础设施的需要也不同。城市规划可以通过合理布局和优化土地利用，缓解基础设施供需矛盾。例如，在城市更新和土地综合开发中，规划新的交通枢纽和公共设施，提高其可达性。区域协同规划会直接或间接影响城市空间结构与产业结构，甚至因为基础设施的共享而改变某些设施的供求。

总之，城市基础设施供求的影响因素是一个复杂的系统，涉及人口、经济、产业、土地利用等多个方面。科学合理的政策和规划，可以促进城市基础设施的发展和供求的平衡，提高城市企业的生产效率和城市居民的生活质量，推动城市经济的繁荣发展。

（三）城市基础设施的供求平衡

城市基础设施的供给与需求，必须相辅相成、相互适应、均衡发展。当城市基础设施供给不足时，可能会导致供需缺口，使城市居民和经济活动受到限制；而当城市基础设施供给过剩时，就会造成城市基础设施资源的浪费和成本上升。因此，城市基础设施的建设与供给需要综合考虑供求关系，以实现综合空间经济效益和城市的可持续发展。为保障城市基础设施的供求平衡，必须处理好以下三种关系：

一是城市基础设施建设与城市基础设施需求的平衡。城市基础设施建设需要一定的时间，因此必须预测好城市对基础设施需求的时间，使城市基础设施建设在时间、数量、质量等方面有一定的超前，既要防止城市基础设施的闲置和浪费，也要避免出现城市基础设施供不应求的状况。

二是城市基础设施供求总量与结构的平衡。城市基础设施供给与需求总量必须平衡，城市才能协调发展。不同城市基础设施发挥的作用不同，城市生产和生活对不同基础设施的需求也不同。即使对同一类基础设施，在不同的时间，需求也不尽相同。因此，城市政府必须根据基础设施的需求结构，适时调节城市基础设施的供给，力求供求结构平衡。

三是替代关系与城市基础设施的供给平衡。有些城市基础设施的使用价值具有相互替代的关系，如城市道路交通与通信、城市电能与城市燃气。城市政府应当根据城市基础设施资源情况，做好调配，力求达到供求平衡。

为了实现城市基础设施的供求平衡，可以建立和实施相应的基础设施政策。例如，基础设施投资建设融资政策、基础设施有偿使用或消费政策、合理的收费（价格）政策、科学的财政金融政策等。

二、城市基础设施建设的市场化

（一）理论依据和现实需求

城市基础设施市场化，是指把城市基础设施建设作为一项产业，引入市场机制，通过市场竞争建设城市基础设施。城市基础设施市场化的理论依据是基础设施的自然垄断性。

自然垄断是指在特定产业中，由于高技术门槛、大量的资本投入或其他原因，只有一家或少数几家企业能在市场上生存并提供服务，形成的一种市场竞争的限制。自然垄断性是指由于存在资源稀缺性、规模经济效益以及范围经济效益，当一种产品或服务的生产全部交给一家或少数几家垄断企业经营时，对全社会来说总成本最低的特性。

城市基础设施作为"准公共物品"，兼具公益性、垄断性、收费性和竞争性。公益性与垄断性决定了公众对基础设施消费不具有竞争性和排斥性；而收费性与竞争性决定了基础设施的建设可以融入市场性，可以采取收费形式来弥补其成本并获得利润，这也是城市基础设施建设市场化的理论要求。

在实践中，随着科技水平和市场规模的迅速提高，自然垄断行业的垄断性逐渐降低。替代技术的出现促使行业进一步细分并出现了竞争，如电信业等。因此，过去长期被视为公共物品的城市基础设施已成为准公共物品或准私人物品。1994年，世界银行在《为发展提供基础设施》报告中指出，具有以下三个特点的基础设施可以进行商业运营：①对提供服务有明确的、连贯的目的性；②拥有经营自主权，管理者和雇员都对经营效果承担责任；③享有财务上的独立性。由此可见，城市基础设施中的准公共物品和服务，可以分别由公有公营、私有私营、公有私营、用户和社区自助等不同的实体来经营。城市建设本身具备市场化的基础，缓解了一些建设资金短缺的燃眉之急。因此，进一步加快基础设施建设的市场化势在必行。

2022年7月颁布的《"十四五"全国城市基础设施建设规划》明确提出："加快推进市政公用事业竞争性环节市场化改革，进一步放开水、电、气、热经营服务市场准入限制。在城市基础设施领域要素获取、准入许可、经营运行、政府采购和招投标等方面，推动各类市场主体公平参与。推动向规模化、集约化、跨地区经营方向发展，促进行业提质增效。深化市政公用事业价格机制改革，加快完善价格形成机制。逐步建立健全城市水、电、气、热等领域上下游价格联动机制，建立健全价格动态调整机制。强化落实污水处理费动态调整机制，加快构建覆盖成本并合理盈利的城市固体废弃物处理收费机制。清晰界定政府、企业和用户的权利义务，建立健全公用事业和公益性服务财政投入与价格调整相协调机制，满足多元化发展需要。"这是我国从国家视角对城市基础设施市场化提出的要求。

（二）建设体制与特许经营制度

从20世纪80年代强调公用设施建设是城市政府的主要职能到收取桥梁道路通过费、施行"贷款建设、收费还贷"的基础设施建设模式，从20世纪90年代加快城市基础设施建设投融资体制市场化改革到2001年允许和鼓励民间资本进入城市基础设施建设领域，我国城市基础设施建设体制发生了重大变化。目前，我国的电信、燃气、热力、给排水等领域已经对外资开放，特许经营成为城市基础设施经营的主要形式。

城市基础设施的特许经营，是指在市政公用行业中，由政府授予企业在一定时间和范围对某项基础设施使用和服务进行经营的权利，即特许经营权。政府通过合同协议或其他方式明确与获得特许经营权企业之间的权利和义务。中国现实行特许经营的范围包括城市供水、供气、供热、污水处理、垃圾处理及公共交通等行业，初步形成了中国特色的城市基础设施建设体制和特许经营制度，具体包括：①鼓励社会资金、外国资本通过多种形式参与市政公用设施的建设，形成多元化的投资结构。②允许跨地区、跨行业参与市政公用企业经营。③通过招标发包方式选择市政设施、园林绿化、环境卫生等日常养护作业单位或承包单位。

（三）城市基础设施投融资模式

我国城市基础设施传统投融资模式主要是财政投资和国内外贷款。近年来，我国城市不断探索投融资模式。《"十四五"全国城市基础设施建设规划》总结了相关模式，明确提出要多渠道筹措资金，"创新资金投入方式和运行机制，推进基础设施各类资金整合和统筹使用。鼓励各类金融机构在依法合规和风险可控前提下，加大对城市基础设施建设项目的信贷支持力度。区别相关建设项目的经营性与非经营性属性，建立政府与社会资本风险分担、收益共享的合作机制，采取多种形式，规范有序推进政府和社会资本合作（PPP）。推动基础设施领域不动产投资信托基金（REITs）健康发展，盘活城市基础设施存量资产"。

从现实情况来看，我国城市基础设施领域主要的投融资模式包括以下四种：

一是市政债券融资。市政债券是地方政府及其代理机构或授权机构发行的一种债券。市政债券在发达国家已有100多年的历史，以美国、日本、德国为主要代表。目前，我国也有具有一定市政债券性质的券种，较典型的有上海浦东发展建设债券、重庆城建重点债券和广州地铁建设债券等。

二是PPP（Public-Private-Partnership）融资，又称公私伙伴关系或公私合营，是指政府与社会资本为了提供某种公共物品和服务，以特许权协议为基础，彼此之间形成的一种伙伴式的合作关系，并通过签署合同来明确双方的权利和义务，以确保合作的顺利完成，最终使合作各方达到比预期单独行动更为有利的结果。PPP项目运作方式主要包括建设—运营—移交（Build-Operate-Transfer, BOT）、建设—拥有—运营（Build-Own-Operate, BOO）、转让—运营—移交（Transfer-Operate-Transfer, TOT）和建设—移交—运营（Build-Transfer-Operate, BTO）等。

三是不动产投资信托基金（Real Estate Investment Trust, REITs）。它是由专业管理机构以发行股票或基金的方式向投资者募集资金，投资于不动产领域，并将投资收益按份额分配给投资者的金融产品。REITs投资于基础设施领域的底层资产包括两类：一是特许经营权类资产，如高速公路、石油天然气管道等，收益来源主要是运营与收费权；二是产权类资产，如产业园区、仓储物流等，收益来源主要是租金、物业管理费、停车收费等。2020年4月30日，中国证监会和国家发展改革委联合发布《关于推进基础设施领域不动产投资信托基金（REITs）试点相关工作的通知》（证监发〔2020〕40号），允许发行以盈利的基础设施项目为支撑的不动产投资信托基金，可在二级市场公开交易。截至2023年3月26日，我国公募REITs基金共27个标的，募集资金达908.92亿元。已发行的REITs基金，以产业园区、高速公路资产类型数量最多。

四是资源融资。资源融资主要包括土地资源融资和整合资源融资。土地资源融资，是指地方政府根据国家有关法律规定，对可利用的土地资源进行规划开发、有偿使用、公开挂牌交易的一种新型融资模式。我国运用土地资源融资模式成功的案例主要包括：长江隧道桥工程的土地储备与投融资相结合的模式，广东省土地市场运作的融资模式，浙江省工业用地招、拍、挂出让的融资模式等。整合资源融资，是指地方政府利用当地的自然资源进行优化配置，同时借助外部力量多方进行整合的一种新型融资模式。基础设施建设领域的资源整合融资，重点是路网、港口、物流整合资源，加上陆桥收费站的撤并和邮电整合资源，形成运送快捷、转接方便、集散顺畅的交通运输体系，为经济发展提供低成本、高效率的物流服务。我国整合资源融资模式成功的案例主要包括：山东半岛区域一体化优势元素整合案例、沿东陇海整合资源案例、许昌市的两种资源整合案例等。

三、城市基础设施的空间布局经济

（一）城市基础设施建设的空间经济

《"十四五"全国城市基础设施建设规划》指出，"十三五"期间，我国"城市基础设施建设与改造工作稳步推进，设施能力与服务水平不断提高，城市综合承载能力逐渐增强，城市人居环境显著改善，人民生活品质不断提升。同时，城市基础设施领域发展不平衡、不充分问题仍然突出，体系化水平、设施运行效率和效益有待提高，安全韧性不足，这些问题已成为制约城市基础设施高质量发展的瓶颈"。这些内容既阐述了我国城市基础设施建设的成就，也指出了我国城市基础设施建设的空间经济问题。

城市基础设施的本质，虽然表明了城市基础设施建设需要对产业选择和城市经济发展的导向作用，但在具体建设过程中，受各种因素的影响，不少城市的基础设施建设布局存在发展不平衡的问题。例如，超、特大城市与中小城市、周边农村地区的基础设施在时空上呈现明显的分布不均状态，城市内部区域的公共服务设施供给能力的空间分布也严重失衡，部分城市中心区集聚了过多的高水平医院、重点中学或其他文化娱乐设施，使得有特定需求的人口向某一区域过度集聚[1]，导致诸多城市病的发生，如交通拥堵、房价过高、环境污染等，进而使得城市基础设施的导向作用发生偏移，产生城市空间不经济的现象，不利于城市空间的经济利用和城市空间结构的优化。

---

① 陆军. 城市治理：重塑我们向往的发展[M]. 北京：北京大学出版社，2020：5.

城市基础设施的空间经济效益体现在它对城市的区域条件、承载能力等的影响上。规模化和系统化的基础设施建设，能够明显改变一个地域的区位可达性和便利性，并因此为处于该地的经济活动和居民带来明显的正外部性，从而改变了这些地方在有关经济活动和居民择居过程中的地位。城市基础设施的供给能力，也直接关系到所在地区的承载能力。更多的居民和经济活动的集聚，势必需要更大规模基础设施的供给来确保各项活动的正常运转。当然，并非有充足的基础设施，就必然有相应的城市区位变化。目前，很多地方希望通过充足的基础设施供给来吸引更多的发展资源以促进地方的发展，然而盲目地过快过多供给，反而可能使地方背负过于沉重的财政压力，影响地方经济的快速发展。

（二）城市基础设施建设的布局选择

《"十四五"全国城市基础设施建设规划》中明确指出，在城市基础设施建设中，要"统筹做好城市基础设施建设系统协调工作，科学确定各类基础设施的规模和布局，针对不同城市资源禀赋，因地制宜推进城市基础设施建设，加强区域之间、城市群之间、城乡之间基础设施共建共享，提高设施使用效率""推动区域重大基础设施互联互通，促进城乡基础设施一体化发展、完善社区配套基础设施，打通城市建设管理'最后一公里'，保障居民享有完善的基础设施配套服务体系""加强城市基础设施建设规划的统筹引领作用，科学确定目标指标，着力实现城市基础设施全领域系统推进和关键领域关键环节突破相结合，量力而行、尽力而为，加快推进设施建设补短板，不断增强城市承载能力"。

《"十四五"全国城市基础设施建设规划》的上述内容，事实上已经说明了未来我国城市基础设施建设的布局选择原则："系统协调，开放共享""科学统筹，补足短板"。从城市基础设施建设的经济学视角来看，合理的城市基础设施建设布局应该能够促进城市经济的发展，与城市的产业结构和发展战略相匹配，以提高城市的吸引力和竞争力。例如，一个以制造业为主的城市，应该合理布局工业园区和交通网络，以支持企业的生产和物流需求，提高产业链的效率和成本优势。此外，城市的商业区也需要便利的交通、公共设施和商业配套来吸引消费者和投资者，促进商业发展。

合理的城市基础设施建设布局还应该有助于实现资源的优化配置和空间的高效利用。城市空间有限，各种基础设施需要尽可能合理地布局和利用，以满足人们对城市服务的需求。例如：交通基础设施的合理布局可以缓解交通拥堵、提高交通效率；公共设施（如医院、学校、公园等）的布局要考虑人口分布和社会需求，以实现公共资源的均衡分配和利用。

（三）城市基础设施建设的空间规划

城市能正常地进行生产、生活等各项经济社会活动，有赖于城市基础设施的保障，基础设施建设也能积极引导城市健康发展。科学合理的基础设施规划对城市发展有积极的影响，因此，也必然是城市空间规划的重点关注和引导领域。城市基础设施规划一般可以分为城市交通系统规划、给水工程规划、排水工程规划、供电工程规划、燃气工程规划、供热工程规划、通信工程规划、综合防灾规划、城市工程管线综合规划等多个子系统规划。

为了提升城市基础设施建设布局的空间经济效益，需要破除基础设施子系统间的分割，树立运用基础设施带动、引导城市发展的战略思维，即根据城市整体发展的需要和现实可能，整合基础设施的建设，并通过适度超前的建设，加快城市建设的整体发展进程。要综合考虑城市的发展目标、人口需求和生态环境建设要求，通过深入了解城市的需求和问题，综合考虑各种因素来制订合理的规划方案。例如，一个可持续发展的城市需要考虑交通拥堵问题，因此，可以采取工作地点和居住地点相对接近的策略，以减少通勤需求。

总而言之，城市基础设施的合理布局规划需要从城市经济学、城市规划学和城市管理学等角度进行综合考虑。只有在满足经济发展、资源利用和社会需求的基础上，才能实现城市基础设施建设的可持续发展，进而优化城市空间资源的经济利用。

资料链接 8-2　北京市关于加快建设全球数字经济标杆城市的实施方案

作者：北京市人民政府办公厅 来源：北京市人民政府办公厅官网 时间：2021-07-30	通过微信扫码在公众号"城市经济学"中阅读	

第三节　智慧城市建设与新城建经济学

一、智慧城市与新型基础设施建设

（一）智慧城市及其经济学意义

智慧城市（Smart City）源于数字城市（Digital City）。一般认为，数字城市是指在城市基础设施、公共服务、治理体系等方面运用先进的数字化技术，使城市运行更加高效、便捷、智能的城市形态。数字城市强调信息化、智能化的城市运营，以及民众便利、生活舒适、城市环保等方面的优化。

伴随互联网和移动技术的融合与创新发展，2009 年之后，数字城市的概念逐渐被智慧城市所替代（傅荣校，2019）。所谓智慧城市，通常是指在城市规划、设计、建设、管理与运营等领域，通过物联网、云计算、大数据、空间地理信息集成等智能计算技术的应用，使城市运行与管理的关键基础设施组件和服务更高效，能够自主感知、广泛互联、高度智能的城市形态。IBM公司的《智慧的城市在中国》白皮书中指出，智慧城市有四个基本特征，即全面物联、充分整合、激励创新和协同运作。

智慧城市也是基于数字化技术的城市模式，但它与数字城市有所不同。数字城市更加注重数字技术的应用，旨在优化城市经济、社会和环境，从而推进城市智能化；而智慧城市更加注重城市整体功能，包括基础设施、公共服务、城市治理体系、产业发展等多方面的智能化转型发展，旨在促进城市的和谐和提高城市的创新力、生产力和可持续性。

智慧城市通过利用先进的信息通信技术，实现空间资源的高效利用，促进城市数字经济的发展。可以说，智慧城市就是城市空间智慧化的城市。城市智慧基础设施系统，能够提高城市空间资源的利用效率，提升城市经济运行效率，降低城市运行成本，从而提升城市空间资源的价值。例如，智能交通系统可以更好地解决交通拥堵问题，减少交通时间和能源消耗，提高城市交通空间的利用效率。

（二）新型基础设施建设及其界定

2020年8月，住房和城乡建设部会同中央网络安全和信息化委员会办公室、科学技术部、工业和信息化部、人力资源和社会保障部、商务部、中国银行保险监督管理委员会印发《关于加快推进新型城市基础设施建设的指导意见》（建改发〔2020〕73号，简称"73号文"），旨在加快推进基于数字化、网络化、智能化的新型城市基础建设，以"新城建"对接"新基建"，提高城市承载能力和管理服务水平，引领城市转型升级。

73号文中的"新基建"，即新型基础设施建设的简称，主要包括5G基站建设、特高压、城际高速铁路和城市轨道交通、新能源汽车充电桩、大数据中心、人工智能、工业互联网七大领域，涉及多个产业链，以信息网络为基础，面向高质量发展需要，提供数字转型、智能升级、融合创新等服务的基础设施体系。"新城建"是新型城市基础设施建设的简称，是指以技术创新驱动为核心，以信息网络应用为基础，数字化、网络化、智能化的新型城市基础设施建设。

新城建更侧重于城市建设，可以视作特定领域的新基建，其任务在于重点推进城市信息模型（CIM）平台建设，实施智能化市政基础设施建设和改造，协同发展智慧城市与智能网联汽车，加快推进智慧社区建设，推动智能建造与建筑工业化协同发展，以及推进城市综合管理服务平台建设等。概括而言，它包括两大内容：一是新建信息化城市基础设施；二是为传统城市基础设施的信息化更新赋能。

2022年3月公布的《中共中央关于制定国民经济和社会发展第十四个五年规划和2035年远景目标的建议》，对"统筹推进基础设施建设"和"推进新型城市建设"做出战略性部署，要求统筹推进传统基础设施和新型基础设施建设，打造系统完备、高效实用、智能绿色、安全可靠的现代化基础设施体系。围绕强化数字转型、智能升级、融合创新支持，布局建设信息基础设施、融合基础设施、创新基础设施等新型基础设施。新型基础设施的建设一方面能够深化在各个产业领域的融合应用,提高各个产业的质量和效益;另一方面能够促进经济增长,形成发展新动能。随着交通和能源领域投资的相对饱和,新型基础设施的建设对于促进经济增长、调整经济结构等都具有重要的意义(魏玉祺,2021)。

(三)新城建与智慧城市建设的关系

新型城市基础设施建设与智慧城市建设关系密切。具体来说,两者的关系主要体现在以下三个方面:

第一,新型城市基础设施建设为智慧城市提供物质基础。城市基础设施是城市的构成部分,城市正常运行和发展无法离开基础设施。在新型城市基础设施建设中,可以融入先进的信息和通信技术,为智慧城市的建设奠定基础。例如,建设高速公路、地铁、快速公交等交通基础设施时,可以引入智慧交通系统,提高城市交通的效率和安全性。

第二,智慧城市建设可以提升城市基础设施的效能和经济效益。通过将信息和通信技术应用于基础设施管理和运行中,可以实现基础设施的智能化、自动化和高效化。例如,智慧能源系统可以实现能源的智能监控和调度,优化能源使用和供应,提高能源利用效率。智慧城市的应用,可以提高基础设施的运行效率,降低成本,并提供更好的服务。

第三,新型城市基础设施建设和智慧城市建设相互促进,能够形成良性循环。新型城市基础设施建设为智慧城市的发展提供了支撑,而智慧城市建设可以进一步促进城市基础设施的升级和改善。这种相互作用有助于推动城市的发展和经济效益的提升。

二、智慧城市建设的经济学分析

智慧城市的发展符合城市经济运行规律,科技驱动促进了城市空间格局和城市产业结构的变革,数字化转型为城市发展提供了新的机遇。

(一)智慧城市建设对城市空间结构的影响

城市空间是传统和新型基础设施的载体。随着信息技术引发的基础设施全面升级,以及智慧城市的建设,城市空间组织与结构都发生了重大变化。

第一,智慧城市推动了城市空间向复合化和多元化的方式转变。一是工作和居住功能的兼容。家庭办公、远程会议和协助办公等形式,让社区不仅是居住和休闲娱乐的地方,还是理想的工作场所。二是城市公共服务业通过信息化、分散化,实现了与生活空间的融合。医疗、教育服务等都呈现出分散化趋势,居住空间和公共服务空间的界限日益模糊。三是休憩空间的多元性和一体化。新技术创新了人们的休闲娱乐方式,引发休憩空间的转变。商业空间、文化空间以及城市广场和绿化空间等不断向体验性、丰富性、多元化的方向发展。

第二,城市空间结构将由工业时代的圈层式向网络化与多中心化发展。智慧城市和新型城市基础设施建设,促进了实体基础设施与信息基础设施的融合,城市功能分区明确的圈层式结构可能逐步被打破。一方面,原来彼此分离的城市功能区出现融合发展的趋势;另一方面,城市分散化的生产和生活空间被信息网络有机黏合起来,形成多功能的城市节点,城市内部网络化的特征也日益明显。部分城市网络节点凭借智力资源和基础设施等优势,成为城市信息、资本和人才等要素的重要枢纽,可能进一步发育为城市综合型中心,甚至是城市次中心。各功能组团也通过交通和信息网络的联系,共同推动城市向多中心化发展。

第三,城市关系和职能的转变推动了世界城市网络的形成。智慧城市建设让城市间的要素流动更加广泛与频繁,打破了过去城市与城市、城市与区域间孤立、分散的个体存在形式。城市之间的联系不再以工业时代中单一的等级结构关系为主导,而是以网络的形式存在。城市成为网络系统中的节点,其地位与作用不仅取决于控制型资源的规模与经济实力,还取决于它与其他节点的连续性,扁平化的新型城市体系正在孕育当中。在这种空间组织下,城市的流通与服务职能更受关注,处于枢纽位置或信息节点的城市,容易获得竞争优势,成为全球或区域级城市,指挥和控制腹地经济活动。而远离信息网络的城市,容易走向衰弱,形成新的核心-边缘结构[①]。杰瑟普(Jessop,2000)将信息化带来的变化与全球化带来的影响分别称为"时空压缩"(Time-space Compression)和"时空远距化"(Time-space Distantiation),非常形象地反映出信息化乃至智慧城市建设对城市空间结构的影响。

(二)智慧城市建设对城市产业结构的影响

智慧城市发展需要应对一系列经济层面的挑战,同时也为经济发展带来了深层次的改变。新技术的不断更新迭代,促进了城市产业结构转型。20世纪以来,城市经济正大步跨入数字经济时代,智慧城市建设可以发挥技术效应和结构效应,以促进数字经济发展。

第一,智慧城市建设深度应用数字技术,为城市数字经济的发展夯实了基础设施基础。信息基础设施、智慧城市建设重点建设了城市的物联网、人工智能、大数据、区块链以及5G等数字基础设施,其本质就是数字经济。数字经济更加依赖人才和技术,智慧城市建设推动了城市产业结构向数字经济的转型和发展。

第二,智慧城市建设中的新型城市基础设施建设为数字技术的应用场景提供了契机,进而促进产业数字化和数字产业化发展。一方面,数字技术可以通过赋能传统产业,加速与传统产业的深度融合。新建城和智慧城市建设可以为城市传统产业改造和转型创新发展提供智能化的数据支撑,为非数字创新领域的产业提供相对完备的数据、数字和网络平台,从而大大提高这些产业创新活动的生产效率。另一方面,城市数字

---

① 邓昭华,王世福. 智慧城市的空间发展战略研究[M]. 北京:科学出版社,2021.

技术的应用,可以扩大数字化经济生态圈,促进信息产业的发展。数字技术的发展与应用重塑了产业链、供应链和创新链,催生了新型业态的出现,最终会带动产业转型升级,加速社会经济发展。

第三,智慧城市建设推动了产业的跨界合作和集聚效应的提升。智慧城市的建设需要各种技术和行业的融合,因而也推进了不同行业之间的跨界合作和产业集聚。信息技术、通信、能源、交通等不同行业之间的合作,有助于创造更多的经济机会和就业岗位,并且可以培育出新的产业链条和价值链,从而改变城市的产业结构。

第四,智慧城市建设注重资源的高效利用和可持续发展,会对城市产业结构产生深远影响。通过智能化的能源管理、智能交通规划等措施,智慧城市可以降低能源消耗和环境污染,提高城市的可持续性。这种可持续发展的导向,对于传统资源密集型产业的转型和新兴清洁技术产业的发展都有积极的影响,从而会改变城市的产业结构。

(三)智慧城市建设对城市规模经济的影响

智慧城市建设以信息技术为基础,推动了信息技术和互联网行业的发展,创造了大量的就业机会。同时,智慧城市建设也提供了更多的创新活动和服务需求,进一步拓宽了就业市场。智慧城市建设还能提高城市居民的生活质量、城市运行效率和可持续性。因此,智慧城市建设能够吸引更多人口移居到城市。

智慧城市建设可以实现资源的优化配置和集约化利用,从而带来规模效应。例如,智慧物流系统可以优化配送路线和仓储管理,降低物流成本;智慧建筑系统可以提高建筑能效,降低运营成本。此外,智慧城市的数字化平台可以整合城市各个部门和业务的数据,实现信息共享和协同,提高城市资源的利用效率和生产效率。

智慧城市建设借助先进技术和数字化平台,提高了城市的生产力和效率,通过提供更好的基础设施和公共服务,并优化资源配置等,促进城市经济增长。例如,智慧交通系统可以缓解交通拥堵,提高交通流动性,从而降低货物运输成本,促进商业活动的开展。智慧能源系统可以提高能源利用效率,减少能源浪费,降低能源成本,促进产业发展。此外,智慧城市还可以吸引创新型企业和人才,培育新兴产业,推动城市经济转型升级。

三、我国智慧城市建设与新城建的发展

自我国确立智慧城市发展战略以来,住房和城乡建设部、科技部分别于 2013 年 1 月、2013 年 8 月、2015 年 4 月联合公布了三批国家智慧城市试点。在试点城市的示范作用下,全国智慧城市实践渐次展开。各地方政府纷纷响应国家战略,出台了智慧城市的相关政策法规,积极落实行动计划和实施方案,长三角、珠三角、环渤海地区,甚至不少西部城市也在积极推进智慧城市建设。据统计,我国 95% 的副省级城市、76% 的地级城市,总计超过 500 个城市,均在《政府工作报告》或"十三五"规划中明确提出或正在建设智慧城市。以北京为例,北京市人民政府 1999 年提出"数字北

京"建设目标,"十二五"期间实现了从"数字北京"向"智慧北京"全面跃升,2012年3月发布《智慧北京行动纲要》,北京市信息化整体水平达到国内领先和国际先进水平,进入了智慧发展新阶段,到2025年,北京将建成全球新型智慧城市的标杆城市。在实践层面,北京市承担了11个国家智慧城市试点建设工作,对全国智慧城市的建设发挥着重要的引领和示范作用(徐静,2022)。

2015年12月,中央网络安全和信息化委员会办公室提出了"新型智慧城市"的概念,指出新型智慧城市的建设目标是"为民服务全程全时、城市治理高效有序、数据开放共融共享、经济发展绿色开源、网络空间安全清朗",通过体系规划、信息主导、改革创新,推进新一代信息技术与城市现代化深度融合、迭代演进,实现国家与城市协调发展的新生态(傅荣校,2019)。现阶段,加快智慧城市建设,也是对党的二十大报告中关于发展数字中国、数字经济和智慧社会号召的响应。"十四五"期间,我国将继续坚定不移地建设数字中国。在国家战略和政策的引导下,智慧城市建设得到了从中央到地方各级政府的高度重视,许多城市把建设智慧城市作为未来发展的重点,并给予了丰厚的经费支持。从投资规模看,我国三批智慧城市试点建设3600多个项目,总投资预算约为1.3万亿元,已投入资金1145亿元。根据"十三五"规划,我国对智慧城市的投资总规模超过5000亿元(徐静,2022)。

新城建方面,2020年,住房和城乡建设部在重庆、太原、南京等十几个城市开展"新城建"试点工作,系统推进"新城建"各项任务,包括推进智能化市政基础设施建设和改造、建设城市运行管理平台、加快推进智慧社区建设等。同时,在承德、长春、海宁、湖州、绍兴、芜湖等城市开展"新城建"专项试点工作,组织实施智能化市政基础设施建设和改造,对城镇供水、排水、燃气、热力等市政基础设施进行升级改造和智能化管理。在苏州、广州等地开展城市排水智能化试点,积极探索结合5G、物联网等技术,加强对数据的采集、分析、应用,推进管网日常运营维护的智慧化管理。在住房和城乡建设部2021年的工作计划中,重点提出要"立足城市发展新形势,加快推进新城建。以'新城建'对接'新基建',带动有效投资和消费,全面提升基础设施运行效率和服务能力,推进城市现代化"。现阶段,多地"新城建"稳步有序推进,不断取得良好建设成效并向全国推广。

资料链接8-3　新型基础设施投资能否提振经济增长质量?

作者:张恒铭	
来源:微信公众号"浙江省城市化发展研究中心"	通过微信扫码在公众号"城市经济学"中阅读
时间:2022-11-15	

本章小结

从本质上看,基础设施本身是城市空间资源,也是城市要素经济、集聚经济、结构经济以及规模经济形成的物质基础。城市基础设施根据不同的标准有不同的分类,超前性和同步性、公共性和两重性、垄断性和多样性是其经济特性。城市基础设施是城市存在和运行的基础,是城市中心地位的物质保证,也是城市经济社会发展的支撑。

城市基础设施的供给和需求受到多种因素的影响,保障城市基础设施供求平衡,有利于推动城市经济的繁荣发展。进一步发挥基础设施的作用,需要推进基础设施建设的市场化,进行建设体制和投融资模式改革,做好布局选择和空间规划。

随着数字技术的发展,新型城市基础设施建设日益重要。新型城市基础设施建设是智慧城市建设的重要基础和支撑,智慧城市建设与发展符合城市经济运行规律,对城市空间结构、产业结构以及规模经济都有一定的影响。我国已经开展了三批国家智慧城市试点,在试点城市的示范作用下,全国智慧城市实践渐次展开。

关键词:城市基础设施;智慧城市;新城建;市政债券;PPP;REITs;资源融资

问题与应用

1. 什么是城市基础设施?应该如何理解城市基础设施的经济本质?
2. 谈谈你对城市基础设施的经济特性的理解。
3. 城市基础设施在城市发展中的地位与作用是怎样的?
4. 城市基础设施供求有哪些影响因素?如何保障城市基础设施供求的平衡?
5. 我国新型的城市基础设施投融资模式有哪些?
6. 试论述我国城市基础设施市场化的依据及具体举措。
7. 试以某项城市基础设施为例,归纳分析其投融资模式。
8. 如何理解城市基础设施的空间布局经济?
9. 试论述新城建和智慧城市建设对城市经济发展的推动作用。
10. 阅读资料链接中的资料,并分组进行讨论。

参考文献与推荐阅读

[1] 崔寅. 基于 TOPSIS 模型的京津冀城市基础设施承载力研究 [J]. 城市,2023(3):3-15.
[2] 李粉,盛磊,任荣荣. 我国城市基础设施投融资发展趋势 [J]. 宏观经济管理,

2023（3）：35-41，58.

［3］梁广彦，林晓峰，陈志鹏，等.城市基础设施更新项目投融资模式研究［J］.建筑经济，2022（7）：57-62.

［4］陶志梅，杨景方.城市基础设施系统与城市发展互动关系研究——以北京市为例［J］.城市，2022（4）：68-79.

［5］沈洁，张可云.工资收入、基础设施与城市规模变化［J］.经济问题探索，2022（4）：113-126.

［6］管永昊，徐园园.智慧城市对城市基础设施建设水平的影响研究［J］.市场周刊，2022（2）：7-10.

［7］张玲帆.关于城市基础设施建设"织补"城市"新"空间的协调性策略研究［J］.建筑与文化，2021（3）：157-158.

［8］孙瑛泽，王义鹏."新基建"背景下智慧城市基础设施智能化建设思路［J］.数字通信世界，2023（7）：166-168.

［9］傅荣校.智慧城市的概念框架与推进路径［J］.求索，2019（5）：153-162.

［10］吴鸣然，黄卫东.智慧城市建设对城市绿色创新效率的直接影响与扩散效应——基于173个城市的"准自然实验"［J］.软科学，2023（5）：1-13.

第九章 城市环境经济与韧性城市建设经济学

随着城市的快速发展,城市环境问题越来越突出,甚至出现重大环境逆变。为防范和应对城市自然灾害、安全生产、公共卫生等领域的重大灾害,必须建设韧性城市。通过本章的学习,可以了解城市环境的重要性,熟悉城市环境灾害的经济成因与影响,掌握韧性城市及其建设的路径,对于理解城市规划、建设、发展以及治理的理论与实践都具有积极意义。

第一节 城市环境经济与城市经济运行

一、环境及其相关概念

(一) 生态系统与环境

生态系统是由生物群体与其环境相互作用所形成的生物社会和非生物环境的整合体。生态系统包括生物组成部分(生物群落)和非生物组成部分(环境),它们通过能量和物质的循环与转化而相互联系。根据生态系统的性质和特征,可以将其分为陆地生态系统、水域生态系统、人工生态系统、人为干预的生态系统、极地生态系统等类型。生态系统的研究范畴涵盖从微观到宏观、从地球表面到大气层的各个尺度,对于理解生物与环境的相互作用、生态平衡以及生物多样性的维持具有重要意义。

环境是生态系统的组成部分。广义的环境通常是指作用于人类这一主体的所有外界影响和力量的总和。通俗地说,环境就是人们在日常生活中所面对的一切。《中华人民共和国环境保护法》所规定的狭义环境,"是指影响人类生存和发展的各种天然的和经过人工改造的自然因素的总体,包括大气、水、海洋、土地、矿藏、森林、草原、野生生物、自然遗迹、人文遗迹、自然保护区、风景名胜区、城市和乡村等"。

(二) 环境的基本属性

环境有自然属性、生物属性、人文属性以及健康属性等。关于环境的基本属性,不少学者进行了研究。从环境的定义来看,环境的基本属性主要体现在以下三个方面:

第一,整体性。环境是一个以人类社会为主体的高度复杂的客观物质体系,包括生态、地理、气候、人类活动等因素的相互作用。环境的整体性意味着这些因素之间相互联系、相互影响、相互制约。某些地区的环境污染或破坏，如全球温室效应、区际水体污染等，也可能对另外一些地区产生危害或影响，因此，环境问题没有严格的地理界限。

第二，变动性。环境是一个动态变化的系统。气候、季节、各种自然活动等因素都在不断变化，会对环境产生影响。人类活动也是环境变动性的主要驱动因素之一，如工业化、城市化、农业扩张等。这些变动可能引起环境的较大变动，甚至导致环境恶化。因此，了解环境的变动性对于预测和适应未来变化至关重要。

第三，依赖性。各种环境要素通过能量流、物质流产生联系。改变环境中的任何一个因素，都可能对整个环境系统产生影响。例如，一项人类的建设活动，可能会影响建设项目占地及周边的环境状况，进而影响整个环境。环境的依赖性意味着人类的行为和决策会直接影响人类所依赖的资源和服务。

综上所述，环境的整体性、变动性和依赖性是相互交织在一起的属性，共同构成了人类生产、生活的环境系统基础。这些属性也反映了环境在不同层面上的复杂性和重要性。了解和尊重这些属性，对于人类的各种活动和可持续发展至关重要。

（三）环境容量与质量

环境通常有一定的容量。环境容量是指在不引起环境破坏或超负荷的情况下，特定区域或生态系统能够容纳和维持的人类活动或资源利用水平。换句话说，环境容量是指在一定时间和特定区域，生态系统或环境能够容纳资源利用、某项活动或污染物质的最大数量或承受的最大压力水平，而不导致永久性的生态破坏或资源耗竭。环境容量的概念强调了可持续发展的重要性，即确保人类活动与自然资源的可持续利用之间的平衡。对于水资源，环境容量指该水源能够提供的最大水量；对于大气污染，环境容量指某个区域大气中可容纳某种污染物的最大浓度；对于土地利用，环境容量指某一地区土地上所能承载的最大人口数量或土地的可持续利用水平等。环境容量就是环境的承载力，对环境容量的评估和管理有助于环境保护和可持续发展。

环境质量是指某区域中的环境总体或某项要素，包括各种物理、化学和生物要素的状态，以及这些要素对人类健康、生态系统和社会发展的影响或适宜程度。在环境质量中，空气质量衡量大气中各种污染物（如颗粒物、二氧化硫、氮氧化物等）的浓度水平，以及它们对人类健康和生态系统的影响；水质衡量水体中各种污染物（如重金属、有机物、细菌等）的浓度水平，以及对水资源和水生生态系统的影响；土壤质量衡量土壤中养分、污染物和其他物质的含量，以及它们对植物生长和土壤生态系统的影响等。环境质量通常需要通过选择一些指标并对其进行量化来表达，它是评估环境健康和可持续发展的关键因素。

二、城市环境及其经济意义

(一) 城市环境的含义与类型

城市环境是相对于城市的企业和居民而言的,是指影响城市生活和生产活动的各种自然的和人工的外部条件。城市环境是城市生态系统的重要组成部分,是城市系统正常运作、循环、发展的关键要素。

根据城市环境的定义,可将其分为两大部分:城市自然环境和城市人工环境。城市自然环境是城市环境的基础,它为城市这一物质实体提供一定的地域空间,是由城市地域空间范围内的地质、地貌、土壤、大气、地表水以及城市生态系统等构成的自然环境的总体;城市人工环境,是指建造在自然环境基础之上的经济系统、社会系统和建设系统等的总和。人工环境是人类利用和改造自然的结果,也能体现城市与其他人类聚居区域的差别,更是城市本身运行的关键因素。城市自然环境和人工环境相互联系、相互融合,共同组成城市社会经济活动的基础,为城市的各种生活、生产活动提供支持和保障。

(二) 城市环境的主要特征

城市环境是一种特殊的自然-人工复合的环境,人类活动对城市环境的多种影响,使城市环境表现出以下四个明显特征:

第一,较强的人为干预性。城市的企业和居民是城市环境的主体,人们不但创造了城市的人工环境,而且在不断改变着城市的自然环境。城市各项生产、生活及经济活动设施,是城市环境变化的影响因素。

第二,高度的开放性。每一座城市都在不断地与周边的地区和城市进行着大量物质和信息的交流,在输入原材料、能源的同时,也输出产品和废弃物。因此,城市的环境状况不仅反映着自身原有基础的演化过程,而且深受周边地区和其他城市的影响。

第三,公共品特性。城市环境具有典型的公共品特性,既具有共同性,又具有排他性。城市的自然环境、人工环境和社会环境很多不能被单独使用,而是作为公共品被大众共享。城市环境的公共品特性,容易引发"公地悲剧",导致城市环境问题的发生。

第四,脆弱性。城市环境受到人类活动的很大影响,自然调节能力较差,主要靠人工活动进行调节。人类活动具有较大的不确定性,而且影响城市环境的因素众多,各因素之间容易产生连锁反应,这就造成了城市环境的脆弱性。

(三) 城市环境的经济意义

城市环境本质上是一个复杂的经济系统,包含着人口、资源、产业和市场等要素的相互作用。城市环境是城市空间资源的组成部分,是人们生产、消费和交换的场所。恩格斯曾说:"自然界为劳动提供材料,劳动把材料变成财富。"在城市环境中,人们可以更便利地获取就业机会、教育资源、医疗服务和文化信息等，同时更便捷地进行商品和服务的交换。不同的城市环境，人们获取的经济资源各有不同。

城市环境还是塑造城市空间结构和地理布局的基础。不同的城市环境，内含着不同的空间结构和地理布局的可能和现实。在城市环境中，经济活动可能面对不同的区位选择、发展导向和空间价格或租金。例如，城市中心区通常具有较高的土地价格和租金，可以吸引高附加值的产业和商业活动；而郊区则更适合低成本的生产和住宅发展。不同城市环境中的经济活动主体，享受的要素经济、集聚经济、结构经济以及规模经济都有差异。不同的城市环境，其外部经济性，即城市中的经济活动产生的溢出效应，对周边地区和整个国家的经济发展产生的影响各不相同。

城市环境经济，或者城市环境的经济意义，在于如何避免或减少城市环境问题，营造良好的城市经济运行环境，最大限度地减少城市空间资源的浪费，提升城市空间经济效益。

三、城市环境与城市经济的关联

（一）城市环境是城市经济发展的基础

城市环境的基础作用主要体现在以下三个方面：第一，城市环境系统向城市经济活动提供大量的资源，作为生产过程的原料。生产则把各种环境资源加工成产品，以满足人类的需要。第二，城市经济活动中的生产和消费活动，总要有一定数量的废弃物排入环境中，而环境具有扩散、贮存、同化废物的机能，从而可以减少人工处理废物的费用。第三，城市环境不仅能为城市经济活动提供物质资源，还能满足人们对舒适性的要求。清洁的空气和水资源是工业生产必需的要素，又是人们健康生活的基本要求。

（二）城市经济发展主导城市环境的变化

现代社会的人类生产活动不断改变甚至主导环境的状况。城市经济的发展会带来大量的工业生产和交通运输等活动，这些活动会产生废气、废水、噪声等污染。随着城市人口的增加和生活水平的提高，城市产生的生活垃圾会大量增加。城市的生产和生活活动时时改变着城市环境的状态。同时，随着城市社会经济的发展、科学技术的进步和人口的不断增长，人类对自然界的干预能力逐渐增强，人们可以按照自己的意愿改造自然界或环境。城市通过各种社会经济活动，对城市环境进行主动的改造和美化。近年来，我国一直高度重视城市的绿色生态和生态文明建设，践行"绿水青山就是金山银山"的发展理念，坚持节约资源、保护环境的根本国策，积极建设美丽中国、美丽城市，推动城市空间生态结构的持续优化，就是很好的例证。

（三）城市环境的变化制约城市经济发展

城市经济系统从城市环境中开采资源、能源的数量受到环境供给能力的制约，城市经济再生产过程向城市环境中排放的污染物受到环境容量的制约。城市环境不可能无限制地容纳经济系统的废弃物，环境容纳城市经济系统废弃物的总量如果超过城市环境容量，污染物就会在城市环境中积累，必然会造成环境污染。被破坏的环境会提高经济活动的成本，治理和改善环境必然要占用经济发展资金，而且往往要付出比保护环境更为高昂的经济代价，为了保护生态环境，又必须限制或终止某些产品的生产和某些资源的利用，生态环境恶化还会引起投资环境的恶化，从而限制经济的发展。

由此可见，城市经济的发展既是城市发展的有效途径，也是造成环境污染和破坏的根源，同时反映了环境保护状况。因此，城市经济发展与城市环境是对立统一的辩证关系，是一个系统的两个方面。城市经济发展与城市环境质量的提升是相互促进的，城市经济发展能够为改善生态环境、发展环境技术、治理环境积累资金，提高人类保护环境的能力，而生态环境的改善、生态系统的良性循环又能确保经济资源和环境资源的可持续利用，从而为城市经济持续稳定发展创造更好的条件。只要正确处理两者之间的关系，充分利用两者的相互促进，就可以实现城市经济发展与城市环境保护的协调。

资料链接 9-1　城市环境、舒适性、城市经济学模型与城市复兴之路

作者：葛芄	通过微信扫码在公众号"城市经济学"中阅读 
来源：微信公众号"贞观"	
时间：2018-05-14	

第二节　城市环境灾害及其经济分析

一、城市环境逆变与环境灾害

（一）城市环境逆变与逆变环境

环境逆变通常是指自然界和人类活动引起的、特定环境中某些物质、能量或现象的移动方向与通常情况相反的变化过程。这些变化可以是自然的，如气候变化、地质作用等，也可以是人类活动引起的，如农业扩张、工业化等。环境逆变可能逐渐发生，也可能在较短时间内发生。它包括气候变化、土地利用变化、生物多样性减少、水资源变化等多个方面。环境逆变之后形成的自然环境和人工环境，称为逆变环境。

城市环境逆变，一般是指城市的自然环境和人工环境受到各种因素的影响，出现与正常情况不同或相反的不利变化，导致城市的生产、生活受到环境的负向压力和危害的现象。采取措施应对城市环境逆变，可以有效避免或减弱环境逆变的负面影响。

（二）城市环境灾害的类型与特征

城市环境灾害，是指由于某种不可控制或未能预料的自然灾变、人类行为或二者兼有的破坏性因素作用，使城市生产、生活的环境产生突发性或累积性的恶化或破坏，并超越城市社会经济系统的容忍度，引起城市居民伤亡和社会财富灭失的现象和过程。灾害由灾害体和受灾体两部分组成。其中：灾害体是指灾害动力活动及参与灾害活动的物质，如滑坡、洪水及发生异常运动的土壤、水等；受灾体是指遭受灾害破坏或威胁的人类及社会经济系统。通常，灾害体作用于受灾体产生灾害后果。灾害体与受灾体的相互作用，使灾害具有自然和社会的双重属性。

城市环境灾害有大有小，影响有的严重、有的轻微。其中，对城市生产、生活有重大影响的主要有三大领域的灾害：①自然领域的重大灾害，如地震、特大暴雨洪涝、飓风等；②安全生产重大灾害，如工业事故、港口爆炸、化学品泄漏等；③公共卫生领域的重大灾害，如涉及多个省份的群体性不明原因疾病、其他特大传染病等。

城市环境灾害的特点主要体现在以下五个方面：①多样性与复杂性。城市致灾源多，各种灾害类型的致灾因子及灾害过程空间分布集中，相互交织、相互作用，构成了复杂的城市灾害系统。②连锁性强，灾害链明显。当城市功能网中某些功能失效时，常会波及其他功能。一种灾害现象发生时，常会诱发一连串的灾害现象，形成城市灾害链。③具有高扩张特征。城市灾害发展速度快，小灾容易发展成大灾，甚至波及全城，形成"多米诺骨牌"效应。④灾害损失大。城市人口和建筑高度集聚，一旦遭受重大灾害，造成的损失就会很大，一次中型灾害可能使一个城市的发展进程延缓多年。⑤人为因素显著。人为因素对城市灾害的影响表现在诱发自然灾害、提高自然灾害的发生频率、强化自然灾害的灾损程度等方面。

（三）环境逆变与环境灾害的关系

环境逆变和环境灾害是两个相关但不同的概念，两者之间的关系体现在以下两个方面：

第一，环境逆变可以增加环境灾害的风险和影响程度。例如，气候变化引起的极端气候，如暴雨、干旱、海平面上升等，可以导致洪水、风暴潮等环境灾害。同样，不合理的土地利用和生态系统破坏可能增加地质灾害，如滑坡、泥石流的概率。此外，一些人类活动也可能直接引发环境灾害，如油污泄漏等。

第二，环境灾害可能加剧环境逆变，也可能引发新的环境逆变，进而导致新的环境灾害。例如，森林大面积被砍伐和火灾烧毁可能导致生态系统退化和生物物种减少，进而影响地区的气候和生态平衡。污染事件可能损害土壤和水体，影响农业和生态系统的可持续性，进而影响整体环境质量。

综上所述，环境逆变和环境灾害之间存在复杂的相互作用关系。了解这些关系，加强对环境逆变的预防、检测和管控，积极建设韧性城市，实现城市的可持续和韧性发展，对于维护环境健康、保护生态系统以及降低灾害风险至关重要。

二、城市环境灾害的经济成因

一些特殊的环境逆变灾害，如地震、特大暴雨洪涝、重大特大传染病等的发生，与城市所处的自然环境和社会文化环境条件，如地理位置、气候、地质条件、饮食习惯等有关，但这些环境逆变带来重大灾害，则与灾害防控公共品的缺失及结构失当不无关系。例如，城市的规模、密度、土地利用方式与布局、基础设施建设数量与质量等直接影响城市灾害的抵抗能力，过度城市化、不合理的土地利用规划等都会加剧城市的脆弱性。在城市环境灾害中，环境污染以及工业事故、化学品泄漏等灾害，既与城市所处的自然环境有关，又与一些社会经济因素相关。归纳而言，城市环境灾害的经济成因主要体现在以下三个方面：

（一）城市空间不经济

城市环境灾害的发生，既有其基础条件，如城市空间的规划与建设状态有关，也有一个熵增过程——随着城市的快速发展，能量消耗增加，环境熵值上升，在某个阈值附近，城市环境可能会突然发生剧变，导致环境逆变，带来环境灾害。

城市空间不经济主要包括三个方面：①城市空间规划不经济。城市空间规划是对城市空间功能和布局进行统一安排的过程。如果城市空间规划不经济，对城市的资源条件、功能布局、空间扩张和人口增长趋势，特别是对城市环境灾害的因素缺乏考虑或考虑不周，就可能埋下洪涝灾害、环境污染等城市环境灾害的隐患。②城市空间生产建设的不经济。城市空间生产建设的内容包括各类建筑物、基础设施等。在城市空间生产建设过程中，如果对城市环境灾害缺乏考虑或重视不够，没有或很少建设防控城市环境灾害的空间与公共设施，就很可能导致城市环境灾害的发生或加剧环境灾害的危害程度。③城市空间的消费利用不经济。过度或不按规划用途使用城市空间、在城市空间消费和利用过程中不重视维修养护等，都可能带来环境逆变灾害，并提高环境破坏和引致其他城市环境灾害的风险。例如，工业事故、港口与仓库爆炸、化学品泄漏等。

（二）环境利用的外部性

作为公共物品，城市环境具有非排他性和非竞争性，这两个特点的存在，使得环境资源的利用存在广泛的外部性。污染等环境问题是经济活动中典型的负外部性现象。作为市场微观主体的企业和个人，在获利动机的驱使下，在生产经营活动中往往只计算对自身利益产生直接影响的成本和收益，不考虑其活动造成的环境成本代价，造成私人成本小于社会成本。为了达到私人净效益的最大化，排污者的排污量将超过社会最优的排污水平。相反，环境保护行为具有很强的正外部性，即市场主体对环境改善所带来的利益并不能独享，市场中的其他个体以零成本享受到了环境改善的好处，而市场主体却要独自承担环境改善的全部成本。如果没有相应的激励机制，在环境保护问题上就会产生广泛的"搭便车"机会主义行为，即市场主体从自身利益出发都不愿为环保行为付费而乐意坐享其成，这必然导致环境保护行为供给的严重不足。

（三）城市环境市场失灵

公共经济学认为，市场在某些情况下可能会失灵，无法达到社会效益的最大化。这些市场失灵的情况包括外部性（如环境污染）、公共物品（无法排除非付费消费者）和信息不对称（如生产者可能隐瞒污染排放信息）等。很多环境问题由市场失灵引起，大多数环境恶化和低效使用资源源于市场机制不健全、市场机制扭曲，或根本不存在市场。例如，在城市环境污染和保护领域，由于生态环境资源的产权不明晰、生态环境资源的公共商品属性、环境污染及生态破坏的负外部性、生态建设及环境保护的正外部性、生态环境信息的稀缺性和不对称性、生态环境资源无市场和自然垄断等，必然出现生态环境配置的市场失灵。生态环境资源配置的市场失灵必然导致环境资源利用的低效率，其结果就是造成生态破坏和环境污染。所以说，市场失灵是环境问题的制度根源。

此外，一些公共安全重大事故灾害与政府失灵有关。市场失灵为政府干预提供了机会和理由，理论上，政府可以通过建立政策和改革制度来纠正市场失灵。然而，有时政府的政策不但不能纠正市场失灵，反而会使市场进一步扭曲，这时的效果称为政策失效。政策失效会使生产者的边际生产成本低于生产要素的真实成本，导致生产要素无效率使用和过度使用。例如，补贴政策刺激了对环境的过度开发利用，引起环境污染或其他灾害。政府失灵的另一种情形，是政府在城市灾害发生之前，缺乏预测评估和预防，或者在灾害发生时没有发挥或发挥作用不当等。

三、城市环境灾害的经济影响

城市环境灾害可能加剧环境问题，导致资源紧张、生态恶化等，也可能带来城市居民的伤亡和财产损失，增加城市居民患病等健康风险，导致失业、贫困、社会福利减少等问题，甚至引发社会不满情绪，使得矛盾激化、冲突升级等，从而影响城市社会的稳定与和谐。

（一）城市环境灾害与城市运行经济成本

城市环境灾害可能对城市运行的经济成本产生广泛而深远的影响。城市环境灾害（如污染、自然灾害等）可能导致企业停工、减少产量甚至关闭，供应链中断，停工成本增加，直接降低城市生产力，导致经济活动陷入停滞。灾害发生后，城市政府和企业需要投入大量资金、人力、物力等资源进行灾后重建和救援，这可能导致资源从其他领域挤出，影响正常的生产和消费活动，而且修复和重建的成本往往巨大，给城市财政和企业运营带来压力；灾害可能导致员工受伤、搬离或寻找其他工作，造成劳动力短缺，某些行业的特定技能可能会因灾害而流失，从而降低城市的生产能力和创新能力；环境灾害会导致人们健康问题的增加，从而增加医疗支出，空气污染、水污染等可能导致呼吸道疾病、皮肤问题等，从而增加个人和政府的医疗开支等。

（二）城市环境灾害与城市运行经济效率

城市环境灾害会对企业和市民造成不利影响，使投资于研发和技术创新的资金减少，企业可能更专注于生存和恢复，而不追求提高生产效率和技术进步，这将导致生产效率的降低，从而降低城市的经济效率；地震等自然灾害会破坏城市基础设施，造成交通和电力供应中断，限制交通和物流，从而导致生产活动减缓或停滞，城市运行效率降低；环境污染事件可能导致水资源和土地质量的下降，进而导致环境价值的损失和资产贬值，减少城市的可持续发展潜力，进而降低城市经济效率；灾害可能导致人力资本的损失，以及导致劳动力市场的不稳定，从而影响城市的经济效率；灾害还可能导致企业破产和贷款违约，影响金融机构的稳定性，进而降低城市运行的经济效率等。

（三）城市环境灾害与城市经济发展态势

城市环境灾害不仅可能导致人员伤亡、基础设施损坏、生产中断或停滞，也会让人们担忧城市环境的未来发展或增加对城市环境灾害风险的负面评级；城市环境灾害引起的物质损失和社会问题可能被媒体广泛报道，给外界留下负面印象，导致投资者和消费者对城市的信心降低，减少在该城市的投资和消费；城市环境灾害可能导致城市重建、修复和重新规划，从而改变城市的地理分布、产业结构和企业的选址模式等，尽管城市的重建可能有助于促进未来城市经济的更好发展，但短期内城市经济发展的良好态势会被延缓。

综上所述，城市环境灾害会通过破坏基础设施和生产力、增加城市成本和风险、影响城市形象和声誉等，抑制城市经济发展的信心。为了避免或减少城市环境灾害，提升城市经济发展的信心，城市政府应加强环境保护和灾害防治工作，积极建设韧性城市，提高灾害风险管理能力，改善城市环境质量和生活品质，促进城市经济的可持续发展。

资料链接9-2 城市环境影响：惩罚还是优势？

作者：William B. Meyer 来源：城读 时间：2016-05-14	通过微信扫码在公众号"城市经济学"中阅读	

第三节　韧性城市建设与我国的实践

一、城市韧性与韧性城市基础

（一）韧性与城市韧性的界定

"韧性"（Resilience）一词来源于拉丁语"Resilio"，其本意是"回复到原始状态"。牛津词典将其定义为"具有回弹和弹性的行为"，即物体受外力作用后改变形态，一旦去除外力就能恢复原状。随着时代的演进，韧性的概念被应用到了不同的学科领域。在机械学中，韧性用于描述金属在外力作用下形变之后复原的能力。在系统生态学领域，韧性被用于定义生态系统稳定状态的特征。20世纪90年代以来，学者们对韧性的研究逐渐从自然生态学向人类生态学延展。城市是人类生态学必不可少的研究主体，韧性思想很自然地被应用到城市研究中，这为韧性城市理论的形成奠定了思想基础（邵亦文、徐江，2015）。

在城市领域，韧性有其更具体的含义。2015年，洛克菲勒基金会把城市韧性（Urban Resilience）定义为："城市中的个体、社区、机构、企业和系统在经历各种慢性压力或急性冲击后能够存续、适应和发展的能力。"我国学者邵亦文、徐江（2015）认为，城市韧性是指城市系统和区域通过合理准备、缓冲和应对不确定性扰动，实现公共安全、社会秩序和经济建设等正常运行的能力；范维澄（2015）认为，城市韧性是指一个暴露于危害之下的系统社区或者社会通过保护和恢复重要的基本结构和功能等，及时有效地抗御、吸收、适应灾害影响和灾后恢复的能力。

目前，城市韧性的概念已经从生态韧性扩展到社会、经济和基础设施等多个方面。杰哈（Jha）、迈纳（Miner）和斯坦顿-格迪斯（Stanton-Geddes）（2013）认为，城市韧性有四个主要的组成部分，即基础设施韧性（Infrastructural Resilience）、制度韧性（Institutional Resilience）、经济韧性（Economic Resilience）和社会韧性（Social Resilience）。其中，基础设施韧性是指建成结构和设施脆弱性的减轻，同时涵盖生命线工程的畅通和城市社区的应急反应能力；制度韧性主要是指政府和非政府组织管治社区的引导能力；经济韧性是指城市社区为应对危机而具有的经济多样性；社会韧性被视为城市社区人口特征、组织结构方式及人力资本等要素的集成。[①] 我国学者把城市韧性概括为基础设施韧性、经济韧性、社会韧性、空间韧性和制度韧性等。一个城市的韧性水平越高，该城市应对各种环境灾害的能力越强，越具有可持续性（陶希东，2022）。

综上所述，从城市经济学的角度来说，城市韧性是指城市在面临自然灾害、社会

---

① JHA A K, MINER T W, STANTON-GEDDES Z. Building urban resilience: principles, tools, and practice [M]. World Bank Publications, 2013.

风险、经济波动等多种挑战时,在有效保障城市空间功能、生态环境和社会系统稳定方面所具有的抗击能力、承受能力、适应能力和快速恢复能力的属性。城市韧性是城市经济可持续发展的基础,也是城市规划经济、城市建设经济、城市发展经济以及城市治理经济的内在要求,是实现最优城市空间经济效益的必然条件。当然,城市韧性不是固定不变的,它将随着城市经济的发展和韧性城市建设的不断完善逐步提升。

(二)韧性城市及其相关概念

与城市韧性相对应,所谓韧性城市,是指在基础设施、经济、社会以及管理等方面具备一定韧性的城市。有一个形象的比喻,就是城市像弹簧,能从容应对外界压力,并快速恢复原状。韧性城市能够有效应对城市环境的各种变化和不确定性,在基本结构不被破坏的情况下吸收灾害的影响和维持功能基本运转,它强调可持续发展和长期稳定,是城市经济社会安全发展的新范式。

与韧性城市相关的还有生态城市、宜居城市、安全城市、健康城市以及海绵城市等概念,这些不同类型的城市在发展理念上既有联系又可形成互补,它们共同关注城市可持续发展,但其基本方面各有侧重。

韧性城市及相关概念比较见表9-1。

表9-1 韧性城市及相关概念比较

城市类型	基本概念	主要内容	缘起
生态城市	以可持续发展为目标的城市发展模式,强调生态环境保护、资源高效利用和生态系统健康	资源保护与合理利用、生态环境改善、绿色基础设施、低碳技术、循环经济	20世纪80年代,应对全球环境问题
宜居城市	具有良好生活环境、优质公共服务和高生活质量的城市	住房条件、教育、医疗、交通、社会保障、文化娱乐等	20世纪80年代,满足人们对美好生活的追求
安全城市	能够有效预防和应对自然、人为灾害,保障城市居民生命财产安全的城市	防灾减灾、应急管理、基础设施建设、安全生产和治安维护等	20世纪末至21世纪初,应对城市灾害和安全问题
健康城市	优化城市环境、提供高质量医保服务及提倡健康的生活方式,提高居民身心健康水平的城市	环境卫生、疾病预防、医疗保健、公共卫生、健康教育、健康生活方式等	1986年,世界卫生组织提出健康城市项目
海绵城市	在适应环境变化和应对雨水、内涝带来的自然灾害等方面具有像海绵一样良好弹性的城市,又称"水弹性城市"	建设自然积存、自然渗透、自然净化的绿色海绵设施,水生态管理等	2012年,我国政府正式提出,解决城市内涝及水污染、水资源匮乏等难题
韧性城市	具有较高适应和恢复能力,能够有效应对自然灾害、气候变化、经济波动等挑战的城市	城市系统适应性、可持续性和恢复力、基础设施建设、生态环境保护、社会稳定等方面的韧性提升	21世纪初,应对全球气候变化、自然灾害和社会经济风险

资料来源:根据相关文献整理。

(三)韧性城市的基本特征

关于韧性城市的特征,不少学者进行了研究并提出各自的观点。例如,西方学者中比较有代表性的是威尔德夫斯基（Wildavsky，1988），他认为韧性城市具有六个特征：一是动态平衡特征，即韧性城市系统的各个部分之间强有力的联系和反馈能够维持系统平衡；二是兼容特征，即外部冲击可以被多元的城市系统所削减；三是高效率的流动特征，即可以通过韧性城市系统内资源的及时调动和补充，填补最需要的缺口；四是扁平特征，表现为城市系统的较强灵活性和适应能力；五是缓冲特征，即系统具备一定的超过自身需求的能力；六是冗余度，即通过一定程度的功能重叠防止系统的全盘失效。[①]

我国学者周阳月、龙婷婷（2018）认为，韧性城市具有六大特征：一是抗扰性，即城市系统能够抵御和吸纳外部扰动；二是自组织性，能够多重反馈循环以维持系统内稳态；三是多元性，即系统资源的多样化；四是冗余性，即系统功能的重叠能够保证城市系统某部分能力在受损时可借助其他组件或层次能力的功能迭代维持正常运行；五是适应性，即城市能在每次灾害中快速采取制度性、物理性的调整措施，不断汲取新经验并纳入自适应能力；六是创造性，即城市系统能够通过应对每次灾害逐步过渡到更为先进的状态，推动城市决策的快速响应和多元参与、城市规划与管理的创新。此外，邓位（2017）认为，韧性城市有五个基本特征，即冗余度、强度、多样性和灵活性、反应性、合作性。翟国方等（2018）认为，韧性城市具有六个基本特征，即动态平衡性、兼容性、流动性、扁平性、缓冲性和冗余度。

综上所述，韧性城市的基本特征主要有多元性、适应性、灵活性、冗余度等。这些特征让城市在遇到城市环境灾害时，能够迅速适应并快速恢复。

二、韧性城市建设及其经济意义

（一）韧性城市建设的主要内容

韧性城市建设就是建设和完善城市韧性的过程。根据城市韧性的主要维度和韧性城市应有的特征，从城市经济学角度看，韧性城市建设的内容主要包括两大方面：

第一，建设和拓展基础设施韧性。具体包括以下内容：避开灾害高风险区建设基础设施，完善城市开敞空间系统，优化城市通风廊道，预留弹性空间作为临时疏散、隔离防护和防灾避难空间。构建地下空间主动防灾系统。推进综合型应急避难场所建设，推进房屋设施抗震加固改造，加强高层建筑防火灭火设施建设，有序推进减震隔震改造。加强应急备用水源工程建设，加强城市生命线工程建设，开展管网更新改造。加强灾害防御工程建设，持续推进海绵城市建设。构建和完善灵敏可靠的城市感知体系。确保基础设施网络的完备性、高效性和弹性，以应对各种挑战。例如，建设多样化的交通方式，包括公共交通系统、自行车道和步行街，以提供多样化的交通选择；在能源供应方面，探索利用可再生能源，以减少对传统能源的依赖；在通信和信息技

---

① Wildavsky A B. Searching for Safety（Vol. 10）[M]. Transaction Publishers，1988.

术领域，加强网络和数据中心的建设，以提供可靠的通信和信息交流等。

第二，培育、强化和提升经济韧性。发展创新型经济，吸引和培育科技和创意产业，构建多元化的城市经济结构，避免过度依赖某一产业或市场，从而降低单一冲击对城市经济的影响。城市可以鼓励发展不同的产业，吸引不同类型的企业入驻，同时支持创新和创业，以增强经济适应能力。例如，底特律在汽车产业危机后，开始发展绿色能源、生物医药等新兴产业，减轻了经济冲击。城市还需要加强安全应急科技和产业支撑，推动应急科研成果转化、示范和推广应用，支持工业机器人、智能装备在危险工序和环节的广泛应用。指导企业建立应急保障快速转产机制，构建平战结合、快速响应的安全应急产业体系。此外，还要积极维护突发事件期间的市场秩序，依法从严惩处扰乱市场供应稳定、破坏应急处置工作、传播虚假信息等违法行为，加强联合惩戒。

在韧性城市建设过程中，有关方面需要注意大数据技术的应用。例如，利用大数据技术实现城市区域空气质量的在线监测和污染源的定位，有助于尽快改善城市韧性；利用大数据技术实现城市交通流量的实时监测和交通拥堵的预测，有利于改善城市交通韧性；利用大数据技术实现城市地震、内涝、经济危机等安全事件的实时监测和预警，对避免或减少环境灾害非常有效。

（二）韧性城市建设的协作机制

要实现韧性城市建设，应建立城市各有关部门的协作机制，把韧性城市建设落实到城市发展的全过程和各方面。城市各地区、各部门应明确韧性城市建设项目清单和工作措施。例如，我国城市的卫生健康、应急、地震、规划自然资源、住房城乡建设、经济和信息化、民政、城市管理、交通、水务、发展改革以及财政等部门需要结合自身职责，明确韧性城市建设目标、具体措施和本部门在韧性城市建设协作中的任务。

在韧性城市建设过程中，城市需要与周边地区建立联系和协作机制，共同利用资源、互补产业，加强城市的疏散和转移能力，形成区域性的韧性城市建设与发展模式。城市通过与周边城市和地区合作，可以分享韧性城市建设的资源和信息，解决区域性环境灾害问题，增强城市的基础设施韧性、经济韧性及其他韧性。例如，建设跨城市的交通、能源和通信网络，以便在紧急情况下相互支援和协作；建立共享基础设施的机制，如共享停车场、充电桩和物流中心，以提高资源利用效率和应对各种不确定性，最大限度地减少区域与城市的环境灾害。

（三）韧性城市建设的经济意义

韧性城市建设的经济意义主要体现在以下两个方面：

第一，韧性城市建设能够增强城市的环境灾害适应性和灾害之后的恢复能力，提高城市的可持续发展能力；为居民提供更好的居住环境和生活质量，有助于强化城市的社会凝聚力和社会资本，提升城市的吸引力和竞争力；通过建设安全、稳定、可靠的城市基础设施，保障城市经济和社会的正常运行；降低城市面临的各类风险和挑战带来的损失，实现城市的可持续发展。

第二，韧性城市建设本身还是一种投资与生产，在保障城市空间安全的同时，也通过绿色环保产业和社会创新投资，降低了对有限资源的依赖，促进了城市产业结构的调整，确保了空间资源的合理配置和利用，创造了新的经济增长点。在建设韧性城市的过程中，城市空间得到了扩展，城市空间经济得到了优化，进而带动了城市经济的增长。

三、我国韧性城市建设的实践与成就

（一）我国韧性城市建设的发展历程

我国韧性城市建设的历程可以概括为以下四个阶段：

第一，探索阶段（2000年以前）。这一阶段，城市发展主要关注经济增长和人口问题，对城市韧性的理解和重视相对较少。然而，随着洪水、地震、空气污染等一系列自然灾害和社会问题的出现，人们开始认识到城市系统的复杂性和脆弱性。

第二，认识阶段（2000—2010年）。我国对韧性城市的理解逐渐深化，开始系统推进韧性城市建设，特别是2008年汶川地震后，我国开始强调城市抗震减灾能力的建设，提出了"生态城市""低碳城市""海绵城市"等概念，这些实践推动了韧性城市建设。

第三，实践阶段（2010—2020年）。2010年初，我国开始广泛讨论并实践"韧性城市"，许多城市开始实施韧性城市建设，以期提高城市在面对自然灾害、社会冲突、经济危机等风险和压力时的适应和恢复能力。2017年，中国地震局明确提出了韧性城市建设的要求。

第四，系统建设阶段（2020年至今）。《中共中央关于制定国民经济和社会发展第十四个五年规划和2035年远景目标的建议》提出建设"韧性城市"，首次从国家战略层面对建设"韧性城市"做出明确要求，标志着我国韧性城市建设进入系统建设阶段。

整体来看，我国韧性城市建设的历程是一个由初步认识到实践，再到系统建设的演进过程。未来我国将继续深化韧性城市建设，以应对各种挑战，推动城市经济可持续发展。

（二）韧性城市建设的城市实践成就

为了提高城市的韧性，各地都在积极探索"韧性城市"建设举措。这些举措包括但不限于加强城市基础设施建设、优化城市规划设计、推广智慧城市管理系统、提升城市应急响应能力等。例如，一些城市开始推广"海绵城市"的概念，通过增加绿地和水源来改善城市的水资源利用和防洪能力；一些城市开始实行"绿色出行"政策，通过发展城市公共交通、鼓励自行车出行等方式减少交通污染和拥堵问题。这些举措

的实施有助于城市应对各种不利因素和挑战，提高城市的韧性和可持续发展能力。

经过多年的实践，我国不少城市取得了突出的成就，具体体现在以下三个方面：

一是形成了系列韧性城市建设规划，如北京市《关于加快推进韧性城市建设的指导意见》《重庆市城市基础设施建设"十四五"规划（2021—2025年）》《广州市城市基础设施发展"十四五"规划》等。

二是建设了一批韧性城市设施。例如，大多数城市建设了较为完备的海绵城市基础设施，包括雨水花园、透水铺装、绿色屋顶等；很多城市建设了更具韧性的绿色交通系统，包括公共交通、自行车道和步行道；很多城市构建了地震等防御设施体系等。

三是涌现了一批韧性城市典型，如北京、上海、武汉、深圳等。作为中国的首都，北京在韧性城市建设方面面临许多特殊的挑战，为了应对这些挑战，北京采取了一系列措施，提高了城市的环境质量和韧性；作为中国的经济中心，上海提出到2035年建设成为更可持续的韧性生态之城；作为中部地区的重要城市，武汉在韧性城市建设方面注重城市基础设施的提升和多元化的城市功能发展；作为经济特区，深圳开展了大规模的城市绿化和生态保护项目，提高了城市的环境质量和生态韧性，让深圳成为一个拥有高度韧性的城市。

资料链接9-3 你所在城市够"韧性"吗？

作者：弓青 来源：微信公众号"山东宣传" 时间：2023-08-29	通过微信扫码在公众号 "城市经济学"中阅读	

本章小结

环境是生态系统的构成部分，通常有一定的容量和质量。城市环境分为城市自然环境和城市人工环境两大部分，本质上是一个复杂的经济系统，是城市空间资源的构成部分，是人们生产、消费和交换的场所，是塑造城市空间结构和地理布局的基础。城市环境是城市经济发展的基础，城市经济发展主导城市环境的变化，城市环境的变化制约城市经济发展。

受自然界和人类活动的影响，城市环境会发生逆变，甚至带来环境灾害。城市环境灾害的经济成因包括城市空间不经济、环境利用的外部性以及城市环境市场失灵等。发生城市环境灾害，通常会增加城市运行的经济成本、降低城市运行的经济效率以及延缓城市经济发展的速度。

为了避免或降低城市环境灾害，需要提升城市韧性，建设韧性城市。韧性城市建设需要从建设和拓展基础设施韧性以及培育、强化和提升经济韧性等方面着手,积极构建城市内部各部门以及城市与区域的联系和协作机制,推动城市韧性提升,拓展城市空间,带动新的城市经济增长。目前,我国韧性城市建设经历了四个发展阶段,取得了突出的成就。

关键词：环境容量；环境质量；城市环境；城市环境逆变；城市环境灾害；韧性城市

问题与应用

1. 什么是环境容量与环境质量？
2. 简述城市环境及其特征。
3. 城市环境与城市经济的关联体现在哪些方面？
4. 谈谈你对城市环境逆变、城市环境灾害及其关系的理解。
5. 城市环境灾害的经济成因有哪些？
6. 城市环境灾害的经济影响有哪些？
7. 简述城市韧性和韧性城市的概念、维度或特征。
8. 简述韧性城市建设及其经济意义。
9. 请结合实例,分析某座城市建设韧性城市对其经济发展造成的经济影响。
10. 阅读资料链接中的资料,并分组进行讨论。

参考文献与推荐阅读

[1] 倪晓露,黎兴强. 韧性城市评价体系的三种类型及其新的发展方向 [J]. 国际城市规划,2021,36(3)：76-82.

[2] 史晨辰,朱小平,王辰星,等. 韧性城市研究综述——基于城市复杂系统视角 [J]. 生态学报,2023,43(4)：1726-1737.

[3] 苗婷婷,单晶晶. 城市韧性的基本模式及本土化构建 [J]. 城市问题,2023,334(5)：24-33.

[4] 陈利,朱喜钢,孙洁. 韧性城市的基本理念、作用机制及规划愿景 [J]. 现代城市研究,2017(9)：18-24.

[5] 张明斗,冯晓青. 中国城市韧性度综合评价 [J]. 城市问题,2018(10)：27-36.

[6] 魏冶,修春亮. 城市网络韧性的概念与分析框架探析 [J]. 地理科学进展,2020,39(3)：488-502.

[7] 韩自强,刘杰,田万方. 城市韧性的测量指标：基于国际文献的系统综述 [J].

广州大学学报（社会科学版），2022，21（6）：131-144.

[8] 张安伟，胡艳. 多中心空间结构与城市经济韧性[J]. 财经研究，2023，49（9）：4-18.

[9] MEEROW S, NEWELL J P. Urban resilience for whom, what, when, where, and why?[J]. Urban Geography, 2016, 40（3）：309-329.

[10] ZHANG X, LI H. Urban resilience and urban sustainability: what we know and what do not know?[J]. Cities, 2018, 72：141-148.

第五篇
城市发展经济学

城市发展经济学是发展经济学在城市领域的应用,是经济学的一个分支,侧重研究城市及其周边地区的经济发展和变化的机理、规律和路径,探讨人口迁移与城市化、创新与城市发展、城市和区域统一与协同发展、城市更新推动城市发展,以及区域与城市资源的统一配置、高效利用等内容。它是从更宽的视野、更大的范围、更新的视角,研究如何发展城市才能让城市获得更高空间经济效益,以实现城市与区域社会经济福利最大化的经济学。

本篇包括第十章至第十三章共四章的内容。其中,"第十章 城市化经济与我国新型城镇化发展",主要介绍城市化经济规律及其对城市发展的经济影响,以及我国的新型城镇化实践;"第十一章 城市增长与中国城市的创新发展",主要介绍城市增长与发展的经济机制、创新与城市增长,以及我国城市的创新发展实践;"第十二章 城市与区域统一和协同发展",主要介绍城市与区域经济协同的机制和中国式区域经济协同发展新格局;"第十三章 城市发展规律与城市更新经济学",主要介绍城市更新的经济意义及其对城市经济发展的推动作用,以及我国基于城市发展规律的城市更新实践。

总体来说,本篇主要探讨城市经济空间资源的充分利用与最优化利用、城市经济空间资源的再生产(城市更新)及其最优化的问题。

第十章 城市化经济与我国新型城镇化发展

城市化是人类社会发展的普遍现象和重要过程,是影响 21 世纪人类社会进程最深刻的两件事情之一。在城市发展经济学中,城市化被认为是城市经济增长和社会发展的重要推动力。学习和掌握城市化的相关理论方法,熟悉我国新型城镇化的内涵、成就和发展趋势,有助于推进我国的新型城镇化,有效提升城市化经济对我国城市经济发展的积极作用。

第一节 基于经济学的城市化基本问题

一、城市化及其经济学本质

(一)城市化的不同理解

城市化是近代和现代经济发展的一种现象。一般认为,依勒德丰索·塞尔(A. Serda,1867)最早提出"Urbanization"一词。20 世纪 80 年代初,我国学者在研究城市化问题之初,认为农村人口不仅向"City"转移,而且向"Town"转移,故有"城镇化"之翻译;由于中国设有镇的建制,一般人口规模与国外小城市相当,并且很多学者认为镇是城市的初始状态,可包含于广义的城市之中,因此也可以直译为"城市化"。总体来看,大多数学者认为各类翻译无实质性差别,均对应"Urbanization"一词。一些学者认为城市化与城镇化为同义语,并建议以"城市化"代替"城镇化",以避免误解。本书对"城镇化"和"城市化"不作严格区分。

城市化涉及多领域的经济社会综合演进过程,与经济学、人口学、地理学、社会学等学科有直接关联,但不同学科对其解读有差别。经济学主要从要素聚集的角度论述城市化,认为城市化是农村劳动力从第一产业向城市第二、第三产业转移的过程,是非农产业投资及技术、生产能力在城市的聚集;地理学主要从空间布局角度研究城市化,认为城市化是一种经济的布局和人口在空间及方位方面日益集中化和再分布的过程;人口学侧重从人口的城市化角度去解析,认为城市化是人口向城市集中的过程;社会学认为,城市化是一个城市生活方式的发展过程等。

在城市经济学领域,不同学者对城市化的认识也不同。巴顿(1984)认为,"城市化是人口、社会生产力逐渐向城市转移和集中的过程"。保罗·切希尔、埃德温·S. 米尔斯（2003）认为，"城市化是指居住在城市地区的人口在该国家总人口中所占比例的增加"。杨重光、刘维新（1986）认为，城市化是指城市在数量、规模、形态、内容、性质等方面发生急剧变化引起人口猛烈增长，城市经济生活逐渐占据统治地位的转变过程。蔡孝箴、郭鸿懋（1990）认为，城市化是随着工业化的发展和科学技术革命的不断深入，乡村分散的人口、劳动力和非农业经济活动不断进行空间上的聚集，而逐渐转化为城市经济要素的过程。王茂林（2000）认为，城市化是指一定地域（居民点）的人口规模、产业结构、经济成分、营运机制、管理手段、服务设施、环境条件以及人们的生活水平和生活方式等要素由小到大、由单一到复合的一种转换或重新组合的复杂动态过程。

总体来看，各学科对城市化的界定并非相互矛盾，城市化包含社会、人口、空间、经济转换等方面的内容，不同学科、不同学者对城市化的认识，在研究角度和目的上存在差异，丰富了城市化的内涵。

（二）城市化的经济学含义

城市化是一个多维度的概念，涉及城市社会经济发展的各个方面，几乎所有人文社科学科的研究都会涉及城市化的问题，尽管研究视角和目的不同。城市经济学领域研究城市化的一个重要视角是发展经济学。在发展经济学领域，城市化被认为是经济增长和社会发展的重要推动力之一。因此，发展经济学特别关注城市化如何影响城市经济增长、社会变迁及城市资源分配等方面。

从这个角度看，尽管上述学者在定义城市化时都强调城市化带来的城市及其经济地位的提升，但其中的城市经济学特色并不明显。本书从城市经济学角度探讨城市化问题。本书认为，所谓城市化，是指随着工业化的发展，在农村人口向城镇集中、非农产业向城镇聚集的过程中，城市空间资源在一定区域进行新的生产、重新组合、再分配和逐步优化利用，旨在取得最优城市空间经济效益的动态演变过程。城市经济学中城市化的含义与特征还可以从以下三个方面进行理解：

第一，产业结构的变迁是城市化的核心内容。英国经济学家、统计学家科林·克拉克（C. C. Clark, 1957）指出，城市化是第一产业人口不断减少，第二、第三产业人口不断增加的过程。可见，工业和服务业的发展是城市化必要的经济基础，产业结构的转换带来了大量非农就业机会，为农村剩余劳动力向城市转移创造了条件。

第二，地域空间的变迁是城市化的物化表现。具体表现为城镇空间扩张、城镇数量增多、城市建成区面积扩大，各种生产要素和产业活动向城镇地区聚集、融合和扩散（朱鹏华，2017）。

第三，市场化和现代化是城市化水平的重要标志。首先，市场的发展直接推动了城市发展，带来了城市和区域关系的深刻变化。城市化的高级阶段——"城乡一体化"阶段也是市场化高度发展的阶段。其次，城市化的本质是现代化，包括经济结构现代化、基础设施现代化和人的现代化（项英辉，2011）。

（三）城市化的经济学本质

城市化的产生和发展是一个历史过程。从发展经济学角度看，城市化的本质，是在城市与区域经济发展到一定阶段的背景下，城乡空间资源的新流动、再生产、再组合、再配置、新消费和再优化。在城市化的过程中，城市与区域经济又会进一步发展。

城市与区域经济的发展是城市化的经济基础。城市与区域的发展加剧了城乡差距，推动了城市化的进程。充分发挥和利用城市空间经济效益，构建城乡协调、区域协调发展的经济格局，解决区域经济的增长极问题，校正城乡发展的经济偏差，协调区域经济发展的不平衡关系，城市化理应成为重要抓手和核心主轴。

农村劳动力、土地和其他产业资源通过城市化转移到城市进行集聚，促进了城市空间资源的再开发、再生产等新的变革。城市化的结果主要表现为：城市非农产业产值占地区生产总值的比重越来越高，城市空间资源得到越来越充分、越来越有效的利用，城市产业结构和空间结构不断优化，城市的要素经济、集聚经济、结构经济与规模经济等日益明显，城市以及城市经济在区域经济和国民经济中的地位越来越高，等等。

二、城市化水平的测度方法

目前，对城市化水平进行测度，主要有以下三类方法：

（一）单一指标法

单一指标法是指通过某一最有本质意义、最具象征性、能够代表城市化意义、便于统计分析的个别指标来反映和描述城市化水平、规模、速度、质量等的方法。人口比重测度法、城市土地比重测度法以及质量指标法均属于单一指标法。

1. 人口比重测度法

人口比重测度法是最常用的城市化水平测度方法，它使用一个地区的城市人口（非农业人口）占总人口的比重来测度城市化水平。该指标反映了人口在城乡之间的分布关系，不是严格意义上的城市化水平（姚永玲，2020）。具体计算时，可以分为城市人口比重、非农业人口比重和城市户籍人口比重三种方式。

一是城市人口比重法。城市人口比重法是指在特定地区内，生活在城市地区的人口数与本地区总人口数之比。这种方法表征性强，便于进行统计，比较简便易行，便于国际比较，因而得到广泛应用。但在实际操作中，该方法还存在一些缺陷：①世界各国设市的人口标准有所不同，容易带来城市化水平的不合理差距；②城市人口统计的地域范围与城市实体的地理界线通常不一致，使得统计出的城市人口中包含了大量的农业人口，导致测出的城市化水平不真实；③该方法易受政治及社会突发因素等的影响，因而容易使城市化水平出现突变和非连续性；④城市人口的统计对象没有形成统一的标准。2004年以后，我国普遍采用城市常住人口（户籍人口和暂住人口）这一指标进行城市化水平的测度。

二是非农业人口比重法。该方法采用某一地区或城市的非农业人口占总人口的比重测度城市化水平。该方法把人口在经济活动中的结构关系，即城市经济结构、产业结构和劳动结构纳入城市化水平测度指标体系，比较科学地反映了生产力、生产方式以及经济要素等在城市化过程中的积极意义，比较准确地把握了城市化的经济意义和内在动因。但由于存在大量在城市从事各种各样工作的非户籍非农业人口，该指标与实际情况有很大偏离。

三是城市户籍人口比重法。该方法使用具有城市户籍的人口数占该地区总人口数的比重来测度城市化水平。就我国来说，由于户籍管理的特征，一个城市内有户籍人口也有非户籍人口，既有非农户籍人口也有农业户籍人口，而且，在城市化发展过程中，人口流动性较强，城市的实际居住人口通常超过户籍人口，因此，采用该方法得到的城市化水平数值往往小于采用城市人口比重法和非农业人口比重法得到的数值。2004年之前，我国主要采用该方法计算城市化水平。

2. 城市土地比重测度法

鉴于人口指标方法中的城镇人口的范围难以准确测量，并且不同时期镇的建制标准与城镇人口统计口径多变，有学者从城市化的其他含义去衡量城市化水平。例如，城市土地比重测度法使用城市建成区面积与该城市行政辖区面积之比，结合土地性质和地域范围来测度城市化水平。由于建成区不断变动，而城市行政界限相对稳定，采用该方法测度的城市化水平越高，越能反映城市开发的强度和扩张速度。由于统计上的困难，该方法的使用并不广泛，但随着遥感技术水平的提高和应用的普及，该方法将会有新的前景。

此外，也可以用一定时期内非城市用地（如农田、草原、山地、森林、海滩等）转变为城市用地（如工厂、住宅、文教等）的比率来说明城市化发展的速度。该指标对迅速成长的城镇密集地区具有较强的说服力，能够反映城镇和农村在地理景观上的分野，但忽略了人口密度的稠与稀所造成的城镇用地的紧与松。

3. 质量指标法

城市化质量是对一个城镇社会分工情况和专业化水平的描述。它把城市化看作在整个社会分工链条中，农业所占比例下降的过程，反映在统计上，就是传统产业部门（农业部门）在整个社会经济中比重的减少。根据恩格尔系数与商品化程度（即分工水平）相关的特点，有学者采用恩格尔系数衡量城市化水平，计算公式为

$$城市化水平 = 总人口 \times (1-恩格尔系数) / 总人口$$

城市化程度即分工程度，它是0到1之间的一个变化位置，可以在一定程度上解决城市化数量水平与质量水平不一致的情况。

（二）综合指标法

采用单一指标法反映城市化水平具有一定的片面性，因此，一些学者采用综合指标法从人口、经济、社会、生态等侧面对城市化进行评价。为了便于国家和地区间的横向和纵向比较，这四类指标均采用人均量计算。

日本学者稻永幸男等（1960）提出的"城市度"就是通过综合指标法来测量的。城市度由 5 类 16 个指标构成：①表示地域规模的指标，包括面积和人口总数；②表示位置的指标，即离东京市中心的距离；③表示经济活动的指标，包括年度财政收入、工业产品率、商店销售额、耕地面积、电话普及率；④表示静态人口的指标，包括第一、第二、第三产业人口，管理人口率，雇佣人口率；⑤表示动态人口的指标，包括人口增长率、通勤率、就业率等。

我国国家统计局与中国统计学会城市统计委员会构建的"城市发展指数"，也可以用来测度城市化水平。该指数包括：①经济与结构，含城市人均 GDP、第二产业和第三产业增加值占 CDP 的比重；②城市基础设施建设，含自来水普及率、家庭卫生设施普及率（污水排放设施普及率）、家庭电话普及率、人均铺装道路面积；③环境保护，含污水处理率、生活垃圾无害化处理率、人均公共绿地面积；④社会发展，含平均预期寿命、5 岁以下儿童死亡率、组合入学率、每 10 万人刑事和交通事故案件数；⑤城市居民生活质量，含恩格尔系数、人均住房使用面积、居民人均储蓄、人均生活用电量、人均邮电业务收入。

（三）复合指标法

复合指标法是将各种指标按照类型和级别划分，并具体计算和归纳后复合形成一个能全面反映城市化进程表征值的测度方法。复合指标法使用的指标通常包括的内容较全面，层级较多，体现了城市本身的演化过程，因此，多用于城市化质量的测度。但该方法混淆了城市化水平和城市发展水平两个概念，而且，由于研究目的不同，难以使指标体系标准化，指标的构成也很难完全科学，故通用性较差。

城市成长力系数就是一种复合指标。1971 年，日本学者在《地域经济总览》中提出了 10 项复合指标来测算"城市成长力系数"，具体包括总人口、地方财政年度支出额、制造业从业人数、商业人员人数、工业产品生产额、批发业零售额、零售业销售额、住宅建筑面积、储蓄额和电话普及率。在计算时，选择两个时间标准，分别计算城市上述 10 个指标在该时间段内的增减值，对照全国平均值换算成标准值后，进行 10 项指标的算术平均，所得结果即为该城市的成长力系数。

我国学者在采用复合指标时，直接使用人均 GDP 等构成的指标体系，把城市化作为一个区域经济的概念进行评价，然后采用一些分析方法计算出最后的指标值，以判断该地区的城市化水平（姚永玲，2020）。例如，王新娜（2010）根据城市化的内涵，

以及数据的可获得性、全面性、动态性以及可评价性等，用3项人口指标、3项景观指标、5项经济指标、6项社会指标、2项文化指标，构建了一套复合指标体系。

三、城市化发展的模式

（一）同步、过度以及滞后模式

按照城市化与工业化发展水平的协调关系，可将城市化划分为以下三种模式：

一是同步型城市化。该模式表示城市化进程与工业化和经济发展水平基本一致，呈正相关关系，城市化率与工业化率（工业劳动力占总劳动力的比重或工业总产值占GDP的比重）互相协调。这种城市化发展模式比较合理，可以进一步分为以欧美发达国家为代表的高水平同步型城市化，以及以亚非地区发展中国家为代表的低水平同步型城市化，两者的区别在于城市化和经济发展水平的高低不同。

二是过度型城市化。该模式指城市化水平明显超越工业化和经济发展水平，城市化既缺乏工业化的推动，也缺乏农业发展的支撑，主要依靠传统的第三产业推动，结果导致大量农村人口盲目地向城市，特别是大城市迁移，但城市又不能为日益膨胀的城市人口提供足够的就业机会和必要的生活条件，故而导致一系列城市问题，如贫民窟等。这种城市化模式不利于社会健康发展。

三是滞后型城市化。该模式指城市化水平落后于工业化和经济发展水平。M. Ran等（1989）指出，政府为了避免"城市病"的发生而采取限制城市化发展的措施，结果导致了工业分散化、离农人口"两栖化"、城市发展无序等现象。该类模式不利于推动现代化的进程。例如，我国在改革开放前，由于优先发展重工业，使工业化与城市经济获得快速发展，但农民职业转换和身份转化速度慢于工业化速度。

（二）小、中、大及协调发展模式

按照规模结构，可将城市化划分为以下四种模式：

一是小城镇模式。该模式立足于历史发展和现实国情、潜在的"城市病"、农村乡土观念、城镇对城乡经济发展的纽带作用以及"大城市病"等，强调重点发展小城镇。提出该模式的学者认为，小城镇是城市和乡村的集合点，可以把城、乡两个市场较好、较快地连接起来，具有为周围乡村提供生产资料和日常工业品的功能。发展小城镇，具有以下三重意义：①有利于农业的发展和农民生活需要的满足，促进农村第二、第三产业的发展；②有利于促进农产品的深加工和农村资源的转化，促进乡镇企业的发展和乡村城市化水平的提高；③有利于农村剩余劳动力的就地解决，提高农村劳动力转移效率，有效减轻大城市压力。

二是中等城市模式。提出该模式的学者强调大小城市的兼容性，认为中等城市是我国城市化发展中的关键一环。中等城市既可以发挥工业生产和城市经济的集聚效应，又可以避免大城市人口过于密集的弊端；中等城市处于未来升为大城市的特殊地位，发展潜力巨大，流动人口进入城市的门槛相对较低；中等城市易于吸引大城市中结构性剩余的科技力量、设备和资金，有利于国民经济中资源的合理配置和产业结构调整。综上所述，城、乡生产要素在中等城市结合，能够产生新的生产力，成为国民经济发展的巨大动力。

三是大城市模式。提出该模式的学者主要针对发展小城镇存在规模效益、聚集效益不足以及资源浪费、环境污染、重复建设等"小城镇病"，提出大力发展大城市可以充分发挥资源效益、城市基础设施效益、规模效益、聚集效益，节约利用土地资源，发挥国家发展中的区域经济中心作用，推动第三产业的发展，促进环境污染的集中治理。同时指出，优先发展大城市符合世界城市化规律。例如，弗朗斯根据法国的时间序列数据进行的实证研究表明，顶级城市优先城市化是区域城市化早期和中期快速发展的必然特征。

四是大中小城市协调发展模式。提出该模式的学者立足于中国人多地广、资源相对不足、工业化水平低等基本国情，认为中国不可能采取单一战略模式来解决城市化问题。不同规模的城市承担着不同的社会经济职能，应跳出城市规模的单一考虑，充分发挥不同规模城市间的互补性，促进城市群的发展。

（三）政府主导与市场主导模式

按照规模结构划分，城市化有政府主导型和市场主导型两种模式。

一是自上而下的政府主导型城市化。该模式是指政府在城市化过程中充当组织者与发动者，依据国民经济和社会发展的总体布局，统一规划城市建设与城市化布局，制定城市产业发展、基础设施等建设规划（巴春生，2004）。该模式主要通过国家大型企业或重点项目建设、新型工业城市的建立和发展、既有城市经济发展的扩散等途径将农村剩余劳动力转移到城市或新工业镇，会受到国家财力、物力状况，国家工业化发展速度和工业技术构成，农业剩余劳动力数量和素质等因素的制约。

二是自下而上的市场主导型城市化。该模式是指人口与要素在城乡之间迁移和聚集、城市结构的内部调整和外部扩张、城市之间的竞争与协调以及城乡关系调整等过程中，依靠市场机制发挥决定性作用来推动城市化进程（曾宪鸣，2006）。这一模式的城市化过程，主要通过调整农业内部产业结构、发展乡镇企业、发展个体工商企业、劳务输出等方式形成非农产业，但有一定的自发性和盲目性。

除此以外，还可以按照所处的发展阶段不同，将城市化分为集中型和分散型；按照城市空间布局结构不同，将城市化分为网络型和据点型；按照地域选择的模式不同，将城市化分为移地式和就地式；按照驱动因素不同，将城市化分为被动式和主动式等。

资料链接 10-1　城市化过程的实质是一种空间生产过程

| 作者：汪聪聪
来源：微信公众号"城市怎么办"
时间：2022-03-21 | 通过微信扫码在公众号
"城市经济学"中阅读 |  |

第二节　城市化产生与发展的经济分析

一、城市化产生与发展的经济动力

城市化的产生和发展是一个历史过程，需要在一定的动力作用下才能实现。综合国内外城市化演进过程中的研究进展，城市化的动力机制呈现出多样化的特点，受到经济、社会、政治和文化等诸多因素的影响，如图 10-1 所示。城市化的驱动客体是从乡村转移到城镇的农民，实现农村居民市民化是城市化的过程表现。城市化的驱动主体包括市场和政府，学术界比较认同的驱动力为经济增长、产业结构升级，以及政府与制度的作用。在各种驱动力的作用下，受到比较利益驱动，以及农村和城市的"推""拉"作用机制，完成城市化进程。其中，驱动动力源是核心。

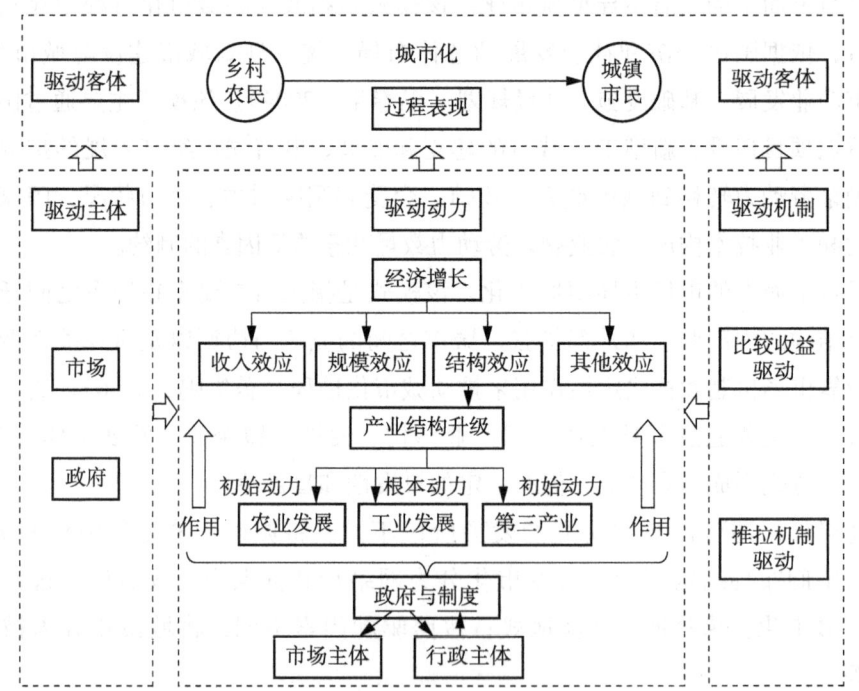

图 10-1　城市化的动力机制

(一) 经济增长与城市化

兰帕德（E. E. Lamnpard，1955）指出，经济发展与城市化阶段具有很强的一致性。诺瑟姆（R. M. Northam，1979）用实证的方法证明了城镇化和经济增长的正相关性，指明经济发展是城镇化的主要动力。

李善同（2018）指出，经济增长对城市化的促进作用主要通过以下四个效应体现：

一是收入效应。农村人口有机会在城市获得就业机会，提高收入水平，由此不断向城市转移，这让农村剩余人口能够获得更多的可支配土地资源，收入进一步提高，从而使城乡二元结构得到改善。经济增长带来的收入效应是促进农村人口市民化的重要条件。

二是规模效应。随着经济增长，一方面，居民收入不断提高，私人消费水平随之提高，为企业扩大生产、实现规模经济提供了基础，也促使各种要素加速集聚，另一方面，政府收入增加，使得公共服务领域投资加大，城市公共服务供给水平提高，从而吸引更多要素向城市聚集。可见，经济增长带来的规模效应会加速要素聚集，促进城市化发展。

三是结构效应。经济增长也是结构升级的过程。由于城市产业结构的升级，城市化在不同阶段的发展呈现出不同的驱动力源。在初级阶段，工业化是城市化发展的主要驱动力；在发展和成熟阶段，服务业逐步取代工业成为城市化的主要驱动力。

四是其他效应。城市经济增长会带来住房、教育、养老及医疗水平的提高，也推动城市生活更加便利和多元化，促使人口由农村向城市转移。"无论是国内还是国际移徙，95%的人出于经济原因或者为追求美好生活而进入城镇地区"（克洛斯，Joan Clos，2016）。

(二) 产业结构升级与城市化

在传统经济向现代化迈进的过程中，必然会出现产业结构变革，引发利益比较，从而驱动城市化。威廉·配第（William Petty，1691）指出，英国、荷兰的工业收益高于农业、商业收益高于工业，这种比较收益驱使劳动力从农业部门流向非农业部门。科林·克拉克（Colin Clink，1940）、库兹涅茨（Simon Smith Kuznets，1971）和钱纳里（Hollis B. Chenery，1986）的研究表明，随着经济发展，劳动力首先从第一次产业向第二次产业转移，当人均国民收入进一步提高时，劳动力又会从第一、第二产业向第三次产业转移。

从"推拉"机制驱动城市化来看，马卜贡杰（Mabogunje，1970）提出，城市化最根本的动力来源于城镇拉力和乡村推力。在工业化的过程中，城市工业的发展提供了大量的就业机会，把农村劳动者"拉"进城，同时农业生产剩余"推"着大量农村人口涌入城市（吴海林，2001）。可见，"推拉"机制驱动城市化与产业结构的演变息息相关（见表10-1）。

表 10-1 城市化不同阶段的产业结构驱动机制

发展阶段	主要特征	产业结构驱动机制
初级阶段	发展速度比较缓慢；城市规模小、数量少；城市扩张表现为"量"的扩张，即外延式增长	工业化是城市化的基本动力；第二、第三产业吸纳劳动力数量增加；资本、技术等资源匮乏阻碍城市化发展
发展阶段	发展速度较快；城市在外延扩张的同时也开始了内涵扩张	工业化仍是城市化的重要动力；第三产业的推动力逐渐减弱；资本、技术等资源约束机制得到缓解
成熟阶段	发展速度趋于平缓；城市化主要表现为"质"的扩张，即内涵扩张	第三产业已经成为主要的后续动力；完善的资源配置方式和市场机制能够有效地促进城市化继续发展

资料来源：李善同. 城市化中国：新阶段、新趋势、新思维 [M]. 北京：中国财经出版传媒集团，2018.

（三）政府、制度与城市化

政府是城市化的重要参与者。奥沙利文（2003）指出："并非所有城市的发展都是企业区位竞争的结果，有些城市的形成和发展中城市政府的作用非常重要。"城市政府会通过参与市场活动影响城市空间结构，也会通过行政手段（提供公共服务、建设基础设施、规划城市布局等）影响城市化的进程。

更为重要的是，政府会通过制定制度和政策影响城市化。以罗纳德·科斯（Ronald H. Coase）和道格拉斯·诺斯（Douglass C. North）为代表的新制度学派认为，现实中的人在现实制度的约束下从事社会经济活动。迈克尔·塞伯格等（Michael C. Seeborg et al., 2000）指出，国家在农村和城市地区的发展政策会保证劳动力市场的统一，并为众多城乡移民开辟新的就业机会，从而促使城市化顺利完成。

以我国城市化为例。改革开放以前，为了建立现代工业体系，我国选择了重工业优先发展的模式，使得城市非农产业就业机会有限，甚至出现逆城市化（Anti-Urbanization）现象，城市化水平相对于工业化水平明显滞后。在计划经济体制下，国家实行严格的户籍管理制度，导致农村居民难以向城市转移，城市化发展缓慢。改革开放以后，根据市场需求和消费导向，我国提出发展轻工业和第三产业，劳动密集型产业迅速发展，使劳动力从农业生产中转移出来。随着农村家庭联产承包责任制的推行，农村剩余劳动力和农业剩余产品大量流向非农产业。"推拉"机制有力地推动了城市化的进程。此外，实施对外开放战略，使得外向型经济相关的工业在沿海地区迅速发展起来，吸引了大批农村居民到沿海地区就业，也促进了沿海地区经济和城市化的发展。

二、城市化发展的规律及经济解释

（一）城市化发展的时间规律

城市化发展的时间规律表现为城乡人口随着工业化进程发展的有序变化而呈现出来的阶段性特征，经济学家称之为城市化阶段。

城市化阶段的规律主要有以下两种阐释：

一是范登堡提出的城市化阶段规律。英国学者范登堡依据产业结构变化的三个阶段，将城市化分为三个阶段：第一阶段是典型的城市化阶段，工业发展迅猛，城市数量增加迅速，社会经济结构明显向城市集中，尤其是向大城市集中。集中性是该阶段的主要特征。第二阶段是市郊化，即城市性质的外延和扩散阶段。城市经济活动向城市郊区和农村地区延伸，重点是城市质量的提高。分散性是该阶段的重要特征。第三阶段逆城市化与内域的分散，即居民和厂商离开市中心，选择更接近自然环境的地区居住和生活，从而使市中心衰败。这是社会生产力高度发达的结果，也是富裕阶层更加追求生活品质所致。

二是城市化发展的"S"形增长规律。诺瑟姆（R. M. Northam, 1979）通过对英、美等国家100~200年的城市人口占总人口比重的变化数据，提出将城市化进程按照"S"形曲线分为三个基本阶段：初期阶段，城市化率在30%以下，工农业生产水平较低，工业提供的就业机会和农业释放的剩余劳动力都很有限，城市化发展较为缓慢；中期阶段，城市化率为30%~70%，此时工业基础比较雄厚，农业生产率大幅提高，工业快速发展能够为农村剩余劳动力提供大量工作机会，从而使城市化加速发展；后期阶段，城市化率超过70%，农业人口比重较低，农业生产必须维持社会需要的规模，城市化发展又趋于平缓。该阶段的主要特征是工业经济向服务经济转变，城市化质量提升。图10-2呈现了一个国家或地区城市化的"S"形发展规律。

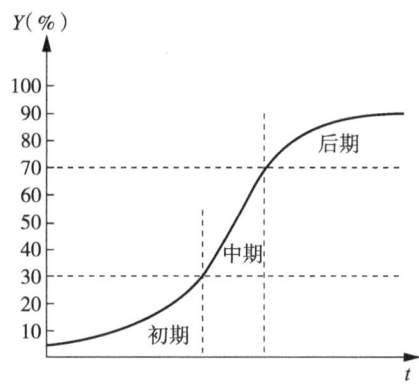

图 10-2　城市化发展的"S"形曲线

关于"S"形曲线，清华大学谢文蕙、邓卫（1996）提出的数学表达式为

$$Y=\frac{1}{1+Ce^{-rt}}$$

其中，Y 为城市化水平；C 为常数，C 越小，表示城市化起步越早，反之，则越晚；t 为时间；r 为积分常数，r 越大，表示城市化发展越快。

（二）城市化的空间规律

从空间维度看，城市化规律表现为由城市聚集与扩散机制所决定的城市与区域经济运动规律。聚集效应是指各种产业和经济活动因空间集聚所产生的经济效果，以及吸引经济活动向一定地区靠近的向心力，是导致城市形成和扩大的基本因素。扩散效应是指所有经济扩张中心周围的地区，随着扩张中心地区基础设施的改善，从中心地区获得资本、人才等，进而得到更快的发展，逐步赶上中心地区。

集中型城市化和扩散型城市化。聚集和扩散是城市经济区域形成和发展的内在机制。中心城市的能量聚集和扩散，是一个连续的、不断发展的过程。在这个过程中，聚集和扩散具有不可分割的内在联系。简单地说，扩散必须以一定程度的聚集为基础，聚集到一定程度也必然产生扩散，而扩散又会增强新的经济活动的聚集力。聚集过程导致集中性城市化，扩散过程导致扩散型城市化，即集中是城市人口密度的增加，扩散是城市范围的扩展。从时空脉络来看，集中型城市化是城市化前期的主要地理特征，扩散型城市化是城市化后期的主要地理特征。

如图10-3所示，在初期发展阶段，城市人口和密度会增加，城区不断扩大；在中前期阶段，一般是集中型城市化和扩散型城市化相结合发展，这时城市范围在不断扩大，原有城区人口虽也有一定增长，但增长速度不如新发展区；在中后期阶段，市中心区城市人口会减少，人口密度会降低，城市影响区范围会扩大。

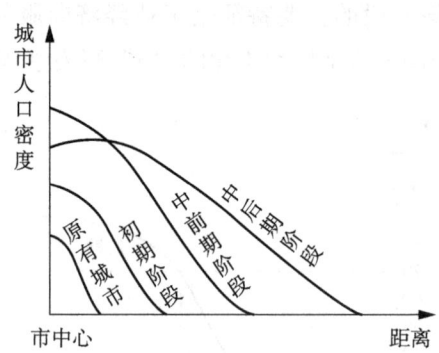

图10-3 集中型与扩散型城市化的特征

（三）城市化的质量规律

城市化的发展包括城市化水平和城市化质量两方面。城市化水平主要表现在城市人口占总人口比重的变化、城市（镇）数量和城市规模的变化等方面；而城市化质量主要表现在城市经济、社会及空间的演变和发展方面，是衡量特定区域城市化速度是否合理、人口城市化过程是否健康、经济城市化过程是否高效、社会城市化过程是否和谐公平的一项重要指标。城市化发展速度与质量的关系如图10-4所示，其互动机理如下（王德利，2013）：

城市化初期阶段（$t_0 \sim t_1$）：城市化速度较慢，质量不高，是以农业生产为主的时期，农业生产对资源、能源及生态环境的占用较少，经济、社会城市化发展质量较低，空间城市化保障能力较强。

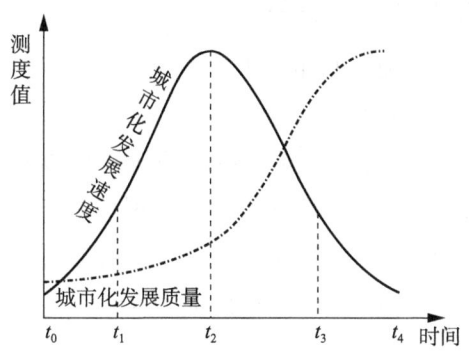

图 10-4　城市化发展速度与质量的关系

城市化中前期阶段（$t_1 \sim t_2$）：城市化速度较快，但城市化水平的提高意味着城市的资源需求增加，经济发展代价加大，社会保障程度较低，资源环境破坏较严重，因而发展质量不高。

城市化中后期阶段（$t_2 \sim t_3$）：在城市化快速增长的同时，也出现了诸多城市问题。该阶段城市化的质与量均发展较快，但质速提升高于量速提升。

城市化后期阶段（$t_3 \sim t_4$）：城市化发展速度继续降低甚至停滞，这一阶段注重城市化发展质量的提高。

三、城市化发展对城市经济的影响

（一）城市化、资源流动与经济增长

城市化能够促进劳动力合理流动，为优化产业结构提供条件。城市化是调整产业结构和就业结构的途径和手段，是劳动力资源配置的调节器。劳动力流动的一般趋势和城市化水平相吻合，这种流动能够带动落后产业和先进产业的发展，从而优化城市产业结构。

城市化通过资源流动形成地域分工，促进经济区的形成和发展。这些经济区以城市为中心并以城市体系为经济区内经济网络关系的骨架，通过经济区中心城市不断向外拓展辐射，从而获得更大的发展空间。

城市化能够促进城市现代化，从而形成经济增长极。城市化伴随社会分工和市场经济的发展而发展，能够促进传统城市向现代化城市转型。丁健（2001）指出，城市化推动城市规模沿"集镇—小城市—中等城市—大城市—特大城市—城市圈、群"的轨迹扩张，促使城市功能从单一功能发展为综合功能，同时促使城市从单中心变为多中心，从而成为国民经济增长极。

城市化过程也是城市经济发挥辐射作用、促进周边农村地区经济发展的过程。城市化传播先进生产方式，促进科学技术在周边农村地区的广泛传播和应用，促使劳动生产率和经济效益大幅度提高。

（二）城市化、集聚效应与经济增长

城市化促使地区经济、信息、技术、人才等资源进一步聚集，产生聚集经济效应。从产业集聚来看，地理空间上的企业数量和种类的累积，可以通过规模效应降低生产成本，带动经济效益的提高，地理位置上距离的缩小可以降低运输成本，促进企业间的交流、沟通与合作，从而促进城市和经济发展。对于产业集聚程度，一般通过空间基尼系数、行业集中度等方式来测算。人才集聚通过科研机构和高等院校来实现。人才聚集使城市发展具备理论知识和技术支撑，为加快城市经济发展提供人才保障。

（三）城市化、需求效应与经济发展

城市化带来人口集聚，而从需求角度来看，将会产生对消费品和公共品的规模化需求效应。城市化的实践经验表明，城镇化水平每提升1个百分点，将会带来人均国民收入的明显增长，这其实就是城市化扩大内需的本质体现（何立春，2015）。农民变市民的过程不仅仅是农民简单地由农村迁往城镇、向城镇空间的大量集聚，还表现为农民身份和职业的转变，这种转变势必会激发对城镇的消费品（主要是私人产品）和公共品更大的需求。然而，这些消费品和公共品的供给存在着明显的规模效应，消费者数量的增加和消费能力的增强也会在某种程度上降低这些消费品和公共品的边际成本，进一步扩大内需，有助于把农村的潜在消费市场变成现实的消费市场。

资料链接 10-2　城市化为什么重要？城市经济学的视角

作者：陆铭 来源：转自微信公众号"乡村发现" 时间：2019-10-09	通过微信扫码在公众号 "城市经济学"中阅读	

第三节　我国新型城镇化及其新发展

一、新型城镇化的内涵与特征

（一）中国新型城镇化的提出

2012年12月，中央经济工作会议首次提出"要把有序推进农业转移人口市民化作为重要任务抓实抓好。要把生态文明理念和原则全面融入城镇化全过程，走集约、智能、绿色、低碳的新型城镇化道路。"2014年的《国家新型城镇化规划（2014—2020年）》明确指出："我国城镇化是在人口多、资源相对短缺、生态环境比较脆弱、城乡区域发展不平衡的背景下推进的，这决定了我国必须从社会主义初级阶段这个最大实际出发，遵循城镇化发展规律，走中国特色新型城镇化道路。"

2021年及之后，《国家新型城镇化规划（2021—2035年）》《"十四五"新型城镇化实施方案》等规划及政策文件相继发布。目前，新型城镇化的理念已经深入到城市经济发展的主要环节，推动着我国的城乡融合、城镇化空间布局和形态的优化以及新型城市建设，并形成了中国式的新型城镇化建设制度，为我国城市经济的转型升级提供了动力和支持，也是实现我国区域与城市经济高质量发展的主要形式。

（二）新型城镇化的基本内涵

对于新型城镇化的内涵，学术界进行了深入研究。仇保兴（2012）提出，新型城镇化建设应实现以下转变：一是从城市优先发展的城镇化转为城乡互补协调发展的城镇化；二是从高能耗的城镇化转向低能耗的城镇化；三是从数量增长型的城镇化转为质量提高型的城镇化；四是从高环境冲击型的城镇化转向低环境冲击型的城镇化；五是从放任式机动化相结合的城镇化转向社会和谐的城镇化。魏后凯（2014）认为，中国特色的新型城镇化道路立足中国人多地少、人均资源不足，城乡区域差异大的基本国情，坚持以人为本、集约智能、绿色低碳、城乡一体、四化同步，走多元、渐进、集约、和谐、可持续的特色新型城镇化道路，逐步形成资源节约、环境友好、经济高效、社会和谐的城镇化健康发展新格局。单卓然、黄亚平（2013）提出，新型城镇化具有民生、可持续发展和质量三大内涵，每个内涵都可以从经济、社会、体制制度和城镇建设四个方面来解读，见表10-2。

表10-2 新型城镇化的内涵

三大内涵	不同层面	具体内容
民生	经济	收入差距、农村人均纯收入、城镇居民人均可支配收入
	社会	福利水平、社会保障能力、医疗服务水平、教育水平、老年群体及弱势群体关注度
	体制制度	户籍、土地、行政管理、城乡统筹、收入分配
	城镇建设	生态建设、公共服务均等化、基础设施覆盖率、保障房
可持续发展	经济	产业转型与升级、现代农业、现代服务业发展、产业结构调整
	社会	文化事业、社会网络、非政府团体机构
	体制制度	服务型政府、民营经济、财政及财产公开
	城镇建设	低碳理念、历史文脉、绿色建筑、垃圾循环、新能源、新材料
质量	经济	区域协调一体化、低污染、低能耗、低排放
	社会	综合素质、土地节约集约、环境质量、服务便捷、品质生活
	体制制度	门槛调整、准入制度、监管制度
	城镇建设	速度与质量、土地节约集约、环境质量、服务便捷、品质生活

综上所述，新型城镇化内涵广泛，学者们的理解各异。权威的新型城镇化概念，我国的规划文件已有定义。《国家新型城镇化规划（2014—2020年）》明确提出：新型城镇化就是以人的城镇化为核心，以城市群为主体形态，以综合承载能力为支撑，以体制机制创新为保障，以人为本、四化同步、优化布局、生态文明、文化传承的中国特色的城镇化。新型城镇化的目的在于"促进经济转型升级和社会和谐进步，为全面建成小康社会、加快推进社会主义现代化、实现中华民族伟大复兴的中国梦奠定坚实基础"。

（三）新型城镇化的主要特征

新型城镇化的特征，体现在它与传统城镇化的区别上。这方面的区别，学术界进行了较为全面的分析，比较有代表性的学术观点见表10-3（新玉言，2013）。

表10-3　新型城镇化与传统城镇化的区别

项目	新型城镇化	传统城镇化
发展理念	以人为本，人是城镇的主体	更追求物质财富的增加
核心内容	人口转移和结构转型相结合，强调地区经济结构由传统社会向现代社会转型	更多关注人口由农村向城市的空间转移
发展方式	坚持集约化、生态化的可持续发展方式	以粗放型为主
基本动力	以新型工业化为支撑，注重产业的合理布局与配套集群发展，发挥先进制造业、战略性新兴产业以及现代服务业的驱动作用	通过招商引资和工业园区、开发区建设推进工业产业发展，现代服务业相对落后
空间结构	强调居住和生活空间的营造和完善，以及城镇功能的提升。促使城镇地理空间优化、中心城镇与卫星城镇共同繁荣，推动形成紧凑高效的城镇空间格局	存在摊大饼式及无序蔓延的情况，注重产业功能的空间扩张，忽视生活功能空间配套和完善，导致城镇功能缺失与紊乱
城乡关系	坚持统筹城乡发展，把城市化与新农村建设、促进农村人口转移和发展农村经济结合起来，促进共同繁荣和共同富裕。实现城乡合作，促进外来人口市民化	有重城轻乡现象，城乡二元结构明显，城镇的成长繁荣与农村的落后衰败并存，城乡居民收入和福利待遇差距较大
区域观念	顺应区域和城镇竞争发展的新趋势，破除行政壁垒，引领区域一体化发展	区域城镇间缺乏功能性区分、产业同构、资源配置低效，削弱了城镇群的综合竞争能力

事实上，《国家新型城镇化规划（2014—2020年）》对新型城镇化特征的总结，就是"以人为本、四化同步、优化布局、生态文明、文化传承"。这五个方面能够很好地把新型城镇化与传统城镇化区别开来。

二、我国新型城镇化建设成就

（一）城镇化"以人为本"得到体现

传统城市化中人口城市化落后于土地城市化的现象得到改善。统计数据显示，

2006—2012年，我国城市建成区面积年均增长率为5.18%，而城区人口规模年增长率为1.77%，即土地城市化速度为人口城市化速度的近3倍；2013—2020年，城市建成区面积年均增长率为3.65%，城区人口年均增长率为2.27%，土地扩张速度与城市人口增速之比下降至1.61。

户籍人口城市化落后于常住人口城市化的现象得到缓解。2021年，我国常住人口城镇化率达到64.72%，户籍人口城镇化率提高到46.7%，比上年提高1.3个百分点，高于常住人口城镇化率0.83个百分点的提高幅度。这是"十三五"以来两个城镇化率首次缩小差距。目前，城区常住人口300万以下城市的落户限制基本取消，城区常住人口300万以上城市的落户条件有序放宽。同时，常住人口享有更多更好的城镇基本公共服务。

城乡二元结构得到优化。2021年，城乡居民收入比由上年的2.56降至2.50。城乡统一的居民基本养老保险和医疗保险制度基本建立，绝大多数县实现县域义务教育基本均衡发展，县域内就诊率超过九成，乡村两级医疗机构和人员"空白点"基本消除。城乡基础设施一体化步伐加快，生活垃圾进行收运处理的行政村比例超过90%。

（二）"四化同步"建设取得突破

"四化同步"是指工业化、信息化、城镇化、农业现代化同步发展。"四化同步"是我国现代化建设的核心内容。近十年，"四化同步"发展成效主要包括：城镇化与工业化发展较为协调。2021年全国统计公报显示，2021年全国人口城市化率达到64.7%，与工业化率的比值为1.64，处于合理区间，城镇化与信息化融合度提升。2023年8月，中国互联网络信息中心（CNNIC）发布的第52次《中国互联网络发展状况统计报告》显示，截至2023年6月，我国网民规模达10.79亿人，互联网普及率达76.4%；5G基站总数达293.7万个，全面实现"县县通5G"；万物互联基础不断夯实，融合应用不断涌现，"5G+工业互联网"快速发展。城镇化与农业发展不平衡态势得到优化。根据《2021年度人力资源和社会保障失业发展统计公报》和《2021年全国机械化发展统计公报》，2021年全国第一产业从业人员占比22.95%，土地流转面积5.32亿亩，农作物耕收综合机械化率达到72.03%。

（三）城镇空间布局持续优化

我国城市群和都市圈承载能力稳步提升。京津冀协同发展、长三角一体化发展、粤港澳大湾区建设扎实推进，成渝地区双城经济圈建设势头强劲，长江中游、北部湾、关中平原等城市群加快发展。统计数据显示，2020年，中国19个城市群的空间面积约300万平方公里，常住人口规模约11.5亿人，创造的地区生产总值高达90万亿元，相当于以1/3的国土面积承载全国八成以上人口，产出近90%的国内生产总值。

东、中、西部地区城镇化失调现象得到扭转。2010—2020年，东部、中部和西部地区的城镇化率分别从60%、44%和41%上升至71%、59%和57%。苏红键（2022）

指出，全国各省份城镇化率的标准差从14.7下降至11.1，各省份城市化建设差距进一步缩小。

三、新型城镇化的战略任务与新发展

（一）新型城镇化的战略任务

2022年7月，国家发展改革委印发《"十四五"新型城镇化实施方案》（发改规划〔2022〕960号）。根据该方案，新城城镇化的战略任务主要包括以下五个方面：

第一，推进以人为本的城市化。放开放宽除个别超大城市外的落户限制，试行以经常居住地登记户口制度；建立基本公共服务同常住人口挂钩、由常住地供给的机制；聚焦智能制造、信息技术、医疗照护、家政、养老托育等用工矛盾突出的行业和网约配送、直播销售等新业态；保障随迁子女在流入地受教育权利；建立劳动者平等参与市场竞争的就业机制；健全中央和省级财政农业转移人口市民化奖励机制。

第二，推动协调发展的城市化。健全中央和省级财政农业转移人口市民化奖励机制；依托超大特大城市及辐射带动能力强的Ⅰ型大城市，以促进中心城市与周边城市（镇）同城化发展为导向，以1小时通勤圈为基本范围，培育发展都市圈；在城市群和都市圈内探索经济管理权限与行政区范围适度分离，建立跨行政区利益共享和成本共担机制；大中城市充分发挥资源和产业优势，承接符合自身功能定位、发展方向的超大特大城市产业转移和功能疏解；依托资源禀赋和区位条件，推动要素条件良好、产业基础扎实、发展潜力较大的小城市加快发展，培育发展特色优势产业，持续优化公共服务供给。

第三，推动新型城市建设的城市化。推进优质教育资源均衡配置、优化公交地铁站点线网布局，完善"最后一公里"公共交通网络；建立多主体供给、多渠道保障、租购并举的住房制度；重点在老城区推进以老旧小区、老旧厂区、老旧街区、城中村等"三区一村"改造为主要内容的城市更新改造；落实生态保护红线、环境质量底线、资源利用上线和生态环境准入清单要求；保护历史文化名城名镇和历史文化街区的历史肌理、空间尺度、景观环境。

第四，推动政府善治的城市化。全面完成城市国土空间规划编制，划定落实耕地和永久基本农田、生态保护红线和城镇开发边界；促进城镇建设用地集约高效利用，实行增量安排与消化存量挂钩，严格控制新增建设用地规模；健全城市基层社会治理体系；坚持和发展新时代"枫桥经验"，构建源头防控、排查梳理、纠纷化解、应急处置的社会矛盾综合治理机制。

第五，推动城乡融合发展的城市化。鼓励各级财政支持城乡融合发展，推动规划设计师、建筑师、工程师"三师入乡"；统筹县域城镇和村庄规划建设，实现县、乡、村功能衔接互补，强化基本公共服务供给县、乡、村统筹，增加乡村教育、医疗、养老等服务供给；发展县域经济，构建以现代农业为基础、乡村新产业新业态为补充的

多元化乡村经济。

(二) 新型城镇化的战略重点

当前，我国正逐步形成"城市群—中心城市—大中小城市协调发展—特色小镇—乡村振兴"统筹发展的格局，都市圈是这个格局中具有枢纽地位的重要一环。建设以中心城市为核心的都市圈，可以实现大中小城市协调发展，促进城市与特色小镇建设、乡村振兴战略联动，实现人口分布与产业空间分工的优化协调配置（尹稚，2019）。随着经济发展水平的提高和构建新发展格局的推进，特别是产业基础高级化和产业链现代化的深入发展，经济循环的都市圈化水平不断提高，表现在两个层面：一是经济都市圈化，主要通勤生活城市圈与周边市县经济一体化，形成经济都市圈，建设现代化都市圈已经成为国家战略；二是城市群与周边地区经济一体化，形成产业体系和经济体系相对完整、各具特色的经济大区-城市群经济圈。推进高质量新型城镇化的新一轮发展，其战略重点在于都市圈化（杨开忠，2022）。

《国家新型城镇化规划（2021—2035年）》明确提出，"提升城市群一体化发展和都市圈同城化发展水平，促进大中小城市和小城镇协调发展，形成疏密有致、分工协作、功能完善的城镇化空间格局""有序培育现代化都市圈""健全城市群和都市圈协同发展机制""推动超大特大城市转变发展方式""提升大中城市功能品质""增强小城市发展活力""推进以县城为重要载体的城镇化建设"等。国家的城市群和都市圈建设，必将有力推进我国新型城镇化的进一步高质量发展。

(三) 新型城镇化与数字经济的融合

数字经济的核心驱动力是信息与通信技术（ICT），这些技术应用能够助推经济集聚、激发绿色创新，与新型城镇化资源集约、低碳环保的主旨不谋而合。根据杨瑞等（2022）的研究，从直接影响来看，数字经济不仅可以改善城镇"硬设施"，即在改造传统城镇的同时，加快新型基础设施建设，促进城镇综合承载能力的跨越式发展，还可提升城镇"软环境"，即转变民众的生产生活理念，打通就业、医疗、教育等领域的信息系统与数据资源，促进治理能力和治理体系现代化。从间接影响来看，数字经济具有很强的就业吸纳能力，可通过效率变革激活消费市场，激发城镇创业活跃度，推动城市空间结构和层级体系发生巨大变化，提升公共服务供给质量，从生产、生活、生态三个方面驱动城市绿色转型。

从未来发展看，王常军（2021）指出，应把数字经济发展战略与新型城镇化战略有机统一起来，推动数字经济与新型城镇化深度融合，将数字科技广泛应用于我国现代城镇建设之中，让新型城镇更好承载数字经济的发展，发挥二者合力，推动我国经济社会持续健康发展，如图10-5所示。

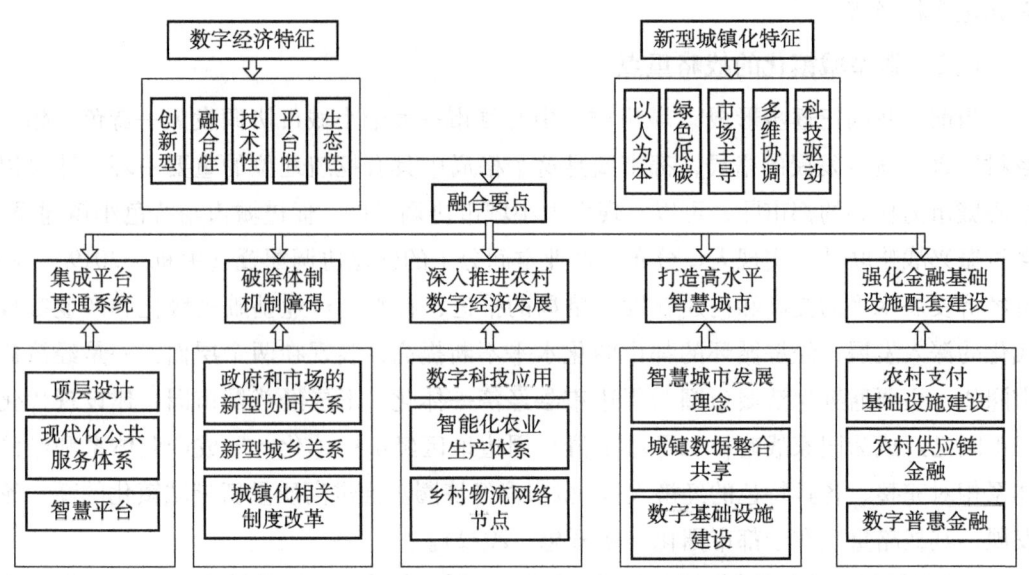

图 10-5　数字经济与新型城镇化的特征及融合实现要点

资料来源：王常军．数字经济与新型城镇化融合发展的内在机理与实现要点［J］．北京联合大学学报，2021（7）：116-124．

资料链接 10-3　我国"十四五"新型城镇化实施方案

作者：国家发展改革委 来源：微信公众号"国家发展改革委" 时间：2022-06-21	通过微信扫码在公众号"城市经济学"中阅读	

本章小结

　　城市化的产生和发展是一个历史过程。城市化的本质是在城市与区域经济发展到一定阶段后，城乡空间资源的新流动、再生产、再组合、再配置、新消费和再优化。测度城市化水平的方法有单一指标法、综合指标法和复合指标法三类。

　　城市化是在经济增长、产业结构优化和政府制度推动下产生和发展起来的，有不同的发展模式，也有自身的发展规律，包括时间（阶段）规律、空间规律和质量规律。城市化通过资源流动、集聚效应和需求效应影响城市经济增长与发展。

　　党的十八大以来，我国深入推进以人为核心的新型城镇化战略，坚定不移走中国特色新型城镇化道路，人民群众的幸福感、获得感、安全感不断增强。在新的历史时期，我国新型城镇化有新的战略任务和战略重点，也将进一步与数字经济融合发展。

　　关键词：城市化；同步型城市化；过度型城市化；滞后型城市化；政府主导型城市化；市场主导型城市化；集中型城市化；扩散型城市化；新型城镇化

问题与应用

1. 简述你对城市化经济学含义及其本质的认识。
2. 以某个城市或城市群为例,设计复合指标并计算其城市化水平。
3. 简述城市化发展的不同模式。
4. 谈谈你对城市化产生与发展的经济动力的理解。
5. 试论述城市化演进的"S"形曲线的规律及其经济解释。
6. 谈谈你对城市化演进空间规律的理解,并结合自己了解的城市进行分析。
7. 试论述城市化发展对城市经济的影响。
8. 什么是新型城镇化?它与传统城市化有何区别?
9. 试论述我国新型城镇化战略及其新发展。
10. 阅读资料链接中的资料,并分组进行讨论。

参考文献与推荐阅读

[1] 杨佩卿. 中国式现代化场阈数字经济赋能新型城镇化研究 [J]. 西北大学学报(哲学社会科学版), 2023, 53 (4): 168-182.

[2] 陆杰华, 韦晓丹. 以人为核心的新型城镇化战略内涵、障碍与应对 [J]. 北京社会科学, 2023 (7): 107-117.

[3] 赵永平, 王可苗, 蒲若馨. 以人为核心的新型城镇化动力机制及其空间效应分析 [J]. 山东财经大学学报, 2023, 35 (4): 95-107.

[4] 洪银兴, 陈雯. 由城镇化转向新型城市化:中国式现代化征程中的探索 [J]. 经济研究, 2023, 58 (6): 4-18.

[5] 张东超, 焦方义, 郑茜月. 新型城镇化的经济高质量发展效应研究——理论机制与模型构建 [J]. 技术经济与管理研究, 2023 (6): 87-93.

[6] 解安, 林进龙. 新型城镇化:十年总结与远景展望 [J]. 河北学刊, 2023 (1): 115-126.

[7] 徐振华, 慈福义, 张佳文. 数字经济、绿色创新与新型城镇化时空耦合分析 [J]. 统计与决策, 2023, 39 (15): 94-99.

[8] 刘秉镰, 高子茗. 城市群空间结构视角下中国式城镇化的内涵、机制与路径 [J]. 西安交通大学学报(社会科学版), 2023, 43 (4): 11-22.

[9] 何育静, 张臣臣. 空间视角下数字经济对新型城镇化质量影响研究 [J]. 区域经济评论, 2023 (3): 53-63.

[10] 王常军. 数字经济与新型城镇化融合发展的内在机理与实现要点 [J]. 北京联合大学学报, 2021 (7): 116-124.

第十一章　城市增长与我国城市的创新发展

城市增长及其依托的城市经济活动是 21 世纪全球变化的主要驱动力量。城市增长过程中的创新，推动城市快速发展，也是城市形成较强比较优势的支撑。通过本章的学习，可以在城市化发展思路的基础上，形成城市发展的创新理念，突破城市发展的传统思维，为后续章节的学习打下基础。

第一节　城市增长与发展的机制与模型

一、城市增长与城市发展

（一）城市增长的内涵

城市增长没有统一、严格的定义。学术界有关城市增长的定义一般与城市化、城市空间结构、空间增长、城市经济增长和城市人口增长等联系在一起。《新帕尔格雷夫经济学大辞典》中对城市增长的定义为"在城市规模分布演化过程中，城市集聚区域的扩张与衰退"（约翰·伊特维尔等，1992）。该辞典关于城市增长的定义既反映了城市增长的本质特征——空间聚集特性，又涵盖了城市增长的外在表现形式——规模分布演化与经济增长。在《区域和城市经济学手册》（第四卷）中，Gleaser 对城市增长的解释强调了两个关键词：扩散和集聚。扩散是指就业和人口在城市区域整体范围的分布趋势，而集聚强调就业和人口在城市区域内集中的程度。城市增长是城市扩散分布演化过程中，城市集聚区域在规模和范围上拓展或衰退的实现。城市增长体现为一种复合的城市状态，包括空间的扩散和要素的空间加速聚合，区域动态作用下劳动力的流动和人口增长，全新生产组合形成后引起的经济配置效率的优化和产出水平的提升。

城市增长的过程与整个国民经济紧密相连。城市增长的内在驱动机理是城市内经济活动的空间聚集，外在表现形式是城市人口规模扩张和城市的经济增长。城市增长具有空间集聚的特征，表现为城市自身各种要素数量增加和质量提升的过程。其中，前者体现的是一种狭义的城市增长，是城市空间规模分布的扩张过程，具体表现为城市建设用地增加、城市土地利用的集约化程度不断提高和城市人口总量增长等；而后者是一种更为广义的城市增长，表现为城市空间的扩张、经济增长、产业结构的优化升级、人口总量增长、城市生活环境的优化、公共品供给的改善等。城市规模分布演化是城市增长的一种外在表现形式，城市增长的另外一种表现形式是城市的经济增长。城市增长所包含的城市经济增长的含义与一般意义上的经济增长的概念类似。经济增长通常是指在一个较长的时间跨度上，一个国家人均产出或人均收入水平的持续增加。城市经济增长表现为一定时期内城市人均产出水平的提高。

总体而言，城市增长是经济动态演化过程在一定地域范围的综合表现，单独从一个维度来观察城市增长，并不能反映城市对要素组合的规模效应和集聚效应的整体作用，也不能准确把握物理空间、人力资本转移、要素流动在具体作用中的相互制约和依赖关系，因此无法系统地反映城市增长的完整面貌。城市增长理论将城市作为一个整体，分析其规模扩张与发展现象。城市增长涉及的范围较广泛，联系到动力机制在宏观层面的表现形式，界定城市增长概念主要涉及经济增长和空间布局两个维度，最为核心的三项内容为城市空间增长、城市人口增长和城市经济增长。

（二）城市增长的来源

1. 要素供给视角的城市增长来源

土地、资本、劳动力和技术都是城市主要的生产要素，城市的经济增长取决于生产要素的投入及其边际生产力。土地作为关键的生产要素，在城市经济增长中占有重要地位，然而土地的供给量是有限的，因此，城市规模扩大后，会受到土地因素的限制，其继续发展的成本将上升。尽管通过提高土地使用效率或者改善交通技术能够提高生产力，但土地这种生产要素在城市增长中的作用受到一定的限制。因此，新古典经济学将研究的注意力放在资本、技术和劳动力三大要素之上。新古典学派的城市增长理论认为，在完全竞争和规模报酬不变的情况下，城市的经济增长来源于资本、技术和劳动力的区内供给和区际流动。Ghali 等（1978）在新古典理论框架下对城市经济增长进行了经验验证，证明了技术、资本和劳动力三大生产要素均会对城市经济产生正向影响，从长期来看，城市间的增长将会趋同。

城市经济增长与一般增长最大的不同在于城市更容易获得集聚经济。因此，假定城市的规模报酬不变具有一定的局限性。Richardson（1973）较早注意到了城市集聚经济，在采用新古典增长模型对城市经济增长影响因素的研究中加入了集聚经济因素。其研究表明，要素供给对城市经济增长的影响是复杂的，往往通过相互作用和相互关系对城市（地区）经济增长产生影响。Myrdal（1957）认为，集聚经济的存在，意味着城市存在规模报酬的递增，这种规模报酬的递增在较长时期内形成了一种"循环累积因果效应"。在城市系统中，这种"循环累积因果效应"会扩大地区的收入差距，使较为发达的城市获得更快的发展。

2. 市场需求视角的城市增长来源

市场需求是城市增长的动力之一。基于 Hoyt（1939）率先提出的城市经济基础理论，可将城市经济分为基础部门（Basic Sector）和非基础部门（Non-basic Sector）。基础部门以市场为导向，提供市场需要的产品；非基础部门为基础部门提供相应的服务。城市的经济增长取决于基础部门和非基础部门的比例。城市经济增长来源于城市外需求的商品或者服务，输出城市有比较优势的产品或者服务，有助于城市经济增长，这种增长机制通过城市劳动的需求变化实现。例如，Lesage（1989，1990，1991）等的研究，以美国俄亥俄州为研究对象，证明了基本活动与本地劳动力数量之间的关系，同时发现了基础部门和非基础部门之间存在相互影响关系。Lesage 的研究表明，城市基础部门的活动确实能够推动城市劳动力的增长。由于贸易关系的存在，本城市的经济增长会对其他地区产生影响。

在实际操作中，基于劳动力乘数效应的估计较为困难，加上现代城市中城市管理者（政府）能够通过促进技术进步、实施产业政策等方式促进城市内部需求的产生，而不必完全依赖城市的基础活动，使得城市基础理论假设框架存在一定的缺陷。因此，城市经济基础理论尚未得到学术界的全面认可。

3. 内生增长视角的城市增长来源

新古典增长理论的代表人物罗伯特·索洛（Robert M. Solow）认为，资本投入的差异不能完全解释长期经济增长的来源，技术进步也是经济增长的重要源泉。因此，需要将技术进步作为关键因素引入经济增长的分析中。保罗·罗默（Paul Romer）认为，尽管索洛模型解释了资本投入差异对实际收入差异的影响，但对于实际收入的其他可能来源，"索洛模型要么将其当作外生的从而不必解释（例如技术进步），要么干脆就不予考虑（例如资本的正外部性）"，为解决增长的核心问题，罗默改进了索洛模型，将知识的收益引入增长模型，形成了内生技术变迁模型。这一模型突破了传统的新古典增长理论的分析框架，新增长理论应运而生。在罗默的分析中，将变量"劳动效率"和人力资本作为界定收入的关键变量。"劳动效率"代表知识或者技术，知识的积累有助于经济的增长，而人对知识的生产是有贡献的，人口的增长使得从事研究的人增多，得到的新发现随之增多，知识存量的增长加快，在其他条件不变的情况下，人口增长有利于知识的增长。罗伯特·卢卡斯（Robert E. Lucas, Jr.）对罗默模型进行了扩展，对人力资本在经济增长中的作用进行了补充，最终使得沉寂多年的增长理论重新回到大众视野中，形成了新经济增长理论。

蔡孝箴（1998）认为，城市经济增长问题并非介于宏观与微观之间的中观层次。在考察城市经济增长问题时，如果考虑城市系统内的组成单位，则城市问题可以采用微观经济的方法进行分析，如果将城市经济系统看作一个整体，则可以采用宏观经济的方法进行分析。当把城市视为一个整体时，内生增长理论也适用于分析城市增长问题。

（三）城市增长与城市发展

城市增长与城市发展之间存在密切的关系。城市增长通常是指城市物理空间、城市人口、经济规模、就业机会等方面的扩张；而城市发展则在城市增长的基础上，涵盖更广泛的层面，包括经济、社会、环境等的进步和提升。城市增长可能带来一些问题，如交通拥堵、环境污染、住房紧张等。综合考虑经济、社会和环境等多种因素，通过合理的政策和规划，可以平衡不同的需求和利益，实现城市的持续、健康发展。

以城市经济增长和城市经济发展为例。城市经济增长是城市经济的规模扩张与水平提升，而城市经济发展包含伴随增长过程出现的经济和社会内部深刻的结构演进和制度变革。在性质上，城市经济增长是一个数量概念，城市经济发展是一个质量概念；从范围上看，城市经济增长仅指城市经济总量的增加和城市经济结构的优化，而城市经济发展不仅涉及经济领域，还涉及社会变革与进步；从原因来看，城市经济增长是投入量的增加或生产效率提高的结果，而城市经济发展不仅包括这些因素，还包括城市产出构成的变化和各种投入贡献的相对变化等情况（谢文蕙、邓卫，1996）。城市经济增长是城市经济发展的前提、基础和核心，没有一定量的城市经济增长，就不会有一定质的城市经济发展。考虑到城市经济学的侧重，本章更多介绍城市增长（含城市经济增长）的相关内容。

二、城市增长的动力机制

城市增长是厂商、消费者等经济主体在城市空间内不断集聚和扩散的过程。受禀赋条件、经济发展水平、政府和制度以及社会条件等因素的影响，城市增长将不断发生变化。禀赋条件是城市持续增长的外在约束条件，而经济发展水平、制度变迁和社会进步等是城市增长的内在驱动力。这些因素共同作用，推动城市空间分布、经济增长以及人口分布的演进。

（一）禀赋与经济因素

禀赋条件不仅包括城市的地理位置、自然资源、气候、生态等自然特征，还包括人力资本、技术、管理水平、信息、制度等生产要素。当生产力发展水平处于较低阶段时，自然资源的丰裕程度、地理位置的优劣、气候的适宜度等自然条件决定了生产者和居民的迁徙和集聚，自然条件越好，越可能吸引生产活动，进而形成规模生产和生产效率的提高。事实上，在人类发展的大部分时期，优质的自然条件是决定人口分布和迁徙的首要条件。

工业革命之后，随着科技进步和工业发展，人类逐渐降低了对自然条件的依赖程度（高波和张志鹏，2008），人力资本、技术、制度等在城市经济增长中处于越来越重要的地位，这些要素使生产力和生产方式发生了巨大变化，推动产业结构向高级化和服务化演进，导致产业空间布局的变化，进而对城市空间结构产生影响。一方面，这类要素使生产活动和居住更少地受自然条件的限制，从而拓展了城市规模；另一方面，生产技术进步和生产方式变革，改变了城市交通状况以及城市内部的联系方式，促使城市空间形态进行外延式扩张。

（二）政府与制度因素

在现代市场经济运行中，政府普遍受法律法规的约束，难以随意干预市场经济的运行，政府与经济主体的关系也发生了重大变化，经济与政治的关系转变为"保持距离型"（高波和张志鹏，2008）。然而，为了约束"经济人"行为，维持经济平稳运行，实现治理利益最大化，政府可以依靠法律法规发挥其维持市场秩序、促进经济增长的作用。一方面，地方政府可以通过制定城市发展规划调控城市的空间增长模式，通过价格管制、产业政策等调节城市经济运行；另一方面，政府作为制度创新的重要主体，通过制定土地制度、住房制度、财税制度、环保制度等规范市场主体的行为，进而影响经济发展和城市空间结构的演变。

制度通常是指为决定人们之间的相互关系而人为设定的一些规范（诺斯，1994）。制度会对经济、政治和社会等产生极大影响，可以调节资源的配置和利用效率，以及收入分配（张五常，2000）。有效的制度安排能够加快城市化进程，而无效的制度安排会阻碍城市化进程。法律制度、政治制度、经济制度、产权制度、土地制度、金融制度、财税制度、环保制度等会极大地影响资源配置和经济运行，进而影响城市增长。例如，在中国，户籍制度、就业制度、土地制度、住房制度和社会保障制度等，是城乡人口迁移的重要影响因素，对农业转移人口真正融入城市具有关键性影响，进而会影响城市人口增长。

（三）社会因素及其他

城市因人而立，而人们也将城市作为社会生活的主要载体。城市的发展与生活在其中的人口的自然结构和社会结构紧密相关，人口的性别结构和年龄结构会对城市人口规模和增长速度产生一定的制约，进而影响城市经济增长。人口的社会结构，如阶级结构、民族结构、文化结构、语言结构、宗教结构、婚姻结构、家庭结构、职业结构、部门结构等对城市人口的再生产以及居住空间结构具有重要影响，进而会影响城市空间规模的扩张。城市居民的知识结构或教育背景作为影响人力资本水平的重要因素，与城市的生产效率和创新能力紧密相关，进而会直接影响城市的增长模式。

此外，生活习惯和环保意识等也是影响城市增长不可忽略的因素。随着居民收入水平的提高、交通条件的改善，越来越多的居民开始转变在城市中心区居住的意识习惯，逐步迁移到郊区，推动了城市郊区化进程，进而促进了城市空间结构的扩张。居民环保意识的提高，也会制约城市的无序扩张，转变城市增长方式。

三、城市增长模型及演进

（一）城市随机增长模型

城市随机增长理论认为，城市规模的增长是随机的，服从几何布朗运动，至少在一定的城市规模范围内，城市增长服从 Gibrat 定律。在稳态范围内，城市增长服从幂指数为 1 的 Zipf 定律。在实证方面，有四种方法可以检验城市随机增长理论的合理性：第一，城市增长过程是否服从 Gibrat 定律？第二，城市规模分布是否服从 Zipf 定律？第三，暂时的随机冲击，是否会对城市规模的演化具有持久的影响？第四，城市之间的产出水平是否收敛？对上述任何问题的否定回答，都会让城市随机增长理论的合理性受到怀疑。Davis 和 Weinstein（2002）通过研究日本在"二战"后的城市化进程，发现随机冲击对城市规模演化仅具有暂时的影响。由此，城市随机增长理论受到了一些学者的质疑。

（二）城市内生增长模型

内生增长理论包括规模经济理论、人力资本理论、知识溢出理论和集聚理论等。一般认为，城市是集聚的产物，并因集聚而增长。集聚是规模经济的产物。规模经济又源于知识和信息的外溢，由其构成城市规模经济的微观基础。知识溢出和外部规模经济与人力资本积累有关。知识溢出和外部规模经济是城市化与城市规模增长互动理论的基石，是城市长期的内生增长源泉。外溢而能共享的地方化信息促进了集聚，人力资本的积累与知识和信息的外溢促进了城市内生性增长，并使城市成为经济增长的发动机。城市个体规模的增长随着地方人力资本积累与知识溢出而增长。城市内生增长理论认为，城市动态增长的路径应为平行增长，即相同规模的城市以相同的速度增长。在 Black-Henderson 模型中（Black and Henderson，1999），区位信息溢出效应和人力资本积累是城市增长的推动力，由此产生内生城市规模和城市数量。不同类型城市的规模增长与其人力资本积累增长的速度呈同比例变化。在一些约束条件下，城市增长将达到稳态水平，也就是说，城市增长将收敛于其规模对应的稳态水平。

（三）混合理论增长模型

城市增长混合理论将人力资本的外部性和随机生产率冲击结合起来分析城市增长问题。在城市增长混合理论模型中，平衡的城市增长规模是随机的，并且模型中引入了随机的全要素生产率冲击。在资本产出严格递减和不包含人力资本的 AK 型生产函数等严格假定下，可以推导出符合 Zipf 定律的预期长期增长率，并且预期长期增长率独立于城市规模。此时，也可以推导出城市产出水平呈现发散的特征。Sharma（2003）运用 1901—1991 年印度的城市增长数据进行分析后发现，从长期来看，城市增长呈现发散特征，但在短期内呈现平行增长特征。

资料链接 11-1　　499 个城市的 5 种增长模式

作者：世界资源研究所（WRI） 来源：微信公众号"TOP 创新区研究院" 时间：2022-04-19	通过微信扫码在公众号"城市经济学"中阅读 

第二节 创新的特征、要素与城市增长

一、创新的空间特征与微观基础

(一) 创新的空间集聚与地方化

知识外部性或知识溢出效应是理解创新活动空间分布的焦点。知识溢出的空间特征反映两个被普遍接受的事实：第一，创新活动是空间集聚的（Feldman，1994，1999；Moreno et al.，2005）；第二，知识流动是地方化的（Bottazzi and Peri，2003；Branstetter，2001；Jaffe et al.，1993；Maurseth and Verspagen，2002；Sonne and Storper，2008）。在所有经济活动中，创新最得益于地理位置。创新比生产活动在地理上更集中（Audretsch and Feldman，1996）。创新是将不同类型的知识融合并编织成具有经济价值的新的、不同的、前所未有的事物的能力。虽然企业是将创意推向市场并在创新中实现价值的实体，但即使是最大的跨国公司，也被嵌入支持和维持其活动的生态系统中（Gassler and Nones，2008）。这些系统是全球相连的，但价值最高的活动通常集中在具备下列条件的某些地理区域：相关和支持性产业基础设施；专业、熟练的劳动力资源；靠近强大的知识基础、促进知识交换的非货币外部性（Marshall，1890）。

在依赖即时通信技术的世界里，地理位置对于创造知识和创新活动似乎无关紧要。毕竟，通信技术已经引发了一场虚拟空间革命，地理分散的活动可以通过通信技术实现。但必须明确区分可编码知识输入和隐性知识输入。可编码知识是能够在出版物中找到的技术信息，可以很容易地通过传统媒体进行传播，因而具有空间范围的扩展性。但是，隐性知识是个体的特定能力，在很大程度上描述了一个特定地方的社会和制度环境所产生的结果。这种类型的知识最好通过面对面互动来传递，一般来说，很难进行长距离的交流（Gertler，2003）。然而，仅靠空间邻近性可能不足以产生知识外溢。此外，个人和企业必须克服认知局限和社会距离，才能进行有效的知识交流，实现学习过程和后续创新。

(二) 创新的空间生成机制

创造力的重要输入要素之一是具有共同兴趣的个体间的交流，创新表现由企业与个人以及组织之间的互动决定。创新往往集中在那些拥有发达的技术基础设施的地方，包括工业和大学的研发，以及相关产业和商业服务的集中（Feldman and Florida，1994）。这样的地方被描述为创新环境，包括实体结构，如公司配置、劳动力市场、科研机构和风险资本的可用性，以及非物质因素，如区域文化、专有知识、共同制度等。这些可以形成区域创新系统（Regional Innovation System）。地方环境遵循独特的轨迹，这取决于市场需求、本地和外部资本、劳动力的适应性和技能以及技术机会等因素的

相互作用（Castells and Hall，1994）。

新技术和新产业从科学发现、产品用户或供应商的建议或者企业家的新想法开始。起初，商业潜力未知，只有少数专家或主要用户可能了解其重要性。将发现转化为商业活动并实现其经济潜力需要一个过程，包括对潜在投资者、客户和员工的可能性进行评估，建立公司并创建价值链。对特定地方的产业发展来说，重要的不一定是资源或初始条件，还可能是在一个地方发生的社会动态，以及围绕一项新技术或新兴产业确定一个共同利益的社区（Feldman and Romanelli，2006）。社区建设通过构建对新兴技术的共同理解和欣赏的环境，对区域产业发展发挥重要作用（Loweand Feldman，2007）。

当企业家面对新的技术机遇时，会根据自己容易获得的资源来制定解决方案。解决方案更有可能来自当地资源。最重要的是，企业家以创造性和适应性的方式使用当地元素，企业家精神是知识外溢的渠道之一（Audretsch and Keilbach，2008）。看似有效的解决方案经过重复和微调，逐渐演变为公认的惯例和操作程序。组织机构采用这些方案来定义行业的共同实践和共同愿景，从而鼓励了进一步的试验和调整。这类知识就成了地方化知识（Eisenhardt and Martin，2000；Feldman，2000；Sitkin，1992）。

在这种情况下，地方化隐性知识的重要性得到提升（Maskell and Malmberg，1999）。隐含的地方性和演化性因素的重要性不易描述，如制度环境、企业和市场能力、知识和现有技能，特别是所有这些因素的组合，在一个成功的地区，这些因素加起来超过了单个组成部分的总和。面对面交流是传递隐性知识最有效的手段，这些想法导致新产品和生产流程的开发。地方化的学习过程很难编纂，因为这在很大程度上由隐性知识驱动，因此具有区域特殊性。为了不断创造和改进新产品和新工艺，需要这些学习过程的存在。可以说，知识是一种基本资源。因此，学习是塑造当代技术和创新驱动经济的基本过程（Lundvall and Johnson，1994）。

知识一直是重要的经济资源，企业的各个层面都必须参与互动学习。学习并迅速将所学应用于生产和销售的能力是企业生存能力最重要的组成部分。行动者间的空间接近会促进和鼓励互动学习，这意味着持久的集聚模式不是成本效率的结果，而是由快速知识转移的需求所创造的。也就是说，虽然信息已经变得丰富，但知识却是稀缺资源。隐性知识、个人技能、组织惯例和特定关系很难在其他地方被复制，因为它们依赖高度的信任。因此，即使产品被迅速模仿，也可能维持一个地区的优势。这些地方化和无形的能力不仅与高科技产业有关，也可能是劳动密集型生产的竞争力基础，如丹麦木制家具产业（Maskell et al.，1998）。

知识通常体现在人力资本中，具体而言，是能够理解、整合和创造新知识的群体之中。知识投入对创新和技术变革的产生具有重要意义，而创新和技术变革又会带来经济增长。同时，知识溢出具有明显地方化的特色表明，一个地区的经济表现很大程度上取决于内部产生的知识的类型和数量。一个区域内发明者之间的紧密联系有利于知识扩散，但在更根本的方面，提供接触新知识和观点的机会会使创造力和创新能力得到提高（Cowan and Jonard, 2004）。此外，区域网络聚合即一个空间集群内连接以前的独立社区为技术中介创造机会，这将再次增加特定地方的知识外溢（Burt, 2004）。

（三）城市是创新的孵化器

城市是孕育和产生创新的一种空间组织形式。城市提供了一个人们在生活和工作中相互接近的环境，促进了人们之间的频繁互动。城市为知识溢出提供了机会——知识通过正式和非正式的互动传递。企业家们将社会关系甚至非正式途径的信息视为其业务的一个关键方面，尤其是在一个以快速技术变革和激烈竞争为特征的行业。城市也为劳动力提供了学习的机会，提升了劳动力的知识和技能。增加人力资本的一种方法是模仿学习。城市为人们提供了更多与从事类似任务的劳动力的联系，促进了学习并有助于提高生产率。

城市为经济活动组织资源和关系提供了平台，为提高投资生产率和创新能力提供了内部动力。这些内部动力是社会构建的，涉及各类参与者。最重要的是，由于很难预测未来的技术变革和市场演变，能够参与创造性工作的个人数量越多，一个城市能够获得由此带来的利益的可能性越大。创新所需的资源通常不局限于单个企业，当价值链在地理上比较集中的时候，就有机会进行观察和互动。

城市之所以成为关注的焦点，主要原因之一是发明者严重依赖当地信息或知识作为新产品或工艺的投入因素。决策者可获得的信息存在地方差异，在大多数情况下，信息从一个地方转移到另一个地方的成本很高。另外，知识还具有"实践社区"的性质：知识由具有共同实践或问题的个人社区创造（Brown and Duguid, 1991; Wenger, 1998）。人们实际工作的方式通常与组织在培训计划或组织结构中描述工作的方式有根本不同（Granovetter, 1985）。知识不仅被认为是隐性的（Nonaka, 1994），而且一般不能脱离个人参与实践的过程（Cook and Brown, 1999）。虽然个人有可能临时聚集在一起，但更频繁、更可信的互动主要发生在一个集体场所。城市是这种知识交流的重要场所，也是创造的主要场所（Scott, 2006b）和知识产生与溢出的密集场所（Feldman and Audretsch, 1999）。

城市化经济反映了城市作为一个整体的大规模运作带来的正外部经济。相对而言，人口较多的地方更有可能容纳大学、研究所、行业协会和其他知识产生的组织。正是这些组织的集聚，带来了知识的生产和吸收，刺激了创新行为。创新本质上是演化的，其根本性质包括跨越不同空间和尺度的大量社会经济互动（Edquist et al., 1998），城市为组织这些互动提供了平台。在一个特定的地方，有许多独特的部门塑造了经济活动（Feldman and Martin, 2005），比如非营利组织，如在影响科学机会和创新扩散方面发挥着重要作用的大学、研究联盟和标准制定组织，或者其他公共实体，如可能资助研究并帮助创造市场基金、创造讨论和参与机会的社会组织等。

二、创新要素与城市增长

(一) 产业、创新与城市增长

产业集聚带来了企业和劳动者的集聚，也带来了知识和技术的集聚。从产业关联角度来看，产业集聚通过行业之间的相互关联对城市内生增长要素产生影响。产业集聚形成的劳动分工伴随着知识分工，节约了知识获取的成本，专业化知识的运用提高了知识的利用效率，进而促进了城市生产效率的提升。知识分工程度的加深以及知识本身具有的互补性和替代性，拓宽了知识分工网络，并形成了协同作用，使知识的交流更为便利，从而带动了城市的创新。专业化知识的积累，是获取竞争优势的重要手段。"干中学"机制使专业化的人才获取这些知识的积累，这是专业性人力资本积累的重要方式，而人力资本的积累又带动了城市增长。从空间的角度来看，产业集聚也是资源在空间上的配置方式。物资资本、人力、知识、技术等资源在空间上的流动使资源的空间配置发生了变化。资源在空间的流动能够使城市间形成空间关联。正是由于这种空间关联，一个城市的增长往往会受到其他城市产业集聚状况的影响。城市间通过地理邻近性和社会关系邻近性形成空间关联，空间关联又使知识分工和知识溢出产生的城市增长效应在空间发挥作用，从而对城市及城市群增长产生影响。

产业集群在持续提高企业创新能力方面发挥着关键性作用。产业集群往往是创新的中心。理性的商品购买者通常也是产业集群的一部分，所以产业集群内的公司与独立的公司相比，能更好地了解市场状况。在产业集群内，与其他实体保持持续的关系，有助于公司更早地了解演进中的技术、零部件和机械的可用性、服务和营销概念等。现场参观的便利和频繁的面对面联系，使上述学习变得更为容易。产业集群为创新提供了可见度更高的机会，同时具有迅速反应的能力。产业集群内的公司经常能够找到它们所需要的要素，以促进创新更快实现。当地供应商和合作伙伴能够切实参与创新过程，进一步确保与客户需求保持一致。产业集群内的公司能够以较低的成本进行实验。相比之下，一个依赖远地供货商的公司在与其他组织进行协作的每一项活动中——如签订合同、确保交货、获得有关技术和服务支持等，都将面临挑战。对于垂直一体化的公司来说，创新将变得更为艰难。如果创新贬低了内部资产的价值，或者当有新产品研发出来而又必须维护当前的产品或程序时，企业将面临交易的困难。此外，在有产业集群的地区，经常很容易得到所需要的资本、技术、投入和员工，把这些组合起来就可以形成一个新的企业。那些已经和产业集群较为熟悉的当地金融机构和投资者在资本方面要求较低的风险损失率。产业集群经常代表一个显著的地方市场，企业家能从已经建立的诸多关系中受益。产业集群内新业务的形成是积极的反馈圈的一部分，一个扩展的产业集群会增强所有上述利益。

多样化的产业结构更容易促进创新。多样化产业的空间集聚有利于企业间的跨界合作与交流，产业间比产业内的知识溢出更能激发创新（Duranton and Puga, 2001,

2004)。突破性创新常常发生在不同产业的交叉融合中（Boschma and Iammarino,2009）。多样化产业的空间集聚有助于推动不同来源知识的交流和融合,提高交流、复制、模仿和重组思想的机会,促进这些知识的集成创新,有利于新经济活动的产生或植入（Boschma et al., 2013）。产业的多样化是知识外溢的一个来源,多样化带来的外部性会促进激进的创新。当然,产业多样化未必会带来知识溢出,完全无关的产业之间（认知距离过近或技术关联度过高）无法建立有效的知识溢出通道,许多企业虽处于同一区域,却很少互动。Frenken 等（2007）提出相关多样化的概念,将多样化区分为相关性多样化和非相关或无关性多样化,发现只有存在产业联系和能力互补的相关产业之间才能有效地产生知识溢出。产业之间的认知距离太近或关联度过高容易造成区域产业知识与技术锁定,不利于技术与资源有效整合进而向新的技术、产业演进。知识寻求方与提供方之间的距离影响他们之间的相互理解和有效沟通,有效的学习通常发生在认知距离较近并且知识不完全相同的企业之间,较近的认知距离能够保证企业对新知识有足够的吸收能力,差异化的知识基础能够保证企业有效获取新知识,避免认知锁定（Nooteboom, 2000）。Boschma 和 Martin（2010）提出亲近度悖论,即认知距离过近会使经济主体很难通过交流获取新知识而落入认知锁定,认知距离过远会使经济主体很难获得来自其他领域的关键知识。产业相关性多样性能够保证各主体之间足够接近但不过分接近的认知距离,是区域内部产业间知识交换和创新所必需的微观基础（Boschma and Martin, 2010）。但是,无关性多样化对突破性创新的意义非同一般,它有助于产生激进式创新或足够新奇的知识组合。为了避免区域发展面临路径锁定的困境,无关多样化的存在非常必要。

（二）企业家精神、创新与城市增长

企业家精神是一种集创新、冒险、感知并识别市场获利机会等多种特质和能力于一体的精神,既指勇于创业,也涉及创新性地经营企业。因此,企业家精神往往被定义为创业精神或创业（即创建新的独立企业）。

在位企业在新知识和（潜在）创新活动方面临代理问题,这在不同行业或地区不是恒定的。这是因为,各地区和各行业的基本知识条件不同。有些行业产生创新活动的新知识往往相对常规。然而,在其他行业,创新往往以一种不太典型的方式出现,因此容易被在位企业拒绝。Nelson 和 Winter（1982）将不同的基本知识条件描述为反映两种不同的技术制度——创业型和常规化的技术制度。"创业型制度是一种有利于创新进入、不利于老牌企业创新活动的制度；常规化制度是一种条件相反的制度"（Winter, 1984）。

当基本的知识条件被常规化的技术制度更好地描述时,发明者和公司决策层之间对一项（潜在）创新的预期价值的评价可能会有相对较少的分歧。在常规化制度下,代理人不会有很大的动力去创办自己的企业。然而,当基本的知识条件更接近于创业制度时,代理人和委托人之间关于预期价值（潜在）创新的分歧更有可能出现。因此,在创业制度下，新企业的启动可能发挥更重要的作用。新增长理论的基本观点是，经济增长是不递减的，因为技术知识是一种非竞争性的、可部分排除的物品，存在着技术溢出效应，而利润动机确保企业家会继续寻找机会。奥地利经济学的主要观点是，市场的变迁是一个企业家驱动的进化过程。企业家精神在发现知识和通过工业创新将知识转化为未来的商品和服务方面发挥着重要作用。

由于创新资源、创新文化等方面的不同，不同城市会形成风格各异的创新理念和创新方式。从创新内容的角度划分，城市创新路径可以分为制度创新、科技创新。创新最为重要的实践意义是创业行为，创业是基于创新的行为过程，创新通过创业来实现。城市创新的核心主体是企业，城市创新过程需要大量创业型企业的不断建立。企业家是创新和创业的载体，发挥着发现机会、整合资源、承担风险、创造价值的作用。

（三）人力资本、创新与城市增长

城市中的创新主体包括创新企业、大学、科研院所、中介机构和政府等，城市创新能力是创新主体创新能力的集成，因此直接取决于创新主体的创新能力。城市内各创新主体的人力资本积累状况直接影响创新能力。较之物质资本，人力资本是技术进步更具能动性的载体，它既是技术进步的发动者，又是新技术的载体与传媒，将推动生产过程中物的因素与人的因素的全面改善。因此，人力资本存量越大，表明区域劳动力的整体科技文化水平越高、生产能力越强。由于人力资本的外部效应，在劳动力数量投入不变的情况下，有效劳动供给会增加，劳动边际产品曲线会向外扩展，抵消收益递减规律的作用，同一劳动将更有效率地推动物质生产要素，导致人均产出不断增长。

知识溢出是知识扩散的一种方式。知识是追逐利润的厂商进行投资决策的产物，它不同于普通商品之处在于具有溢出效应，任何厂商投资所产生的知识都能提高全社会的生产率。知识溢出效应是知识溢出所产生的影响、作用或结果，是知识的接受者或需求者消化、吸收所导致的知识创新以及所带动的经济增长等。知识溢出效应主要表现为关联效应、模仿效应、交流效应、竞争效应以及激励效应等。正是由于知识溢出效应的存在，资本的边际生产率才不会因为既定生产要素——劳动的增加而降低。卢卡斯的经济增长理论强调人力资本的溢出效应，人力资本的溢出效应可以解释为向他人学习或者相互学习。一个拥有较高人力资本的人对他周围的人会产生许多有利的影响，提高周围人的生产率。由于人力资本具有知识溢出效应，城市创新需要一定的人力资本集聚。新增长理论中各个模型包含的共同观点是经济增长不是外生变量作用的结果，而是由经济系统的内生变量决定的。新增长理论假定资本及劳动所带来的经济增长不是收益递减的，而是收益递增的，技术进步来自资本的累积，同时会加快资本积累的速度，它们之间形成了一种自增强机制。

城市人力资本积累与经济增长具有互动作用。一般而言，较高的人力资本积累水平能够促进经济较快增长，城市经济的增长又会带动人力资本积累水平的提高。在城市经济发展的不同阶段，人力资本积累对经济增长的作用是不同的。随着城市经济向更高阶段发展，人力资本积累在经济增长中发挥的作用会越来越大。

城市人力资本积累结构与城市经济增长也会产生互动。城市经济发展的不同阶段对人力资本投资结构和积累结构的要求不同。人力资本积累结构的调整、优化能够促进城市经济的快速增长。在人力资本积累水平一定的情况下，人力资本积累结构差异会导致经济增长速度的差异。在人力资本积累结构中，一般人力资本、专业技术人力资本和企业家人力资本对经济增长的作用不同。一般人力资本分布在城市各个行业和企业，是推动经济增长的基本力量。专业人力资本是技术进步和产品、行业等创新的骨干力量，通过技术创新促进经济增长。企业家人力资本是最高级的人力资本，通过整合其他两类人力资本和各种资源，进行市场创新、管理创新，引领企业和行业发展，从而激发城市经济活力，带动城市经济增长。从城市经济增长整体来看，企业家人力资本存量的高低决定了城市的创新程度，反映了城市经济增长内在动力的大小。

三、空间结构与城市创新增长

（一）城市空间结构与经济效率

要素在城市内部的空间分布模式对经济效率具有重要影响。提高经济密度对生产率具有显著的促进作用（Ciccone and Hall，1996）。但人口或就业密度只是城市空间结构的一种粗略反映，无法捕捉城市内部人口或就业的空间分布状况。近年来，一些学者构造了郊区化指数（Yang and Jargowsky，2006；Jargowsky and Park，2008）、蔓延指数（Fallah et al.，2011）、中心化指数和分散化指数（Lee and Gordon，2011）等精细化指标来刻画城市内部的经济活动空间分布模式。Glaeser 和 Khan（2004）使用美国 MSA 层面的数据考察了以城市中心 3 英里以外就业比重衡量的就业分散化对城市经济绩效的影响，发现城市就业分散化会带来城市人均 GDP 的增加。Fallah 等（2011）基于美国城市街区尺度上的人口数据构造了一个反映城市空间结构的蔓延指数，研究发现，城市蔓延水平与其劳动生产率显著负相关。程开明、李金昌（2007）的研究表明，城市越紧凑，越有利于经济、环境和社会的可持续发展。郭腾云、董冠鹏（2009）的研究发现，提高城市空间紧凑度能显著提升城市效率。

"借用规模"（Borrowed Size）假说认为，大城市周边的小城市会呈现出与大城市类似的一些经济特征，这意味着小城市可以"借用"其邻近大城市的集聚经济效益，同时避免集聚的成本（Alonso，1973）。因"借用规模"的存在，在较大的地理尺度上（如省域），要素的相对分散化空间组织模式——多中心的空间结构有利于提高经济效率。集聚效应不仅限于某个城市内部，对周围小城市也会产生影响。相对于集聚收益的地理溢出，集聚成本更多地被限定在城市边界内（Parr，2002）。"借用规模"产生于多个空间规模上城市网络间的互动，而这种城市网络可以作为集聚经济收益的一种替代（Meijers and Hoogerbrugge，2016）。基于"借用规模"的思想，空间结构被认为是影响经济效率的重要因素。

多中心是否有利于经济效率提升尚不明确。欧洲从空间开发的角度说明多中心的城市发展是有利的，不同于以往对集聚经济的研究仅限于单个城市的内部，网络化的多中心空间结构将集聚经济的范围扩大到了城市网络或区域内部。Phelps 和 Ozawa（2003）认为，城市之间的邻近可以有效地分享集聚经济，但对单个城市而言，一旦规模变得很大，拥挤效应则会出现。通常来说，拥挤效应往往局限在一个城市内部，因而多中心的空间结构有利于经济增长。多中心的城市网络，不仅可以让其内部的城市共享集聚经济，而且随着交通的日益完善，在不损失集聚经济效益的前提下完全可以代替巨型的单中心城市空间结构（Jahansson and Quigley，2004）。Meijers 和 Burger（2010）实证检验了美国多中心的空间结构对生产效率的影响，发现多中心的空间结构有利于生产效率的提高。Veneri 和 Burgalassi（2012）发现，一个国家的多中心对其劳动生产率存在负效应。Brezzi 和 Veneri（2014）对 OECD 国家不同地理尺度上空间结构经济绩效的影响做了实证研究，发现在区域层面，单中心的空间结构有利于提高地区人均 GDP 水平，而在国家层面，多中心的空间结构能够提高人均 GDP。近年来，国内学者也开始关注空间结构对经济增长的影响。张浩然、衣保中（2012）实证考察了城市群空间结构对经济绩效的影响，发现单中心的空间结构对全要素生产率有明显的促进作用。

（二）城市空间结构与城市创新

空间邻近在科学研究与发展成果的传播中显得尤为重要，大量经验文献也表明，集聚经济通常存在地理边界，即集聚经济会随着地理距离的增加而减弱（Combes and Gobillon，2015）。部分研究强调多中心这一分散化的趋势会影响城市内部的集聚经济，认为多中心的空间结构会增加城市内部的通勤距离、稀释城市密度等，进而对城市内部的集聚经济造成损害（Zhang et al.，2017）。这一类理论不断重申单中心结构的内在特征——较短的通勤距离与较集中的人流可能更有利于集聚经济的发挥。聚焦于创新绩效视角，大量研究考察了城市密度与形态对城市创新的影响，发现密度较高和规模较大的城市往往具有较高的创新水平（Carlino et al.，2007；Hamidi and Zandiatashbar，2019）。

城市空间结构通过知识溢出效应对城市创新绩效产生影响。首先，在城市层面，相比于单中心的空间结构，多中心的空间结构会在一定程度上导致城市发展的分散化，阻碍城市创新。知识溢出的局部性特质导致它依赖较短的地理距离，高度局限于城市内部（Carlino and Kerr，2015），而多中心的空间结构通常意味着信息和知识交流便利性下降（Parr，2008）。多中心的空间结构由次中心演化形成，在城市规模给定的情况下，知识流由原有的单中心逐渐分化为多个中心，知识之间的邻近性会逐渐被破坏，呈现分化的态势。城市多中心趋势的演化预示着新的次中心更为独立，受地理距离的制约，创新个体更多在其所处的城市空间内进行交流，这大大限制了城市中不同中心区域之间知识溢出的强度。其次，次中心的不断形成会吸收主中心的创新要素，城市趋向于多中心会在一定程度上损坏城市的集聚外部性（Li et al.，2019）。一方面，每个中心相较于原来的单中心而言，规模相对较小，中心内部由于规模限制，实际发生的知识溢出也较为有限；另一方面，城市内部的多中心化趋势会催生部分潜在次中心，这些碎片化区域人口规模较小、密度较低，会稀释城市中心的要素，但其自身又难以形成具有辐射力的中心，造成城市内部集聚度下降、知识溢出受到损害。因此，多中心化带来的各中心封闭性及规模局限性会导致城市创新受到抑制。

城市空间结构还可能通过影响城市的多样化与专业化水平对创新绩效造成影响。Jacobs（1969）指出，从城市多样化看，足够高的人流密度是城市多样性形成必不可少的条件之一。无论是单中心还是多中心模式，都需要保证高度集聚才能满足形成城市化经济的必要条件，但城市多中心发展往往导致城市内部中心不断消解并形成新的中心，从而降低中心的集聚程度，这会给城市多样化发展产生的跨行业溢出带来不利影响。随着多中心趋势的加强，城市内部中心间距离越来越远，不断形成次中心，这些以产业集聚区为代表的次中心相对更为专业化。虽然专业化中心内部可以形成固定的知识溢出，但从属于不同行业的专业化次中心间由于较远的地理距离难以形成有效的知识溢出，使得跨行业溢出难以充分发挥。多中心化发展在城市内部形成产业集聚中心，进而加强专业化发展，本地化经济尤其是同行业溢出可能因此得到加强。

对规模较大的城市而言，多中心对城市创新的不利影响会有所减弱，甚至产生积极影响。随着城市规模的扩大，城市内部的集聚经济会逐渐加强。一方面，基于城市规模扩大促进知识溢出效应的视角，城市的存在一定程度上是为了促进相互接触的个体间的学习，这为城市中新思想的产生提供了天然的"温床"（Glaeser，1999）；另一方面，城市规模的异质性与"产业集聚"效应被广泛讨论（傅十和、洪俊杰，2008）。随着规模的扩大，城市能够满足进行创新所需的良好的外部环境，企业在大城市能够享受集聚带来的各种正外部性（Glaeser and Gottlieb，2009）。随着集聚趋势的不断加强，城市规模扩张能够与多中心空间结构的分散化趋势形成竞争效应，一定程度上降低多中心可能的负向效应。

（三）城市蔓延与城市创新增长

目前，许多关于城市结构的讨论与城市蔓延（Urban Sprawl）可能导致的低效率有关。对于城市蔓延的影响，需要进行深入而全面的成本-效益分析。1974年的"蔓延的代价"研究引起了学术界极大的争论。Ladd（1992）发现，发展密度和基础设施成本之间存在倒"U"形关系。Downs（1999）发现，蔓延和中心城市衰退没有关系。另一个经常提到的社会成本是空间错配，即假设低收入工人缺乏获得郊区工作的机会，而郊区的工作由于蔓延而增长较快。然而，无论支持空间错配的论点是什么，经验证据都较少。

城市经济学家的研究越来越多地直接针对反蔓延的批评者。Glaeser 和 Kahn

（2003）发现，密集型生活并没有回升，蔓延无处不在，而且还在扩大。尽管许多因素可能有助于蔓延的发展，但最终只有一个根本原因，即汽车。蔓延对生活质量的负面影响被夸大。有效的车辆污染监管已经遏制了与驾驶增加有关的排放增加。城市蔓延的问题不在于搬到郊区的居民，而在于那些低收入工人，工作岗位和人口从市中心外流，低收入工人的收入无法支持以汽车为基础的生活方式。中产阶级家庭可以以为富人保留的方式生活，消费空间、安全，呼吸绿色和更清洁的空气。随着其他国家收入的逐步增加，越来越多的中产阶级要求并获得汽车。此外，由于有更多的双职工家庭，旅行链已经增长，汽车旅行或通勤进一步突显了其他交通方式无法比拟的便利程度。随着世界上更多国家的中产阶级不断壮大，这种情况已成为一种全球现象。

资料链接 11-2　揭秘：世界中型创新城市崛起的密码

作者：李万、钱娅妮	通过微信扫码在公众号"城市经济学"中阅读	
来源：微信公众号"三思派"		
时间：2023-04-13		

第三节　我国的城市增长与创新发展

一、我国城市增长与创新的空间特征

（一）我国城市增长的空间特征与演进

在全球化和市场化的背景下，我国的城市增长存在显著的地区差异，高速、持续的经济增长主要发生在沿海城市和大城市。率先开放的政策优势和接近国际市场的地理优势，使得沿海地区较早发展起来，并逐渐形成城市增长的"中心—外围"格局。改革开放以来，我国东部沿海省份经济发展速度快于内陆省份，城市间增长差异也体现出类似格局。增长快速的城市集中分布在东部沿海地区，或是省会与区域中心城市。增长较慢的城市分布较为分散，主要在山区与边区，这些地区的城市受到地形与交通等因素的影响，经济发展水平较低。

我国城市经济"东西"梯度分异明显，但近年来呈现出较为明显的南北差异。改革开放以来，东部与西部经济发展差异较大，但是两者间的城市增长差异呈现缩小态势。此外，南方与北方城市经济格局由长期"分庭抗礼"演变为南方领先。2001—2014 年，南北方人均 GDP 呈现出交替领先的动态变化特征，双方经济发展水平较为接近。2014 年以后，南方城市经济增长速度迅速超越北方。

（二）我国城市创新的空间特征与演进

城市作为我国创新体系的重要组成部分，是国家科技创新、经济发展的重要空间载体，是创新资源要素的聚集地，也是技术创造和应用的重要场所（李政、杨思莹，2019）。我国城市创新能力呈现出显著的提升态势，但有明显的空间差异，东部强于中西部、沿海强于内陆，而且程度不断深化。我国大部分城市的创新能力类型不断跃升，创新能力最强的主要为直辖市、计划单列市等区域性经济中心城市，其次为各省省会及经济发达的非省会大城市，城市创新能力与经济实力大体一致。总体上看，我国城市创新能力呈现"东—中—西"梯度衰减格局，沿海强于内陆的情况不断深化。创新能力强和较强的城市散布在东部和内陆省会。东中部城市的创新能力跃升较快，沿海和内地城市创新能力差异越发明显，创新能力较强城市集聚现象凸显，呈片状分布在东部和中部地区，而东北、西部地区城市的创新能力继续维持在中低水平。

我国城市创新的全局空间自相关性显著增强，不同区域的创新溢出效应差距凸显。北部沿海和东部沿海已逐渐步入区域协同创新发展阶段，创新溢出效应明显；大西北地区长期以来一直是我国城市创新的洼地。长江中游、南部沿海和西南地区新增多个创新能力集聚区，区域内孕育出了创新能力较强的创新极城市，并通过正向溢出带动周边城市创新活动蓬勃发展；黄河中游和东北地区则大面积演变为创新洼地，一些曾经创新能力较强的城市非但没能产生创新带动作用，自身创新能力反而在不断退化。

二、我国城市增长与创新的影响因素

（一）地理因素与产业特征的影响

地理区位的差异是造成我国城市间经济增长差距的重要原因之一（Kim and Knaap，2001；Démurger，2001）。我国各城市参与全球化的地理优势极不平衡，海运相对于陆运的成本优势，使得大港口和靠近港口的地区在参与全球化过程中拥有地理优势。我国国土广袤，但是海岸线较短，这意味着地区间地理区位优势的差异很大。良好的地理区位条件使沿海城市具有靠近国际市场的优势，能够利用改革开放的"红利"，大量吸引外资，发展国际加工和制造贸易，迅速提高经济水平。中、西部地区的城市由于地理位置的限制，外向型贸易发展滞后，经济增长受到影响。即使国际贸易的重要性开始下降，经济集聚的力量仍能使这些地区保持相对优势。上述地理区位的影响，是我国城市空间演化的主要力量，而不同时期、不同的政策和制度调整，只是加速或者减缓了我国经济集聚发展的进程（向宽虎等，2021）。

产业特征对城市增长和创新也有重要影响。我国城市产业专业化和职能专业化水平均较低，但表现出不断提高的趋势。在全国范围内，两类专业化水平与城市经济增长均呈现出显著的非线性关系，结合我国城市发展情况来看，更倾向于支持MAR溢出；分地区分规模城市中产业专业化和职能专业化引起的MAR溢出重要性各不相同

（苏红键、赵坚，2011）。我国城市经济中既相关联又有差异化的知识溢出对城市经济增长具有重要作用（王俊松，2016）。整体而言，我国城市产业集聚的多样化和专业化都能促进城市经济增长，但是多样化的作用显著大于专业化的作用。并非所有的多样化都能显著促进地区经济增长，以知识溢出为主要影响机制的相关性多样化能显著促进经济增长，而以组合效应为主的无关性多样化不能或尚未促进经济增长。这表明，我国城市经济发展受益于具有相关性或互补性的多样化部门和专业化部门所带来的知识溢出。

（二）人力资本与高等教育的影响

我国的城市增长、创新与人力资本的空间分布息息相关，而人力资本显著受到高等教育资源在城市间分布的影响。人力资本是促成经济增长的重要因素，是创新的重要载体和源泉，人力资本在空间上的分布对地区创新发展具有至关重要的影响。20世纪90年代以后，我国发生了大规模的地区间劳动力流动。劳动力逐步从低生产率部门流向高生产率部门及经济更发达的地区。进入21世纪以后，人口向大城市集聚的趋势进一步加强。人口流入地主要集中在沿海和内陆的少数经济比较发达的大城市。劳动力流动除了增加流入地城市的要素积累外，还可通过提高人力资本回报率的方式促进经济增长。不同城市间教育回报率存在较大差异，总体而言，规模越大的城市，教育回报率越高。人力资本在我国大城市的集聚通过知识传播和相互学习产生了正外部性，这一方面使得劳动者自身收益更高，另一方面也促进了创新，带来了现代经济增长（Glaeser and Lu，2018）。有研究表明，大专及以上学历劳动年龄人口占比每增加1%，城市每万人专利申请数会增加约54件（黄金玲，2021）。

地区的教育发展程度会对该地区经济、社会可持续发展产生长期而深远的影响。这也意味着，不同地区的教育非均衡化发展会对地区之间的协调发展产生重要影响。其中，高等教育资源是促进城市增长的重要竞争力，其空间分配公平问题是当今我国社会关注的热点。高等教育发展有助于提高劳动生产率，形成人力资本，从而对经济增长起到促进作用。我国高等教育资源空间分布不均衡是造成我国城市间增长与创新差异的重要原因之一。我国高等教育资源主要集中于直辖市和省会城市，大部分省份的省会城市首位比超过50%，其中，西部地区省会城市的资源集中程度更高。我国高等教育资源分布的第一等级城市包括北京、天津、上海、广州、南京、西安、武汉、重庆、济南、郑州、长沙、成都，西部城市的高等教育规模较小，且省会城市集中了绝大部分的高等教育资源，相对而言，东部城市的高等教育规模普遍较大，高等教育资源在省内的分布较为均衡（劳昕、薛澜，2016）。

虽然我国高等教育资源空间分布与各地区的人口分布和经济发展水平相适应，但高等教育的空间分布不均衡已经影响到地区间的经济增长差异。我国高等教育资源的空间分布对城市增长具有显著影响。高等教育规模扩张对经济增长具有积极影响，由东北往西南，高等教育规模扩张对经济增长的影响越来越大，在高等教育资源相对匮乏的地区，高等教育资源增加对经济增长的促进作用明显高于高等教育资源丰富地区（劳昕、薛澜，2016）。

（三）市场化改革对区域失衡的影响

市场化改革是推动我国经济增长的核心因素（王文举、范合君，2007；李猛、沈坤荣，2010）。我国区域间市场化改革的不均衡在较大程度上导致了我国城市间增长的差异。我国的要素市场化改革滞后于产品市场化改革，各级地方政府会通过对辖区内的土地、资金和税收等关键要素市场的分配权和定价权进行行政干预或控制，由此造成要素市场扭曲（盖庆恩等，2015，2019）。地方政府干预要素市场的激励在于：一是通过强化地方政府利用各种关键要素的优惠政策来实施招商引资，进而实现GDP的快速扩张，从而增加在地方官员晋升锦标赛中的胜出机会；二是地方官员对于关键要素的分配权和定价权的控制和干预能力，在一定程度上能够维护他们自身的利益（吴一平、芮萌，2010；尹振东、聂辉华，2020）。政府对微观经济的干预行为是导致不同地区企业以创新投入和全要素生产率为主的经济可持续发展能力存在异质性的重要原因（戴魁早、刘友金，2016）。

我国北方地区的市场化改革进程整体落后于南方，南方和北方地区的政府和市场关系存在一定差异。我国南方地区较多地融入了全球产业链、供应链和价值链分工及贸易体系，在"离首都政治中心相对较远"的历史传统和"以外部开放倒逼内部市场化改革"机制的双重作用下，南方的地方政府对金融市场、土地市场等关键要素资源的干预更多地遵循市场公平竞争原则，关键要素市场的发育和运行机制相对完善，市场竞争机制在国民经济运行中的主导作用更加突出。我国北方的地方政府在招商引资和促进产业发展过程中，更倾向于采用与市场竞争机制相悖的优惠政策以及政府补贴策略，如对地区内特定关键要素分配权和定价权进行干预和控制。

三、我国城市增长与创新的突出成就

改革开放以来，我国城市化进程不断加速，户籍管理制度逐渐放松，农村人口快速向城镇流动，城市和小城镇数量迅速增加，城市人口规模不断扩大。根据国家统计局的数据，到2020年末，按户籍人口规模划分，100万~200万、200万~400万、400万以上人口的地级以上城市分别有96个、46个和22个。

与此同时，我国城市的经济实力显著提升，发展活力不断释放。据国家统计局测算，2020年，地级以上城市地区生产总值611713亿元（当年价）。"GDP万亿俱乐部"不断扩容。2012年，中国万亿GDP城市仅有7个，上海成为第一个GDP超过2万亿元的城市；2021年，中国万亿GDP城市增至24个，有6个城市生产总值突破2万亿元。2020年，地级以上城市工业企业利润总额为3.9万亿元，比2012年增长32.8%。

我国的城市增长也为科技创新提供了肥沃的土壤，城市创新也进一步成为城市增长的动力。我国城市的创新能力日益提高，一大批国家重点实验室、工程研究中心和企业技术中心等相继成立，高新技术企业蓬勃发展，重大科技创新成果相继问世，成为经济发展的强大动力。以北京、上海、深圳为代表的中心城市成为科技创新主要策源地。据国家统计局测算，2020年，地级以上城市科学技术支出3848亿元，占一般公共预算支出的4.1%，而2012年，该项支出仅有1418亿元，占比3.2%；2020年，专利授权342万项，而2012年的专利授权仅有113万项。世界知识产权组织（WIPO）数据显示，我国专利申请量连续11年居全球第一，其中，城市提供了绝大多数的创新。

资料链接11-3 上海建设全球科创中心的空间逻辑

| 作者：夏骥
来源：微信公众号"上海华略智库"
时间：2023-07-03 | 通过微信扫码在公众号
"城市经济学"中阅读 |  |

本章小结

城市发展是在城市增长的基础上，涵盖更广泛层面的进步和提升。城市增长有不同的来源，但其动力机制包括禀赋和经济因素、政府与制度因素以及社会因素等。在动力因素的推动下，城市增长表现为随机增长、内生增长和混合增长等。

城市增长需要不断创新。创新在空间上表现为集聚和地方化的特征，其空间生成机制也表明，城市是创新的孵化器。城市的产业特征、企业家精神、人力资本以及空间结构与创新及城市增长密切相关。

我国城市大力推进创新增长与发展。我国的城市增长与创新在空间上呈现出各自的特征，并受到地理因素与产业特征、人力资本与高等教育、市场化改革区域失衡等的影响。目前，我国的城市增长与创新已经取得了突出的成就。

关键词：城市增长；基础部门；非基础部门；城市发展创新；借用规模；城市蔓延

问题与应用

1. 什么是城市增长？它和城市发展有什么关系？
2. 城市增长的来源与动力机制有哪些？
3. 城市增长的模型有哪些？
4. 谈谈你对创新的空间特征的理解。

5. 谈谈你对创新的空间生成机制的理解。
6. 试以某个城市为例，谈谈你对"城市是创新的孵化器"的理解。
7. 试以某个城市为例，论述创新要素如何影响城市增长。
8. 试以某个城市为例，论述空间结构如何影响城市创新增长。
9. 试论述我国的城市增长与创新发展。
10. 阅读资料链接中的资料，并分组进行讨论。

参考文献与推荐阅读

[1] 王峤，刘修岩，李迎成．空间结构、城市规模与我国城市的创新绩效［J］．我国工业经济，2021，398（5）：114-132.

[2] 何小钢，黄莹珊，朱国悦．高质量人力资本与我国城市创新能力——来自高校扩招政策的证据［J］．当代财经，2022，455（10）：15-27.

[3] 刘华军，曲惠敏．我国城市创新力的空间格局及其演变［J］．财贸研究，2021，32（1）：14-25.

[4] 王公博，关成华．我国城市创新水平测度方法及空间格局研究［J］．经济体制改革，2019，219（6）：46-52.

[5] 贾清显，张自然．空间集聚、创新相互依存与城市经济增长外部性［J］．深圳大学学报（人文社会科学版），2022，39（6）：76-86.

[6] 王立平，鲍鹏程．创新驱动对城市经济增长空间溢出效应的实证考察［J］．统计与决策，2022，38（10）：146-150.

[7] 胡星辰．智慧城市建设对城市经济增长的影响［J］．宁夏大学学报（人文社会科学版），2022，44（1）：85-92.

[8] 赵卿．科技要素空间流动、协同创新与城市群经济增长——基于粤港澳大湾区城市群的实证检验［J］．特区经济，2022（1）：42-46.

[9] RICHARD FLORIDA, PATRICK ADLER, CHARLOTTA MELLANDER. The city as innovation machine［J］. Regional studies, 2017, 51（1）：86-96.

第十二章 城市与区域统一和协同发展

城市经济发展与其所在区域的经济发展密切相关，这是城市与区域经济统一和协同发展的基础。了解城市与区域的经济联系、探讨城市与区域统一和协同发展的机制，有助于理解和推动中国式城市与区域经济协同发展，对全面掌握城市产生经济学、城市规划经济学、城市建设经济学、城市发展经济学和城市治理经济学的逻辑关联也不无裨益。

第一节 统一和协同发展的区际联系基础

一、城市与区域的差异及经济要素流动

（一）城市经济与区域经济的关联

城市经济是城市空间范围内各经济部门的综合。相应地，区域经济是一个区域空间范围的经济体系。区域经济是国民经济的空间子系统，国民经济由不同异质区域经济有机耦合而成，区域经济可以看成是国民经济的"器官"与"子系统"。具有不同特性和水平的区域经济，在空间上相互依存和联系，构成了一个国家的国民经济整体（魏后凯，2011）。

城市经济的发展需要区域经济作为依托，区域经济的发展需要城市经济的带动，两者呈正相关关系。城市经济的发展必须建立在与它相适应的区域经济发展的基础上，而城市经济的发展又必然会带动其所在区域的经济发展。区域经济发展与城市经济发展之间存在相互影响、相互作用、相辅相成的内在关系。一方面，城市经济发展离不开区域经济的支持，区域经济条件是城市形成和发展的基础，包括地理位置、自然资源、社会因素、区域基础设施、生态环境等（汤茂林、姚士谋，2000）。这些条件不但决定了城市的产生和发展状况，而且进一步影响和制约着城市经济发展的方向和规模。另一方面，城市经济对区域经济具有引领作用，是区域经济发展的向导和重要动力。

城市经济与区域经济的发展各有侧重：从地域空间上看，城市经济发展以个体城市或城市化地区为落脚点，关注城市化进程中各类资源要素向城市地区的集聚与配置

效率，区域经济发展离不开城市经济，同时关注城市周边腹地的经济发展；从产业演进上看，城市经济发展以非农产业（第二、第三产业）为核心驱动力，区域经济发展除了关注非农产业，还注重提高农业生产效率；第三，从发展效率上看，城市经济发展关注城市的增长极作用，区域经济发展则注重不同城市之间、城乡之间的协同与统筹发展。

（二）城市与区域差异及影响因素

城市与区域差异，简单地说，就是一个城市或区域与另一个（一些）城市或区域在自然、经济、社会、文化以及体制环境等方面的差别或不同。正是这些差异，使各个城市与区域形成了不同的特点。这些特点是各个城市与区域参与市场竞争与合作、进行产业分工的前提和基础。城市与区域如果没有差异，也就没有特色和比较优势，更没有统一与协同发展。从这个意义上说，城市与区域差异是一个具有描述性意义的中性概念，本身并不含有人们的主观价值判断。

按照不同的划分方法，城市与区域差异有不同的分类。按照研究对象的性质和内涵，可以把城市与区域差异分为自然差异、人文差异、经济差异和组织体制差异（韦伟，1997）；按照城市与区域差异的形成机制和发展趋势，可以把区域差异分为自然差、位势差和趋势差，或者自然差异、发展水平的现状差异和发展趋势的差异（程必定，1989）；按照所采用的衡量方法，可以把区域差异分为绝对差异、相对差异和综合差异（魏后凯，1990）。衡量这些差异，通常采用人均GDP或人均收入、城镇居民人均收入、农村居民人均纯收入等经济指标。

城市与区域差异与其历史、自然、经济及社会等多方面因素相关。总体来说，包括以下因素：①区位和基础设施。城市和区域的区位与地理位置，包括气候、地形、资源分布和邻近性等，这些因素可以对其发展产生深远影响。基础设施是城市和区域顺利运转所必需的关键组成部分，缺少适当的基础设施可能会限制经济活动，导致城市和区域之间更大的差异。②要素流动。人口、资本、劳动力和技术的流动可以促进经济增长和发展，提升城市和区域的竞争力。这些要素的流出也可能导致城市和区域的差异加剧。③产业结构变迁。产业结构变迁会直接影响城市和区域的经济增长速度，还会对城市和区域的就业结构和人口流动产生影响，进而对城市和区域的差异产生重大影响。④技术和制度创新。技术创新对城市和区域差异的影响主要体现在提高生产效率的能力上，不同城市与区域的技术创新会带来不同的发展差异。良好的制度环境有助于激发创新活力，提供公平竞争的市场环境，创造良好的商业和投资环境，提升所在城市或区域的竞争优势。⑤经济发展战略。经济发展战略在很大程度上决定了不同城市和区域的发展轨迹和差异。这些差异可能涉及产业结构、人口流动、收入分配等多个方面。⑥中央和省区政府的政策。上级政府在城市与区域合作、产业与投资、人才以及贸易等方面的政策，可能导致城市与区域间的经济差异。

(三) 城市与区域的经济要素流动

城市与区域的经济关联及互动关系，同城市与区域之间的劳动力、资本、信息和技术等经济要素流动密切相关。其中，劳动力要素流动的理论模型出发点包括：劳动力从工资水平低的城市与区域向工资水平高的城市与区域流动，或者从劳动力过剩的城市与区域向劳动力稀缺的城市与区域流动；城市与区域之间的差别越大，流动性程度也就越高。工业化生产部门在城市的集聚，是吸引农村剩余劳动力向城市转移的主要因素。机器化大生产方式的确立带来了工厂对劳动力的大量需求，劳动力在城市空间的集聚促进了城市人口规模的扩大，从而带动了城市经济的发展。此外，劳动力要素流动还包含人力资本的流动。人力资本迁移不仅注重工资水平，重视发展环境，还要考虑机会成本。也就是说，人力资本迁移追求的是工资收入、发展环境和机会成本的综合均衡（冯云廷，2006）。

资本要素流动包括借贷资本的流动以及生产资本的输出。资本的逐利性和规避风险的特性使得借贷资本能够打破地区经济封锁，从收益低、风险高的地区流向收益高、风险低的地区，这样就会形成借贷资本的跨地区流动。生产资本的输出是跨区域的直接投资，也就是说，一个地区的公司在另一个地区创办和扩展其子公司。生产资本的输出不仅转移了资本，而且获得了控制权。

信息和技术要素流动是促进城市与区域经济发展的重要因素。在数字技术嵌入实体经济背景下，信息与通信领域的技术创新极大地促进了知识溢出的有效半径，提高了信息和技术要素的流动效率。从微观上看，信息技术要素在城市与区域之间的高速流动，为企业扩大市场边界、实现供需匹配提供了便利条件，最大限度地保证了科技成果转化速率；从宏观上看，信息技术要素在一定地域范围内的扩散实现了知识与技术创新溢出效应的传递，推动了空间资源的重新整合，进而推动了城市与区域功能的优化、协调发展。

城市与区域之间的经济要素流动构成了城市与区域产业转移的基础。产业转移在本质上就是产业链、价值链中低技术含量、低产品附加值的环节从核心地区向外围地区转移的过程。地区之间的产业级差，即资源禀赋的空间异质性以及社会经济的差异化发展，是产业转移的前提条件。产业基础良好、经济发展水平较高的地区（中心城市）掌握产业链的完整生产环节，但过高的产业集聚会带来规模经济负外部性，从而使其不得不将低端的生产环节转移出去。产业基础差、经济发展水平较低的地区（区域腹地）根据各自的资源禀赋优势承接不同的低端生产环节；发展到一定程度之后，该地区会将与自身发展不适宜的低端环节转移到下一级差的地区，实现本地产业的优化和升级。这一过程不断演化，就形成了产业在不同地区之间的梯度转移。

二、城市与区域之间的分工与贸易

(一) 区际分工与贸易及其特征

城市与区域经济的互动关系与地域分工密切相关。地域分工,也称城市与区域之间的分工,或区域分工、区际分工,是社会分工的空间形式,指相互关联的社会生产体系受一定利益机制的支配而在地理空间上发生的分异(杨开忠,1989)。具体来说,地域分工是在生产力"趋优分布"规律下,微观主体以自身利益最大化为原则做出地域选择,从而使社会经济活动依据一定的规则在地域空间上呈现出的有机组合。从城市与区域之间生产力布局的角度看,地域分工表现为区域生产的专门化,即各地区专门生产某种产品或某一类产品。各地在经济利益的驱动下,根据自身在气候、土质、自然资源以及地理位置等方面的优势进行专业化生产,然后通过区际贸易实现产品价值和满足自身对区域不能生产或生产不利的产品的需求,从而扩大区域的生产能力,增进区域利益(冯云廷,2013)。

区际分工是区际贸易发展的前提和基础。所谓区际贸易,是指不同城市与区域间商品、劳务或服务的交换活动。这种活动有助于各城市与区域在资源、技术和市场等方面形成互补,从而实现经济合作和共赢。区际贸易可以看作区际分工与区域专业化程度的重要表现,区际贸易的扩大会对区际分工产生强大的推动作用。从城市与区域经济的角度看,区际贸易可以促进资源优化配置,提高生产效率,加强城市与区域之间的合作。

总体来看,区际分工与贸易具有以下四个特征:一是专业化生产是区际分工的重要表现,也是区际分工与贸易的初始动力;二是区际分工与贸易的深化和发展,得益于城市与区域间的密切联系;三是区际分工与区际贸易都具有一定的层次性,包括一般的分工与贸易的各个层面;四是城市与区际的分工和贸易关系普遍存在于各种社会形态之中。

(二) 区际分工与贸易的影响因素

城市与区域差异是区际分工与贸易产生的基本前提,这种差异以一定的基本因素为前提。在不同城市与区域的不同经济发展阶段,这些因素对区际分工与贸易的形成和发展的重要性有一定的差异。同时,区域差异也是区际分工与贸易的影响因素。

一般来讲,影响区际分工与贸易的因素主要有两个:一是城市与区域客观存在的自然与历史条件,如自然资源、区位条件、人口与劳动力资源,以及作为历史知识载体的文化等。不同城市与区域的自然资源、人力资源、技术水平等存在区域差异。区际分工与贸易通常会借助这些资源禀赋的差异,使每个地区专注于自身具有相对优势的产业或领域,从而提高整体产出效率。二是城市与区域经济系统内生的差异,如不同城市与区域具有不一样的产业结构、空间结构、基础设施、产业价值链、市场需求、经济制度、产业政策、贸易政策等。以贸易政策为例,区际分工与贸易的发展经常受到贸易壁垒的影响。较低的贸易壁垒通常能够促进区域之间更深入的分工和更广泛的贸易。

一般而言,在分工发展的初期,自然与历史条件是区际分工的驱动力,但随着经济的发展、交易效率的改进,自然与历史条件对区际分工的作用越来越小。产业结构、技术结构、政府政策等在城市与区域竞争优势形成和发展中的作用越来越大,对城市与区域的分工及贸易也发挥着越来越大的作用。

(三) 区际分工与贸易的动力机制

在差异基础上的区域利益是决定区际分工与贸易的动力基础,也是区际分工与贸易产生的最根本原因。对区域利益的追求以及利益点的吸引力所构成的利益机制,是城市与区域经济活动的基本动力及约束机制,也是城市与区域发展的源泉(魏后凯,2011)。

所谓区域利益,可以简单地定义为在一个特定的地理范围内,城市与区域由于区际分工和贸易而得到的好处。区域利益可以划分为区域政治利益、区域经济利益和区域社会利益,也可以划分为国家利益、地区利益、城市利益和个人利益,还可以划分为长远利益和眼前利益、整体利益和局部利益、现实利益和预期利益,等等。本章所指的区域利益是一个整体的经济概念,是城市与区域基于在分工与贸易中的地位形成的对物质产品的占有关系,是物质利益,也称经济利益。城市与区域的经济利益,既是区际分工与贸易产生的原因,也是区际分工与贸易的结果。任何一个城市或区域,都存在着不同的利益主体,但只有代表城市与区域内大多数居民和利益集团的经济利益,才是区域经济利益。

城市与区际分工与贸易的利益机制,是指城市与区际分工贸易体系中各区域利益主体之间相互作用的过程与方式,其形成与变迁的主要功能是保证区域利益主体有充分的自利激励,也就是通常所说的发展经济的积极性与主动性。在区域利益形成的过程中,最基本的机制是竞争,竞争是市场经济内在要求的基本制度原则(魏后凯,2011)。在竞争制度下,地域分工利益的实现基于比较优势、规模经济和空间竞争三种力量。英国古典经济学家亚当·斯密认为,一个社会要实现其生产目的,必须根据优势进行分工,发展生产,在国内实行自由放任的政策,在国际上开展自由贸易。当然,比较优势形成的势能差只是导致地域分工的必要条件。只有在能够产生规模经济或者规模报酬递增的前提下,才可能真正发生地域分工。比较优势和规模经济需要在空间中实现。美国学者波特(Porter)将产业集群的概念拓展至国家层面,采用钻石模型和集群方法分析世界范围内具有明显工业化特征国家某些产业的竞争优势。[①] 在合理的空间竞争情况下,企业总是尽可能地选择预期集聚经济最显著的区位,并借此获得较好

---

① 迈克尔·波特. 国家竞争优势 [M]. 李明轩, 邱如美, 译. 北京: 华夏出版社, 2002: 532-561.

的产销条件和收益。总的来说，地域分工首先需要确定比较优势，在此基础上寻求规模经济，进而通过空间竞争优选并取得区位利益。

三、城市与区域的空间相互作用

（一）空间相互作用与距离衰减

城市与区域之间具有密切的经济联系，而且会相互作用。城市与区域的空间相互作用（Spatial Interaction）通常是指不同的城市与区域之间相互交换信息、商品等的过程，它包含的内容非常广泛，如城市与区域之间的竞争与贸易等。研究这种相互作用，探索构成城市与区域经济活动基础的空间互动规律，可以指导城市与区域发展实践。

一般而言，空间相互作用发生于特定的城市与区域之间，其作用强度随距离的增加而减小，这种现象在经济学中体现为空间交互规模成本的边际递增。在现实中，从城市中心走向郊区农村，随着距离市中心越来越远，人口密度、经济密度以及房价和工资水平通常会趋于下降，就是这方面的例证。由于各种社会经济现象的复杂性，许多学者进行了探索，但科学客观地描述距离衰减现象较为困难。1970年，地理学家托布勒（Tobler）将这个现象总结为"距离衰减法则"（Distance-decay Law）。学术界一般使用距离衰减函数、距离衰减率等来表示这种现象。"距离衰减法则"在经济和社会分析中应用广泛，成为构建各类空间相互作用模型的基础。人类经济活动表现为空间交互存在距离成本。

（二）城市相互作用的引力模型

基于"距离衰减法则"，城市与区域的空间相互作用可以用城市引力模型加以描述和量化。城市引力，即城市吸引力，一般是指城市对其周边区域或经济腹地的人才、资源、信息、投资、客流等的吸引能力。引力模型是简单和使用最广泛的相互作用模型。在过去的几十年中，引力模型被不断地细化并富有成效地运用到许多研究之中，包括对城市吸引力及城市经济区范围的研究与应用中。

城市引力模型借鉴牛顿"万有引力"定律的思路，预测城市劳动力、信息和商品等要素在城市间、地区间的流动。根据牛顿定律，模型必须具有以下两种基本要素：①规模的影响。例如，人口较多的城市通常会比人口较少的城市产生和吸引更多的行为。②距离的影响。例如，地点、民众或经济行为分开的距离越远，它们之间的相互作用越小。按照这个思路，如果假设每一座城市的人口规模用 P 表示，城市间的距离用 d 表示，每一对城市用下标 i 和 j 表示，任何两个城市间的相互作用（吸引力）用 T_{ij} 表示，那么 T_{ij} 即这两个城市的人口规模乘积同距离的比例，即

$$T_{ij} = \frac{P_i P_j}{d_{ij}} \qquad (12-1)$$

式（12-1）只是由万有引力公式转换过来的一个基本模型，不能充分体现城市与

区域发展的特点、规律及影响因素，因而存在一些缺陷，如未考虑交通工具对距离的影响、未考虑"距离的衰减"或者"距离的摩擦"、未考虑通达性对距离的影响、未考虑人为因素的影响、未考虑除城市人口规模外的其他因素的影响以及城市质量等其他方面的影响。K. E. Haynes 和 A. S. Fotheringham（1984）对式（12-1）进行了完善，用式（12-2）来表示城市吸引力：

$$T_{ij}=k\frac{Q_i^\alpha Q_j^\beta}{d_{ij}^b} \text{ 或 } T_{ij}=k(Q_i^\alpha Q_j^\beta)d_{ij}^b \tag{12-2}$$

式（12-2）中两个表达式的区别在于：前者的 b 为正值，后者的 b 为负值。其中，T_{ij} 表示城市 i 与城市 j 之间的相互吸引力；Q_i 和 Q_j 分别表示城市 i 和城市 j 的"质量"（如综合经济实力、城市竞争力等）；d_{ij} 表示城市 i 和城市 j 的空间或时间距离；b 为测量距离摩擦作用的指数（一般认为，$0.5>b<3.0$）；k、α、β 为经验系数，可根据各地区的不同情况进行取值。在实践中，上述公式表达的模型更多的是作为解释的基础，而不是作为预测的基础。尽管如此，实际工作中的事实经常证明上述公式代表的模型并不可靠，其原因部分是需要解释的问题的复杂性。近年来，学者们不断对式（12-2）进行扩展，其应用范围也在不断扩大（魏后凯，2011）。

（三）城市市场区边界与雷利定律

1931 年，William J. Reilly 提出"雷利法则"。该法则认为，一个城市从其周围地区的城镇吸引的零售贸易，同城市的人口规模成正比，与它们之间的距离的平方成反比。城市 i 吸引城市 j 中成员在城市 i 中所产生的贸易额 A_i，同城市 i 的人口 p 成正比，同城市 i 到 j 的距离的平方 d_{ij}^2 成反比，用公式表示为

$$A_i = p_i/d_{ij}^2 \tag{12-3}$$

在此基础上，雷利提出了确定城市市场区边界的方法，这就是著名的雷利-康弗斯（Reilly-Convers）分界点（或断裂点）公式：

$$d_{ix}=\frac{d_{ij}}{1+\sqrt{P_j/P_i}} \tag{12-4}$$

式（10-4）中，i 和 j 分别为两个市场中心，x 为市场分界点，d_{ix} 为 i 到 x 的距离，d_{ij} 为 i 到 j 的距离，P_i 和 P_j 分别为两个市场中心的人口规模。市场中心和市场分界点如图 12-1 所示。雷利-康弗斯分界点公式在实践中应用非常广泛。当然，雷利-康弗斯分界点公式也存在不足，例如，该公式没有考虑交易成本等因素对市场区边界的影响（冯云廷，2006）。

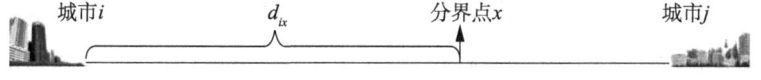

图 12-1 市场中心和市场分界点

资料链接 12-1	城市的区域联系可以这样来看	
作者：大数据中心 来源：微信公众号"智慧空间研究" 时间：2020-09-01	通过微信扫码在公众号 "城市经济学"中阅读	

第二节　城市与区域统一发展和协同发展机制

一、城市与区域统一发展和协同发展的关系

（一）统一发展经济学和协同发展经济学

学术界对城市与区域的统一发展少有定义。有学者从经济增长和经济发展的角度出发，认为"统一发展经济学希望使用经济动力的分析工具，使用最一般的构成要件和相互作用机制，用三种力量统一解释人类经济发展，将增长与发展、长期与短期，不同时空、不同制度的经济发展统一起来"，"从不同角度，使用不同的方法，聚焦不同的重点，构建与之'同中有异'的经济发展或者经济增长理论"（倪鹏飞，2022）。

上述定义中的经济动力，是指交互经济利益和经济力。其中，交互经济利益是指交互规模经济，即"两个以上不同物品的组合能够获得更大的产出或效用"。经济力是指"经济利益的大小与需求欲望（偏好）强度的乘积"，它包括原动力、生动力和能动力三种力量。定义中的构成要件包括政府、企业、家庭构成的三主体，生产与消费、创新与模仿、竞争与合作构成的三种交互，以及人口资本、人力资本、物质资本、科学技术和制度文化构成的五要素。其相互作用机制是"理性的三主体，基于五要素，以及综合成本和空间成本节约的利益最大化权衡和力量均衡，选择在具体的产业部门、空间区位和时间节点，进行三种交互行为，并趋向在所有空间、时间和部门，主体利益的均衡、行为力量的均衡和要素与产品的市场出清，即每个主体的选择既没有能力也没有动力改变的一般均衡"（倪鹏飞，2022）。

统一发展经济学强调把"经济发展统一起来"，而协同发展经济学强调把"经济发展协同起来"。从系统角度看，"协同"强调子系统间的合作、协调，以达到系统整体功能大于子系统功能之和的结构优化状态。因此，可以认为，协同发展经济学就是不同子系统或不同主体之间通过合作与协调，共同营建系统新的发展动力，推动系统形成新的结构与功能，实现子系统利益的整体提升并达到系统总体利益最优的经济学。

（二）城市与区域的统一发展和协同发展

统一发展和协同发展分别是统一发展经济学和协同发展经济学的研究对象。统一发展经济学研究不同制度下各子系统或地区长期与短期的经济增长与发展等,旨在促进这些子系统或地区经济的统一发展。协同发展经济学中的子系统或地区经济发展的"协同",是统一发展经济学中的交互行为——竞争和合作中的一个部分。可见,统一发展包括协同发展。当然,"协同"中还会有生产与消费、创新与模仿,协同发展不仅涉及"协同"这种交互行为,还具有政治、经济、社会及文化等方面的丰富内涵。

从城市与区域空间角度来看,统一发展就是在某个特定的城市与区域的地理空间范围内,不同的城市与区域主体通过三种交互行为,实现所在城市与其他城市或区域发展的统一;而协同发展是在某个特定的城市与区域地理空间范围内,两个或以上的城市与区域通过合作与协调,实现各个协同主体及整个协同区域经济、社会和环境的共同发展。城市与区域的协同发展强调城市与区域之间的合作、协调和资源共享。在城市与区域协同发展的过程中,不同城市与区域之间通过互利合作,实现优势互补,共同推动所在区域的经济、社会和文化发展。这种发展模式可以促进城市与区域之间的协同效应,提高城市与区域的影响力和竞争力。

2022年3月,中共中央、国务院发布《关于加快建设全国统一大市场的意见》,明确提出,"完整、准确、全面贯彻新发展理念,加快构建新发展格局,全面深化改革开放,坚持创新驱动发展,推动高质量发展,坚持以供给侧结构性改革为主线,以满足人民日益增长的美好生活需要为根本目的,统筹发展和安全,充分发挥法治的引领、规范、保障作用,加快建立全国统一的市场制度规则,打破地方保护和市场分割,打通制约经济循环的关键堵点,促进商品要素资源在更大范围内畅通流动,加快建设高效规范、公平竞争、充分开放的全国统一大市场"。这个文件也是城市与区域统一和协同发展的指南。

(三)城市与区域协同发展的内涵

结合各国城市与区域协同发展的实践经验,可从以下三个方面理解协同发展:

第一,协同是城市与区域之间关系的理想状态。从城市经济发展的复杂系统来看,各个城市(包括中心城市和周边城市)之间、城市与腹地区域之间均为子系统的多维网络关系。在早期的经济社会发展阶段,各子系统之间以资源要素的简单交换为主。随着经济发展成熟度的提升,子系统之间的经济互动联系趋于复杂化,并逐渐向协同互补、一体化等高级形态演变。城市与区域的协同发展是城市社会经济系统优化的结果。

第二,协同是实现城市与区域经济高质量发展的目标之一。城市与区域经济发展具有整体性,各子系统之间通力协作、有机组合才能实现整个系统的目标。各子系统之间彼此影响、相互促进,良好的空间联系是形成高效、均衡、开放、协调整体系统的关键,并能推动城市与区域经济系统向更稳定、更健康的状态演变。

第三,协同是推动大中小城市协调发展的重要路径。不同规模的城市之间存在必要的经济合作,也时有竞争和冲突。每个城市或区域都需要根据自身的资源禀赋优势选择差异化的发展路径，并通过整体系统的协同互补、深度合作实现动态平衡，尽可能避免资源浪费、产业同构等现象，通过不同地区之间关系的重塑，创新大中小城市协调发展的路径。

二、城市与区域经济协同发展的理论机制

城市与区域的协同基于解决相互间竞争和冲突的矛盾，博弈论是主体之间竞争博弈的理论，协同理论为城市与区域的协同奠定了理论基础。从经济学视角看，博弈和协同有助于提升城市与区域的空间经济，减少或避免空间不经济。

（一）城市与区域的经济竞争与冲突

竞争是两个或两个以上的竞争主体（个人或组织）为了共同所需的竞争对象（目标或利益）而展开争夺与较量的过程（李永强，2006）。城市与区域的竞争是一种特殊形式的竞争。一般认为，所谓城市与区域竞争，是指一个城市或区域内的经济利益主体代表通过城市与区域的经济活动，为获得某种稀缺的、非任何城市与区域都能获得或获得最多的、影响该城市与区域共同经济利益的对象而与其他城市与区域展开的争夺与较量。城市与区域经济竞争是在市场经济条件下获得城市与区域经济利益的主要途径，是动态的跨区域的竞争，是城市与区域内部经济竞争的延伸和扩展。城市与区域经济竞争的理想结果是，各城市与区域经济利益和全国经济利益同时最大化，而这需要满足资源在城市与区域间的完全流动、规模经济、完全竞争市场、信息充分等条件，这在现实中几乎是不可能的（豆建民，2009）。

在我国现行城市与区域管理体制下，城市与区域经济竞争主要表现为城市竞争，而城市竞争的核心是经济竞争。所谓城市竞争，一般是指一个城市区域内的一个或多个城市，通过城市经济活动与其他城市为获得某种稀缺的、非任何城市都能获得或获得最多的、影响该城市经济利益的对象而展开的争夺与较量。从原理上看，城市竞争就是城市通过自身努力达到对有限或稀缺资源，包括土地、资本、人才、科技、产业、市场、生态环境、特殊政策等最大限度的占用，并借此获得相对于其他城市最大的经济利益。或者说，城市对资源的竞争实质上是对生产要素和有利于城市经济发展的其他稀缺资源的竞争，目的是集聚更多的经济要素，从而获得更高的经济发展水平，最终提高城市竞争力。在一定时期内，某个城市在某方面资源的增加，是以其他城市相同方面资源的减少或不增加为条件的。因此，城市竞争的直接结果就是城市在发展水平上的差异性。

城市与区域经济竞争对于城市经济、社会的发展与进步具有强烈的刺激和促进作用，但"当竞争者们企图摧毁或者破坏对方，或者甚至将对方转变成资源的一种供应时，竞争就采取了比较激烈的方式，我们称这种形式为冲突"[①]。冲突通常表现为"诸

---
① 约翰·伊特韦尔，等. 新帕尔格雷夫经济学大辞典 [M]. 北京：经济科学出版社，1996：614.

侯经济""地方保护主义""市场分割""行政区经济"等现象。冲突的目的是获得更多的利益，属于破坏性竞争。冲突是城市与区域经济主体在区域经济竞争和联系中，为获得经济利益而采取的有损社会或其他地区利益的争夺行动，它使区域经济关系偏离了理性的区域均衡状态（豆建民，2009）。区域经济冲突可以分为区域生产冲突、区域流通冲突和区域分配领域的冲突，也可以分为区域资源利用冲突、区域劳动力冲突、区域金融冲突、区域知识产权冲突和区域企业产权冲突等。

城市与区域的经济矛盾是长期的，既可能导致经济冲突，也可能是经济合作的开端。城市与区域经济合作建立在区域分工与协作基础之上，通过生产要素在区域间的合理流动与优化配置，推动城市与区域经济协调发展。城市与区域经济合作是区域经济竞争和冲突的产物，也是城市与区域经济利益主体博弈的结果。尽管如此，区域经济合作还是需要在中央政府的指导下或通过相关政府和其他组织机构的充分协调，并通过建立相关机构、制定规章制度、确立操作机制等来实现。城市必须和区域内以及其他区域的城市进行合作，在合作中获得更大的竞争优势，才能实现"Win-Win"的双赢模式发展（于涛方，2004）。这种城市与区域的经济关系是一种合作性的竞争关系。

（二）博弈论、利益博弈与协同发展

博弈论又称对策论（Game Theory），在我国古已有之。中国古代的《孙子兵法》不仅是一部军事著作，而且是最早的博弈论著作。1928 年，冯·诺依曼证明了博弈论的基本原理，宣告了博弈论的正式诞生。1944 年，冯·诺依曼和摩根斯坦共著《博弈论与经济行为》，将 2 人博弈推广到 n 人博弈结构，并将博弈论系统应用于经济领域，从而构建了这一学科的理论体系。

博弈论研究特定条件下的多个体或团队之间如何利用相关方策略实施对局（弗登伯格等，2010）。城市与区域整体系统在利益竞争、冲突与合作中，存在对局博弈行为，参与各方具有不同的利益目标，每一方均需综合考虑对方的各种可能行动方案，并制定对自己最为有利的行动方案。根据博弈参与者的数量，可以将博弈分为双方博弈和多方博弈；根据博弈的标准制定，可以将博弈分为合作博弈和非合作博弈；根据博弈的策略数量，可以将博弈分为有限博弈和无限博弈；根据博弈中一方对其他对手的了解程度，可以将博弈分为完全信息博弈和不完全信息博弈。城市与区域的协同发展包括以上所有博弈形式。

博弈理论对城市与区域协同发展的理论指导作用体现在以下两个方面：

第一，最优策略与得失效应。在协同发展的对局中，博弈结果称为得失。一个城市或区域的得失不仅与其自身，也与其他参与者所选择的策略有关。因此，一次对局结束时，每个城市或区域的得失都是全部参与者策略选择的函数，或称支付函数。通过优化支付函数，可以选出各城市或区域都能接受的最优策略，这就是城市与区域的协同发展策略。

第二，纳什均衡效应。纳什均衡是城市与区域整体系统内各参与者博弈后得出的稳定结果。在所有参与者策略确定的情况下，每个参与者选择的策略都是最优的，那么这一策略组合被称为纳什均衡，此时各博弈参与者的效益达到最大。任何具有有限策略的两个子系统之间的博弈至少存在一个纳什均衡点。在城市与区域协同发展中，实际存在着产业转移博弈、一体化博弈、环境污染博弈等。

（三）协同论、协同效应与协同发展

协同理论源自德国物理学家哈肯的基本观点。哈肯（1971）认为，在复杂开放系统中，各子系统之间存在着相互影响、相互合作、相互干扰和制约的非线性关系，基于这些关系产生的整体结构效应或集体效应，即协同作用产生的结果或协同效应。城市与区域之间存在多维网络关系，其中最为显著的关系包括竞争关系、合作关系和共生关系，只有每一种关系都使各子系统之间保持协调均衡，才能推动整体系统的持续健康发展。

城市与区域的协同效应表现在以下三个方面：

第一，有序效应。城市与区域整体系统能否发挥协同作用是由各系统之间的有序合作决定的，良好而有秩序的合作能够大幅提升整体系统功能，产生"1+1>2"的协同效应。协同作用与有序结构相辅相成。任何一个复杂系统，在受到外来能量或物质影响达到某种临界值时，子系统之间都会产生协同共振，使得整体系统在临界点发生质变，推动系统由无序变为有序，产生稳定的耗散结构分支，为保障整体系统的可持续健康发展奠定基础。

第二，伺服效应。城市与区域整体系统变化遵循序变量支配、快变量服从慢变量等规律。在整体系统趋近不稳定临界点时，其动力学结构通常由少数几个序参量决定，其他系统变量的行为均由这些序参量决定。序参量是指在整体系统演化过程中决定"从无到有"的关键变量，能够使各系统要素集体转化。快变量是指在整体系统受到干扰不稳定时，试图使系统重新回到稳定状态的变量；慢变量是指受到干扰时能够使整体系统从稳定状态走向非稳定状态的变量。一般而言，系统内部的快变量随慢变量的变化而变化，整体系统的演变进程由序参量主宰。

第三，自组织效应。在没有外部资源输入的情况下，城市与区域整体系统能够按照某种规则自动形成相对有序的结构或相对稳定的功能，体现出系统的内在性、自生性和非线性相关性等特点。当存在外部资源输入时，整体系统会通过多个城市和地区之间的协同形成新的时间、空间或功能有序结构，这可以视为系统从无序向有序演化的自然过程。

三、城市与区域经济协同发展的利益机制

（一）协同发展与要素经济效益扩展

不同的城市与区域之间存在自然、人文、劳动力、技术、制度、管理以及经济等

方面的差异。一方面，较发达的地区拥有更多的资源和投资等经济要素比较优势，可以获得更高的要素经济，得到更多的经济增长和就业机会，享受到更好的公共服务和基础设施；另一方面，欠发达的地区由于资源匮乏、技术水平低、要素数量不够及质量不高等原因，要素经济效益较低，地区经济发展滞后，基础设施和公共服务水平不高。这种地区差异会导致各个城市与区域之间的要素经济大小不一，各地发展不平衡，从而激化城市与区域的利益冲突。

不同的城市与区域之间通过合作与协同，进而协调发展，能够实现经济要素的优化配置和互补，让较发达地区经济要素的潜能和优势在协同的地理空间得到更充分的释放，避免要素资源的闲置与浪费。在较不发达地区，一方面，因为共享协同区域的交通、能源等基础设施，降低了建设成本，加快了能源和货物的流动，提高了整个区域要素资源的利用效率；另一方面，由于承接了发达地区的产业、企业、人才等优势要素，获得了更高的要素经济效益。较不发达地区的要素经济增加，较发达地区的要素经济也可能因借用或补充了较不发达地区的优势要素资源而增加，从而带动区域整体要素经济增长。例如，一个地区拥有丰富的煤炭资源，而另一个地区拥有先进的煤炭加工技术，通过合作，可以实现煤炭资源的高效利用，同时降低生产成本，从而提升整个区域的经济效益。

（二）协同发展与结构经济效益放大

区域协同发展能够实现城市扩展和融合效应增加。城市和地区之间不仅存在竞争关系，也存在协同和融合关系。通过区域协同发展，让某个城市或区域的地理空间扩大到更大的协同地区，可以实现城市之间的扩展和融合，形成更大的城市群，从而提升城市的经济规模和综合竞争力。例如，上海的带动和辐射作用，使整个长三角地区实现了城市扩展和融合，形成了一个经济辐射力强、竞争力突出的城市群。

区域协同发展可以实现产业链的优化和升级。协同发展可以促进产业链和供应链的形成、实现城市与区域产业链条的优化和升级，加快产业分工和价值链的衔接，降低生产成本，加速商品的生产与流通，提高整个区域的经济效益和竞争力。例如，中国的珠三角地区，通过建立产业链配套合作机制，将研发、生产、销售等环节连接起来，形成了以制造业为主导的产业链条，提高了整个地区的产业集聚效应和竞争力。

区域协同发展有利于形成区域创新网络，促进科技创新和经济转型。不同城市和地区在科技研发、创新能力和产业结构方面存在差异，通过建立区域创新网络，可以实现科技创新资源的共享和技术交流，从而加速创新能力的提升和经济结构的转型升级。例如，深圳作为中国的创新示范城市，与周边的香港和广州形成了一个创新创业区域生态圈。不同城市之间的科技创新资源互补，可以为整个区域的经济发展提供强有力的支撑。

（三）协同发展与规模经济效益扩张

协同这种交互行为可以产生交互规模经济。两个及以上个体或组织之间的交互可

能产生比孤立行为更多的产出、收益和更大的效用。交互的总报酬会随着交互主体规模的扩大而增加（倪鹏飞，2022）。城市与区域经济的协同发展，可以产生比单个城市或区域的规模经济更大的交互规模经济或报酬递增效应。

区域协同可以促进城市空间规模经济效益的提高。相同产业或相关产业集聚在一定空间范围内，形成产业集群，有利于促进信息流动、技术创新和人才集聚。通过区域协同，不同城市可以形成产业联盟，共同发展相关产业，形成具有一定规模的产业集群，产生集群经济或规模经济。例如，广东省内的广州、深圳、珠海等城市紧密合作，共同发展电子制造、信息技术等产业，形成了全球知名的制造业基地。这种产业集聚效应带来了规模经济，吸引了大量的企业、供应商和人才，降低了生产成本。

区域协同有助于形成城市外部性和技术溢出效应。城市创新和技术进步可以通过交流、合作传递到周边地区，推动整个区域的发展。例如，作为一个创新中心，硅谷不仅吸引了高科技企业，也促进了其周边地区创业活动和科技产业的发展。外部性可以促进市场的扩展，吸引更多企业和投资者，扩大市场规模，形成更大的市场，从而激发规模经济效应。例如，一个城市的先进科研中心，能够吸引高科技产业聚集，周边地区可能会发展为供应链和服务中心，形成完整的产业生态系统，从而降低生产成本，提高规模经济效益。

通过区域协同，不同地区的企业可以共享资源、共同采购、协作研发、创新合作等，降低相关成本，提高生产与研发效率，这有助于形成规模经济，实现规模经济效益的提升。例如，不同城市或区域的制造企业可以共同采购原材料，降低采购成本；联合生产可以实现生产规模的扩大，提高生产效率；协作研发，扩大研发规模，可以降低研发成本，推动研发活动的顺利进行，同时丰富研发成果，提升研发的规模经济效益。

资料链接 12-2　城市竞争 or 城市协同？

作者：宋富贵 来源：微信公众号"米宅" 时间：2020-10-07	通过微信扫码在公众号 "城市经济学"中阅读	

第三节　中国式城市与区域经济协同发展格局

一、中国式城市与区域经济协同发展的提出

（一）中国式城市与区域经济协同发展的提出

中国区域经济协同发展的提出，源于不同地区经济发展不平衡、资源分布不均等

问题。一些地区拥有丰富的资源，但受到市场、技术等因素的限制，无法充分利用这些资源。另一些地区可能技术先进，但缺乏资源的支持。因此，通过区域经济协同发展，不同地区可以相互补充，实现资源优化配置，提高整体竞争力。

现阶段我国社会的主要矛盾是人民日益增长的美好生活需要和不平衡不充分的发展之间的矛盾。要解决好发展不平衡不充分的问题，必须深入推进城市与区域经济协同发展，助力经济高质量发展。2012年党的十八大以来，我国把逐步缩小区域发展差距、实现全体人民共同富裕摆在更加重要的位置，就推动区域协调发展、促进高质量发展做出了一系列重大部署。2017年，我国政府提出，"我国经济由高速增长阶段转向高质量发展阶段"，一个重要目标就是要切实解决发展不平衡不充分的问题。虽然我国区域发展形势较好，但是区域经济发展分化态势明显、发展动力极化现象日益突出，部分区域发展面临较大困难。以合理分工和优化发展的方式推进区域发展战略，才能进一步释放区域协调发展的新动能。

2022年党的二十大报告擘画了中国式现代化的发展蓝图，对区域协调发展做出了更加长远、更加系统的战略部署，进一步强调要促进区域协调发展，深入实施区域协调发展战略、区域重大战略、主体功能区战略、新型城镇化战略，优化重大生产力布局，构建优势互补、高质量发展的区域经济布局和国土空间体系，强化城市群、都市圈在我国城镇化战略格局中的主体地位，更有效发挥中心城市和城市群的引领带动作用，为世界城市协调发展贡献具有中国特色的解决方案（邓智团，2023）。

（二）中国式城市与区域经济协同发展的特征

中国式现代化是具有中国特色的现代化。党的二十大报告指出，中国式现代化是人口规模巨大的、全体人民共同富裕的、物质文明和精神文明相协调的、人与自然和谐共生的、走和平发展道路的现代化。在推进中国式现代化进程中，必须从中国的国情出发，促进城市与区域经济的协同发展。共同富裕是中国式现代化的重要特征，城市与区域经济协同发展是实现共同富裕的必由之路。

中国式城市与区域经济发展不仅依赖经济速度和总量的增长，更注重城市与区域经济协同发展的系统性与可持续性。总的来说，其发展特征体现在以下三个方面：①坚持人民至上，扎实推动共同富裕。通过有效的制度安排推进城市与区域经济协同发展，是实现共同富裕的必由之路。②以城市群为主体打造经济增长极，提高经济发展效率，破除资源流动障碍，发挥市场在资源配置中的决定性作用，促进生产要素自由流动并向优势地区集中。③发挥比较优势，切实做到因地制宜。经济发展条件好的地区要着力培育原来就具备的优势，承载更多产业和人口，发挥价值创造作用；有效保护生态功能强的地区，创造更多生态产品，同时考虑国家安全因素，提高边疆地区发展能力（韦欣，2022）。

（三）中国式城市与区域经济协同发展的要求

中国式城市与区域经济协同发展的要求有以下四个：

一是必须以城市群、都市圈为引领。城市群是新型城镇化的主体形态，是支撑全国经济增长、促进区域协调发展、参与国际竞争合作的重要平台；都市圈是城市群内部以超大特大城市或辐射带动功能强的大城市为中心，以1小时通勤圈为基本范围的城镇化空间形态。城市群并非若干城市在一定地域空间内的简单布局组合，其成"群"的关键在于城市间密切的经济互动与联系。都市圈的建设发展可以进一步扩大中心城市的辐射带动作用，对实现地区经济高质量发展具有重要意义。

二是必须坚持新型城镇化道路。新型城镇化道路作为国家重大发展战略，以实现"人的城镇化"为根本目标，更加重视城镇化的人本属性与协同属性。相比快速城镇化时期以乡村人口大量涌入城市地区为主的单一模式，新型城镇化道路更多考虑微观个体效用的最大化，模式更加多元。城市与区域经济协同发展应突破原有的路径依赖，因地制宜，根据不同的功能分工优势确定新的协同合作格局，实现跨越式发展。

三是必须重视城乡统筹融合发展。我国城乡经济发展与收入分配仍存在一些差距。国家统计局的数据显示，2022年我国城镇居民人均可支配收入和人均消费支出分别为49283元和30391元，农村居民人均可支配收入和人均消费支出分别为20133元和16632元。在大力提升城市经济发展质量的同时，应重视城市与区域经济协同发展，加速城乡要素流动，拓宽农村居民收入渠道，提高农村地区经济发展水平。

四是必须推进人与自然协调发展。党的十八大以来，我国在经济发展过程中高度重视环境保护问题，坚定不移地走生态优先、绿色低碳发展道路，积极推进"双碳"目标的实现。城市与区域经济协同发展是发展绿色经济、低碳经济、循环经济的重要阵地，必须始终坚持生态文明建设，全方位、全地域、全过程地加强生态环境保护。

二、中国式城市与区域经济协同发展的实践

2006年，"十一五"规划首次提出"把城市群作为推进城镇化的主体形态"，将大都市和小城镇统筹起来。2010年后，《长江三角洲地区区域规划》《京津冀协同发展规划纲要》《粤港澳大湾区发展规划纲要》《长江三角洲区域一体化发展规划纲要》相继发布，三大城市群上升为重大国家战略。当前，我国城市群的发展重心已从以京津冀、长三角、珠三角三大城市群为主的区域集中发展模式，向"十四五"规划纲要中提出的19个主要城市群协调发展模式转变。为促进城市和区域经济协同发展，城市群发展实践主要聚焦在以下领域：

（一）建立互通互联的交通网络

京、津、冀三地规划了完整的城际铁路网，打通了京昆、京台等多条高速公路及一批省内干线，京津城际延伸至滨海新区中心商务区。津保铁路和京广高铁连通，使得京津冀核心区形成1小时通勤圈。环渤海港口和北京大兴机场建设，进一步扩展了空铁联运、陆空联运等服务。《长江三角洲区域一体化发展规划纲要》提出，长三角地区将以上海为核心，以南京、杭州、合肥为副中心，构建以高速铁路、城际铁路、高

速公路和长江黄金水道为主通道的多层次综合交通网络。增强京沪高铁、沪宁城际、沪杭客专、宁杭客专等既有铁路城际客货运功能。发挥长三角高等级航道作用,提升城际货运能力。加快上海轨道交通网建设,建设连通中心地区与临沪地区的轨道交通,加快发展铁水、公铁、空铁和江河海联运。《粤港澳大湾区发展规划纲要》提出,要提升珠三角港口群国际竞争力。巩固提升香港国际航运中心地位,以沿海主要港口为重点,完善内河航道与疏港铁路、公路等集疏运网络。建设世界级机场群,进一步扩大大湾区的境内外航空网络。推进赣州至深圳、广州至汕尾、深圳至茂名、岑溪至罗定等铁路项目建设,有序推进沈海高速(G15)和京港澳高速(G4)等繁忙路段扩容改造。加快构建以广州、深圳为枢纽,以高速公路、高速铁路和快速铁路等广东出省通道为骨干,连接泛珠三角区域和东盟国家的陆路国际大通道。

(二)构建新型网络化空间格局

北京积极推进有序疏解北京非首都功能、优化提升北京核心功能、解决北京大城市病三大重点任务。加快北京市行政副中心通州的建设,有序把北京的市属行政事业单位部分或全部搬到北京市行政副中心。长三角地区发挥上海龙头带动的核心作用和区域中心城市的辐射带动作用,依托交通运输网络培育形成多级多类发展轴线,推动南京都市圈、杭州都市圈、合肥都市圈、苏锡常都市圈、宁波都市圈的同城化发展,强化沿海发展带、沿江发展带、沪宁合杭甬发展带、沪杭金发展带的聚合发展,构建了"一核五圈四带"的网络化空间格局。粤港澳大湾区积极建设形成"极点带动、轴带支撑、建设城市群和辐射泛珠三角"的空间结构。其中:"极点带动"是指发挥香港—深圳、广州—佛山、澳门—珠海强强联合的引领带动作用;"轴带支撑"是指依托以高铁、城际铁路和高特级公路为主体的快速交通网络与港口群、机场群,构建区域经济发展轴带;"建设城市群"是指以香港、澳门、广州、深圳四大中心城市为核心引擎,支持珠海、佛山、惠州、东莞、中山、江门、肇庆等建设重要节点城市;"辐射泛珠三角"是指构建以粤港澳大湾区为龙头,以珠江—西江经济带为腹地,带动中南、西南地区发展,辐射东南亚、南亚的重要经济支撑带。

(三)推动产业协同和创新发展

京津冀城市群积极打造科技创新园区链,促进三地创新链、产业链、资金链、政策链、服务链深度融合。北京承担城市群产业研发、设计和服务功能,并进一步辐射全国。天津、唐山、承德、张家口、沧州等地以经济开发区为依托,承担城市群内部的产业梯度转移,进而形成京津走廊高新技术及生产性服务业产业带、沿海临港产业带、沿京广线先进制造业产业带、沿京九线特色轻纺产业带、沿张承线绿色生态产业带,实现汽车、新能源装备、智能终端、大数据和现代农业五大产业的合理布局、协同发展。长三角城市群建立起分工完善的产业协作体系,这种产业协作体系逐渐从产业的生产分工向技术分工演变。多样化产业的融合发展趋势,推动了长三角城市群城市间经济联系从单一的产业协作向城市资源互通、功能互补格局的转化。粤港澳大湾区各城市之间具有产业互补优势，通过产业协同创新共建国际科技创新中心，与全球创新网络深度融合，通过港澳与广东各市的经济互动延伸产业链、价值链，开拓市场空间，实现人才、资金、技术等创新要素的高效流动，为实现粤港澳大湾区协同创新提供有效保障。

此外，中国式城市与区域经济协同还包括推动生态环境共建共治共享。京津冀三地共同签署系列合作协议，深入实施京津冀大气污染联防联控；长三角地区推动城市群内外生态建设联动，建设长江生态廊道，划定生态保护红线，建立生态保护补偿机制；粤港澳大湾区积极构建生态廊道和生物多样性保护网络，划定并严守生态保护红线，维护海域生态保护，推进"蓝色海湾"整治行动、保护沿海红树林，建设沿海生态带等。

三、中国式城市与区域经济协同发展的成效

（一）交通一体化水平不断提高

京津冀区域抓住交通基础设施发展的机遇，积极打造与世界级城市群相适应的综合交通网络。目前，京津冀基本形成核心区1小时交通圈、相邻城市间1.5小时交通圈。北京大兴国际机场和首都国际机场初步形成"双枢纽"格局；城际铁路和高铁进一步发展，以北京、天津为核心枢纽形成贯通连接河北各地市的全国性铁路网，初步建成"轨道上的京津冀"；京杭大运河京冀段通航，功能互补的津冀环渤海港口群基本建成，形成了以"四纵四横一环"运输通道为主骨架、多节点、网格状的区域交通新格局。长三角城市群持续推进交通一体化，沪苏浙皖间联系更加紧密。高铁线路不断延伸、高速公路互联互通、轨道交通不断外延、公众跨省一卡通行、交通管理跨区域联通，构建"轨道上的长三角"，为三省一市一体化发展提供了新的动力。长三角一体化通勤网的建设和联通，大大提高了区域创新协同发展能力。粤港澳大湾区在交通网络互联互通方面也取得了显著进展。港珠澳大桥、广深港高铁等标志性工程建成通车，极大地促进了人员往来和货物流通。海陆空综合立体交通逐渐推进：在轨道交通方面，广州、深圳等都市圈加快推进地铁、城际铁路建设；在空港建设方面，香港、广州、深圳作为大湾区国际空港核心，联动珠海、澳门等大湾区空运网络节点，形成世界级机场群；在航运枢纽方面，大湾区拥有香港港、广州港、深圳港、珠海港、东莞港等沿海港口，以及佛山港、肇庆港等内河港口，航运互通水平和港口吞吐能力全国领先（谢宝剑，2023）。

（二）区域空间结构不断优化

随着京津冀协同发展战略的实施，北京非首都功能得到缓解，北京城市副中心和河北雄安新区"新两翼"建设快速推进，不断优化京津冀的空间结构。自2015年实施

《长江中游城市群发展规划》以来,长江中游城市群空间格局逐步优化,武汉、长沙、南昌等中心城市综合实力和发展能级不断提升,辐射带动周边发展能力有所增强,武汉城市圈成为巨型核心,作为城市群核心的优势得以继续保持。长株潭城市群的一体化程度大幅提升,规模进一步扩大,对周边城市的辐射带动作用不断提升,形成了城市群又一发展核心。长江中游城市群的空间结构形成"双核多心多组团"模式(朱政、朱翔、李霜霜,2021)。长三角城市群内部的经济差异持续缩小,创新协同趋势加强,呈现出上海、南京、苏锡常、杭州、宁波等多集聚中心齐头并进的发展态势,城市之间空间联系更加紧密。

(三)产业链与创新链深度融合

京津冀产业协同发展不断深化,北京大城市病治理与产业梯度转移相辅相成,已形成较为合理的区域间产业布局和上下游联动机制,产业分工协作能力有明显提高,产业对接合作机制逐步完善,区域间重大合作项目取得突破,提高了要素资源的自由流动和优化配置效率。三省市以搭建产业合作平台为抓手,积极开展形式多样的对接活动。北京优化资源配置,吸引高端要素,提高创新能力,加快研发工作;天津和河北承接部分产业转移,"4+N"产业合作不断增强;产业疏解转移对接协作驶入快车道,产业链与创新链深度融合[1]。长三角G60科创走廊、沿沪宁产业创新带建设稳步推进,一廊一带多中心协同发力的科创产业融合发展格局不断优化。三省一市产学研加强协同合作,已形成多层次、多领域的合作交流机制,加快形成长三角协同创新产业体系。创新驱动发展,长三角产业集群加快崛起。粤港澳大湾区抢抓新一轮科技产业革命机遇,协同粤、港、澳三地资源激发创新活力,加快推动区内人流、物流、资金流的良好循环,打破"硬联通"和"软联通"之间的发展隔阂,整合大湾区内各城市的比较优势,加快建设国际科技创新中心(符正平、刘金玲,2021)。

此外,区域生态环境质量进一步提升。在国家和城市群层面的生态保护政策下,三个超大城市群生态保护与建设取得了显著成效。京津冀PM2.5浓度不断下降,森林覆盖率不断提高,生态补偿机制与绿色生态屏障得以构建;长三角环境污染联防联治制度体系初步形成,环境质量明显改善;粤港澳地区大气环境质量持续改善,环境空气质量优良天数整体增长,珠三角近岸海域海水水质年均优良面积比例持续上升。

资料链接12-3　一条路:区域协同发展路径探索

作者:谢卫群 来源:人民网-人民日报 时间:2023-09-07	通过微信扫码在公众号 "城市经济学"中阅读	

---

[1] 李国平,朱婷.京津冀协同发展的成效、问题与路径选择[J].天津社会科学,2022(5):83-88.

本章小结

城市与区域之间存在一定的差异和要素流动,这也是区际分工与贸易的原因。在要素流动、分工和贸易的发展中,城市与区域在空间上相互作用,共同形成城市与区域统一发展的区际联系基础。

城市与区域的统一发展与协同发展既有不同,又有关联,博弈论、协同论是其理论机制,要素经济、结构经济以及规模经济是其利益机制。

目前,我国大力发展中国式城市与区域经济协同,积极建立互通互联的交通网络,构建新型网络化空间格局,推动产业协同和创新发展,在交通一体化水平、区域空间结构优化以及产业链与创新链的深度融合方面取得了突出的成效。

关键词:区际分工;区际贸易;空间相互作用;距离衰减法则;城市引力;雷利法则;城市与区域统一发展;城市与区域协同发展;城市与区域竞争

问题与应用

1. 城市与区域之间有哪些经济关联?
2. 城市与区域存在哪些差异?其影响因素有哪些?
3. 谈谈你对城市与区域之间分工与贸易的理解。
4. 试用城市引力模型简述城市与区域之间的相互作用。
5. 如何理解城市与区域的统一发展和协同发展?
6. 以具体城市为例,谈谈你对城市与区域经济协同发展理论机制的理解。
7. 中国式现代化对城市与区域经济协同发展提出了哪些新要求?
8. 以三大国家级城市群为例,谈谈中国式城市与区域经济协同发展的实践。
9. 以三大国家级城市群为例,谈谈我国城市与区域经济协同发展取得了哪些成效。
10. 阅读资料链接中的资料,并分组进行讨论。

参考文献与推荐阅读

[1] 杨开忠. 京津冀协同发展的新逻辑:地方品质驱动型发展 [J]. 经济与管理,2019,33(1):3.

[2] 倪鹏飞,徐海东,曹清峰,等. 中国城市统一发展经济学 [M]. 北京:中国社会科学出版社,2022:24-36.

[3] 李国平, 吕爽. 京津冀协同发展战略实施十年回顾及展望[J]. 河北学刊. 2024, 44（1）: 60-69.

[4] 李兰冰, 商圆月. 新发展格局下京津冀高质量发展路径探索[J]. 天津社会科学, 2023（1）: 122-128.

[5] 常诗雪, 薛淇, 徐思云. 基于熵值法的京津冀区域协同发展水平动态评价与比较[J]. 产业创新研究, 2023（15）: 22-24.

[6] 马微. 成渝双城经济圈经济集聚效应与协同发展研究[J]. 中国高新科技, 2022（23）: 114-115, 125.

[7] 王建康. 基于引力模型的福建省城市经济联系研究[J]. 吉林师范大学学报（自然科学版）, 2020, 41（4）: 114-123.

[8] 于潇, 谢伟. 基于空间联系的粤港澳大湾区城际关系分析[J]. 暨南学报（哲学社会科学版）, 2022, 44（5）: 46-55.

[9] 李玉洁, 贺正楚, 刘思思. 三大城市群三次产业对城市流强度的影响研究[J]. 城市学刊, 2022, 43（4）: 39-48.

[10] XU Shengxia, LIU Qiang, SUN Huihui. Economic coordination development from the perspective of cross-regional urban agglomerations in China[J]. Regional science policy & practice, 2022（14）: 36-59.

第十三章 城市发展规律与城市更新经济学

城市发展有其客观规律，也是一个渐进的过程。城市更新伴随城市发展过程，为城市提供优化发展的基础和持续发展的新动能。我国城市已经进入高质量发展阶段，有机更新的实践也在各个城市逐步展开。本章的学习，有助于理解城市发展规律和城市更新的经济价值，对于推动我国城市的有机更新具有积极的意义。

第一节 城市发展规律与城市更新的缘起

一、城市发展规律与城市更新的本质

（一）城市发展规律与高质量发展

城市发展是一个自然历史过程，有其自身的规律。2015年召开的中央城市工作会议提出："做好城市工作，首先要认识、尊重、顺应城市发展规律，端正城市发展指导思想。"城市发展规律是城市发展过程中固有的、客观的、本质的、必然的、稳定的和反复出现的联系，决定着城市发展的趋势。

从不同的角度看，城市发展有不同的规律。例如，城市与自然协调发展规律、城市社会发展规律、城市经济发展规律、城市文化发展规律、城市人口流动规律、城乡关系演化规律、城市与区域协调发展规律、城市空间演化规律、城市交通可持续发展规律、城市基础设施发展规律、城市住房发展规律和城市安全保障规律等。从经济学角度看，城市发展规律主要包括城市经济发展规律、城市人口流动规律、城市与区域协调发展规律、城市空间演化规律。其中，城市经济发展规律主要包括城市经济规模化、经济功能多极化、产业结构高级化、主导产业特色化及发展方式可持续化等规律（韩世元，2004）；城市人口流动规律主要是人口向城市转移的城市化规律；城市与区域协调发展规律主要是城乡关系协调和城市群协调发展的规律；城市空间演化规律主要是城市空间布局的规律。城市发展的不同规律存在一定的交叉或包含关系，为了便于叙述，本书把涉及经济发展的城市发展规律归结为城市发展阶段规律、城市化发展规律和城市群发展规律。

城市发展是一个渐进过程，人类对城市发展规律的认识也在不断深化。在推动城市经济发展的过程中，需要充分认识、尊重和顺应城市发展的客观规律。城市发展规律是城市高质量发展的基础，城市高质量发展是城市自然生态、经济社会、城乡关系

等方面的内涵式、集约型、绿色化的发展。基于城市发展规律，以城市高质量发展为目标，立足各个城市的比较优势，顺势而为，既是对城市经济发展的要求，也是对城市更新的方向指南。

（二）城市更新与城市发展的互动

城市更新（Urban Renewal），通常是指通过对城市中已经不适应现代化城市社会经济发展要求的区域进行维护、改造、再开发等，做出长远的、持续性的改善和提高，推进土地资源以经济合理的方式重新优化配置，提高存量资源的利用效率，促进城市功能的全面或局部升级，以全新的城市功能空间替换衰败性的功能空间，使之重新发展和繁荣，实现城市品质的提高，增强城市活力与市场竞争力，推动产业结构转换和升级的城市发展过程。

现代意义上的城市更新源于第二次世界大战后，总体上分为三个阶段。第一阶段，西方国家为应对战后城市遭受大规模破坏的情况，在1958年8月荷兰海牙召开的首届世界城市更新大会上首次提出"城市更新"的概念。该阶段的城市更新重点在于修缮建筑设施并重新利用空间资源。第二阶段，城市更新更多地被赋予了修复城市经济、协调经济与社会发展的意义。第三阶段，20世纪90年代，可持续发展、绿色发展和精明增长等理念逐渐兴起。该阶段的城市更新更加注重物质环境与经济、社会的相互作用等可持续发展问题。这三个阶段展示了城市更新在理念和实践中的演进，以适应不断变化的城市发展需求。

总体来看，城市更新与城市发展相互依存、相互推动，共同建构了一个城市的发展和演进过程。城市更新通过对老旧区域进行改造和再开发、改善城市环境、提升基础设施、优化城市结构、提升城市品质、推动产业升级、激发城市活力等方式，为城市的经济、社会和文化发展提供了新的动力和条件；城市发展则为城市更新提供了更广阔的舞台，为更新项目提供了更多的资源和支持。这种互动关系有助于塑造更具活力、可持续发展的现代新型城市。

（三）城市更新的发展经济学本质

城市更新的维护、改造、再开发等，涉及改善基础设施、增加公共空间和绿地、重建商业街区、改进商业设施和购物中心、改造废弃工厂、重新规划工业用地、改建道路和桥梁、升级管网和供电系统、扩展和改进公共交通网络、重建公共空间、改造绿化和景观、增加文化和娱乐设施、修复历史建筑、开发文化景点、保护历史街区、治理污染、恢复生态等内容。从过程和结果看，城市更新通过对城市现有物质环境、功能结构和经济活动的调整，推动城市内部空间结构、产业结构和公共服务的完善，实现土地资源的重新开发、区域功能的重新塑造以及城市空间结构的再布局和最优化，是城市空间资源的一种生产和再生产，也是城市空间资源的分配和再分配。从社会经济关系的角度看，城市更新还是一种社会关系的再调整和经济利益的再分配。

从城市发展经济学的视角看,城市更新是城市发展的经济实践,是推动城市空间结构与产业结构优化、推进城市各项建设和数字经济场景应用,以及城市高质量发展和区域协同,进一步加快城市创新增长与发展的社会经济过程。

二、城市发展阶段规律与城市更新

(一)城市发展阶段规律与城市更新

城市发展阶段规律,是城市有机体生命周期的体现。城市有机体在发展过程中,通常会经历从出生(产生、形成)到发育(成长、扩展)、成熟(稳固、鼎盛)、衰退(老化、收缩、衰落),再到复兴(再生或再形成)的周期过程。在这个过程中,城市有机体通过持续的新陈代谢实现正常运转,通过自适应机制和应激机制,不断应对内外部环境的变化,进行组织与自组织调节,以达到新的代谢平衡。在这个不断自适应和应激调节的过程中,城市功能和结构不断演化,体现出遗传和变异的特征,整体呈现出城市有机体螺旋向上的发展规律。城市有机体实现运转中的新陈代谢过程,广义地看,就是城市更新的过程。通过城市更新,城市不断淘汰和替换与发展不适应的功能、物质系统和载体等,以维持基本运转和持续生长(王富海,2022)。城市发展阶段与城市更新如图 13-1 所示。

城市发展阶段理论不仅是城市发展、演化和可持续发展研究中最重要的思想支撑,也是城市更新、城市转型、城市空间和城市体系等研究领域的重要思想(沈体雁等,2023)。绝大多数城市不断地经历着物质实体的新旧交替、功能的调整更迭,乃至社会发展的物换星移。从这一角度看,城市的历史就是一部更新史,城市更新是每个城市发展过程中不可规避的"常态"。城市的发展壮大是一个螺旋上升的过程,发展到一定阶段后会遇到瓶颈,要突破瓶颈,城市就需要更新,进而跃迁到一个新的阶段,进入新的发展轨道(王富海,2022),如图 13-2 所示。

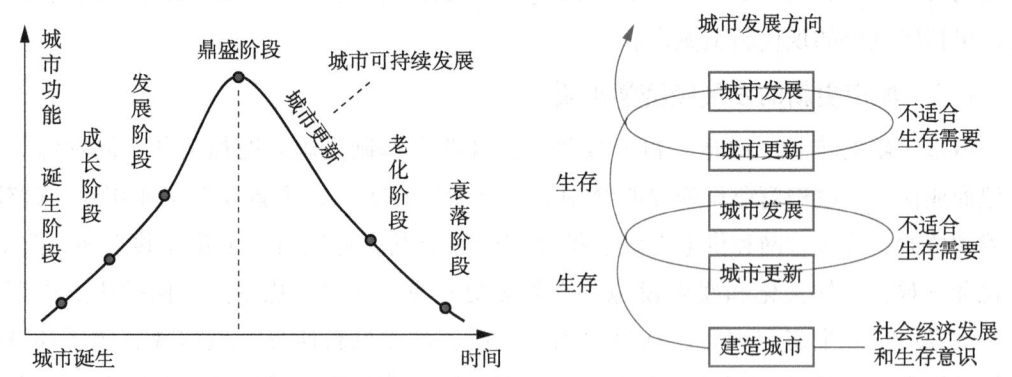

图 13-1 城市发展阶段与城市更新　　图 13-2 城市更新在城市螺旋式上升发展中的作用

(二)城市发育与成熟阶段的城市更新

城市有机体在形成、发育和发展的不同阶段,有不同的问题和城市更新的特征。

在形成阶段，城市发展较慢，城市人口占总人口的比重小，城市规模小，城市功能简单，城市的结构和形态都比较单一，基本不存在城市更新的过程；西方国家的城市在发育阶段，人口迅速增加，土地、住房、交通、环境等问题频繁出现，城市分布不均衡，形成区域性城市密集分布特征，这个阶段开始出现较低程度的城市更新。西方国家城市发育阶段的城市更新，以提高城市人口承载力、满足经济振兴过程中人口向城市聚集的需求为重点，其主要内容为对城市中心区土地的强化利用和大规模清理贫民窟、重建城市社区，以改善城市生存条件和物质环境。

在城市有机体的成熟（稳固、鼎盛）阶段，西方国家的城市化水平比较高，城市化进程趋缓，城市中心区表现出衰落迹象，开始出现逆城市化现象。这个阶段通常存在较大规模的城市更新问题。这一时期的城市更新，主要任务已经从最初的"拆旧建新""消灭贫民窟"等，发展到了在综合性规划的前提下对存量城市资产的功能改造和价值再发现，城市更新更多地被赋予了修复城市经济、协调经济与社会发展关系等方面的意义。

（三）城市老化与收缩阶段的城市更新

在城市发展老化阶段，城市人口占总人口比重增长缓慢甚至停滞；在城市发展收缩阶段，城市人口流失严重，导致经济、社会、环境和文化在空间上出现全面衰退。进入20世纪70年代，西方国家由于各种因素的作用，经济增长呈现出更多不确定性，也引发了越来越多、越来越严重的问题，许多传统工业城市或城市的部分地区出现了衰败。城市更新的意义在于阻止城市停滞、收缩或衰败，促进城市发展。在科技和物质文化水平提高的情况下，城市迅猛发展，城市化进程加快，城市衰退（老化和收缩）不仅表现为物质性老化，还表现为功能性和结构性衰退，这是相对衰退，是无形磨损。因此，现代城市更新的动因首先不在于有形磨损，更多在于无形磨损，有形磨损的速度往往落后于城市不断增长的需要，而后者直接决定了对旧城进行更新改造的必要性（于今，2011）。

城市发展老化或衰退区域的更新是城市更新的一个重要领域，其目的在于改善衰退区域的经济、社会和环境状况，恢复其活力和可持续发展。对城市衰退区域进行更新，包括对城市中某一衰落区域进行拆迁、改造、投资和建设，使之重新发展和繁荣。它涉及两方面内容：一是对客观存在实体（建筑物等硬件）的改造；二是对各种生态环境、空间环境、文化环境、视觉环境、游憩环境等的改造与延续，包括邻里的社会网络结构等软环境的延续与更新（于今，2011）。城市衰退区域的更新是一个复杂而有挑战性的任务，需要综合考虑经济、社会和环境等多个方面。

总之，城市从诞生之日起就在不断成长和演化，这是一个吐故纳新、不断更新改造的新陈代谢过程。城市更新是城市发展中的一个永恒主题，它与城市发展相伴而行，往往作为城市自我调节机制存在于城市发展之中。

三、城市化和城市群发展规律与城市更新

(一) 城市化的时空规律与城市更新

第十章已经介绍,城市化的发展在时间上呈现三阶段的"S"形增长曲线规律,在空间上表现为城市的集聚与扩散规律。城市化的集聚与扩散随着时间的推移不断变化。城市化率为10%~30%的初期是城市空间快速集聚的主要时期,也是各种城市问题隐性存在的阶段;在城市化率为30%~50%的中前期,各种城市问题开始显性化和严重化;在城市化率为50%~70%的中后期,出现城市空间扩散现象,这个时期是环境污染、住房短缺、交通拥堵、公共卫生等各种城市问题大量集中爆发的阶段;在城市化率为70%以上的后期,西方国家大城市普遍出现郊区化现象,城市中心衰落,棚户区开始出现,郊区迅速发展,城市规模快速扩张,导致中心城区空心化。层出不穷的城市问题推动了城市化后期的大规模城市更新,通过内城复兴或城市再开发活动,经济发展和城市更新转向城市中心城区。随着城市更新的不断推进,各种城市问题逐步得到解决。

城市化和城市更新之间存在密切的关系,它们相互影响并共同推动着城市的发展。一方面,城市化引发了城市更新的需求。以我国为例,在城市化初期和中期,大量人口涌入城市,这些城市需要进行基础设施建设和城市更新,以适应人口增长和发展需求。例如,一些城市通过扩建地铁、建设新的商业区域,以及更新老旧社区来提升城市的功能和吸引力。另一方面,城市更新又会促进城市化的可持续与高质量发展。通过城市更新,可以创建新的商业区域和创新中心,创造更多的就业机会,并吸引创新型企业和人才,从而推动城市化进程。城市更新符合城市化发展的阶段性规律,贯穿于城市发展的各个阶段,内涵不断丰富,是城市发展中必然且永续的过程。城市化和城市更新的这种互动关系对于城市的可持续发展和经济繁荣至关重要。

(二) 城市群的协同发展与城市更新

2006年,"十一五"规划首次提出我国的城市发展"要将城市群作为推进城镇化的主体形态"。目前,加快京津冀协同发展、长江三角洲区域一体化发展、粤港澳大湾区建设,已经上升为国家战略。与此同时,国家级中心城市已成为区域经济的增长极。2019年,我国进一步强调了核心大城市对周边地区的带动作用和相互间的一体化进程。中央财经委员会第五次会议提出,要增强中心城市和城市群等经济发展优势区域的经济和人口承载能力。

城市群是城市化发展的高级形态。城市更新是一种综合性的城市发展策略,旨在通过区域范围内的城市群协同合作,对区域内的城市和城市群功能进行调整或更新,实现更加高效、可持续、高质量的城市发展。

在城市群协同发展的背景下,城市更新超越了单个城市的范畴,更加注重跨城市或跨区域的城市群的功能协调。跨区域的城市更新，可以解决城市间的不平衡发展问题，提升整个城市群的发展水平和生活质量。当前，世界城市化发展普遍呈现出城市群发展与大都市圈发展的特征，我国应紧紧抓住京津冀协同发展、长三角一体化、粤港澳大湾区建设的国家战略机遇，坚持包容性发展的理念，兼顾城市群内不同城市发展的特征，做好城市功能调整与城市更新工作，注重环境保护和可持续发展，减少环境污染和碳排放，实现区域范围内城市群的可持续发展目标。

（三）我国新型城市建设与城市更新

2022年，《"十四五"新型城镇化实施方案》就推进新型城市建设做出专门部署，指出要推进新型城市建设，"坚持人民城市人民建、人民城市为人民，顺应城市发展新趋势，加快转变城市发展方式，建设宜居、韧性、创新、智慧、绿色、人文城市"。很显然，新型城市就是宜居、韧性、创新、智慧、绿色、人文的城市。新型城市建设意味着城市发展必须由"外延式扩张"为主向"内涵式发展"为主转变，既要解决好快速城镇化过程中积累的一些突出的短板风险，也要有效满足不同群体的多样化、品质化需求。

《"十四五"新型城镇化实施方案》指出，要通过增加普惠便捷公共服务供给、健全市政公用设施、完善城市住房体系、提升防灾减灾能力、构建公共卫生防控救治体系、加大内涝治理力度、推进管网更新改造和地下管廊建设、增强创新创业能力、推进智慧化改造、加强生态修复和环境保护、推进生产生活低碳化、推动历史文化传承和人文城市建设等来建设宜居、韧性、创新、智慧、绿化、人文城市。

为推进新型城市建设，传统城市需要加大城市更新力度，围绕宜居、韧性、创新、智慧、绿色、人文等方面，在功能定位转型、城市空间重塑、产业结构转型、城市创新发展、可持续发展、智慧化发展以及文化和旅游发展等方面下大功夫。

资料链接 13-1 城市更新是城市发展的永恒主题

作者：城 PLUS 来源：微信公众号"城 PLUS" 时间：2022-07-06	通过微信扫码在公众号 "城市经济学"中阅读	

第二节　城市更新与城市经济发展的实现

一、城市更新优化城市经济发展基础

（一）改善城市的基础设施

城市更新常伴随着基础设施的升级和改善，如道路、桥梁、公共交通、供水系统等。这些改进提升了城市的整体品质和吸引力,可以提高城市的竞争力,吸引更多企业进驻和投资,从而促进城市经济发展。良好的基础设施不仅提供了便利和舒适的城市生活环境,还吸引了更多的人来居住,进而推动城市经济发展。此外,通过提升建筑物的品质和功能,城市更新不仅提高了物业的附加值,还增加了城市空间资源的使用功能。通过采用先进的建筑技术和设计理念,老旧建筑焕发新生,为城市带来全新的魅力和价值,同时满足了人们对舒适、便利和安全的居住需求。

(二)优化社区和居住环境

城市更新注重改善社区和居住环境,通过对老旧区域的改造,增加公共空间、改善社区设施以及提供便利的生活配套,提供更好的教育、医疗、文化等公共服务设施,提升城市的美观性和舒适性。改造后的城市区域通常会拥有更多的文化、艺术、休闲、娱乐等元素,并成为现代城市中富有魅力的街区,能够提高居民的生活品质和居住体验,吸引更多的民众选择到该城市、该区域定居,推动城市空间结构和产业结构的优化调整,进而助推城市实现经济发展目标。

(三)提升城市功能和质量

城市更新从建筑物更新、社区环境更新扩展到城市结构及功能更新、产业结构升级、肌理调整、历史文脉传承等多方面内容,实质上是对城市空间结构的再布局、土地资源的再开发和城市运营模式的再优化,可以在保留城市韵味和文化的同时提升城市功能,创建更适合居民工作和生活的城市空间环境。城市更新可以最大限度地满足城市发展的需要,有效提升城市区域的功能能级,进而提高城市空间资产的产出和利用效率,为推动城市经济的进一步发展创造有利条件。

二、城市更新促进城市经济稳定增长

(一)城市更新的规模扩张效应

从某种意义上说,城市更新对经济增长的规模扩张效应主要是通过城市更新后为城市经济发展供给存量建设用地实现的。一方面,城市更新通过对存量建设用地的深度挖潜,对旧城镇、旧住宅、旧商业区等进行更新改造,腾退大量闲散用地,整理出可供开发使用的建设用地,增加了支持城市经济发展所需的土地;另一方面,对原来低效利用的土地或者结构破损、设施陈旧的建筑物进行更新后,提升了原有土地或者建筑物的价值,对周边甚至更远的城区区域的经济发展具有辐射带动作用(张立新、谭翠萍、黄志基,2021)。

Kocabas(2006)、Bromley(2005)研究发现,城市更新通过住宅修缮维护,解决了内城衰退的问题,促进了娱乐产业的发展,有效实现了城市中心社会经济的可持续复兴。我国学者余翔(2009)、刘贵文(2019)、何荣(2019)、肖静荣(2020)等都对城市更新的经济效应进行了研究,他们的研究成果支持了城市更新具有不同规模扩张效应的结论。

（二）城市更新的经济激励效应

城市更新对城市经济增长的激励作用，主要体现在城市更新资金投入对经济要素利用的激励效应上（张立新、谭翠萍、黄志基，2021）。一方面，固定资产投资是拉动经济增长的重要动力，而城市更新需要大量的资金投入，更新改造资金的投入增加了固定资产投资的贡献，尤其是社会投资的增加，撬动了城市各个市场，因而，城市更新资本投入的增加直接拉动了经济增长；另一方面，城市更新能够带动建筑、建材、轻工业、化工、机械、能源、冶金等十多个行业的发展（孙英辉、佟绍伟、蔡卫华，2011），极大地拉动了城市的内需，促进了城市相关产业的发展。因此，城市更新资金的投入对拉动内需、保持经济平稳较快发展起到了良好的经济激励作用。

（三）城市更新的结构优化效应

城市更新对经济增长的结构优化效应，主要体现在城市更新为新技术、新产业、新业态产业的发展腾出了用地空间，促进了城市用地结构的优化调整，从而有利于推动产业转型升级（王德文、杨泳怡，2017）。城市产业结构与土地利用结构相辅相成、相互作用，土地利用结构会随着产业结构的变化而变化（梁印龙，2014）。土地结构的变化也是城市空间结构调整的直接体现。城市更新的直接结果就是存量建设用地功能和结构的改变，随着用地结构的变化，产业结构也会不断优化。城市更新在经济增长中作用的发挥也正是由于它为产业结构的优化提供了必需的用地调整前提。城市产业结构的优化能够促进土地、劳动和资本配置效率的提高，并进一步推动城市整体经济的增长（刘双、胡动刚，2013）。此外，在城市更新过程中，旧建筑的更新、存量功能的改变和提升，可以有效刺激并带动外部投资，创造就业，带来新的需求，同时为政府带来长远的税收收益，因而对城市经济增长具有推动作用（张立新、谭翠萍、黄志基，2021）。

三、城市更新为城市经济发展注入新动能

（一）城市更新有利于新技术的应用

在我国，城市更新是国家和城市经济发展的重要战略，是城市各行业的跨界有机结合。城市更新的总体目标是建设宜居城市、绿色城市、科技城市、智慧城市和文化城市，不断提高城市居民生活环境质量，通过城市更新实施基础设施改造、完善配套设施、构建新的产业链体系，走出城市发展的特色道路。

当前，新一轮科技革命和产业变革方兴未艾，带动数字技术快速发展。互联网、大数据、云计算、人工智能等数字技术正以新理念、新业态、新模式全面融入城市经济、社会、文化、生态文明建设各个领域和全过程。远程办公、在线教育、网上购物、智慧物流、远程操控、远程医疗等数字化应用场景，推动了智慧城市的建设与发展。

城市更新的目标和数字技术对城市各个行业或产业的全面渗透，决定了现代城市更新的过程就是数字新技术应用的过程。城市更新中数字技术的广泛应用，通过各种方式为城市经济发展注入新动能。

（二）城市更新助长新产业、新业态

"十四五"规划明确提出"打造数字经济新优势"，各地陆续出台相关实施方案和行动计划，在城市发展和更新中，充分发挥海量数据和丰富应用场景优势，促进数字技术与实体经济深度融合，依靠数字信息技术创新驱动，赋能传统产业转型升级，"非接触经济"全面提速，不断催生产业智慧化、智慧产业化、跨界融合化的高科技、文化创意产业等新产业、新业态、新平台，推动城市发展动能转换升级，用新动能推动城市的高质量发展。

在实践中，与文化紧密结合的城市更新，即将原有工业园区厂房改造为文化创意园区、创意产业基地等，催生了新的产业业态，使传统工业厂房重新焕发活力，如北京798文化创意园区、上海1933老场坊、广州红专厂文化创意园区等。创意产业通过文化、艺术、时尚、购物等新元素反哺城市更新，重新激活城市的历史文脉底蕴，促进城市业态共生和创新生态圈发展，吸引"创意群体""创意场"集聚，共推产城共荣发展，进而成为推动城市更新的新形式。这一新形式不仅塑造了城市的独特魅力，也为城市经济增长提供了新动力。

（三）城市更新有益于新模式的发展

城市更新是城市发展的经济实验场和集中实施场所。在城市更新过程中，积极应用大数据、云计算、区块链、人工智能等前沿技术推动城市管理手段、管理模式、管理理念创新，探索城市规划、建设与发展的新模式，建立适应平台经济、共享经济等新业态发展要求的管理制度，大力开展金融创新和城市更新投融资模式的变革，可以为支持城市有机更新提供新的发展机会；在立足新发展阶段、贯彻新发展理念、构建新发展格局，成立城市更新管理机构，不断创新城市更新的制度政策，积极推动城市更新治理体系和治理能力现代化，以信息化培育新动能，用新动能推动城市的新发展，以城市新发展创造城市高质量的新辉煌。

资料链接13-2 解读城市更新与产业升级

作者：（匿名） 来源：微信公众号"知学学园" 时间：2023-04-19	通过微信扫码在公众号"城市经济学"中阅读	

第三节 我国城市发展与城市更新的实践

一、我国城市发展与城市更新的历程

（一）我国城市更新的实践开端

我国城市更新的实践与城市发展密切相关。20 世纪 50 年代，新中国成立不久，百废待兴，城市亟须进行更新，开始了"城市重建"。之后，随着城市的进一步发展，20 世纪 60 年代进入了"城市复兴"阶段，70 年代着手"城市改造"。20 世纪 80 年代，改革开放推动了城市发展和城市建设，我国社会经济快速发展，在城市发展和城市化的压力下，城市更新实践被提上日程，我国进入"城市再开发"时期。1984 年和 1987 年，我国住房和城乡建设部分别在合肥和沈阳召开了全国旧城改造经验交流会，对全国各个城市的更新改造工作起到了推动作用。20 世纪 80 年代末 90 年代初，以政府为主导的旧城改造为主，以完善民生配套为目标的"城市再生"，在全国范围内大规模推广。2000 年以后，"衰退下的再生"在城市发展的背景下展开，推进了城市的快速发展。

总体来看，1990—2007 年，城市更新以民营开发商为主导进行城市改造，尽管让城市面貌上了一个台阶，但众多大规模、高速无序、简单粗暴的城市改造，使城市的公共性不足、历史文脉断裂、生态破坏等诸多问题堆积产生，城市无法实现可持续发展，城市适应力、生命力逐渐衰弱甚至丧失。2008 年以后，政府初步介入城市改造，建立规划管理机制引导市场化运作，全面推进"自下而上、人本诉求"的有机更新理念，城市更新日益趋向社会、经济、文化、物质、环境等多维度的升级改造。

（二）我国城市更新的发展历程

2019 年 12 月的中央经济工作会议首次提出"城市更新"的概念。2021 年 3 月，"城市更新"被写入《政府工作报告》和"十四五"规划，正式上升为国家战略。我国后续出台了一系列系统配套政策，推动城市更新在全国范围开展。城市更新主要是在老城区推进老旧小区、老旧厂区、老旧街区、城中村等"三区一村"改造，是一种分类审慎处置既有建筑，小规模、渐进式的有机更新和微改造，意在加强修缮改造、补齐城市短板、注重提升功能、增强城市活力。

2022 年，党的二十大报告明确指出，要"坚持人民城市人民建、人民城市为人民，提高城市规划、建设、治理水平，加快转变超大特大城市发展方式，实施城市更新行动，加强城市基础设施建设，打造宜居、韧性、智慧城市"。城市更新是我国转变城市发展方式、推动城市高质量发展、建设人民城市的关键举措，也是我国推动城市补短板、强弱项，改善城市社会民生，优化城市公共服务，提升城市人居品质，推动共同

富裕的重要抓手。"实施城市更新行动"的启动，标志着我国城市发展、城市建设和城市更新进入适应新时代要求、承载新内容、重视新传承、满足新需求的新阶段，也表明我国城市更新开启了从粗放的"大拆大建"向"绣花式"的精细化微更新转型升级的全新格局。

2023年7月，住房和城乡建设部公布《关于扎实有序推进城市更新工作的通知》（建科〔2023〕30号），这是继2021年8月31日住房和城乡建设部发布《关于在实施城市更新行动中防止大拆大建问题的通知》（建科〔2021〕63号）之后，中央层级发布的第一个城市更新文件。该文件指出："坚持尽力而为、量力而行，统筹推动既有建筑更新改造、城镇老旧小区改造、完整社区建设、活力街区打造、城市生态修复、城市功能完善、基础设施更新改造、城市生命线安全工程建设、历史街区和历史建筑保护传承、城市数字化基础设施建设等城市更新工作。"这些规定为新时期我国开展城市更新指明了方向。

（三）我国城市更新的迭代模式

城市更新的本质和我国城市更新的发展历程表明，城市更新是一个螺旋上升、不断迭代、除旧布新、动态提升的过程，这个过程会推动城市经济社会不断发展，并始终保持在发展的动态之中。从社会实践看，我国目前的城市更新大致可以分为四种迭代模式：土地更新利用、业态更新提升、产业更新融合以及区域更新保护（崔霁，2022）。

土地更新利用是过去我国城市更新最主要的形式，主要是对低效土地或棚户区房屋进行再利用与再开发，包括棚户区改造、城中村改造、旧区改造等。随着2020年棚改目标全面实现，我国以大拆大建为基调的更新基本宣告结束，业态更新提升成为我国城市更新最主要的方式，主要体现在商业和办公物业的业态更新提升和老旧小区的业态更新提升等方面。未来几年，我国的城市更新将逐步过渡到以产业更新融合为主的城市更新，以实现城市产业结构调整。随着交通强国战略的持续深入，以公共交通为导向的发展模式（Transit-Oriented-Development，TOD）将进一步推进轨道交通场站与周边地区一体化的更新发展，将有越来越多的城市将TOD上升为城市更新的重要模式和城市发展的重要战略（崔霁，2022）。此外，区域更新保护的模式也将得到高度重视。在城市更新中，现代化的景观与历史文化风貌的完美结合正在成为表达城市价值理念的重要方式。

二、我国城市发展与城市的有机更新

（一）高质量发展与城市有机更新

高质量发展是时代主题。目前，我国的城市发展已经从注重数量的外延式扩张转变为注重质量的内涵式发展，而城市更新正是这一新发展阶段的核心。顺应城市高质量发展的要求，城市更新也应当实现高质量发展。高质量的城市更新，是一种有机更新。20世纪90年代，吴良镛教授提出了城市有机更新理论，认为城市像生物体一样具有有机联系，城市建设应该遵循城市内在的秩序和规律，顺应城市的机理，并采用适当的规模和合理的尺度。

与单维的传统增量型城市更新模式相比，城市有机更新代表一种新型的城市发展理念和发展模式，全方位覆盖了"上、下""左、右""前、后""软、硬"等各个维度，构建了一个全维立体的城市可持续发展体系，如图13-3所示①。在思维方式上，城市有机更新容纳多元利益主体的治理型思维，形成"上、下"力量的互动与融合；在价值取向上，城市有机更新兼顾效率和公平的"左、右"两翼均衡发展；在工作链条上，城市有机更新既关注前端规划建设，又关注后端运维管理，更关注"前、后"衔接与打通的全维闭环视野；在发展模式上，城市有机更新打破了过去的过度聚焦发展"硬实力"，转而更关注城市内涵发展、城市品质提升、产业转型升级及土地集约利用等城市"软实力"的建设和提升（伍江、周鸣浩，2023）。

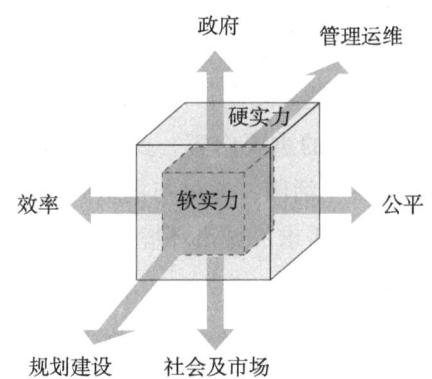

图13-3 有机更新与城市可持续发展体系

我国城市发展早期是增量型发展。近年来，随着我国城市发展进入存量发展时代，也就是城市进入"成年期"更为常态化的发展阶段，我国城市更新也正式进入精细化、高质量的有机更新阶段。城市高质量发展强调可持续发展，包括经济、社会和环境的可持续发展，而城市有机更新可以通过提升能源效率、推广可再生能源、改善交通系统、提高垃圾处理等方式，实现城市的绿色转型和生态平衡，促进城市的可持续高质量发展。

（二）城市有机更新的三个结合

从经济学的角度来看，我国的高质量城市有机更新是与产业转型、新基建新城建、消费升级等紧密结合的城市更新，它与高质量的城市发展互动互促。

---

① 伍江，周鸣浩. 城市有机更新简论［J］. 当代建筑，2023（6）：27.

1. 与产业转型升级的紧密结合是城市有机更新的首要事项

产业转型升级是城市发展的常态，城市有机更新需要根据国家政策、市场需求和产业转型升级的方向，特别是目前的数字产业化和产业数字化的转型发展实际，紧紧围绕"品牌""服务""科技""资本""链条"等关键词，对城市中心区或核心区域存量楼宇进行升级改造，增强楼宇的复合服务功能，最大限度挖掘区域价值，提升城市核心区域形象，满足城市产业转型发展的需要。

2. 城市有机更新需要与新基建和新城建紧密结合

处于我国新基建战略与新型城镇化进程的重要交叉点，城市有机更新要积极配合建设5G或以后的6G等基站设施，在楼宇、社区、公园、商场等公共服务场所广泛运用5G（6G等）、大数据、互联网等智能化技术，提升城市公用设施智能化、数据化水平，建设智慧楼宇、智慧社区、智慧商圈、城市大脑、智慧城市。

3. 城市有机更新与消费升级紧密结合

消费升级是城市社会经济发展的大趋势，随着消费经济的变革，人们对体验式消费、休闲消费的需求不断增加。消费者对各种消费场所的个性化、生态、环保、开放、交往、互动、文化、舒适等的要求越来越高，低层级的公共消费场所已逐步散失人气。因此，城市更新作为未来城市发展的重要内容，要适应消费升级的趋势，积极响应国家的政策指引，大力营建15分钟生活圈，通过与消费升级的有机结合，为人们营造更加现代、多样化和能满足消费升级需求的城市环境。

（三）城市更新的可持续实施模式

《关于扎实有序推进城市更新工作的通知》（建科〔2023〕30号）（以下简称"30号文"）指出，推行城市更新的可持续实施模式，需要"坚持政府引导、市场运作、公众参与，推动转变城市发展方式。加强存量资源统筹利用，鼓励土地用途兼容、建筑功能混合，探索'主导功能、混合用地、大类为主、负面清单'更为灵活的存量用地利用方式和支持政策""健全城市更新多元投融资机制，加大财政支持力度，鼓励金融机构在风险可控、商业可持续前提下，提供合理信贷支持，创新市场化投融资模式，完善居民出资分担机制，拓宽城市更新资金渠道""建立政府、企业、产权人、群众等多主体参与机制，鼓励企业依法合规盘活闲置低效存量资产，支持社会力量参与，探索运营前置和全流程一体化推进，将公众参与贯穿于城市更新全过程"。

城市总是在不断发展，城市发展的各个阶段都会有与之相适应的城市更新。新时代的城市有机更新需要不断完善实施模式，积极走出一条高质量的发展之路。

三、我国城市有机更新的实践创新

充分考虑发展中的新问题与新要求，我国各个城市在有机更新的实践中，积极开展了体制机制、可持续模式和配套支持政策等方面的有益探索和创新，积累了丰富的经验,取得了较好的成效。

以北京和上海为例。北京针对建成区的存量空间资源以及推进非首都功能疏解中腾退出来的存量空间进行优化重组,构建了一套具有首都特色的新时代城市更新内容体系,并基于首都城市更新的具体实践,搭建了面向未来的首都城市更新实施体系、动力体系、投融资体系、科技体系和治理体系,推动构建了首都城市高质量发展的新格局。上海在城市发展和更新中,针对市民关注焦点和城市功能的主要短板,开启了全社会共同参与的实践活动,如系统性顶层城市更新制度设计、建立推动城市更新的体制机制等,积极推动"卓越的全球城市"的发展。

2022年,住房和城乡建设部在总结城市更新试点城市和各个城市创新实践的基础上,发布了《实施城市更新行动可复制经验做法清单(第一批)的通知》(建办科函〔2022〕393号)。该通知从"建立城市更新统筹谋划机制""建立政府引导、市场运作、公众参与的可持续实施模式""创新与城市更新相配套的支持政策"三大方面,总结了10项实践创新举措。这些实践创新,既是我国各地城市更新实践经验的初步总结,也进一步推动了我国城市更新的系统化、产业化和可持续的高质量发展。

资料链接13-3 创意产业如何激活城市更新?

作者:建筑手帐C 来源:微信公众号"建筑手帐C" 时间:2022-03-03	通过微信扫码在公众号"城市经济学"中阅读	

本章小结

城市更新是城市发展的经济实践,是推动城市空间结构与产业结构优化、推进城市各项建设和数字经济场景的应用,以及城市高质量发展和区域协同,进一步加快城市创新增长与发展的社会经济过程。在不同的城市发展阶段,城市更新有不同的特点。

城市更新优化了城市经济发展的基础,促进了城市经济的稳定增长,提供了城市经济发展的新动能,推进了城市经济发展的实现。

我国的城市更新实践已经逐步进入有机更新阶段,需要注意与产业转型、新基建新城建、消费升级等紧密结合,积极实施可持续的更新模式,不断创新,以最大限度地推进我国城市的高质量发展。

关键词:城市发展规律;城市更新;城市有机更新

问题与应用

1. 请从城市发展经济学的角度,谈谈你对城市更新的本质的理解。
2. 请谈谈你对城市发展规律与城市高质量发展互动关系的理解。
3. 试论述城市发展阶段规律对城市更新的要求。
4. 试论述城市化和城市群发展规律与城市更新的理论与实践。
5. 为什么说城市更新有利于城市经济的进一步发展?
6. 请谈谈你对城市更新促进城市经济稳定增长的理解。
7. 为什么说城市更新能够为城市经济发展提供新动能?
8. 城市更新往往涉及产业结构的调整和经济转型。请选择一个具体案例,分析城市更新对产业发展的影响,包括产业升级、新兴产业的培育和创新创业环境的打造。
9. 试论述中国式城市更新的实践及其创新。
10. 阅读资料链接中的资料,并分组进行讨论。

参考文献与推荐阅读

[1] 沈体雁,等. 2023首都发展报告——首都特色城市更新研究 [M]. 北京:科学出版社,2023.

[2] 秦虹,苏鑫. 城市更新的目标及关键路径 [M]. 北京:中国社会科学出版社,2020.

[3] 刘迪,彭姗妮,赵宪峰. 流量驱动的当代城市空间再生产研究——以上海市愚园路地段城市更新为例 [J]. 西部人居环境学刊,2022,37(2):15-22.

[4] 马骏,沈坤荣. "十四五"时期我国城市更新研究——基于产业升级与城市可持续发展的视角 [J]. 学习与探索,2021(7):126-132.

[5] 王凯. 城市更新:新时期城市发展的战略选择 [J]. 中国勘察设计,2022(11):17-20.

[6] 王蔚然,梁明俏,苏敏,等. 城市更新驱动经济高质量发展效应研究 [J]. 统计与信息论坛,2022,37(12):112-125.

[7] 廖开怀,李劲青,黄炀. 城市更新助推超特大城市生产性服务业发展的治理策略探讨——以广州市为例 [J]. 上海城市规划,2023(1):68-75.

[8] 周小建,尹亚华,朱福敏,等. 城市更新视域下推进大城市核心区高质量发展路径研究 [J]. 价格理论与实践,2022(12):49-52,163.

［9］李健，陈晨．城市更新与产业转型研究［J］．全球城市研究，2020（1）：62-73，189．

［10］杨佩卿．高质量发展视阈下城市更新的内涵逻辑与实践取向［J］．当代经济科学，2023，45（3）：59-73．

［11］王富海．城市更新行动［M］．北京：中国建筑工业出版社，2022．

第六篇

城市治理经济学

　　城市治理经济学，是研究如何通过治理城市运行中的不经济问题或城市病，才能让城市的高空间经济效益得以保持，并得到优化提升的经济学。

　　城市运行不经济问题或城市病有多种表现形式，其产生的原因也有多种。从城市经济学的角度看，可以认为，城市空间失配和城市治理低效是需要改进的重要方面。

　　本篇包括第十四章和第十五章两章内容。其中，"第十四章　城市运行不经济与城市治理"，主要分析城市空间资源在城市运行中的浪费、低效、不可持续等问题，以及城市体检和城市治理的基本方面，为第十五章的内容打下了基础；"第十五章　城市问题与城市病的治理"，主要介绍比较突出的城市问题或城市病的经济治理。

　　总体来看，本篇主要探讨城市经济空间的配置、利用与消费中的不经济问题，以及如何通过经济治理实现最优化。

第十四章 城市运行不经济与城市治理

城市在产生、建设及发展的过程中，受到市场失灵和政府治理的影响，经常会出现运行不经济的问题，表现为房价高企、交通拥堵以及营商环境恶化等城市问题或城市病。及时进行城市体检，可以尽早发现和诊断问题，针对性地开展城市治理，推动城市经济高质量发展。

第一节 城市运行不经济与城市体检

一、城市运行不经济及其根源

（一）城市运行不经济与城市问题

城市运行不经济，是指城市在其运行过程中出现空间资源浪费、经济活动效率降低以及经济发展不稳定等问题，从而影响城市整体的经济效益和可持续发展的现象。城市运行不经济是城市问题的一个方面或者由城市问题带来的。城市问题有广义和狭义之分。广义的城市问题是中性的，包括与城市有关的所有议题，不涉及任何价值判断；而狭义的城市问题是指城市在其发展过程中，人与人、人与社会、人与环境等的关系出现的一些失调、冲突现象和特定的障碍与难题。城市病属于狭义的城市问题。

关于城市病，不同的学者有不同的看法。有学者从要素关系角度，认为城市病是城市发展过程中普遍出现的城市各种要素之间关系严重失调的现象，而且被大多数人认为是消极的，必须尽力去解决的城市问题（邓伟志，2003）。有学者从承载力的视角，认为城市病是指在一国城镇化建设过程中，由于城市资源环境的承载力与城镇化发展速度和规模失衡产生的一系列经济问题、社会问题和生态问题，包括社会病（如人口膨胀、交通拥堵等）、经济病（如城市贫困、失业等）、生态病（如资源紧缺、环境污染等）等（焦晓云，2015）。虽然不同学者的具体表述有所不同，但大家都认为"城市病"是城市问题的突出反映，是一种失衡和无序状态，是在城市发展过程中会造成严重负面影响的城市问题。

一般而言，城市问题包括空间功能老化（城市更新面临的城市发展中的问题，包括空间功能老化或不适应城市发展需要的问题）、住房问题、交通问题、人口问题、环境问题、犯罪问题、就业问题、贫困问题以及老龄化问题等。本书基于城市经济学视角，考虑到城市空间资源对城市问题的影响，认为最为突出、影响最为广泛的城市问题（城市病）主要包括营商环境问题、住房问题（房价过高）、交通问题（拥堵）以及环境问题（污染）四个方面。

（二）城市运行不经济的空间根源

城市运行不经济的一个重要原因，在于城市空间的失配或错配（Spatial Mismatch），简单地说，就是不同用途或功能的城市空间，在空间位置的排列组合上存在不科学、不合理、不搭配或不经济的现象。城市空间失配包括办公、居住、商业、工业、金融、娱乐、教育以及交通等空间的错配或不经济配置。职住分离就是空间失配的一个表现。职住分离是与职住平衡（Job-housing Balance）相对应的概念，指就业（Job）与居住（Housing）不在同一地点或附近区域的状态。这个概念最初由 Kain（1964，1968）提出并系统阐述。职住分离可以使用职住分离度来衡量。职住分离度是指不考虑就业差异与人的选择，在既有职住布局条件下通过交换就业地，理论上能够实现的最小通勤距离（以公里为单位）。通过计算从居住地到最近就业场所的距离，可以从供给角度衡量城市职住空间布局的匹配度与平衡性。职住分离度越小，说明城市职住平衡的条件越好。

住房和城乡建设部城市交通基础设施监测与治理实验室、中国城市规划设计研究院以及百度地图联合发布的《2023年中国主要城市通勤监测报告》（简称《监测报告》）显示，我国45座重点城市（包括直辖市、计划单列市和省会城市35个，其他地级市中开通地铁、轻轨的城市10个）中，超大城市职住分离度平均水平为4.4公里，特大城市职住分离平均为4.0公里。北京、东莞、石家庄、银川是不同规模分类中职住分离最严重的城市。在45座城市中，单程需要60分钟以上时间通勤的人口比重达到12%，全国有超过1400万人口承受超长时间的极端通勤。其中，超大城市、特大城市、Ⅰ型和Ⅱ型大城市的极端通勤人口比重分别为17%、11%、8%和8%。

较大的职住分离度和较多人口经历单程通勤时耗60分钟以上的极端通勤，既给城市居民带来身心伤害与社会问题，也带来了交通拥堵、房价高企、环境恶化、贫富差距加大、服务设施不足等城市问题。这些问题对城市经济运行所起的作用是消极甚至是破坏性的，是城市运行的障碍，加剧了城市的负担，使城市政府陷入两难境地，也影响了城市经济的高质量发展。

（三）城市运行不经济的治理根源

城市运行不经济除了自然原因和市场失灵之外，归根结底在于城市治理失灵。城市空间的失配或错配以及由此引发的高房价问题，本身也是治理失灵的问题。以职住分离为例，它首先是早期城市土地开发政策的结果。一方面，各个城市土地收入在城市财政收入中的比例居高不下，地方政府希望以高地价支撑城市发展的财政平衡；另一方面，城市之间产业地价的竞争空前激烈，产业用地严重背离市场，而很多地方招商引资时以低价甚至零地价出让工业用地，不同的开发用地价格使居住与就业在产业用地、中心区的融合上更加困难。由于城市对交通设施的高强度投入，城市在可开发范围内的交通可达性大幅度提升，城市职住选址自由度越来越大，居民可以居住得越来越远，这些加剧了职住分离。

在城市系统的运行过程中，市场配置失灵现象突出，这也使得城市资源配置需要更多地寻求市场之外的治理途径。在某些因素的作用下，城市治理也会出现失灵和无效的状况，使得城市问题愈加复杂，城市病尤为突出。一方面，从经济学的角度看，城市病在一定程度上源于市场失灵：城市交通、城市环境保护以及城市住房等物品性质模糊，市场价格机制难以真实反映其供给量与需求量（杨卡，2017）；另一方面，在我国的管理体制下，中央和地方政府行为对城市的影响极为深远，城市问题的恶化与政府决策失灵、行为低效息息相关（陆军，2020）。城市政府"贪大求高求快"的攀比心理和与官员升迁紧密关联的政绩观，是城市"规模崇拜症"和城市病的驱动因素（冯雷、李慧，2010）。

二、我国城市体检的提出、指标体系及具体实践

（一）城市体检的提出

城市有机体在发展过程中，会不时地出现各种问题，从而引起城市运行不经济，这是正常的现象。我们要提前监测、识别、诊断、分析城市运行状态，及早发现城市在住房、交通、营商环境以及其他方面的问题。为此，就需要做好城市体检工作。

关于城市体检的含义及本质，不少学者进行了探讨。例如：石晓冬、杨明、王吉力（2021）认为，城市体检基于多源数据构建多维指标体系，用多维指标体系刻画复杂多元的城市系统，直观、精细、全面地表征城市的发展状况，进而辅助日常管理，支撑发展决策，推进智慧城市管理和民生智慧服务。杨婕、柴彦威（2022）认为，城市体检实质上是依靠专业知识和数据驱动定量评价等方法，基于多源数据和评价指标体系，实现多角度把握城市实时运行状态，是对城市发展状况与质量的精细化、综合性判断。

《住房和城乡建设部关于开展2022年城市体检工作的通知》（建科〔2022〕54号）指出，城市体检是"通过综合评价城市发展建设状况、有针对性制定对策措施，优化城市发展目标、补齐城市建设短板、解决'城市病'问题的一项基础性工作，是实施城市更新行动、统筹城市规划建设管理、推动城市人居环境高质量发展的重要抓手"。该文件对"城市体检"的概念界定具有一定的权威性。

城市体检源于2015年中央城市工作会议。这次会议指出了城市体检评估对于完善城市治理体系的必要性。2017年，中共中央、国务院在对《北京城市总体规划（2016年—2035年）》的批复中要求建立"一年一体检、五年一评估"的常态化城市体检评估机制。此后，"城市体检"在各级政策法规中不断被提及。2018年，北京市率先开展城市体检评估工作。2019年，住房和城乡建设部开始对重点城市进行城市体检试点

工作。2021年，自然资源部发布《国土空间规划城市体检评估规程》。总体来看，我国的城市体检工作从2018年开始，逐步从试点慢慢全面铺开。

（二）城市体检的指标体系

住房和城乡建设部发布的《关于开展2022年城市体检工作的通知》（建科〔2022〕54号）指出，要从生态宜居、健康舒适、安全韧性、交通便捷、风貌特色、整洁有序、多元包容、创新活力8个维度建立包括70个指标的城市体检指标体系。

自然资源部发布的《国土空间规划城市体检评估规程》提出了城市体检评估指标体系，按安全、创新、协调、绿色、开放、共享分为6个一级类别，在此基础上，划分为18个二级类别和104项指标。

住房和城乡建设部的城市体检指标体系和自然资源部的城市体检评估指标体系的侧重点有所不同。住房和城乡建设部的城市体检旨在发现城市的优劣势，挖掘城市存在的"城市病"等，侧重城市治理；自然资源部的城市体检评估侧重于揭示国土空间中存在的问题，以提高国土空间规划的科学性。尽管如此，两个指标体系对于城市问题和城市病的检测、评估和治理都有重要的参考价值。

两套指标体系的主要情况见表14-1。

表14-1 城市体检（评估）指标体系

住房和城乡建设部的城市体检指标体系		自然资源部的城市体检评估指标体系	
一级指标	二级指标数量（个）	一级指标	二级指标数量（个）
生态宜居	19	安全	4
健康舒适	12	创新	2
安全韧性	12	协调	3
交通便捷	6	绿色	3
风貌特色	5	开放	3
整洁有序	6	共享	3
多元包容	5		
创新活力	5		

资料来源：根据住房和城乡建设部、自然资源部的城市体检（评估）指标体系编制。

（三）城市体检的具体实践

住房和城乡建设部组织的城市体检工作从2018年开始。2019年的城市体检试点城市包括沈阳、南京、厦门、广州、成都、福州、长沙、海口、西宁、景德镇和遂宁市，共11个城市；2020年被选定为城市体检样本城市的有天津、上海、重庆、广州、武汉、哈尔滨等，共36个城市；2021年，进行城市体检的城市扩大至直辖市、计划单列市、省会城市和部分设区城市，共59个；2022年，选取北京、天津、上海、重庆4个直辖市及其他55个计划单列市、省会城市和部分设区城市开展城市体检工作。

经过几年的实践探索，我国已基本建立城市体检评估机制，并建立了由多项指标组成的体检指标体系，形成了城市自体检、第三方体检和社会满意度调查相结合的城市体检工作方法。从城市体检情况看，我国城市功能不断完善，人居环境得到改善，城市基础设施总体运行平稳，发挥了重要的保障作用。根据社会满意度调查结果，人民群众获得感、幸福感、安全感总体较强。体检结果也显示，当前各样本城市也存在中心区普遍人口过密、功能布局不均衡、社区基础设施和公共服务设施配套不足、城市特色塑造和历史文化保护不足、城市管理水平和应对风险能力有待提高等问题（王优玲，2021）。

自然资源部组织的国土空间规划城市体检从2019年开始。2019年，自然资源部组织北京、上海、重庆、长春、哈尔滨、青岛、武汉、广州、深圳、银川10个城市开展了两轮体检评估先行先试工作。2020年，自然资源部在现行国务院审批规划的107个城市部署开展了城市体检评估工作。自2021年开始，我国城市按照"一年一体检、五年一评估"的方式，对城市发展阶段特征及国土空间总体规划实施效果定期进行分析和评价。在实施方式上，年度体检将结合城市年度国土变更调查每年开展，五年评估则原则上与国民经济和社会发展五年规划周期保持一致。

定期开展城市体检，进行风险预估和灾害预警，可以及时发现城市经济运行不经济的病灶，诊断病因、开出药方，通过综合施治解决短板、弱项和矛盾，做到"防未病、治已病"，既是提高城市韧性，推进城市经济健康、有序和高质量发展的关键保障，也是城市治理经济（城市治理的经济效益）得以实现的重要支撑。

资料链接 14-1 城市体检，把脉问诊"城市病"

作者：王优玲 来源：微信公众号"新华视点" 时间：2021-08-11	通过微信扫码在公众号"城市经济学"中阅读	

第二节 城市治理与城市的经济运行

一、城市治理及其利益主体

（一）治理的概念梳理与解释

英语中的治理（Governance）可追溯到古拉丁语和古希腊语中的"Steering"（操舵）一词，原意主要是指控制、指导或操纵。20世纪80年代以来，"治理"被广泛应用于经济学、政治学、公共管理、城市规划等众多社会科学领域。

对于治理的内涵，没有统一的界定，不同学者结合自己的研究领域进行了阐释。

治理理论的代表人物罗伯特·罗茨（Robert Rhodes）列举了"治理"的六种定义[①]：①最小国家的管理活动的治理，意在为国家削减公共开支，以最小的成本获得最大的效益；②公司管理的治理，是指指导、控制和监督企业运行的组织体制；③新公共管理的治理，是指将市场的激励机制和私人部门的管理手段相结合的体系；④善治的治理，是指强调效率、法治、责任的公共服务体系；⑤社会控制体系的治理，是指政府与民间、公共部门与私人部门之间的合作与互动；⑥自组织网络的治理，是指建立在信任与互利基础上的社会协调网络。

另一位治理理论的研究者格里·斯托克（Stoker）(1999) 提出了五种关于治理的观点：①治理意味着一系列来自政府但又不限于政府的社会公共机构和行为者；②治理意味着在为社会和经济问题寻求解决方案的过程中，存在着界限和责任方面的模糊性；③治理明确肯定了在涉及集体行为的各个社会公共机构之间存在着权利依赖；④治理意味着参与者最终将形成一个自主的网络；⑤治理意味着办好事情的能力并不限于政府的发号施令或运用权威。

一些国际组织也对治理的含义进行了界定。例如，全球治理委员会在《我们的全球伙伴关系》(1995) 中的定义如下：治理是各种公共或私人的机构管理其共同事务的诸多方式的总和，它是使相互冲突的或不同的利益得以调和并且采取联合行动的持续的过程。它既包括有权迫使人们服从的正式制度和规则，也包括各种人们同意或认为符合其利益的非正式的制度安排[②]。这个定义更具权威性，本书予以采纳。

（二）城市治理的定义

城市治理是治理在城市范围内的应用。20 世纪 80 年代末期以来，西方城市发展中掀起一股治理研究的潮流，不少学者对此进行了探讨。彭特（Paintr, 2002）认为，城市治理是指城市内涉及被选举和非选举组织的公共政策形成和执行过程以及一系列的关系。这一定义强调了非公共机构对城市公共政策的参与，以及一种公、私相互制约关系的形成。勒非佛（C. Lefevre, 1998）则直接将城市治理界定为公共行动的新形式，并以更复杂的行动者系统为特征。市民社会是城市治理的基础，它的发育程度将直接或间接影响治理的变迁，城市治理与城市政府的关键区别在于城市治理提到了市民社会（Harpham T., Boateng K. A., 1997）。

我国学者对城市治理的理解也不统一。例如：踪家峰（2001）等认为，城市治理是政府与其他组织和市民社会共同参与管理城市的方式；丁健（2004）认为，城市治理是指城市中各公共机构、私人机构与市民管理其共同事务的诸多方式的综合；周诚君和洪银兴（2003）认为，现代城市治理就是在现代市场经济架构中，城市政府和市民社会在城市发展和管理中共同决策的过程等。

---

① 威廉姆斯. 治理机制 [M]. 北京：中国社会科学出版社，2001：13.
② 俞可平. 治理与善治 [M]. 北京：社会科学文献出版社，2000：4-5.

综上所述，所谓城市治理，是指城市政府与非政府部门及城市市民相互合作促进城市发展的过程，并由政治、经济和社会价值体系共同塑造。可见，城市政府是城市治理的重要主体之一。在我国当前的政治和文化背景下，城市政府是城市治理最重要的组织者和协调者。因此，城市治理的成效与城市政府管理的有效性密不可分。

（三）城市治理的利益主体

城市作为复杂的利益复合体，存在多种利益相关者。城市治理是城市利益相关者之间的互动机制，作为城市发展中的一种制度安排，它决定着城市利益主体参与城市决策的能力以及各利益主体之间的利益分享。

城市政府是城市治理的重要主体，但在城市治理中，城市治理主体已经从官僚制和科层制转向网络型的多元模式，其核心是一个包括中央政府和城市政府在内的由城市市民、公共部门和利益集团等组成的"城市治理董事会"，它能有效地协调和弥合差异，创造性地解决城市发展中出现的诸多问题。

由此可见，城市治理是以城市政府体系为重要内容的结构模式。它包括以下五种交互关系：①城市市民与城市政府的关系，主要指两者间的委托代理关系，这是城市治理需要协调好的最基本的关系；②城市政府内部各职能部门之间的关系，主要指城市政府内部的委托代理关系；③城市政府与多层级政府的关系，主要指城市内市政府和区政府的关系，城市政府与上级政府和中央政府之间的关系等；④城市政府与国际组织和跨国企业之间的关系；⑤城市政府与其他利益集团的关系，主要涉及城市政府与依托城市发展的企业和非营利组织之间的关系。

在城市治理中，城市政府的作用有限，城市管理有效性和效率的提高有赖于政府行为与市场行为的有机结合，有赖于广泛意义上的非政府组织和市民的积极参与和合作。在城市治理的过程中，城市政府需要有效地协调各利益主体之间的关系，建立平等交流的合作伙伴关系，集合多方面的力量促进城市全面、协调和可持续发展。因此，城市治理不仅要求城市政府重视管理的有效性、透明性、责任性和回应性，变革管理方式，提高服务水平，而且强调非政府组织的充分发展和市民社会的广泛参与。

城市中的各个利益主体在城市治理中的角色不同、定位不同、利益诉求也不同，需要调动城市中多元主体的积极性和凝聚力。总体而言，城市治理的主体根据定位和诉求的不同，可分为四类，即以政府为代表的行政权力机构、以企业为代表的营利性组织、以社会服务为主的社会公益组织及以城市市民为代表的参与型主体。不同类型的治理主体在具体的城市治理事项上具有不同的治理权责（韩柯子，2022）。

二、城市治理的模式与机制

（一）城市治理的主要模式

城市治理模式主要是解决城市由谁统治谁和怎样统治的问题（DiGaetano and

Lawless,1999；Pierre,1999）。不同的国家、不同的城市在不同的时间可以呈现出相异的特点，因此，城市治理没有固定的模式（王志锋，2007）。在考察了发达国家的城市治理模式后，皮埃尔（Pierre，1999）系统地将城市治理模式划分为管理型城市治理、社团型城市治理、支持增长型城市治理与福利型城市治理四类。

我国学者在西方研究的基础上，积极探索符合国情的治理模式。郭鸿懋、踪家峰、王志锋等是较早开展相关研究的学者。郭鸿懋（2001）指出，目前世界各国已出现的城市治理模式有"企业家化城市治理模式""公私合制型模式""新精英主义模式""超多元化模式""合作型治理模式""发展型政府模式""规治型政府治理模式""新自由主义城市治理模式""新管理主义城市治理模式""国际大都市治理模式"等。踪家峰（2008）从城市治理的内涵出发，结合中国实践将城市治理分为三种典型模式，即企业家模式、国际化模式和城市经营模式。王佃利（2009）根据市场发育程度和政府管理模式的转变，将城市治理划分为城市管制模式、城市经营模式和城市治理模式三种类型。

从我国城市治理的发展现状来看，目前我国城市治理的模式主要有三种：①企业家化模式。在该模式中，城市政府以企业家的角色，利用企业管理方法来管理城市。根据倪鹏飞（2015）的观点，企业家化模式包括党政部门经济决策模式以及通过对政府官员和基层公务员的激励与约束措施来提高管理效率。②国际化城市治理模式。这种模式的主体包括城市市民、城市政府、城市内私人营利组织和非政府组织，以及与城市利益相关的区域与城市、跨国公司、国际组织等。这些主体共同参与城市的发展和决策，既是决策主体，又是受益主体。③公私合作治理模式。在这种模式下，政府部门（公）和社会资本部门（私）通过合作，提供城市居民需要的公共产品和服务，这也是城市治理的重要内容。当前，我国政府通过城市平台进行融资继而提供公共产品已成为一种惯例。

（二）城市治理的协作机制

城市治理的协作机制或伙伴关系在现代城市治理中发挥着至关重要的作用。城市治理涉及多个政府部门，如城市规划、交通、环境保护等，这些部门需要相互合作，共同解决城市面临的问题；政府与非政府组织、社团和慈善机构等民间组织需要合作，共同推动社会服务、环境保护和社会公平等议题；政府与私营部门合作，共同投资和运营城市基础设施，实现公共利益和商业利益的平衡；政府与居民合作，共同制定政策、解决问题，提高治理的民主性和透明度；跨城市、跨地区的合作可以解决一些区域性的问题，如水资源管理、自然灾害防范等。城市治理各个利益相关主体之间的良好协作，可以实现城市的可持续发展、社会公平和经济繁荣等目标。

实现城市治理的目标，需要一定的条件和良好的机制，以下几个因素是关键：①透明度与信任，各方需要建立相互信任的关系，确保信息透明共享，避免信息不对称和误解；②各方需要共同认同城市发展的愿景和目标，以便合作时朝着共同的方向努力；③资源共享，合作伙伴需要共享资源，包括人力资源、技术知识等，以实现合作的成果；④沟通与协调，有效的沟通和协调机制对于协作至关重要，可以通过定期会议、合作计划和信息共享平台来实现；⑤激励机制，在参与过程中，应保持有效的激励机制，包括正面激励机制和负面激励机制。要达成这些条件，需要城市治理各主体之间建立良好的合作伙伴关系。

伙伴关系是行动者之间的动态关系。这些行动者以接受共同目标为基础，都认识到最合理的社会分工是建立在每一个伙伴的比较优势基础上的。伙伴关系包括相互影响、在协同发展和各自保持独立性之间实现平衡，还包括相互尊重、平等参与决策、共同承担责任、透明（Brinkerhoff，2002）。因此，伙伴关系实质上是一种利益联盟。

（三）从政府管理到城市治理

城市政府管理在城市管理中扮演着非常重要的角色。计划经济时期的城市政府管理是在城市政府主导下对城市一切事务的管理，企业、事业、社团等组织都是政府机构的延伸，都是政府计划的执行者。在这种情况下，虽然城市政府在运用所拥有的公共权力处理社会经济事务的过程中，有效地促进和实现了城市社会经济的调控活动，但是这种管理也存在诸多不足。从新公共管理视角看，传统城市政府管理背离了现代社会民主化管理、参与型管理的精神。

20世纪末以来，随着城市公民社会的不断发育，城市利益群体的逐渐分化，非政府组织的社团与公民积极参与城市管理的热情日益高涨，他们愿意而且希望参与城市经济管理决策。可以说，这种参与型城市管理文化已经得到了很大的发展。但是，传统的城市政府管理毫不留情地阻碍了这种参与热情，其结果是非政府组织和市民的意见不能在城市经济管理中得到尊重，他们参与城市经济管理的权利与义务被极大地忽视，城市政府与城市非政府组织及市民之间不能实现良性互动。从这个意义上说，城市政府管理转型走向城市治理，已经成为我国城市政府管理模式的必然路径。事实上，目前我国的城市政府管理已经逐步转型到了城市治理的轨道。

三、我国城市治理的实践成效

城市治理是一个涉及时间和空间的综合过程。城市治理从产生开始，就逐步嵌入现代城市的产生、发育、成熟、衰退乃至复兴的各个生命过程，贯穿城市产生、规划、建设、发展的各个环节。2013年11月，中共十八届三中全会通过的《中共中央关于全面深化改革若干重大问题的决定》首次提出"推进国家治理体系和治理能力现代化"的改革目标。2015年中央城市工作会议指出，要"转变城市发展方式，完善城市治理体系，提高城市治理能力，着力解决城市病等突出问题，提升城市环境质量、人民生活质量和城市竞争力，建设和谐宜居、富有活力、各具特色的现代化城市"，明确了城市治理应该达到的实践成效。

2015年以来，我国城市治理工作取得了突出的成绩。近年来，从整治背街小巷环

境,到推动老旧小区改造,多地从细处着手,打通堵点、理顺机制,得到了市民的大力点赞,不少城市出台了加强城市市容和环境卫生管理、防治大气污染等方面的规定,形成了常态机制,为城市文明建设提供了坚强法治保障;与此同时,"智能防疫""物联感知""智慧治堵"等一系列智慧应用的出现,"智慧大脑"的建设,大数据、云计算、人工智能等现代科技的运用,提高了城市运转效率,增加了城市的智慧成色;以绣花般的精心、细心和巧心,把城市治理的成果落实到群众的切身感受上,落实到城市治理的"最后一公里",不断提升城市治理的精细化水平(李明,2020)。通过城市治理,数百万低收入家庭改善了住房条件,交通拥堵问题得到缓解,环境质量不断提升,公众医疗服务的可及性和质量逐步提高,人民群众的获得感、幸福感、安全感得到提升,城市迸发出新的活力和创造力。

资料链接 14-2　　治理升级护航夜经济

作者:王云娜 来源:微信公众号"人民日报评论" 时间:2019-11-07	通过微信扫码在公众号 "城市经济学"中阅读	

本章小结

城市运行不经济是指城市在其运行过程中出现的空间资源浪费、经济活动效率降低以及经济发展不稳定等问题,影响了城市整体的经济效益和可持续发展。城市运行不经济是城市问题的一个方面或者说是由城市问题带来的,它的形成既有城市空间失配或错配的空间根源,也有城市治理低效或失灵的原因。

解决城市运行不经济问题,首先要通过城市体检监测、识别、诊断、分析城市运行状态,及时发现城市运行中的各种不经济问题,再通过城市治理的利益主体多元协作机制,找到解决办法。目前,我国城市治理实践已经取得了一定成效。

关键词:城市运行不经济;城市问题;城市病;空间失配;职住分离;城市体检;城市治理

问题与应用

1. 什么是城市运行不经济?它和城市问题、城市病有什么关系?
2. 谈谈你对城市运行不经济的空间根源的理解。
3. 谈谈你对城市运行不经济的治理根源的理解。

4. 以某一个城市为例，谈谈城市运行不经济和城市体检的实践。
5. 什么是城市治理？谈谈你对城市治理的利益主体的理解。
6. 城市治理的主要模式有哪些？
7. 以某一个城市为例，谈谈你对建立城市治理协作机制的看法。
8. 以某一个城市为例，谈谈你对城市政府管理及城市治理的看法。
9. 以某一个城市为例，谈谈你对我国城市治理实践成效的看法。
10. 阅读资料链接中的资料，并分组进行讨论。

参考文献与推荐阅读

[1] 陆军. 城市治理：重塑我们向往的发展[M]. 北京：北京大学出版社，2020.

[2] 叶锺楠，吴志强. 城市诊断的概念、思想基础和发展思考[J]. 城市规划，2022，46（1）：53-59.

[3] 李长治，刘诚. 金融资源分布与产业布局对大、小城市病的影响[J]. 财经问题研究，2023（8）：71-86.

[4] 佟德志，樊浩. 韧性城市治理的五星模型——基于"全球韧性百城"项目案例的扎根分析[J]. 天津师范大学学报（社会科学版），2023（5）：43-57.

[5] 王可，宫臣. 基于多尺度视角的城市体检主导因子探测及其交互分析——以大连市主城区为例[J]. 绿色科技，2023，25（9）：228-233.

[6] 熊国平，李昊昊. 城市更新视角下城市体检评估指标体系探索[J]. 城乡规划，2023（3）：1-6.

[7] 杨丽丽. "城市生命体"视角下城市治理体系建构与治理路径选择[J]. 陕西行政学院学报，2023，37（3）：115-119.

[8] 黄奇帆. 人工智能时代的城市数字化发展路径与治理模式[J]. 城市开发，2023（7）：106-109.

[9] PIERRE J. Models of urban governance the institutional dimension of urban politics[J]. Urban affairs review, 1999, 34（3）：72-396.

[10] HENDRIKS F. Understanding good urban governance: essentials, shifts, and values[J]. Urban affairs review, 2014, 50（4）：553-576.

第十五章 城市问题与城市病的治理

本章在第十四章的基础上,针对住房、交通以及城市营商环境等方面的典型城市问题和城市病的实际治理,进行了较为深入的介绍。通过本章的学习,既可以深入理解第十四章的内容,也可以对我国城市问题和城市病的治理有更全面的了解,从而掌握城市经济学的理论知识与实践应用。

第一节 城市住房问题的治理

一、城市住房问题及其经济成因

(一)城市住房问题的主要表现

城市住房问题主要表现在两大方面:一是房价收入比过高;二是住房结构失衡。

房价收入比这一术语最早见于Weicher(1977)关于美国新建住房支付能力分析的文献中,后被联合国、世界银行等国际组织用于城市相关项目的研究。房价收入比将房价与家庭住房消费能力直接挂钩,能够反映居民家庭的住房可支付能力,在国际社会得到广泛运用(王希岩等,2022)。国际房价收入比的通行算法是用住房价值中位数除以家庭年收入中位数。根据国际经验,合理的房价收入比为3~6(合理的租售比为1∶300~1∶200)。我国一般用套均住房市场价值除以平均家庭年收入得到近似结果。一些学者的研究成果显示,我国城市的房价收入比都高于3或城市的合理上限。根据诸葛找房数据研究中心(2021)的数据,分城市等级来看,2020年中国一线城市、二线城市以及三四线城市的房价收入比分别为31.4、14.3、10.2,城市等级越高,房价收入比越高,北京、上海、广州、深圳四个一线城市位居排行榜前列。

城市住房结构失衡主要包括不同类型住房的结构失衡以及不同区域住房的结构失衡两种情况。从总量上看,我国城镇住房短缺问题已经解决,居民住房条件总体得到显著改善,与经济发达国家和地区相比,我国城镇人均住房面积达到中等偏上水平(刘洪玉,2022)。但是,我国一些城市的保障房供给不连续,对中低收入者的住房支持不够(熊柴,2020),包括高档商品房、普通商品房、限价房、经济适用房、廉租房、共有产权房等多元主体供给型的住房体系虽已基本建立,但供给结构不平衡。从城市的不同区域看，相比于城市边缘地区存在较多房屋空置的情况，中心城区或经济相对较好的区域聚集了过多的人口和产业，需求旺盛，但是土地和住房资源相对紧张，城市中心区等区域的住房供需失衡，空置率很低。

（二）居住需求与城市住房问题

城市住房存在问题在需求方面的原因主要体现在两个方面：一是需求与现实的矛盾；二是职住分离的困难。人们往往倾向于到城市中心区或核心区寻找更好的工作，并享受教育、医疗、娱乐等方面的便利条件，但由于中心区或核心区的住房供应无法满足全部居民的需求，从而造成市场供需失衡；城市居民收入的差距也会导致一部分人拥有更强的购房能力，而另一部分人可能难以负担高房价，这会导致城市住房需求中的社会分层现象，从而削弱中低收入人群的居住选择；如果城市的交通和基础设施不完善，人们可能会更倾向于选择靠近工作地点和便利设施的住房，这可能会推高这些区域的房价。

职住分离是我国大城市的普遍现象，在我国以"购"为主的住房供应体系中，大城市的工作机会通常在城市中心区，而城市中心区的房价受供求影响较大，多数在中心区工作的从业者很难购买工作地点附近的住房，加上家庭工作人口大多在不同区域工作，最终造成就业岗位通常集中在城市核心区域、家庭在城市非核心区域购房居住的"职住分离"现象。一些城市家庭为了解决职住分离带来的较长时间通勤的问题，同时出于照顾家庭和子女教育问题等方面的考虑，选择通过贷款等方式在工作地点或其附近购买住房，或者租赁住房，这就进一步加剧了城市房价的上涨，以及住房供求结构的失衡。

（三）空间供给与城市住房问题

城市住房存在问题在供给方面的原因之一，是城市空间供给的失衡，这种失衡体现在两个方面：①住房供给结构的失衡。从市场角度来看，目前城市尤其是大城市的住房供应结构表现为中高档住宅供应较多，小面积、低单价的住房供不应求。在开发商追逐利润的现实情况下，高开发利润的商品房往往优先被供应，也优先获得土地、配套设施等方面的资源配置。在大都市土地资源和商品房供应短缺的情况下，中低档商品房因资源配置和开发不足尤为紧缺。此外，在我国以商品房开发为主的供应模式下，新建租赁住房大多为政府主导的廉租房和公租房。住房供应类型单一，使得大多数消费者只能选择购买商品住房。这些情况既导致住房结构失衡、中低档住房市场供应不足，也导致城市住房的房价收入比过高。②城市公共资源与服务的空间配置失衡。不少学者认为，资源集中配置尤其是优质公共资源集中配置的空间失衡，导致城市内部不同城区、地域发展不平衡，是城市住房问题乃至城市病产生的重要原因之一。从根源上看，城市住房价格空间分化（包括不同城市之间以及城市内部不同区域之间）

与公共资源、信息和设施的空间布局失衡有关。以北京市为例，东城、西城和海淀的某些区域汇聚了丰富的经济资源、政策优势和高水平的公共资源，除了能给企业和经营活动带来外部效应之外，在长期的建设积累与制度作用下，教育、医疗、文化等设施水平远高于其他区县。正因如此，这些区域不断地吸引着居民和企业的到来，在成为整个城市增长中心的同时，也面临着突出的住房紧张及房价高等问题。源于基础教育资源的富集，这些区域成为学龄儿童家长的首选，也因此成为人口迁居活动、房屋交易和租赁行为非常活跃的区域。对这些群体来说，公共资源和服务所带来的正效应远远大于因拥挤所产生的负效应。

二、住房问题治理的经济选择

解决住房的深层次问题是城市治理的重要内容。城市住房问题的解决，需要采取一系列政策措施，主要包括：

（一）完善居住导向的新住房制度

2017年党的十九大报告指出，"坚持房子是用来住的，不是用来炒的定位"，要"加快建立多主体供给、多渠道保障、租购并举的住房制度，让全体人民住有所居"。2021年"十四五"规划中明确提出"完善住房市场体系和住房保障体系"。2022年党的二十大报告再次强调"房子是用来住的，不是用来炒的"。这些都是建立和完善居住导向的新住房制度的政策基础。

"十四五"规划在"房住不炒"的住房定位下，明确提出："坚持因地制宜、多策并举，夯实城市政府主体责任，稳定地价、房价和预期。建立住房和土地联动机制，加强房地产金融调控，发挥住房税收调节作用，支持合理自住需求，遏制投资投机性需求。加快培育和发展住房租赁市场，有效盘活存量住房资源，有力有序扩大城市租赁住房供给，完善长租房政策，逐步使租购住房在享受公共服务上具有同等权利。加快住房租赁法规建设，加强租赁市场监管，保障承租人和出租人合法权益。有效增加保障性住房供给，完善住房保障基础性制度和支持政策。以人口流入多、房价高的城市为重点，扩大保障性租赁住房供给，着力解决困难群体和新市民住房问题。单列租赁住房用地计划，探索利用集体建设用地和企事业单位自有闲置土地建设租赁住房，支持将非住宅房屋改建为保障性租赁住房。完善土地出让收入分配机制，加大财税、金融支持力度。因地制宜发展共有产权住房。处理好基本保障和非基本保障的关系，完善住房保障方式，健全保障对象、准入门槛、退出管理等政策。改革完善住房公积金制度，健全缴存、使用、管理和运行机制。"

（二）改进城市住房空间供给体系

从供给侧来看，城镇空间供给总量不足、优化生产严重不足，是我国城市房价高的一个基本因素，也是消费、人力资本积累、科技创新和经济增长的重要制约因素。因此，需要尊重城市化规律，既要以就地就近城镇化（就近就地集中式及分散式城镇化）为导向，加速城镇用地供给，着力优化土地供给和用途结构，也要实施都市圈化战略，把村庄用地就近就地转化为城镇用地（杨开忠，2022）。

城市土地管理部门在对不同类型商品房建设用地进行控制的基础上，积极保障符合多数居民需求的住房建设所需土地的供应。对开发适合国情、符合市场需求的户型，中低价位的住宅产品，应考虑适度放宽信贷条件，并考虑是否给予利率、税收优惠。通过这些政策，鼓励开发商在城市的不同城区与地块加大小户型、低价位普通商品住宅的供给量。对于住宅价格增长过快的城市，可加大中低收入居民住房的建设力度，并根据区位差别，将其安排在交通相对便捷的地段。在城市扩张过程中，注重城乡一体化发展，避免城市边缘地区住房供给不足。对于大城市和城市群，可以考虑跨区域协调住房供给，避免资源过度集中。

（三）构建城市居民职住平衡格局

"十四五"规划中明确提出："加快建立多主体供给、多渠道保障、租购并举的住房制度，让全体人民住有所居、职住平衡。""十四五"时期，租购并举的住房供应体系将会增加家庭居住的位置选择，很多家庭可以通过租赁的方式选择更接近工作单位的位置，降低通勤成本。发展住房租赁是促进城市"职住平衡"的一个重要举措，尤其是在工作聚居地区，如产业园区配套建设租赁住房，在城市地铁沿线和核心区域通过新建、存量改造的方式增加租赁住房供应。

城市职住平衡是一个复杂的空间和交通问题，需要城市发展政策、土地开发政策和城市空间规划、城市交通规划之间的紧密配合（孔令斌，2016）。为此，需要积极促进城镇化的均衡发展，引导大城市职住逐步在一定的出行区域内走向平衡；制定精细化的土地开发政策，促进城市多中心发展，引导城市居民的职住平衡；在规划层面协调好城市空间与交通系统的关系，做到对出行距离的控制，努力促进不同城区或地段的城市服务配置相对完善、就业与居住平衡；通过规划实现就业与居住地的混合，持续推进分类混合居住模式，促进城市内部各经济主体之间的和谐共存；继续完善产城融合机制，推进产业开发区功能多样化，适当供应住房解决部分需求，力促职住平衡；积极调整城市产业结构，部分解决职住分离问题。

资料链接 15-1 房价高：症结和药方

作者：黄奇帆 来源：微信公众号"经观地产" 时间：2017-05-28	通过微信扫码在公众号"城市经济学"中阅读	

第二节 城市交通拥堵的治理

一、城市交通拥堵的经济学分析

（一）城市交通拥堵及其度量

所谓交通拥堵，是指一定时间内想要通过某道路的车辆数超过某道路的通行能力（一定时间内该道路所能通过的最大车辆数），使车辆通行时间延长的交通现象。城市交通拥堵主要表现为城市道路上的车辆密度过大，使得车辆行驶速度受到影响。近年来，几乎所有国家的大中规模以上城市都面临着不同程度的交通拥堵问题。

城市交通拥堵是交通需求超过交通供给能力引起的。城市交通需求会随着城市社会经济活动的增加持续增长，并在较短时期内迅速增长。但是，城市交通供给能力的增长却呈现跳跃性、阶段性的特征。交通设施一旦建成，短期内供给能力便难以改变，并且交通设施一旦交付使用，往往会形成新的交通源，交通需求增长会迅速赶上交通供给能力的提高。因此，城市交通拥堵现象很容易发生。城市需求增长与交通供给能力增长的不同规律，也使城市交通拥堵现象具有普遍性。

城市交通拥堵还具有一定的时间性和空间性。每一座城市，都有其特定的经济空间结构。不同的空间结构决定了企业和居民的不同集聚或分布状态，也决定了城市道路需求的分布在时间和空间上不可能达到均衡。城市道路供给能力在短期内是固定的，因此城市交通拥堵的发生具有明显的时间性和空间性。在上下班等交通高峰期间，城市的道路普遍处于拥堵状态。在城市中心商务区的道路和其他主要交通干线上，最容易出现交通拥堵。

拥堵是交通流量过高，致使道路服务质量不良的一种状态。可以用出行者直接感觉到的各种因素作为度量拥堵的标准（刘秉镰、王燕，1997）。这些因素包括：速度快慢及出行时间的长短；车流阻断与限制，如停车、变速等情况发生的频率；驾车人操作的自由程度；安全程度；出行的舒适与便利程度；出行的经济性等。由于这些因素难以量化，而且很难客观地决定各种因素所占权重的大小，所以无法计算出具体的拥堵指数。因此，一些学者提出了其他一些度量指标，如有学者指出，一般情况下，可以选择两种指标来度量交通拥堵的程度（Meyer，1994）：一是选定路段上每小时或每天的车流量与道路容量的比率；二是一个驾车者的边际时间成本与平均时间成本的比值，这一比值代表了相对的外部成本。美国公路局早在20世纪50年代就制定了以速度为主要指标的衡量准则，以交通流量与道路通过能力的比值来评价交通拥堵的程度。

（二）城市交通需求与行车成本

城市交通包括公路交通、轨道交通、水上交通和空中交通。城市交通需求是指城市的人或物在城市公共空间中以各种方式或工具（骑车、开车、坐地铁、乘船、乘机等）进行位置移动的需求，它具有需求时间和空间的不均匀性、需求目的的差异性、实现需求方式的可变性等特征。为了叙述方便，本节以城市居民通过机动车（开车或乘坐公共交通工具）实现公路交通需求为例，说明城市交通需求、行车成本与交通拥堵的关系。

城市公路属于准公共物品。给定一个城市的公路路况或通行容量，包括条数、宽度（车道）、长度、路面状况等，每个机动车驾驶员（个体行车者、通勤者）在没有交通管制和道路收费，以及合法与便利（不影响自身和他人的生活和工作等）的情况下，都可以选择在任何时间、任何一条城市道路上行车（通勤）或实现交通需求。除了支付个体行车成本外，通勤者不需要为实现交通需求支付额外费用。

个体行车成本（用 C_i 表示，i 代表个体），又称"私人行车成本""通勤成本"，是指作为个体的驾驶员或通勤者，通过驾驶车辆（行车）的方式实现交通需求所付出的经济代价，它是城市所有个体行车成本的平均成本，即总行车成本除以行车者数量。个体行车成本包括货币成本（用 C_d 表示）和时间成本（用 C_t 表示）（Arthur O'Sullivan，2003；周伟林等，2004；吴启焰等，2009），即

$$C_i = C_d + C_t \tag{15-1}$$

式（15-1）中，d 表示出行或通勤的里程（公里），t 表示行驶花费的时间，$t=d/v$，v 表示行车速度（车速，公里/小时），它是个体行车所经过路段的交通量（总行车数量，Q）的函数，即 $v=f(Q)$。个体行车成本可以表示为

$$C_i = C_d + C_{d/v} \tag{15-2}$$

式（15-2）中，个体行车的货币成本（C_d）主要是一定年限内的车辆燃油费、维修费、交通事故费以及车辆折旧费等平均在每次交通通行中的值，这个数值通常被研究者假设为一个固定数。个体行车的时间成本（$C_{d/v}$）是一种机会成本，是指行车通勤者为达成交通需求所需付出的时间代价或机会的损失，它在数量上等于通勤者花费在行车上的时间用于其他事项所创造的价值。行车者出行的时间成本可以使用通行时间乘以每分钟通行的机会成本得到，它取决于个体行车者出行或通勤里程（d）的长短。

计算个体行车成本没有考虑同一时段和路段上交通量的负外部性，或者说边际个体通勤者导致的行车速度降低、行车时间增加，使得其他行车者必须花更多的时间通勤。如果把这个负外部性带来的行车或通勤成本和个体行车成本加总，就能得到社会行车成本（用 C_s 表示，s 代表社会）。或者说，社会行车成本等于个体行车成本和外部行车成本之和，是与新增或边际车辆相关联的成本，也称"边际出行成本"。

假设 Q_0 为个体行车成本和社会行车成本相等，即通勤者在公路行车畅通无阻时的临界交通量，只要某个时段和路段的交通量 Q 大于 Q_0，就会出现负外部性。这个负外部性意味着，当越来越多的行车者在某一时段进入某个路段时，该路段所有通勤者的行车速度将越来越低，行车用时将越来越长。

如图 15-1 所示，当 $Q<Q_0$ 时，个体行车成本曲线 C_i 与社会行车成本曲线 C_s 合为一体，个体行车者不需考虑交通需求带来行车成本的变化；当 $Q>Q_0$ 时，社会行车成本曲线 C_s 高于个体行车成本曲线 C_i，个体行车的时间成本越来越大。从经济的角度考虑，个体行车者就会考虑改变交通需求的时间或空间，也可能改变实现交通需求的方式。当越来越多的个体行车者改变自己的交通需求时，在某一时段和地段上单位时间的公路交通量也会随之改变。

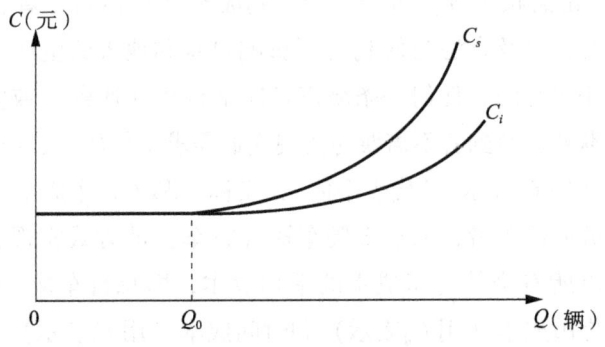

图 15-1　个体和社会行车成本曲线

图 15-1 中，横轴 Q 表示单位时间（通常为小时）每车道的交通量或机动车数量（单位：辆）①，纵轴 C 表示行车或通勤成本（单位：元）。

（三）边际收益与城市交通拥堵

城市交通需求能否实现，实现多少，是个体行车者在权衡行车成本与边际收益后决定的。所谓行车的边际收益，是相邻交通量的个体行车成本的微小增加带来的额外收益的数量。如果行车或通勤的边际收益大于个体行车成本，个体行车者就会选择该时段和地段的公路交通。图 15-2 用于分析行车成本、边际收益和交通量的关系。在图 15-2 中，横轴 Q、纵轴 C 及 Q_0 表示的含义和图 15-1 中的含义相同，D 表示需求曲线，它代表个体行车或通勤者实现公路需求的边际收益，因此它也是一条边际收益曲线。D 对应着每一个交通量、边际行车者愿意为公路通勤或行程付出的成本，表明不同的行车成本下有多少个体行车者愿意选择该时段、该路段的公路交通，也表明个体行车者在权衡行车成本与边际收益后达到的交通量。根据经济学原理，行车成本越高，愿意选择该公路交通的个体行车者越少；反之，行车成本越低，愿意选择该公路交通的个体行车者越多。因此，需求曲线或边际收益曲线向下倾斜。

图 15-2 描绘了在某个交通流量后新增的一个出行者（通勤者）愿意为其出行支付的货币值（即边际收益），这个新增的出行者也被称为"边际出行者"。例如，当个体行车成本为 C_5 时，出行者或通勤者数量为 Q_1，这意味着共有 Q_1 的出行者的边际收益大

---

① 假设每辆车的车内只有 1 位驾驶员，则"机动车数量"等于"驾驶员数量"。

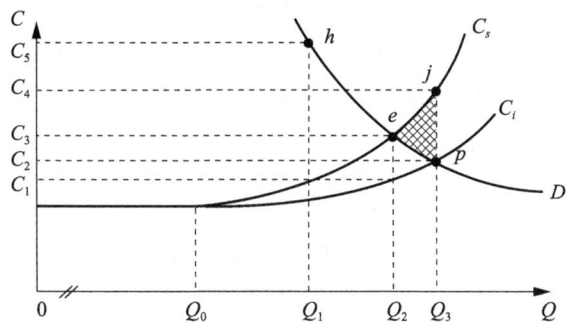

图 15-2 行车成本、边际收益与交通量

于或等于 C_5。在个体行车成本为 C_5 时,第 Q_1 个出行者的边际收益正好等于 C_5,边际收益等于行车成本,该出行者权衡后选择出行,而第 Q_1+1 个边际出行者因为边际收益小于个体行车成本,就不会选择出行,此时该时段和路段的交通量达到 Q_1。但当个体出行成本大于 C_5 时,第 Q_1 个出行者的边际收益小于行车成本,该出行者也不会选择出行。类似地,第 Q_2 个出行者的边际收益是 C_3,第 Q_3 个出行者的边际收益是 C_2。随着行车成本的下降,个体行车者使用公路出行的需求曲线逐步向下移动,换句话说,愿意选择使用某一时段和地段的公路实施出行活动的出行者也越来越多,当然,出行者的边际收益也越来越低。

如图 15-2 所示,需求曲线与个体行车成本曲线相交于 p 点,当驾驶员(个体出行者)自己支付出行成本时,该点对应的市场均衡交通量是 Q_3,均衡出行成本是 C_2。当然,如果使用公路出行的边际收益超过边际成本,就会一直有选择使用公路交通的需求者(个体出行者)出现,直到社会边际收益等于社会边际成本为止。最终,代表社会边际收益的需求曲线 D 和代表社会边际成本的社会行车成本曲线 C_s 相交于 e 点,e 点对应的交通量 Q_2 就是最优交通量。对于 Q_2 个出行者来说,出行的社会收益(意愿支付额)要高于或等于社会成本,因此,他们对公路的利用是社会有效的。对于第 Q_2+1 个出行者而言,他的出行产生的社会成本大于社会收益,因而,他如果仍然选择利用公路出行,就是一个社会无效或低效的决策。

公路出行的市场均衡交通量大于最优交通量,这是因为每位个体行车者(驾驶员)往往会忽视自己给其他个体行车者带来的拥堵成本。某个时段和路段达到均衡交通量后,额外新增加一个车辆,都会降低该时段和路段的车辆整体行驶速度,在没有政府治理的情况下,可能造成交通拥堵,迫使其他车辆的驾驶员在公路上花费更多的通行时间。

二、城市交通拥堵治理的经济选择

解决或缓解城市交通拥堵问题,除了要面向全国、放眼区域和基于城市市情,编制高质量的国家城市、产业与交通等发展规划、区域与城乡规划,做好城市性质、规模和结构定位并落实到位,加强交通的一体化和协同治理、提升智慧交通水平,以逐

步解决经济资源在全国、区域及城市的空间分配失衡、城市空间结构和产业结构的不合理、城市规模过大和人口过度集聚等带来的要素与资源不经济、结构不经济、集聚不经济之外,还可以从经济学角度出发,采取以下措施。

(一) 征收城市交通拥堵税

城市政府可以利用交通拥堵税调节城市交通需求,以达到最优交通量。在数量上等于外部行车成本的税收,可以将交通拥堵的外部性内部化,从而促使每小时每车道的机动车达到最优的数量。在图15-2中,政府如果对个体出行者的每次行程征收C_3减去C_1的交通拥堵税(记为T),个体行车成本曲线就会向上移动T,从而使均衡交通量从Q_3降至Q_2。第Q_2+1—Q_3位个体行车者将不再选择利用该时段和路段的公路出行,因为他们的出行收益或意愿支付值均低于行车成本。交通拥堵税缩小了个体行车成本与社会行车成本的差距,个体行车者将根据社会行车成本来做出行程决定,从而缓解或解决交通拥堵问题。

交通拥堵税在理论上有很高的效益,但却缺乏足够的操作性。在具体征收交通拥堵税时,往往会因为时间与地点的不同,或者时间的不均衡性和地域的不均衡性,而难以确定明确的征税额。这里的时间不均衡性,是指征收的税额与是否为交通高峰期有关。在交通高峰期,将征收更高的税额;这里的地域不均衡性,是指只有在发生拥堵的地区,或者交通流量集中的地区,才会对通行的车辆征收拥堵税。为了测算税额高的数值,必须确定车辆何时进入何区域。尽管这在当前并没有太大的技术问题,但实施起来并非一帆风顺。

(二) 征收燃油税和停车税

假定政府希望采用征收燃油税来保证高峰期的交通量达到最优水平,为了与图15-2中的交通拥堵税具有相同的治理效果,单位里程的燃油税必须征收T来增加行车成本。燃油税是交通拥堵税的一种替代方法。与交通拥堵税不同的是,燃油税增加了所有机动车行使的成本,而不只是在高峰期沿交通拥堵线路的行车成本。与交通拥堵税改变了行车时间和线路相比,燃油税并不能鼓励行车者改换其他时间和路线行车。

一些城市还通过征收停车税的办法来减少人们自己开车到中心商业区工作,从而防止交通拥堵。停车税减少了交通量,因为一些通勤者为了避税或减少付费转而改为骑共享单车或乘坐公交,一些人可能还会因此更改行车时间。通过征收停车税的办法,确实可以起到缓解交通拥堵的作用。例如,在洛杉矶有4个办公场所取消了免费停车的政策,这使得独立驾车的人数下降了19%(Small and Verhoef, 2007)。

(三) 推行公共交通为主的模式

我国大城市交通必须坚持以公共交通为主的发展模式。这种占城市时空资源最少、最经济的公共交通模式与我国城市化高速发展、人口密集、资源短缺、生态环境较脆弱相适应。这种模式具体包括以下五个方面:

一是公共交通优先发展。在我国现有的资源条件下，优先发展公共交通是城市可持续发展的必然选择。为此，必须提供高质量的公共交通，包括地铁、轻轨、公共汽（电）车等交通工具，尽可能缩短出行途中时间，同时做好公交车站与小汽车和自行车的换乘问题。

二是采取导向型模式，适度限制小汽车交通。小汽车占用的人均公共道路空间最大，排放的废气和发出的噪声最多，对公众的生存环境和生活质量造成的危害最大。政府有充分的理由和必要对小汽车的使用进行控制和管理，以适当的规模发展小汽车。

三是充分发挥自行车交通换乘功能，完善城市骑乘系统。目前，我国城市发展共享单车已经取得了良好的效果，共享单车成为城市居民短途出行的主要方式之一。要适度发展"骑—乘—骑"交通模式，即先骑共享单车到公交站或地铁站，然后换乘大容量的公共交通到达目的地附近，最后通过共享单车到达目的地。

四是在大中城市重点发展快速轨道交通。轨道交通是指城市中所有用轨道的大运量的公共交通运输系统，包括轻轨、地铁等。因此，对于市区道路面积率低、人口密度高的城市，如北京、上海，积极实施多层次、多结构、地上地下相结合的立体化交通。

五是积极发展巴士快速公交系统。轨道交通虽然具有很多优势，但它投资巨大、建设和回收资金周期长又让很多城市望而却步。巴士快速公交系统（Bus Rapid Transit, BRT）是一种投资少、见效快、建设周期短，在一定时期内能够替代轨道交通。

此外，数字时代的出行全过程都会被信息化，预约出行将成为城市未来出行的主要模式（杨东援等，2021）。通过预约，可以减少在道路上拥堵的时间。可以预见，预约出行是数字时代发展的城市出行重要模式，通过循序渐进的方式以及全社会的共同努力，可以逐渐推广到更多的应用场景，最终打造无拥堵或轻拥堵的城市交通系统。

资料链接 15-2　收"拥堵费"真能缓解城市拥堵吗？

作者：新汽车志 来源：微信公众号"新汽车志" 时间：2023-03-14	通过微信扫码在公众号"城市经济学"中阅读	

第三节　城市营商环境的治理

一、城市营商环境与城市经济运行

（一）城市营商环境的概念界定

营商环境（Doing Business Environment）来源于"投资环境""创新创业环境"。世界银行发布的营商环境报告指出,广义的营商环境是指企业在申请设立、生产经营、贸易活动、纳税、关闭及执行合约等方面遵循政策法规所需要的时间和成本等条件的总和。关于投资环境的概念界定,不少学者进行了探讨。例如,Benn Eifert 等(2005)认为,营商环境是影响不同企业经营效率的政策、机构、基础设施、人力资源、地理环境等;Escaleras 和 Chiang(2017)认为,营商环境是政府效率、规则质量以及腐败程度等制度质量的体现;娄成武和张国勇(2018)指出,城市营商环境更多的是指一个城市的经济体系、政策法律和文化风俗等软环境;李瑞峰(2018)将营商环境理解为投资行为所面临的外部环境,是制约投资活动的客观约束;陈太义等(2020)认为,营商环境是指企业等市场主体在市场经济活动中所涉及的体制机制性因素和条件,涉及与企业成立及经营决策有关的所有外在激励约束条件;李志军(2021)认为,营商环境有狭义和广义之分,狭义的营商环境是指企业在生产经营中所面临的由政府所塑造的制度软环境和基础设施等硬环境。

城市营商环境体现了一个城市的经济发展软实力,对城市的微观经济活力、创新创业能力乃至一个城市的经济高质量发展都具有重要的影响。近年来,我国政府和地方城市陆续出台优化营商环境的文件,对营商环境的含义进行了规定。例如,《优化营商环境条例》(国令第 722 号)规定:"营商环境,是指企业等市场主体在市场经济活动中所涉及的体制机制性因素和条件。"《广州市优化营商环境条例》进一步明确,营商环境主要包括市场环境、政务环境和法治环境等。

综上可知,学术界对营商环境的概念界定尚未统一,学者们基于不同的学科和不同的研究目的,对营商环境的认知也不同。基于城市经济学的视角,本书认为,城市营商环境是指企业在开办、生产经营和运行过程中所涉及的各种城市体制机制性因素和条件的总和。

(二)营商环境的多维评价

世界银行发布的全球营商环境报告,从开办企业、办理施工许可证、获得电力、登记财产、获得信贷、保护少数投资者、纳税、跨境贸易、执行合同和办理破产 10 个维度来评价营商环境。在此基础上,我国学者也进行了大量营商环境评价体系的研究。宋林霖和何成祥(2018)从便利化、法治化和国际化三个维度对世界银行营商环境评价体系中的一级指标进行了重新划分;郑方辉等(2019)从法治化角度,构建了营商立法、执法、司法、守法维度的营商法治环境指标体系;孙萍和陈诗怡(2020)将政务营商环境划分为公共政策供给、制度性交易成本、市场监管行为以及基础设施服务;谢红星(2019)、冯向辉和李店标(2021)分别从法规政策制定环境、依法行政环境、司法环境、信用环境、社会环境和营商法制、执法、守法、司法、普法等方面构建了适用于中国的营商法治环境指标体系。此外,也有学者指出,政治环境、经济金融环境、文化环境、生态环境以及创新环境是中国特色营商环境指标体系的重要组成部分(丁鼎等,2020;杨枝煌等,2020)。

李志军等（2021）首次基于公共服务、人力资源、市场环境、创新环境、金融服务、法治环境、政务环境 7 个维度（一级指标），18 个二级指标，23 个三级指标，从全国层面对我国 4 个直辖市、5 个计划单列市、27 个省会城市，以及 253 个地级市的营商环境进行了评价，具体的评价指标见表 15-1。表 15-1 中的评价指标体系针对性强，指标评价的实践具有连续性，并且在不断完善，可在我国城市营商环境评价实践中广泛应用。

表 15-1　中国城市营商环境评价指标体系

一级指标	二级指标	三级指标	数据来源
公共服务（0.15）	天然气供应（0.25）	供气能力（万立方米）	《中国城乡建设数据库》
	水力供应（0.25）	公共供水能力（万立方米）	
	电力供应（0.25）	工业供电能力（万千瓦时）	《中国城市数据库》
	医疗情况（0.25）	医疗卫生服务（张/万人）	
人力资源（0.15）	人力资源储备（0.70）	高等院校在校人数（人）（0.40）	《中国城市数据库》
		年末单位从业人员（人）（0.30）	
		人口净流入（万人）（0.30）	各城市统计公报
	劳动力成本（0.30）	平均工资水平（元）	《中国城市数据库》
市场环境（0.15）	经济指标（0.40）	地区人均生产总值（元）（0.60）	《中国城市数据库》
		固定资产投资总额（万元）（0.40）	
	进出口（0.30）	当年实际使用外资金额（万元）（0.60）	
		当年新签项目（合同）数（个）（0.40）	
	企业机构（0.30）	规模以上工业企业数（个）	
创新环境（0.15）	创新投入（0.50）	科研支出（万元）	《中国城市数据库》
	创新产出（0.50）	发明专利授权量（件）	《中国城市统计年鉴》
金融服务（0.15）	从业规模（0.50）	金融从业人员（万人）	《中国城市数据库》
	融资服务（0.50）	总体融资规模（万元）（0.50）	
		民间融资规模（万元）（0.50）	
法治环境（0.10）	社会治安（0.30）	万人刑事案件数（件）	中国裁判文书网
	司法服务（0.40）	律师事务所数量（家）	网络查找+天眼查
	司法信息公开度（0.30）	司法信息公开度指数	各城市司法局/中级人民法院官网
政务环境（0.15）	政府支出（0.50）	一般预算内支出（万元）	《中国城市数据库》
	政商关系（0.50）	政商关系	《中国城市政商关系排行榜》

资料来源：李志军，等. 中国城市营商环境评价的理论逻辑、比较分析及对策建议[J]. 管理世界，2021（5）：101.

注：括号内为指标的权重。

（三）营商环境的经济影响

现有研究证实了良好的营商环境对经济发展的积极影响。Jamal Ibrahmin Haidar

(2012) 证实了实行更多商业监管改革的国家享有更高的经济增长率；Boudhiaf Messaoud 等（2014）发现，良好的商业法规与更高的经济水平相关；董志强等（2012）基于我国 30 个大城市的实证研究，发现良好的营商软环境能够显著促进城市的经济发展；李佛关（2019）发现，营商环境的改善能有效促进地区品牌经济水平的提升，特别是软环境、商务成本和市场环境；蔡璐（2020）通过建立空间滞后模型，发现优化营商环境对经济高质量发展具有显著的促进作用；赵德森等（2021）通过测算我国城市的营商环境指数与绿色经济增长水平，发现营商环境对绿色经济增长具有显著的正向影响。

营商环境还能促进城市的创新。营商环境对城市创新的影响首先可以追溯至创新活动的外部性特征及其对公共物品的内在依赖性（杨思莹、路京京，2022）。良好的基础设施建设能够降低创新活动的交易成本、减少要素流通障碍、加速知识与技术溢出、提高创新水平（蔡晓慧、茹玉骢，2016）。营商环境的优化可以促进城市投资要素的集聚，带动城市创新水平的提升。投资者更偏好对本地进行投资，更好的基础设施可以弱化风险投资者的本地偏好（龙玉，2017）。营商环境的优化，有助于提高创新资源的配置效率、快速整合与应用新资源以及激发和盘活旧资源（卢现祥，2017）。营商环境的优化还可以吸引新企业进入本地市场，从而提升城市创新水平。市场竞争的加剧会倒逼企业投入更多资源进行研发，以提高产品差异性和竞争力（李小平、余东升，2021），并实现知识技术的溢出效应，激发企业间的协同创新，营造更好的创新氛围，提升城市创新水平。

二、城市营商环境的问题与治理

（一）城市营商环境的问题

营商环境就是生产力，治理和优化城市营商环境是提高城市生产力、避免和减少城市运行的不经济、提升城市运行的经济效益、增强城市竞争力的重要手段。总体来看，我国城市营商环境还存在一些问题，这些问题的存在影响了城市经济的良性发展和整体提升。

以李志军等（2021）提出的营商环境 7 个维度为例，相关问题如下：①在公共服务方面，一些城市存在公共服务供给设施布局不科学、供需结构不均衡等问题；②在人力资源方面，部分城市存在缺少科学合理的人力资源发展规划，人力资源管理制度不完善等问题；③在市场环境方面，一些城市存在准入隐性壁垒和地方保护主义问题；④在创新环境方面，城市科技创新指数整体不高，一些城市科技创新驱动发展整体水平不足；⑤在金融服务方面，存在金融需求与现有金融供给不匹配等问题；⑥在法治环境方面，一些城市的执法行为存在规范性不足等问题；⑦在政务环境方面，一些城市存在部分政策配套措施少、可操作性差，政务服务便利性有待提高等问题。

（二）城市营商环境的治理

我国非常重视营商环境，陆续出台了营商环境治理的相关文件。2019年10月，国务院发布《优化营商环境条例》（国令第722号），之后又陆续发布了《中华人民共和国外商投资法实施条例》（国令第723号）、《关于进一步优化营商环境更好服务市场主体的实施意见》（国办发〔2020〕24号）、《关于深化商事制度改革进一步为企业松绑减负激发企业活力的通知》（国办发〔2020〕29号）、《关于印发全国深化"放管服"改革优化营商环境电视电话会议重点任务分工方案的通知》（国办发〔2020〕43号）、《关于深化"证照分离"改革进一步激发市场主体发展活力的通知》（国发〔2021〕7号）、《关于开展营商环境创新试点工作的意见》（国发〔2021〕24号）、《关于进一步优化营商环境降低市场主体制度性交易成本的意见》（国办发〔2022〕30号）和《关于复制推广营商环境创新试点改革举措的通知》（国办发〔2022〕35号）等法规政策和通知文件，对营商环境治理的各个方面提出了要求。

一些城市也出台了营商环境的政策文件。例如：2020年4月，北京市出台《北京市优化营商环境条例》（北京市人民代表大会常务委员会公告第25号）；2022年8月，北京市人民代表大会常务委员会发布关于修改《北京市优化营商环境条例》的决定；2021年，北京市人民政府办公厅印发《北京市"十四五"时期优化营商环境规划》（京政发〔2021〕24号）；2023年，北京市人民政府办公厅印发《北京市全面优化营商环境助力企业高质量发展实施方案》（京政办发〔2023〕8号）。

根据《优化营商环境条例》（国令第722号），城市营商环境治理"应当坚持市场化、法治化、国际化原则，以市场主体需求为导向，以深刻转变政府职能为核心，创新体制机制、强化协同联动、完善法治保障，对标国际先进水平，为各类市场主体投资兴业营造稳定、公平、透明、可预期的良好环境""依法促进各类生产要素自由流动，保障各类市场主体公平参与市场竞争""鼓励、支持、引导非公有制经济发展，激发非公有制经济活力和创造力""进一步扩大对外开放，积极促进外商投资，平等对待内资企业、外商投资企业等各类市场主体""完善优化营商环境的政策措施，建立健全统筹推进、督促落实优化营商环境工作的相关机制""建立和完善以市场主体和社会公众满意度为导向的营商环境评价体系，发挥营商环境评价对优化营商环境的引领和督促作用"。

资料链接15-3　《北京市全面优化营商环境助力企业高质量发展实施方案》

| 作者：北京市人民政府办公厅
来源：北京市人民政府官网
时间：2023-04-06 | 通过微信扫码在公众号"城市经济学"中阅读 |  |

本章小结

城市运行中的问题或城市病有不同类型,其中比较典型、影响较为广泛的城市问题或"城市病"包括城市住房问题、城市交通拥堵问题以及城市营商环境问题。

城市住房问题主要表现在两个方面:一是房价收入比过高;二是住房结构失衡。住房问题的存在,既与需求和现实的矛盾有关,又与职住分离密不可分。可以通过完善居住导向的新住房制度、改进城市住房空间供给体系以及构建城市居民职住平衡格局等来解决住房问题。

城市交通拥堵是一个普遍现象,可以通过经济学分析,解释其形成的微观原因,并据此确定城市的最优交通量。可以通过征收拥堵税、燃油税等经济手段推行以公共交通为主的模式,推进城市交通拥堵问题的解决。

营商环境问题是一个直接影响经济活动主体对城市选择的突出问题,也直接或间接地影响城市的经济运行,对城市空间经济效益的发挥和最优化的实现作用较大。可以通过营商环境的多维评价,发现营商环境的不足,及时通过相应措施予以解决。

关键词:房价收入比;住房结构失衡;交通拥堵;营商环境

问题与应用

1. 试以某一城市为例,分析城市住房问题及其经济成因。
2. 试论述城市住房问题治理的对策选择。
3. 什么是城市交通拥堵?如何度量交通拥堵?
4. 试从微观角度对城市交通拥堵进行经济学解释。
5. 试论述城市交通拥堵治理的经济方法。
6. 什么是城市营商环境?它有哪些经济影响?
7. 试以某一城市或城市群为例,结合营商环境评价指标进行具体的评价。
8. 试以某一城市为例,谈谈城市营商环境存在的问题及对策。
9. 阅读资料链接中的资料,并分组进行讨论。

参考文献与推荐阅读

[1] 曾德珩,杨礁,徐盼盼. 城市空间失配问题研究进展与启示 [J]. 现代城市研究,2021 (6): 2-9.
[2] 伍彩玉. 住房限购政策执行阻滞问题分析 [J]. 产业与科技论坛,2023,22 (1):

220-222.

[3] 张超,王君慧,姚永玲.通勤成本、地方品质竞争与都市圈空间结构演化[J].首都经济贸易大学学报,2022,24(5):58-72.

[4] 孙伟增,何磊磊.职住分离、时间挤出与企业生产效率[J].经济学(季刊),2022,22(4):1147-1168.

[5] 刘永贤,牛占文.共享单车造成的城市治理问题研究[J].城市发展研究,2021,28(5):135-140.

[6] 张龙吉.智慧交通导向下城市交通拥堵治理研究[J].物流科技,2023,46(16):100-102.

[7] 王正武,向梓源,刘鑫.基于系统动力学模型的城市交通拥堵治理策略研究[J].长沙理工大学学报(自然科学版),2022,19(1):81-88.

[8] 曾慧,等.营商环境研究:认识演化、现状追踪及未来展望[J].财会月刊,2022(24):155.

[9] 董志强,魏下海,汤灿晴.制度软环境与经济发展——基于30个大城市营商环境的经验研究[J].管理世界,2012(4):9-20.

[10] 蔡璐.营商环境、空间溢出与经济质量[J].统计与决策,2020(21):106-109.

附录1 城市经济学相关公众号(部分)

公众号名称	公众号 ID
国家政务服务平台	gjzwfw
北京发布	beijingfabu
中国中小城市发展委员会	ccocd_vip
中国城市经济学会	gh_7479c1d1f19d
中国现代城市研究中心	cmccs_ecnu
中国社科院城市与竞争力研究中心	CASS-CCC
中国城市科学研究会	CSUSorg
国家发展改革委	gjfgwxwb
清华大学新型城镇化研究院	tsinghua_TUCSU
贝壳经济学	Z282159878
城市经济学	Urban-Economics
城市视点	City_Perspectives
中国城市中心	ccudwx
中国城市规划	planning_org
中国城市经济发展	gh_ad79ee2692f1
城市经济工作室	gh_cc52c38341b3
中国城市与区域实验室	CCRLAB
中国城市文化产业发展联盟	cccida
中国智慧城市产业联盟	ccitlm
中国城市综合体	City-complex
北京城市实验室 BCL	beijingcitylab
南开城市与区域经济	gh_70b4f82470f3
城市发展研究	gh_e9a77fb06a19
城市问题	Cswt2020
城读	CityReads
城市战争	Sunbushu123
城市数据团	metrodateteam

续表

公众号名称	公众号 ID
城市数据派	udparty
市政厅	ShiZheng-Ting
中国城市报	zhongguochengshibao
富达尔研究院	fdarcity
荣邦瑞明	bjrbrm
城市隐秩序	urbancas
中国规划城市研究中心丈量城市	cmccs_ ecnu Messure-the-World
城市进化论	Urban_ evolution
实证经济地理学	Economic_ Geography
城市更新经济学	City_ Economics
城市交通经济学	Economics-UrbTrans
TOP 创新区研究院	TOP_ Lab

注：以上公众号排序不分先后。

附录2 城市经济学相关中文期刊(部分)

期刊名称	主办单位	期刊等级
经济研究	中国社会科学院经济研究所	北大核心、CSSCI、AMI 顶级
中国工业经济	中国社会科学院工业经济研究所	北大核心、CSSCI、AMI 顶级、社科基金资助期刊
数量经济技术经济研究	中国社会科学院数量经济与技术经济研究所	北大核心、CSCD、CSSCI、AMI 权威、社科基金资助期刊
经济学(季刊)	北京大学	北大核心、CSSCI、AMI 权威
南开经济研究	南开大学经济学院	北大核心、CSSCI、AMI 核心、社科基金资助期刊
产业经济研究	南京财经大学	北大核心、CSSCI、AMI 核心
城市发展研究	中国城市科学研究会	北大核心、JST、CSCD、CSSCI、AMI 扩展
现代城市研究	南京市社会科学院	北大核心、JST、WJCI、AMI 扩展
城市	天津市住房和城乡建设发展服务中心、天津市城市科学研究会	AMI 入库
城市问题	北京市社会科学院	北大核心、CSSCI、AMI 扩展
城市交通	中国城市规划设计研究院	JST
区域经济评论	河南省社会科学院	北大核心、AMI 核心
治理研究	中共浙江省委党校等	北大核心、CSSCI、AMI 核心
国际城市规划	中国城市规划设计研究院	北大核心、JST、CSCD、CSSCI 扩展版、WJCI、AMI 核心
城市规划	中国城市规划学会	北大核心、JST、CSCD、CSSCI、WJCI、AMI 核心
城市规划学刊	同济大学	北大核心、JST、CSCD、CSSCI、WJCI、AMI 扩展
城市与环境研究	中国社会科学院生态文明研究所、社会科学文献出版社	CSSCI 扩展版、AMI 核心
中国人口·资源与环境	中国可持续发展研究会、山东省可持续发展研究中心、中国 21 世纪议程管理中心、山东师范大学	北大核心、JST、CSCD、CSSCI、WJCI、AMI 权威
人口与经济	首都经济贸易大学	北大核心、CSSCI、AMI 核心、社科基金资助期刊
地理科学	中国科学院东北地理与农业生态研究所、中国地理学会	北大核心、JST、CSCD、CSSCI、WJCI、AMI 核心
经济地理	中国地理学会、湖南省经济地理研究所	北大核心、CSCD、CSSCI、AMI 核心
人文地理	西安外国语大学、中国地理学会	北大核心、CSSCI、AMI 核心
中国土地科学	中国土地学会、中国国土勘测规划院	北大核心、JST、CSCD、CSSCI、WJCI、AMI 核心

注:以上期刊排序不分先后。